批判改革狂熱、社會矛盾與國家意識形態的敘事策略

納撒尼爾霍桑的

文化政治策略研究

方文開，劉衍 著

【和平的批判者】
霍桑不僅是美國文學史上的重要作家
更是一位深具政治意識的思想家

從《紅字》到《七個尖角閣的房子》，
解析霍桑作品中的社會矛盾與政治話語！

目錄

前言 ………………………………………………………… 005

第一章　和平主義的文化理論家 ………………………… 011

第二章　社會政治問題心理化的文化邏輯 ……………… 055

第三章　運用歷史想像支撐國家凝聚力的文化介入策略 ………… 105

第四章　知識分子修身齊國的整體性文化策略 ………………… 137

第五章　突顯自身文化主體地位的社會實踐干預邏輯 ………… 193

第六章　短篇及小品：藉助通俗趣味，
　　　　拓展自身嚴肅藝術創作空間的文化策略 ……………… 227

第七章　象徵資本的敘述控制：文學市場策略 ………………… 281

參考文獻 …………………………………………………… 367

後記 ………………………………………………………… 399

目錄

前言

　　本書是關於霍桑的文化政治策略研究，探討在 19 世紀中葉前後，美國社會動盪與轉型時期，霍桑使用怎樣的修辭性文化策略影響現實，實現自己建構主流政治話語的文化努力，及對民族命運的關注。換句話說，就是探討霍桑政治的形成及發展，特別是他如何將自己的政治觀滲透到作品創作中，即我所說的文化政治策略。

　　理解霍桑政治的形成和發展，是複雜而又富有挑戰性的，一方面霍桑當時所處的黨派環境劍拔弩張，另一方面它產生了強烈的向心力，並對每一位希望獨立的觀察者產生影響。此外在霍桑的時代，能激起強烈情緒和偏見的主要問題，如：奴隸制、婦女權利、暴君、革命、暴力、戰爭等，仍然會對現代人產生影響。

　　霍桑的政治任命以及他與政治的連繫，曾在他所處的時代和當今時代為人所關注，認為他的政治只是簡單的民主黨保守派的政治，這讓他在西元 1850 年代聲名狼藉。身為一名作家，當霍桑以其作品贏得廣泛讚譽的同時，他與不受歡迎的皮爾斯總統（Franklin Pierce）之間的連繫，及其在內戰期間的特立獨行，讓自己被康科德的朋友、皮博迪的親戚和那些廢奴主義領袖所孤立，被他們譴責為一個沒有人性、沒有良心的人。

　　這種對霍桑政治的道德分析方法一直延續至今，讓他仍然背負盲目、膽小、逃避主義的名聲[001]，詹姆斯·梅洛（James R. Mellow）稱之為「令人不安的保守主義」[002]，布倫德·溫尼普爾尖銳地斥之為令人討厭的種族

---

[001] Edwin H. Miller, Salem Is My Dwelling Place: A Life of Nathaniel Hawthorne (Iowa City: University of Iowa Press, 1991), p. 474. Sacvan Bercovitch, The Rites of Assent: Transformations in the Symbolic Construction of America (New York: Routledge, 1993), p. 236.

[002] James R. Mellow, Nathaniel Hawthorne in His Times (Boston: Houghton Mifflin, 1980), p. 540.

主義[003]。這種觀點是缺乏依據的，並在相當程度上造成了對霍桑政治思想的誤解。雖然他贊同白人中產階級社會的種族主義觀，但這只是他幻想的特點，並非他的政治獨立性。

我並不想為霍桑辯護，不過我相信，要公正、深刻地理解霍桑政治的複雜性和進步性，必須將其置於一個更宏大的語境之下，而不是僅僅局限於新英格蘭改革的語境之中，要從霍桑自己的視角入手，將他的視角當成他歷史想像世界的一部分，這個想像世界是眾所周知的，雖然還只是一部分。尤其重要的是，這項研究所產生的新理解，讓霍桑政治更易於被接受，不再是以前大家所認為的那樣。

霍桑過去和現在所遭受的罵名說明，在政治鬥爭時期要面對公共知識分子的想像和思想是極為困難的，而且有必要建構一套綜合的方法，來理解美國文藝復興時期的文學史。這種方法不僅僅局限於新英格蘭爭議的話語體系，還要有一個更廣泛的視角和價值觀。然而，學者應該了解到並允許對這種價值觀做文化相關性連繫。霍桑的種族主義是一個典型的例子——在霍桑的時代，白人公民並沒有意識到這個問題，雖然在現代這是極端錯誤的。

霍桑成熟的政治思想一直受到猛烈的抨擊，主要源於兩個心理意象：革命和巫術。由於霍桑作品中的這兩個意象，連繫著種族間的戰爭和叛亂，造成許多美國人認為他有種族主義傾向。對印第安人的殖民戰爭、西元 1775 年的美國革命、西元 1789 年的法國革命、西元 1791～1804 年的海地革命、西元 1848～1849 年的歐洲革命，都產生了結構性的思想和感情，在戰前的美國被用來當成促進競爭的政治議程。霍桑對美國歷史的認真研究，特別是他對革命和巫術的理解，形成了他看待當時政治事件的看

---

[003] Larry J. Reynolds, Devils & Rebels: The Making of Hawthorne's Damned Politics (Ann Arbor: theUniversity of Michigan Press, 2010), p. xiv.

法和觀點，也導致了他對政治暴力、道德絕對主義和錯誤觀點的文學處理方式，他從歷史中所看到的這一切，影響了個人生活和國家命運。

霍桑一貫憎惡熱心的改革家，特別是廢奴主義者，這些反映到作品中，就是對自欺和視力缺陷的描述，其筆下人物的救贖行為只是謊言和神話，最終引導他們走向自己無法預見的地獄的並非惡魔。亨利·詹姆士（Henry James）曾經認為，霍桑「一直在尋找某種意象，這種意象能與他所關心的精神事實，形成奇特的一致性；當然他的探尋是純粹詩性的」[004]。霍桑用從革命和巫術歷史中所提取的主要意象，來解釋其信仰系統的核心宗旨：特別表現在「相當程度上，人類所有的努力都沒有達到其計畫者所預期的目的」（23:431）。在霍桑的世界裡，那些充滿熱情的個人、集體和國家為糾正錯誤、摧毀邪惡所做的努力，不管意圖多麼美好，都造成了意想不到的痛苦，那些自以為是的傢伙，都因此喪失了預見性和判斷力。

此研究以霍桑四部長篇羅曼史為主線，在細節討論上幾乎覆蓋了霍桑的所有作品，期望能從中挖掘出有價值的材料，能為其政治價值觀和創作策略提供有力證據。

第一章為「和平主義的文化理論家」，總體性概括霍桑政治觀和文學創作，也是全書論證的基礎。敗落的貴族之家讓霍桑從小就養成了平和、寧靜和穩重的個性。對霍桑來說，不受理智控制的強烈情感，對個人、社會和國家都是巨大的威脅。崇拜傑克遜民主（Jacksonian democracy），特別是閱讀美國十七、十八世紀的歷史，讓霍桑建構起強烈的和平主義觀，並成為其政治觀的基礎；在他看來，暴力不是獲得政治目的的有效手段，良好的政治目的也不能為暴力政治手段辯護。將之運用於實踐，霍桑透過創作，設法了解和解決 19 世紀中葉的美國社會批評家廣泛討論的事件、主題、矛盾和觀點，從歷史唯物主義的視角解釋了社會意識的形成，討論

---

[004] Henry James, Hawthorne (New York: Collier-Macmillan, 1966), p. 105.

主體性形成的文化理論，把主體性設想為一種自我「內部」心理的表達。

第二章為「社會政治問題心理化的文化邏輯」，探討霍桑身為一名作家和政客，如何將塞勒姆的黨派紛爭及自己在政治上被「砍頭」的遭遇，內化為一種主體性心理探索結構。本部分主要聚焦於〈海關〉、《紅字》(The Scarlet Letter) 及第二版序言，也涉及《大街》及其他隨筆，分析了霍桑透過巫術和幽靈想像，表達了對塞勒姆輝格黨及其家鄉居民的強烈敵意。更為重要的是，他的公民意識和公正社會理想，霍桑讓孤立無援、被社會邊緣化的海斯特，來對抗一個壓迫性的社會秩序，並展現了抵抗國民政府的高昂代價，其目的是為了證明個體必須從社區內部，而不是從一個假想的中立邊緣進行努力，其不懈的努力和行動，能夠在一定程度上改變社會秩序，並最終消除一些不公正。

第三章為「運用歷史想像支撐國家凝聚力的文化介入策略」，探討了霍桑對社會和政治分裂的強烈反感，主張以「愛的意識形態」來增強國家凝聚力。在我看來，《帶有七個尖角閣的房子》(The House of the Seven Gables) 一開始就批評政治權力及其亂用，金錢腐敗和欺騙所造成的無形力量，對城鎮和國家具有最大的威脅。它延續了霍桑早期作品的主題，虛假的證言、不可靠的證據、雙重的受害者與施害者，都與塞勒姆的巫術及其遺產有著千絲萬縷的連繫，同時也表達了作者對種族和社會階層的焦慮。霍爾格雷夫的回歸和大團圓結局的設定，一方面是霍桑對當時可能出現的歷史斷裂的思考——聽從上帝的意志，回歸美國憲法並擁護它超越一切黨派與紛爭的至上地位。另一方面，這是霍桑面對 19 世紀中葉美國社會轉型、國家分裂時所採用的話語方式，以實現自己建構主流政治話語的文化努力。

第四章為「知識分子修身齊國的整體性文化策略」，探討霍桑具有完美主義意識形態的改革倫理和總體社會改革理想。《福谷傳奇》(The Blithedale Romance)與《富蘭克林‧皮爾斯的一生》(Life of Franklin Pierce)構成一幅政治連環畫，彰顯了霍桑「中庸、人道和豁達」的價值觀。他要反對的不是在布魯克農莊的烏托邦試驗，而是改革者致命性的自我中心主義。作為知識分子修身齊國的整體性文化策略，《福谷傳奇》不僅以隱喻的方式再現美國社會的權力運行機制，而且冷靜地審視了工業化、城市化下個體的生存狀態，表達知識分子對世界主義文化背景下，社會分化、個體孤立的焦慮，同時也展望了媒介社會中理想的文化公民身分。

第五章為「突顯自身文化主體地位的社會實踐介入邏輯」，探討霍桑以基督教的愛、和平與原諒為基礎的價值體系。在《玉石雕像》(The Marble Faun)中，霍桑結合了美國政治的興趣與他對歐洲藝術透澈的了解。一方面，他描述正在走向成型的美國文化，與身為其母體的歐洲文化之間對立統一的關係；另一方面，他表達了建構家園的政治理想。然而，19世紀中葉的美國國內危機日益嚴重，反奴隸制運動轉向暴力，這進一步讓霍桑確信應該致力於政治和平主義。

最後兩章探討了霍桑藉助通俗趣味，拓展自身嚴肅藝術創作空間的文學市場策略。和平主義的政治觀和種族觀，不僅滲透在霍桑的長篇羅曼史中，甚至貫穿於他的短篇小說、隨筆小品和兒童文學創作中，其中也蘊含著實用主義的政治和英雄主義的夢想，這是霍桑始終關注社會焦點問題的結果；霍桑成功的另一個原因，在於他熟練文學市場策略，羅曼史的體裁定位和「中間地帶」的修辭表達，保證了霍桑一直以來都備受學界的青睞。

需要說明的是，本書中的部分引文參考了坊間的中文譯本，但由於有些譯文沒能很好地表達原文的內涵，我們便進行了重譯，所以本書中重譯部分的引文與原譯著中的表述略有出入。

前言

第一章
和平主義的文化理論家

　　之所以把霍桑看成一位文化理論家，主要基於以下三點理由：首先，許多批評家和讀者一直以來都讚揚霍桑，是因為他的歷史知識和他從歷史視角理解問題。實際上他深邃的歷史思想聚焦更多的是時代、運動、資料變化，以及著名的歷史人物。在他的許多作品中，霍桑都展示出對「人」的關係、情感、身體的歷史性理論掌握。像一些現代歷史學家和唯心理論家一樣，他始終專注於探討，社會力量是如何透過主體性構成被再生產出來的。很顯然，霍桑對 19 世紀中產階級心理自我的意識形態塑造，貢獻良多。不過，他也反覆把感情、自我反思、自我控制、身分的文化建構作為他的主題，並常常把超心理的關係，看成是這些建構的變形結果。並且，他還探討了這些建構與產生美國性別、階級、個人差異之間的關係。

　　雖然霍桑在強迫印第安人從東部遷往西部、與墨西哥之間的帝國主義戰爭、組織廢奴主義者反對奴隸制期間寫過相關文章，可是他的小說沒有特別關注種族差別的產生和種族關係。當他的小說涉及種族問題的時候，目的是調查土著居民的狀況（如《大街》），而不是黑人的狀況。然而，霍桑的一些小說針對性地表達了他所專注的情感、自我形象、社會力量的建構與人性的塑造之間的象徵性連繫。讓人好奇的是，在《胎記》（The Birth-Mark）中喬治亞娜的美化，被「移除」的紅色手形是土著居民塗抹在他們臉上的紅色手的縮減版，生動地呈現在喬治‧卡特林（George Catlin）幾幅西元 1830～1840 年間很流行的「印第安人」畫像中[005]。在《牧師的黑面

---

[005] Joel Pfister, The Production of Personal Life: Class, Gender and the Psychological in Hawthorne's

第一章　和平主義的文化理論家

紗》(*The Minister's Black Veil*)（西元 1836 年）中，胡泊牧師的黑面紗在新英格蘭清教徒教民中，引起了廣泛的罪惡感，就像在霍桑的時代，廢奴主義者控告新英格蘭對奴隸實施的共謀犯罪。兩篇小說都展示出緊張的白色焦慮，承認有色——紅色和黑色——是一種公共事務。

其次，霍桑是一名藝術家，用小說挑戰一些自身明顯的意識形態偏好和極限。他透過日記、信件、小說中的人物如海斯特、澤諾比阿、米利亞姆等，來捍衛傳統的家庭生活和性別角色。即使霍桑設定的情節包含著批評意見和不滿，他也會讓這些批評和不滿顯得委婉，只是質疑流行的中產階級思想。如果說有一點霍桑需要悲嘆的，就是身為激進的理論家，海斯特並沒有從紅字中吸取教訓，他用了小說的大部分讓這個字母的意義顯得非常複雜且不確定，它可以代表通姦、作者、多義、字母表的第一個字母、寓言、天使、美國等等。霍桑不僅是海關的檢察官，還是前提和意義產生的檢察官。儘管如此，他還是常常不把文化看作一種給予的權威，而是一種潛在可變的過程、實踐、表演、意義結構和辨識系統。

最重要的是，理查·奧曼的睿智名言：「人類活動儘管不僅僅是政治的，但總是政治的。」總讓人聯想起霍桑那些告誡的戲仿、反寓言和偏執的理論寓言[006]。如果在《奇幻大廳》中霍桑能拋棄懷疑，承認即使是「最忠誠保守的心……也無法同情那些無數理論家的靈魂……他們尋求一種更好、更純潔的生活，不過這在地球上還沒有實現」(10:180-181)。在《地球的大屠殺》(*Earth's Holocaust*)（西元 1844 年）中，他更是完全退化成一個狂熱的理論改革家，把自認為仇恨的物品扔入一個巨大的火堆之中。可能沒有小說在闡釋某種思想時有《牧師的黑面紗》那麼生動，那麼富有同情心。

　　　　Fiction (Stanford: Stanford University Press, 1991), p. 192.
[006]　Richard Ohmann, English in America: A Radical View of the Profession (Hanover, NH: Wesleyan University Press, 1996), p. xviii.

這個故事開始於 17 世紀晚期的某個禮拜天,胡泊牧師戴上一塊黑面紗,震驚了所有的鎮民。胡泊那塊陰森的遮羞布具有多種效果。一方面,他的禱告變得更加動人。胡泊那看得見的標記,就像羅德里克的蛇、喬治亞娜的胎記、沃蘭德的蝴蝶一樣,其本身沒有意義,但是透過它,清教徒與黑色的面紗連繫起來的文化和宗教意義就建構起來了。它不斷地提醒人們,是他們自己否認了日常生活中的罪惡和死亡。當他們從胡泊漆黑的鏡子裡看到自己和他們清教化的靈魂時,更多的教民變得信仰動搖了。另一方面,當與胡泊生活在一起時,他們變得更緊張了,因為牧師透過一絲光線或者說沒有光線都能看透他們,當然也包括他自己。胡泊更像一名黑色王子,而不是戴著面紗的基督徒,他透過面紗這塊模糊的透鏡在讀著《聖經》(*Bible*)。

　　牧師臉上「淡淡的微笑」藏在面紗下面,也許顯示了他從自己行為中獲得的精神上或者自我本位的樂趣,他把鎮民當作黑色的面紗,相信能遮蔽他們的罪惡。他那寫在臉上的改良主義,模糊了他的正義和自以為正義(如驕傲之惡)之間的界線。霍桑似乎想表明,當生活中的每一種關係,以寓言的方式透過過濾器來觀察時,既有變形也能傳遞資訊。文化理論家肯定都會記得這一點。霍桑意識到,倘若一個人接受「罪惡」的主流解釋,那麼罪惡是真實的。但他質疑,要是人痴迷於罪惡和與罪惡同謀,具有什麼不同的意義。

　　可以確信的是,霍桑並沒有確定、迴避、遺忘、否認從文化上看是有益的——儘管胡泊在開始戴上面紗以前,在公共場合裡,禮拜天照樣陽光燦爛,到處都充滿著活潑的氣氛,高聳的教堂裡也時有鐘鳴。然而,他不是暗示,而是要像偏執狂似的去挖掘罪惡,就能治療他人的罪惡。如果把理查·奧曼和霍桑結合起來看,好像是說,從批評的角度去思考文化,比揭露它的關係導致系統的社會矛盾和合謀,具有更大的危險性,後者本

來就是一個十分冒險的任務。也好像是說,想像從文化上認真整頓生活、價值、情感的能力,部分依賴於對提高生活和娛樂的認知,及對神祕化和摧毀文化力量的認知,也部分依賴於保持文化的謙恭。

第一節　溫和的觀點：寧靜與理智的個性

西元 1817 年 2 月 13 日,當時只有 13 歲的霍桑寫過一首題為〈溫和的觀點〉一詩,「驕傲使人熱情四射,理智讓生活協調一致」(23:3)。早在他 20 歲出頭寫第一部小說《范蕭》(*Fanshawe*)時,霍桑就表現出渴求寧靜和穩定的願望,特別是在面對充滿激情的活動時。

男主角之一的愛德華·沃爾科特言行舉止不成熟,喝得爛醉後,接受了技藝高超的惡棍巴特勒的決鬥挑戰。雖然決鬥從沒有兌現,可愛德華的學生,沉著冷靜的范蕭卻戰勝了巴特勒。范蕭依靠的不是暴力,而是沉著地站在一處懸崖的頂端,當巴特勒試圖接近他時,掉下懸崖摔死了。毫無疑問這個緊張的場景是霍桑有意設計的。他寫道:「他的四肢似乎變得強而有力,於是他站在崖畔,準備敵人一爬上來就進行一番殊死的搏鬥。但那人的努力並未成功,在還差幾公尺就到崖頂的時候,那個冒險的人抓住一棵小樹,然而細根扎得太淺,禁不住他的體重。他握著的小樹連根拔起,便摔下了懸崖……惡毒的他就這樣,遭受自己本想加給范蕭的命運。」(3:451)

正如妮娜·貝姆所指出的,范蕭的善意,「包括他的思想、感情和敏感性,是完全發自內心的」[007]。相比較而言,巴特勒的惡是外露的和暴力的,源於「他心中地獄般的激情」。因此,不管是身體上還是情感上的

---

[007]　Nina Baym, "Hawthorne's Gothic Discards: Fanshawe and 'Alice Doane.'" "Nathaniel Hawthorne Journal 4 (1974): 110.

第一節　溫和的觀點：寧靜與理智的個性

穩定性，在《范蕭》這部小說中都代表著善意。

對霍桑來說，不受理智控制的強烈情感，對個人、社會和國家都會造成重大的威脅。像艾德蒙·伯克一樣，他逐漸鄙視激進行為，想像革命和戰爭導致家庭體系的崩潰——父親如果被謀殺，必然導致母親和孩子的痛苦。西元1848年，霍桑將伯克描繪成「世界上最聰明的人和最偉大的演說家」(6:176)，讀者可以從霍桑的場景、象徵和主題中發現，與伯克一致的保守立場。在霍桑的作品中，他反覆表明，那些野蠻和惡魔般的個人或者群體，其最後的力量必然會逐漸削弱。這種反覆出現的創傷根源，極有可能是霍桑自己生活中的急遽變化：在他四歲的時候，當船長的父親突然在蘇利南死於黃熱病。

讀者不必同意弗里德里克·克魯茲的觀點：父親去世後，霍桑遭受了無法排解的痛苦，他、妹妹和母親不得不搬到曼寧舅舅家，依靠舅舅的資助生活，那個孩子經歷了鉅變，也受到了傷害，這種情感一直伴隨他一生[008]。奧斯丁·華倫很久以前也敏銳地發現這一問題，「他的家族原本是一個望族，享有威望，然而逐漸衰落，卻保留著自豪——設想在社會上仍然有自己的地位，可社會不承認他們，由於缺乏生存的手段，最後不得不屈服」[009]。

借鑑佛洛伊德（Sigmund Freud）的理論，克魯茲在他頗有影響力的研究文章中認為，「身為一位不被賞識的作家，霍桑的焦慮中還包含著一份自傲，對被剝奪了繼承權的懷舊，對塞勒姆歷史的研究，讓他意識到自己與周圍環境格格不入，自己是一個貧窮、沒有職業的無用之人，四周都是一些重商主義的暴發戶」[010]。當霍桑成為著名作家後，相比於同時代那些

---

[008] Rose Hawthorne Lathrop, Memories of Hawthorne (New York: AMA Press, 1969), p. 478.
[009] Austin Warren, Nathaniel Hawthorne: Representative Selective (New York: American Book, 1934), p. 1.
[010] Frederick C. Crews, The Sins of the Fathers: Hawthorne's Psychological Themes (New York: Oxford University Press, 1966), p. 37.

第一章　和平主義的文化理論家

活躍且具有特權的人，他常常有一種優越感。他非常清楚，他的觀察和寫作能力與眾不同，幾乎比自己所認識的那些人都優秀，不過這種優越感是透過自嘲體現出來的，他常在前言中表現出假謙虛。

儘管他更喜歡詩人而不是勇士，但霍桑在年輕的時候就非常崇拜安德魯·傑克森（Andrew Jackson），把他視為自己的政治英雄。從廣義上說，傑克森的主要魅力在於他的英雄形象和平民化修辭，即崇尚平等主義、小政府和普通人的美德。直到1840年代班克羅夫特（George Bancroft）領導的民主黨，才在麻薩諸塞地區獲得優勢。據伊麗莎白·霍桑回憶，當傑克森將軍在西元1833年拜訪塞勒姆時，她的兄弟「步行到城邊上去迎接將軍，不是要和他說話，只是想看看他，發現只有不多的幾個人聚集在那裡，不是他想像的有很多人湧向那裡，熱烈歡迎將軍的到來」[011]。讓霍桑積極支持將軍的原因，一方面是他反對在波士頓居於統治地位的輝格黨十分成功，另一方面是他的人格魅力。傑克森將軍勇敢、驕傲、意志力堅強，似乎是平等和自主原則的代表，而這些正是霍桑自己的原則。在霍桑看來，他是一位神祕的民間英雄、偉大的民主黨人士、最優秀的平民[012]。

在皮爾斯傳記中，霍桑稱傑克森政府是「最輝煌、最有利的政府，讓我們的國家處於盛世」（23:287）。正如華特赫·伯特所注意到的：「對於霍桑來說，傑克森是英雄的代表，是人的代表，讓他走出了隱居的生活。」[013]。在《法國和義大利筆記》（Passages from the French and Italian Note-Books）中，霍桑稱傑克森為「最偉大的人，他自身的力量、智慧和性格，讓周圍的每一個人都心甘情願地為他效勞，一個無論多麼聰明的人，在他面前都只配成為助手」（14:367）。很明顯霍桑非常讚賞傑克森的政治敏銳性，

---

[011]　Brenda Wineapple, Hawthorne: A Life (New York: Knopf, 2003), p. 89.
[012]　參見 John W. Ward, Andrew Jackson: Symbol for an Age (London: Oxford University Press, 1962).
[013]　T. W. Herbert, Dearest Beloved: The Hawthornes and the Making of the Middle-Class Family (Berkeley:University of California Press, 1993), p. 73.

第一節　溫和的觀點：寧靜與理智的個性

在相當程度上，他後來也逐漸擁有這種素養，這也從他的政治任命中可以印證。

霍桑年輕時所信奉的傑克遜民主，很好地解釋了為什麼他能親近下層人民。然而，這種親近關係並不阻止他塑造一系列飽受低下社會地位困擾的經典人物（海斯特就是最明顯的例子），以及那些「對過去家族的輝煌抱著虛妄幻想」（2:19）的人物（例如潘欽），這表現了霍桑對失去的貴族地位的眷念，儘管他使用隱蔽的方式來表達這種情感[014]。馬西森（Francis Otto Matthiessen）在其經典之作《美國的文藝復興》（*American Renaissance: Art and Expression in the Age of Emerson and Whitman*）中指出，「霍桑理解社會的特別之處在於，它採取的是既民主又保守的悖論方式。」[015] 霍桑在〈海關〉中以開玩笑的方式陳述自己被殘忍的輝格黨砍頭，表達出對革命暴力根深蒂固的焦慮感[016]，他對「一群胡塗亂畫的女暴徒」有失文雅的辱罵，也暗示一種貴族式的迫害。

像伯克一樣，霍桑強調要忠於家庭。在西元 1840 年寫給未婚妻索菲亞（Sophia Hawthorne）的一封信中，霍桑講述了一個夢魘般的事實，「親愛的索菲亞，昨晚妳沒有進入我的夢境，相反我夢見自己在法國大革命期間協助路易十六（Louis XVI）和瑪麗・安東妮（Marie Antoinette）逃離巴黎。有時候，夢境中的變形真實得讓人無法理解，比如說我夢見我媽媽和妹妹也處於國王和皇后的境地」（15:427-428）。國王和皇后最後都被處死了。西元 1849 年秋，母親的去世和自己遭到解僱，或者說被「處死」，讓他想起了西元 1789 年法國大革命，這是他從阿方斯・拉馬丁（Alphonse

---

[014]　T. W. Herbert, Dearest Beloved: The Hawthornes and the Making of the Middle-Class Family (Berkeley: University of California Press, 1993), p. 88-112.

[015]　F. O. Matthiessen, American Renaissance: Art and Expression in the Age of Emerson and Whitman (NewYork: Oxford University Press, 1941), pp. 318-319.

[016]　Michael D. Bell, Hawthorne and the Historical Romance of New England (Princeton, NJ: PrincetonUniversity Press, 1971), pp. 170-171.

de Lamartine）所著的《吉倫特黨人的歷史》（*Histoire des Girondins*）（西元 1847 年）中所了解到的。這本書可以說煽動了西元 1848 年法國革命，並導致接下來悲劇性的「血腥六月」。

第二節　霍桑對時代焦點問題的回應

19 世紀中葉的社會批評家廣泛討論的事件、主題、矛盾和觀點，霍桑的作品常常設法了解及解決。他在西元 1833～1834 年間的故事和小品就極富批判性，諷刺作為惡魔的機器、把科技作為進步的意識形態、具有破壞力的勞動模式、城區毛衣工廠剝削女裁縫、城市裡逐漸加劇的階級差別、瘋狂斂財的美國百萬富翁等[017]。即使是重講的希臘神話《神奇故事》也充滿了社會批評。例如，《點金術》就暗示 19 世紀資本主義的「愛」和「價值」會摧毀家庭生活：邁達斯把女兒變成金子後才意識到，他太愛金子了。被解除了海關職位的霍桑知道，清教徒時期「空曠的荒野（howling wilderness）」是由魔鬼主宰的，這是年輕的古德曼・布朗在寓言裡的觀點。不同的是，19 世紀中葉的新英格蘭就像是一個咆哮的市場[018]。

《帶有七個尖角閣的房子》的敘事者冥想著，「在這個共和制的國度裡，我們社會生活的起伏浪潮，總是會把一些人置於被淹沒的邊緣」（2:38）。霍桑可能是男性至上主義者、反猶太主義者、種族主義者，以及不可忍受的中間階級——一位社會習俗的搗鼓者。更重要的是，他有令人尊敬的自我批評傾向，去審視自己所宣稱的那些意識形態偏好。在彰顯思想傾向的

---

[017] 參見 "The Procession of Life" (1843), "The Celestial Railroad"(1843), "The New Adam andEve" (1844), "The Intelligence Office"(1844), "The Christmas Banquet"(1844).

[018] Joel Pfister, "Afterword, " in A Wonder-Book for Girls and Boys, illustrations by Walter Crane, introduction by Ola D'Aulaire, afterword by Joel Pfister (New York: Oxford University Press, 1996), pp. 243-254, especially p. 247.

第二節　霍桑對時代焦點問題的回應

小說裡，透過分析可以發現，他常常是以文化理論進行社會批評的。

例如，霍桑的《大街》（西元 1849 年）講述了「大街」的斷代歷史，從土著時代的「達勒姆」到驅巫的 1690 年代。這段歷史就像是一齣木偶秀，為了恢復歷史的記憶，歷史學家像木偶操縱者一樣挖掘出「印第安人」、不同政見者、宗教殉道者，和其他一些因信仰不同而被監禁在大街下的人。大街在被入侵之前根本就不是一條路：「那位白人的斧頭從沒有砍過一棵樹，只要沒有洪澇災害，在所有秋季收穫的季節裡從沒有踩碎過一片枯葉。」(11:50) 木偶操縱者想像，女酋長和她的巫師丈夫瓦帕克維特會感到多麼可怕，如果他們：

像是在夢中一樣，看見這座莊嚴大廳前的石頭，將來在同一地點會被用來建造一座大廈。如果他知道將來這座大廈會成為一座雄偉的博物館，裡面陳列各種讓人好奇的泥土製品，一些印第安人的箭頭，因為一個消亡的種族而倍加珍貴。(11:51)

正如一位 21 世紀的批評家所寫的，「安格魯 - 撒克遜人摧毀了妨礙他的所有原住民的文化，然後出於愛心，將其碎片保存在博物館裡」[019]。但在霍桑的「博物館」裡，鼓勵讀者記住這種摧毀行為。後來木偶操縱者還敘述了，17 世紀晚期女酋長的孫子在塞勒姆賣河狸皮，只是為換錢喝酒。基督教的市場，就像撒謊的歷史書，「為紅人鋪了一條走向墳墓的道路」(11:55)。

清教徒的「安格魯 - 撒克遜力量」(11:57) 是一種過於自信的文化和經濟力量，用宗教作為帝國主義的託詞，迫害土著和持不同政見者。它就像是一種集體的力量，讓霍桑筆下的偏執狂們堅持認為：必須這麼做，簡直令人可怕。霍桑考察的是文化 —— 如何透過建構的環境，各種種族、性別、階級、宗教差異，以及習慣變得真實 —— 如何讓其成員適應一系列

---

[019]　Oscar B. Jacobson, Kiowa Indian Art (1929), quoted in Oliver LaFarge et al., Introduction to American Indian Art (1931) (Glorieta, NM: Rio Grande Press, 1970), p. 109.

第一章　和平主義的文化理論家

的生產和生活方式。文化結構——殖民結構——是從內部形成的，也從思想和身體外部表現出來。

清教殖民者為他們建設住房，把清教習俗、價值和認知方式強加給他們，希望讓這些變成事實，變成一種似乎想像上合法的權威。對付反抗者就採取監禁、遊行示眾、捆綁、鞭打進行懲罰。木偶操縱者甚至戲劇性地描繪，公眾鞭打赤身裸體的貴格會教徒安·科勒曼。霍桑可能是把自己的「心靈」訴諸筆端，審判其先祖執拗的「靈魂」：

那位警察是一名強壯的年輕人。每當他高舉皮鞭，你就會看到他眉頭緊皺、扭曲，同時嘴角露出一絲微笑。他喜歡自己的職業，忠誠於自己的職業，全心全意地投入每一鞭的抽打中，一絲不苟而且是熱情地完成霍桑法官交代的每一項任務。（11:70）

用這種方式，霍桑使用小說和歷史，解釋了編造的事實和「靈魂」之間是如何相互鬥爭，又是如何占據統治地位的過程——編造並不總是存在，然而編造卻能改變原來的內涵。到17世紀晚期，第二代清教徒簡單地以為，他們的大街——他們熟悉的基督教市場形式——已經成為「一種常見的現象」。西元1940年，法蘭克福學派偉大的文化理論家瓦爾特·班傑明，大量考察過「無名勞動力」的不成文歷史，正是他們創造了巨大的人類財富、文化，卻有可能受到不平等的待遇。他的結論是：「從沒有一部文化史不是野蠻歷史，但從沒有一部文化史記錄了野蠻歷史。」[020]

像班傑明一樣，霍桑想讓讀者清楚，野蠻是如何成為「文化」的形式——不僅作為文化的「紀錄」，而且作為日常生活、習俗、經營場地的結構。

他的小說試圖透視美國大街的文化假象。

---

[020] Walter Benjamin, "These on the Philosophy of History, " translated by Fredric Jameson inJameson's The Political Unconscious: Narrative as a Socially Symbolic Act (Ithaca, NY: CornellUniversity Press, 1981), p. 281.

第二節　霍桑對時代焦點問題的回應

1. 社會和家庭生活的巨大革命

霍桑的《火的崇拜》（西元 1843 年）講述了家庭起居室中逐漸流行的火爐，是一篇優美的小品文。它分析了家庭親密關係所導致的產業轉型——像《大街》一樣——它從歷史唯物主義的視角，解釋社會意識形成[021]。按照敘事者的說法，火爐引起了「社會和家庭生活的巨大革命」(10:138)。利用廢舊材料製造的火爐被浪漫化了，讓人追憶那種秩序良好、產業化前的生活，那種真誠的溫暖、忠誠、公眾與私人緊密的連繫更人性化：「人若能真誠地對待爐火（家），那麼也就會真誠地對待國家和法律、父輩所崇拜的上帝、年輕的妻子，以及所有其他天性或者宗教教會人是神聖的東西。」(10:140) 火爐象徵、促進了工業化對美國家庭的殖民化。

霍桑的敘事者，把爐火擬人化成鋼鐵生產過程中一個被剝削的勞動者，讓人聯想起新英格蘭急遽增加的工廠中的產業工人。「啊！真的很冷漠。勉強的食物就能讓他（火）快樂，把他投入鐵籠子裡，每天的收入連維持一頓早餐也許還不夠，強迫他在那裡苟延殘喘！」(10:139) 推動「蒸汽船」和「火車頭」的火，在家裡就像是「密閉籠子裡的犯人」(10:139-140) 受盡折磨。當爐架夢想到卓越，爐子會埋葬那個該死的東西。「空洞的爐膛裡有聲音在大聲地說……被燃燒的木頭肯定是生長在地獄的森林裡，那些可悲的樹木，也許是向但丁（Dante Alighieri）抱怨過。」

這種哥德式的「悲嘆，背負著無法言說的痛苦」，似乎把多愁善感的中產階級家庭置於危險的境地：「我們顫抖，害怕他會噴發。」(10:144) 霍桑也許是暗示，中產階級因廣泛的勞工動亂，和 1830 年代晚期工人活動的形成所產生的焦慮。

---

[021] Joel Pfister, "A Garden in the Machine: Reading a Mid-Nineteenth Century Two-Cylinder ParlorStove as Cultural Text, " in American Artifacts: Essays in Material Culture, eds. Jules DavidPrown and Kenneth Haltman (East Lansing: Michigan State University Press, 2000), pp. 149-166.

第一章　和平主義的文化理論家

霍桑把爐子當成工業化的象徵，可以稱作「自我建構（selfing）」。在某種程度上，所有的部件（selves）都是自我建構（selfing）的物質、文化、意識形態的產品或者反映[022]。敘事者建議，爐子幫助產生一種新的封閉家庭自我的形式，象徵著私人空間情感的加強。「家庭生活，倘若還可以稱為家庭的話，將會尋求獨立的角落，不會再是群體的事情。」封閉的交往將會「讓人參與討論」（10:146）。然而敘事者坦白，他擁有了幾個爐子，是因為它們效率高又便宜。

「火的崇拜」，屬於歷史學家菲利普・阿里斯於西元 1960 年所提的「情感的歷史」。在 19 世紀中期，阿里斯曾質疑過伴隨著工業革命的「情感革命」[023]。霍桑的小品文就像阿里斯的歷史一樣，將工業資本主義和家庭生活、工廠和愛、效率和情感，置於同一個框架下分析和討論，想像性地把它歸屬於自我建構（selfing）的物質、文化、意識形態機器的理論化和歷史化。《大街》和《火的崇拜》的歷史唯物主義，印證了安東尼奧・葛蘭西（Antonio Gramsci）的信念，「批評闡釋的起點，就是認識對象的本質，『要清楚你自己』是歷史過程的產物，最大限度地顯示你所領悟的內涵。」[024]

2. 文化的自我建構

霍桑是一位具有主體性的傑出文化理論家。他至少從兩個方面定義了主體性概念。首先，在《大街》和《火的崇拜》中，他從物質、歷史和

---

[022] Joel Pfister, "On Conceptualizing the Cultural History of Emotional and Psychological Life inAmerica, " in Inverting the Psychological: Toward a Cultural History of Emotional Life in America, eds Jole Pfister and Nancy Schnog (New Haven, CT: Yale University Press, 1997), pp. 17-59, especially p. 21.

[023] Philippe Aries, "The Family and the City," in Changing Images of the Family, eds. Virginia Tufteand Barbara Myerhoff (New York: Yale University Press, 1979), p. 32.

[024] Antonio Gramsci, Selections from the Prison Notebooks of Antonio Gramsci, eds. and trans.Quintin Hoare and Geoffrey Nowell Smith (New York: International Publishers, 1971), p. 324.

第二節　霍桑對時代焦點問題的回應

文化方面思考了自我的「建構」概念。一個明顯的例子就是自我的社會建構。在《福谷傳奇》中，當澤諾比阿談論自己更女性化的同胞妹妹普里西拉時，霍桑就使用了相關方法：「她是那種男人花了多少個世紀才創造出的女人（womanhood）。」（3:122）澤諾比阿不是把「女性特徵」理解為自然的，或者文化所賦予的東西，而是作為男權文化的意識形態創造物，男權文化提供了自然性或者心理給予性的幻想。霍桑不斷前景化一種觀念，即主體性是社會建構的，而不是簡單的表達。

其次，在另外一個例子裡，霍桑將主體性設想為一種「內部」心理自我的表達。在《紅字》中，激動的丁梅斯代爾，由於受易於犯罪的「內部人性」所蠱惑，來到森林裡會見海斯特。一旦他的「男人性」受到壓抑，丁梅斯代爾的「內部王國」就「因為道德準則控制，而成為一個完全不同的朝代」。通姦的牧師似乎是被一個「前景化的自我」所控制，而不是受另外一個自我控制，那個自我要面對現實、面對公眾，因此會受到壓抑。他渴望做些「邪惡的事情」、「管它是無意的還是有意的，聽之任之了」（1:217）。在這段話裡，霍桑是從本體出發，而不是從相關關係上解讀主體性；是從丁梅斯代爾「內在人性」的角度，而不是從文化形成的角度，強調心理力量。

從 19 世紀中期開始，中產階級讀者開始使用霍桑的第二種方法來解讀主體性。西元 1851 年，亨利·塔克曼在他評論霍桑的文章中吹捧道：「凸鏡——放大鏡和顯微鏡——被我們人類用來科學觀察外部宇宙，心理學家用它來探究我們的人性。」亨利·詹姆斯讚揚霍桑的「剖析」是「深刻的心理學」。無數 20 世紀的批評家比較霍桑和佛洛伊德，認為正是霍桑的原始心理分析智慧，讓他的小說顯得「深刻」[025]。

---

[025] Joel Pfister, The Production of Personal Life: Class, Gender, and the Psychological in Hawthorne's Fiction (Stanford: Stanford University Press, 1991), p. 27.

第一章　和平主義的文化理論家

當人們看重備受早期批評家稱讚的心理洞察力的價值時，像霍桑這種原始的心理分析方式，不應該被當作美國人洞察普遍心理自我的主要方向。相反，心理學話語本身必須理解為一種歷史的、文化的、意識形態的整體發展結果，是階級身分的產物——這種身分從總體上看，是一種中產階級的個人特徵。

霍桑還有戰後其他一些心理作家、感傷作家以及圖書評論者，為中產階級發明一種新興的流行心理學。這在與工業革命交織在一起的「情感革命」中，是一種重要的意識形態傾向。這種「情感革命」中複雜的戰後文學，從歷史的視角理解，建構了佛洛伊德晚期對自我和可預見的家庭心理分析想像。在意義上，這些小說幾十年前就以個體和家庭作為心理本質，進行解構和敘述，也就是說，有助於把個體和家庭作為心理本質進行重構。因此不是佛洛伊德「解釋」了霍桑，而是像霍桑這樣的19世紀中產階級小說家，從歷史的視角出發「解釋」了佛洛伊德，並讓心理分析在美國資產階級中逐漸流行起來。

霍桑用文化自我建構和心理本質這兩種方法來呈現主體性，具有不同的政治含義。他那些流行的心理小說，常常從高度個性化的角度來想像「自由」，不過在社會領域裡卻是一個相對狹窄的概念，代表著欲望的自我對文化的反抗，而文化被有限地解釋為一種避諱制度，佛洛伊德將其解釋為文化壓抑[026]。因此丁梅斯代爾在森林中與海斯特散步，便是在嘲笑清教徒的禁忌。當霍桑的小說試圖從其他關係中來理解主體性時，爭取自由的鬥爭，便不是依靠表達受社會壓抑的中產階級的內在自我，它似乎更依靠確定主體性的文化自我建構，是如何透過可變化的社會力量建構起來的。

---

[026]　Michel Foucault, The History of Sexuality, Volume 1: An Introduction, trans. Robert Hurley (New York:Vintage, 1980).

第二節　霍桑對時代焦點問題的回應

　　當然，霍桑呈現主體性的兩種方法，有時候也在同一部小說中出現。在《大街》中，霍桑批評了「美國人」意識形態上的自我認知，這種自我認知是由「大街」的建築和人行道所象徵的結構確立的，它導致了一種歷史遺忘症，抹去清教帝國主義的矛盾。可霍桑對清教徒的批評，也有效利用了受壓抑的「內在人性」模型，如霍桑手下的治安官在鞭打時臉上的「微笑」。這種清教徒「內在人性」，也出現在《快樂山的五月花柱》（The May-Pole of Merry Mount）（西元1836年）及《恩迪科特和紅十字》（西元1838年）中。霍桑用這些「內在人性」，從心理上報復他的先祖，暗示他們一時衝動就炮製出某種規則強迫別人遵守，但他們自己並不遵守。

　　當他們在迫害他人的時候，從這些同樣禁忌的衝動念頭中獲取快樂。最後，透過迫害在生殖器崇拜的五月花柱周圍嬉戲的異教徒，把他們綁在垂直的柱子上鞭打，清教徒以隱含的方式獲得了類似的快樂。

　　如果可以斷言，霍桑小說的流行心理，偏向為現代文化理論用於精神療傷鋪平了道路，那麼也可以認為，霍桑從社會視角闡釋文化自我建構如何運作，就擴展了我們對震撼心靈的文學文化作品的文化理解視角。透過描述中產階級心理和情感自我建構，透過揭示階級和性別自我建構的意識形態過程，霍桑敏銳地洞察到，美國文學會成為一種主體性產業，並積極參與其中。

　　19世紀中葉，美國文化界曾發生過一場聲勢浩大的文化辯論，主題為「自我評價最重要的因素」，爭論的焦點在於：是否應該只把公民成就看成一種「生活」，或者是否把考察私人的經歷，看成是解釋公共行為意義的重要因素。霍桑也參加了這場辯論，《一部手稿》（西元1844年）屬於第二種討論的範疇[027]，關注的是符號及其意義。

---

[027]　參見 Scott E. Casper, Constructing American Lives: Biography and Culture in Nineteenth-Century America (Chapel Hill: University of North Carolina Press, 1999).

第一章　和平主義的文化理論家

　　這篇隨筆透過分析幾位美國開國元勛的書法筆記，來推斷其個性特徵，屬於字相學（graphology）研究的範疇，與當時流行的顱相學、人像學等科學或偽科學，在 19 世紀的美國都備受推崇。霍桑寫這篇隨筆受到的影響，可能來自兩個方面：首先是 1830 年代流行的《戈迪女士的書》（Godey's Lady's Book），作者分析歷史上一些著名女性如伊莉莎白女王（Elizabeth I）的簽名，試圖判斷她們的女性特質[028]。其次是愛倫‧坡（Edgar Allan Poe）關於筆跡的三篇論文，詳細研究了現代學者的手稿筆跡。然而在西元 1841 年文章的前言中，坡承認他的分析更多是出於自己的文學個性，而不是相信筆跡能顯示人的個性，他只是從心理和文學上分析了他喜歡的作家[029]。

　　像戈迪的作家和坡一樣，霍桑的敘事者努力揭露公共場合以外的自我真面目，將筆誤看成是未經編輯的深層心理個體，並想像成歷史自我的駕馭者。

　　《海邊的足印》（西元 1838 年）也討論了類似的內部自我建構問題，把「足跡」這一非故意的行為，視為解釋人個性和心理異常的有力證據。「追蹤我們在沙灘上留下的足印，會發現自己本性的軌跡。只是偷偷一瞥，其實它從沒想到會有人看。這一瞥會讓我們變得聰明。」（6:454）那個海濱就是一面心裡的鏡子，反射了情緒和幻想。為市場和工作的標準化世界，補充一劑療傷的解藥。想像追蹤自己的足跡，敘事者預言，「我會擁有自己的思想、自己的情感，和不被侵犯的獨立人格」（6:461）。審視自己的足跡，好像等同於重新擁有了自我，這也是文學寫作試圖達到的目標。

　　在這篇隨筆中，就像是《一部手稿》中的敘事者所看重的分離主體性

---

[028] Nathaniel Hawthorne, "Phrenology," The American Magazine of Useful and Entertaining Knowledge 2 (March 1836): 337; Nathaniel Hawthorne, "The Science of Noses," The American Magazine of Useful and Entertaining Knowledge 2 (March 1836): 268.

[029] Poe, The Complete Works of Edgar Allan Poe, vol. xv, ed. James A. Harrison (New York: AMS-Press, 1965), pp. 139-261.

第二節　霍桑對時代焦點問題的回應

一樣,「獨立人格」按照差別的社會邏輯進行概念界定:個體不僅把自己想像成與他人不相同,更巧妙的是,想像其內部構造上也是有差別的。霍桑的敘事者尋求「擁有」那種深度的差異,作為主體性潛能的文化符號。然而那位感情上恢復元氣的敘事者,累積了這種心理資本,再返回到擁擠的市場中去。要是 19 世紀的家庭生活具有這種意識形態功能:以感情的力量打動男性工人,以「房子裡的天使」修補他們,再讓他們回到市場上去戰鬥,那麼對自我進行精心的治療,就是同樣的意識形態循環。

在《先生的鏡子》中,霍桑讓讀者對自我個性的設想變得複雜化。相比於把個體作為可以重新獲得的本質來理解,這是很明確的,霍桑更趨向於從相互關係上,將個體理解為階級的抽象、階級身分和自我建構的階級形式。敘事者仔細思考鏡子的反射,及反射所造成的變形。他看見一個不穩定的、破碎的自我。但他開始辨別個體,不是作為內在不同於自己的本質,而是作為文化的意象(先生)。它是「雙重的」,敘事者從文學的自身指涉功能進行總結,「鏡子先生沒有人性,只是一個形象」(10:159)。「Figure」的含義為「體形」和「文學修辭」。霍桑讓讀者思考形象——文學修辭——如何在文化自我建構中發揮作用,特別思考形象透過文化、語言、詞彙,產生自我啟示的自身形態概念。「哦!」敘事者坦白說,「這位鏡子先生是一個狡猾的人。」(10:166)

鏡子中「狡猾」的形象並不是真實的,而是一種抽象的、沒有語境的呈現。霍桑認為,聚精會神的個體反思並非階級身分的特徵。「鏡子先生的家庭成員,常常去拜訪住在漂亮房子裡的朋友,卻鮮少去拜訪住在陰暗地窖裡的朋友,因此受到譴責,這也許是公正的。」(10:166)

霍桑強調身分及形象特質的自我指涉,這在他許多反寓言式的寓言裡占有重要地位。《利己主義,或胸中的蛇》(*Egotism; or, The Bosom-Serpent*)(西元 1843 年)顯示出文化形象所具有的心理自我解釋力。在這篇

第一章　和平主義的文化理論家

小說中，羅德里克的胸口似乎一直有一條蛇盤踞著。《胎記》(*The Birth-Mark*)（西元1843年）是另外一篇自我指涉、反寓言式寓言，講述了文化的預言式運行。阿爾默是一位相當有學識、執拗的鍊金術士，密謀在一個具有虛偽科學知識的書房裡做一次實驗。他寓言化新婚妻子喬治亞娜臉上的胎記，並不是因為這是她唯一的美學瑕疵，而是因為她「易於導致罪惡、悲傷、腐朽、死亡」（10:39）。隨著故事的展開，阿爾默引誘妻子，將除去她左臉頰上那塊深紅色的手形胎記歸入他的議事日程時，就是對她及其內在意義進行重新解讀。

霍桑顯示的文化力量，不僅強迫其主體沿著一定路線閱讀和重新閱讀他們自己，而且會產生痴迷，讓身體處於病態。因此當喬治亞娜忍不住擁抱阿爾默的瑕疵女性病態寓言時，她從文化上和寓言上完成了內部自我建構。文化作為一種社會力量，能以非常巧妙的手法對主體產生作用，讓主體的身分及其規則在他們的本性深處發生作用。事實上，這個故事暗示了文化能給女人以心理刺激，讓她們歸於病態，這是緊張的意識形態壓力所產生的副產品，表現為「房子裡的天使」。

一些19世紀中葉的女人，正如霍桑所說，拒絕女性身分的心靈再造、頭腦再造、身體再造，即拒絕成為文化的天使。當代《戈迪女士的書》批評對於女性內部自我建構產生了分歧，她們認為男權文化讓女性身體處於病態，希望女人能閱讀她們自己，透過想像以隱匿的方式去閱讀她們的「女性」本質[030]。

喬治亞娜美容式的外科手術，把自己變成了「房子裡的天使」，去除的不是罪惡、悲傷、腐朽和死亡，而是生命。

把喬治亞娜塑造為「天使」的致命性寓言試驗，和阿爾默的歷史性寓

---

[030] Harriet Beecher Stowe's letter to the editor, "Editor's Table," *Godey's Lady's Book* 26 (January 1843): 58.

第二節　霍桑對時代焦點問題的回應

言試驗處在同一個層面，就是他們經歷了意識形態的壓力，這種壓力不是歷史層面的而是心理層面的。霍桑也將這種夫妻間貌似「心理」的張力，透過「血淋淋」的手這種多義的破壞形象，複雜地置於歷史之中。喬治亞娜婚姻中病態的「手形」，把她與新興的工業世界連繫在一起（常常在現代寫作中，表現為改變自然的鍊金術），其中去技術化的工人們，逐漸被稱為或者說被控制為「手」。霍桑把訓練中天使的社會困境，與孤獨工人的社會困境連繫在一起，後者在工作中已經更少地使用手了。霍桑豐富的文化象徵，對本故事的讀者是一個挑戰，因為要從理論上超越心理性別關係，與更廣泛的社會、工業和階級關係連繫起來，為中產階級清晰有序的性別角色提供意識形態上的情感補償，並不是一件簡單的事。

霍桑的理論在《紅字》中展現得淋漓盡致。只用了幾個句子，霍桑就讓海斯特成為最傑出的文化理論家。在《福谷傳奇》中，澤諾比阿斷言，男人不斷在嘗試「製造」女人，這種性別的社會建構主題，早在寓言化的《胎記》中就得到過精確的表達。澤諾比阿的建構主義對性別差異的確立，在社會生產過程中到底發揮什麼樣的作用還有點疑慮，海斯特短暫的革命願景則大大超前了。霍桑透過海斯特暗示，性別在一定程度上的內部自我建構，從結構上來看是必須的，因為它有助於系統力量的社會構造，及情感生活變成現實，這一點在《胎記》中只是做了象徵性的表達，非常模糊。

海斯特預言，對於女人來說，要設想一個公平、合適的位置，必須重構三件事情：第一，「必須推翻整個社會系統，重新建構」；第二，男人必須改變「沿襲的習慣」，也就是傳統的言行觀念——這彷彿逐漸成為他們的本性，實際上並不是；第三，女人必須在角色、自我形象、期望和感情上經歷「一個更有力的變化」（1:165-166）。海斯特非常清楚，性別角色的二元分類，已經被植入整個社會系統的經濟、政治、宗教和文化中，任何

想修補改變這種似乎「對立」的性別角色的行為，挑戰這種「對立雙方」的自然性，都會威脅系統的生殖力。

霍桑只是短暫地授權海斯特，來表達這種理論主張，並未進一步深入。她意識到似乎分離的社會力量是相互依存的，這種認知還相當模糊。這種模糊的認知要讓社會和性別產生巨大的變化，如果不是不可思議的話，也是毫無希望的。霍桑用兩種方式懲罰海斯特，因為她不具備女性所擁有的、進行理論推理的能力。霍桑決定，所有的腦力活動必須讓她顯得討人嫌，不像一個女人。更具毀滅性的是，霍桑堅持讓她犧牲掉的，是她身為女性常規的內心搏動。（1:166）甚至海斯特的願景警告，設法經歷一種更大變化的女人都是要冒風險的，可能會喪失掉「優雅的本質，而那是她真實生活的基礎」（1:165-166）。

這裡，霍桑是要設法重新控制海斯特，讓她實現內部自我建構——透過解釋她違背的女性「本質」。雖然海斯特自己也了解到，性別自我建構是社會力量產生複雜結構的期望、刺激、規則和需要的重要方式，但霍桑讓讀者相信，正是海斯特從情感上十分依戀天使和母親這種身分，它們具有療傷的功能，限制了她進一步製造出革命性的理論和行動。霍桑讓海斯特終止文化的內部自我建構，是作為一種理論鋪陳，目的是為了重新解釋，和讓她成為這種內部自我建構的情感產品。

3. 工業時代塑造靈魂的文化工作

《美的藝術家》（西元 1844 年）是霍桑最複雜的小說之一，討論了主體性形成的文化理論。歐文・沃蘭德是一位具有理想的浪漫藝術家，否認自己的行業是鐘錶產品（時間的機械符號）修理匠，要發明一種他認為永恆的東西，一個由改進的手錶零件構成的機械蝴蝶。

第二節　霍桑對時代焦點問題的回應

　　阿爾默試圖成為靈魂的塑造者，能「找到最好的方法去呈現靈魂」（10:49）。沃蘭德是另外一個偏執狂，同樣著迷於「讓機器具有精神的理念」（10:459），這在客觀上類似於美國作家的文化挑戰，試圖把「靈魂」或者「個性」，植入湯瑪斯·卡萊爾所說的「時間符號」或者「機器的時代」裡。在《時間符號》裡，卡萊爾關注的是人的困境，「一名工匠從廠房裡被趕出來，是為了替效率更高的機器騰出空間」。像霍桑在《火的崇拜》（Fire Worship）中所表達的一樣，卡萊爾關注工業化對主體性的影響，表達了這種文化和精神孤獨，害怕工業文化會製造出「機械的腦袋、心臟，以及手」[031]。

　　霍桑筆下工匠式的藝術家，好像把個體的孤獨而不是階級剝削，看作是工業化時代美國的壓迫性問題。相比較而言，霍桑的故事超越了卡萊爾的批評，它透過分析思考主觀能力的浪漫發明，不是過於簡單地從精神上反抗工業資本主義，而是作為工業資本主義一種再生產的機制，作為一種策略來區分階級差別。

　　當沃蘭德從事他的機器發明時，他最後甚至相信，自己受到了師傅的女兒安妮·霍文頓的鼓舞。不過安妮的階級身分認同，是與「鐵」人和使用價值緊密連繫的，這就破壞了沃蘭德及他正在研製的機械蝴蝶。安妮身為鎮上的鐵匠，她的夢想和價值觀比藝術家更腳踏實地，更合乎常理。因此，工匠安妮無法成為沃蘭德眼中中產階級的象徵，即「生活中的天使」。那位藝術家想像，他往昔的繆思「從天使蛻變成一個普通的女人」，因為她拒絕了他，同情的是工匠。當然，安妮並不知道她破壞了藝術家的試驗，因為她不知道要像一位中產階級天使那樣去表現。在藝術家把對傳統女性的期望，強加到一位同情工匠的女孩身上時，他相當程度上就將她「當成自己的創造物，當成機器的神祕部件」（10:464）。

---

[031]　Thomas Carlyle, "Signs of the Times," in Critical and Miscellaneous Essays, vol. 11 (New York: Hurd and Houghton, 1876), p. 138.

第一章　和平主義的文化理論家

沃蘭德的機械蝴蝶漂亮、富有藝術性，可以被理解為縮小版的「房子裡的天使」，一個具有技術含量的、帶有翅膀的替代品。他那會飛的機器缺少天使的翅膀，卻擁有蝴蝶的翅膀，甚至能放射「光環」（10:474）。這種運轉順暢、帶有光環的蝴蝶，具有典型的女性特徵：迷人但脆弱（易於壓碎），可作為裝飾品，從不頂嘴，閃光（沒有危險、閃耀、像升起的煙火），能對操縱者做出靈敏迅捷的反應。

西元1838年，女權主義先驅沙拉·格雷姆克詳細描述過，身處於那些「時髦世界裡的裝飾性蝴蝶」之中，她是如何拒絕接受自己的命運的。30年後，另外一個沒有翅膀的女人的積極倡導者──芬妮·費恩（Fanny Fern），告誡讀者不要讓自己陷入「一隻蝴蝶……或者一部機器之中，一旦被婚禮儀式弄得焦躁不安，它就會持續不斷地發出單調的咔嗒聲，直到死亡」[032]。格雷姆克與費恩所想的都是女性，就像霍桑在《戈爾貢的首級》中描寫過的，梅杜莎神話中那個「無法理解」的、具有鋼鐵般的軀體、金色翅膀的戈爾貢。好戰的戈爾貢能讓看見它的男男女女嚇傻、石化（7:12-13, 28-29），因此在戰後的美國被稱作「惡魔」。

因為安妮不是天使，按照敘事者的說法，她沒有「被愛的深邃智慧所啟迪」（10:460），因此「不能做出任何深刻的反應」（10:464），不能解釋藝術家那個精緻蝴蝶的深刻精神意義，這種蝴蝶對她和她那個階級的成員來說，都是毫無意義的。藝術家理應替看起來膚淺的安妮，解釋清楚蝴蝶深刻的象徵含義。他宣稱，蝴蝶「承載了一位追求美的藝術家的智慧、想像、情感和靈魂」（10:471）。可是蝴蝶那些發光的零件和齒輪自身沒有意義，是藝術家讓這些零件和齒輪具有深刻的文化內涵、意義和價值：他的文化想像，讓機器和齒輪富有了他所說的「男性藝術家的靈魂」。

---

[032] Fanny Fern [Sara Payson Parton], "The Women of 1867," in her Ruth Hall and Other Writings, ed. Joyce W. Warren (New York: Rutgers University Press, 1986), pp. 343-344.

沃蘭德複雜的發明象徵著階級差別。那個蝴蝶所謂內在性象徵，及藝術家的靈魂與個性，對那些不了解藝術的工匠階層來說，是不切實際的。從故事的整個流程來看，鐵匠及鐘錶製造者這些「鐵」的階級，只是崇尚時間的符號，並不像中產階級中的浪漫成員那樣是永恆的符號。Warland 的名字讓人想起「warfare（戰爭）」。即使沃蘭德自己也是工匠階級的一員，他更像一名孤獨的、偽裝的、中產階級藝術家。在某一層面上，他的蝴蝶是他的階級規劃、階級地位變化、階級夢想。以前做鐘錶修理工時，就浪漫地幻想過能造出有翅膀的東西，這對他是一種提升，在他看來，至少比純粹的機器修理要高出一籌，那是沒有人性、沒有靈魂的「低階」職業。

他以前的師傅彼得・霍文頓，事實上在這一行業裡就十分盲目，毫無目標。

這篇象徵性小說的高潮，出現在安妮的孩子和她的鐵匠，壓碎了那個精巧的蝴蝶。沃蘭德並沒有沮喪或者震驚，而是從見證帶翅膀的機器「靈魂」被摧毀的過程中，獲得了巨大的藝術滿足感，甚至是報復性的快感，就好像那些「擺弄鐵的（殘酷的）」人們摧毀了他的蝴蝶，就是摧毀了他們自己的靈魂。對於沃蘭德來說，這更代表著一場戰爭。戰爭中，他表面上的審美超越，就是一種武器和策略。他知道自己的階級成員都是一些目光短淺的人，會把他的美學，即機器發明，看成純粹的裝飾玩具，這在富蘭克林的格言「時間就是金錢」所鑄就的文化裡，簡直就是浪費時間。

蝴蝶複雜的構造，決定其無法進行大規模生產，因此就不能當作商品出售。所以，那位自鳴得意的藝術家，以一種平靜的心態，帶著象徵性的勝利，拿著已成碎片的蝴蝶，出現在最後的場景裡，自信是一種報復。他確信，勞動階級已顯示其手段──即使是孩子也是鐵鑄的，在精神上應該受到詛咒。然而，那位藝術家仍然擁有更高的夢想，就是讓自己成為主體的貴族，即一位工匠中的藝術王子。

第一章　和平主義的文化理論家

從中產階級的角度，對藝術的浪漫理解，霍桑筆下的藝術家，與西元1820、1830年代許多追求實用藝術和文化的力學機構，存在極大的不同。例如，麻薩諸塞州慈善力學協會所發表的演講，強調在科學和繪畫方面教育工匠，是引導他們自我建構、自我尊重、自我控制，培養公民和民族責任感的有效途徑。協會演講者的目的，是為了明確區分實用和有用之間的文化區別[033]。

蒂莫西‧克拉克斯頓的《一位技工的回憶錄》（西元1839年）也持類似的觀點。克拉克斯頓的職涯，一開始是在英國當技工（銀匠），最後幫助建立波士頓力學協會（西元1826年）、波士頓學園（西元1829年）及波士頓力學學園（西元1831年）。他的職涯讀起來像沃蘭德的反轉。還是孩子的時候，他就欣喜地自製一個鐘，並學會有用的機械製圖。雖然克拉克斯頓讚揚發明「是開闢出前人從未征服過的領域」，但他嘲諷那種試圖發明「永動機」的努力，並讚揚巴黎科學院譴責這種試驗「純粹是浪費時間」。

年輕的時候，克拉克斯頓曾有過發明永動機的幻想，不過他後來放棄了這一追求，轉而發明更好的捕鼠器。西元1832年，他在波士頓創立一家名為「年輕的機械師」的雜誌社，意在「把崇高的思想傳播給階級同胞」[034]。克拉克斯頓是霍桑的鐘錶修理工拒絕仿效的理想機械師。拒絕自我塑造的手工業意識形態，沃蘭德積極向上，專注於自己的發明，希望成為中產階級的蝴蝶締造者。

---

[033] 參見 Massachusetts Charitable Mechanics Association. Annals of the Massachusetts Charitable Mechanics Association, 1795-1892 (Boston: Press of Rochwell and Churchill, 1892).

[034] 參見 Timothy Claxton, Memoir of a Mechanic: Being a Sketch of the Life of Timothy Claxton (Boston:G. W. Light, 1839).

第三節　和平主義的政治理想

在霍桑的成長過程中，正是美國民族文學逐漸崛起的時期。在文學生涯之初，他積極回應這種趨勢，有目的地研究新英格蘭歷史，從早期的清教徒定居到美國革命的爆發。他早期的多數短篇，描繪的都是殖民時期緊張的政治關係，並透過這種緊張關係，表現小說人物所經歷的各種心理和道德爭鬥。有一個事實是，他自己的先祖在殖民歷史上有過非常重要的作用，這也是引起他興趣的原因之一。他厭惡暴力衝突，並不像同時代人那樣，而是質疑美國在軍事上的勝利。進步，特別是透過戰爭所取得的進步，他認為是值得懷疑的概念。這種黑色概念，既表現在對國家的描繪上，也表現在對人性的描繪上，都是由於那種「黑色的偉大力量」[035]，這種力量正是悲觀主義的梅爾維爾（Herman Melville）所崇拜的。

麥可·科拉克西奧、麥可·大維特·貝爾、弗里德里克·紐貝里等霍桑研究者的研究都表明，霍桑利用新英格蘭歷史，積極參與了建構民族文學的運動。與同時代作家不同的是，霍桑非常細緻地審視這一段歷史，並以強烈的反諷，看待大家所公認的美國從殖民時期到建國時期的進步。正如紐貝里所精闢指出的：「霍桑對17世紀清教主義以及對美國獨立戰爭的闡釋，都彰顯出他的愛國主義精神，在邏輯上表現出遞減性，而整體連貫性是緊湊的。身為一名嚴肅的歷史學家及藝術家，霍桑了解到，歷史紀錄比流行的意識形態要複雜得多。」[036]

必須表明的是，霍桑同情的是那些政治暴力的受害者，而非勝利者。

---

[035] Herman Melville, "Hawthorne and His Mosses, by a Virginian Spending July in Vermont," in Nathaniel Hawthorne, Critical Assessments, ed. Brian Harding (Mountfield, East Sussex: Helm, n.d., 1850), p. 219.

[036] Frederick Newberry, Hawthorne's Divided Loyalties: England and America in His Works (Rutherford, NJ: Associated University Presses, 1987), pp. 23-24.

第一章　和平主義的文化理論家

對於他來說，與他周圍的大多數居民截然不同，良好的政治目的是不能為暴力政治手段辯護的。只有回顧歷史，像城堡防禦措施和戰場這些「戰爭的痕跡」才能獲得價值，可以用來「奇妙地記憶起那個恐怖和令人痛苦的時代」，並教育孩子們「不要像父輩那樣揮霍浪費，犧牲掉這麼好的制度，去關注那些熱情的衝動和不適用的理論」(23:418-419)。

霍桑在閱讀美國 17～18 世紀歷史中的收穫，就是建構起強烈的和平主義觀，並成為其政治觀的基礎。雖然這種和平主義有時候動搖過，比如說，內戰爆發初期，像許多人一樣，他也「主張(breathe)屠殺」(18:422)，但這並沒有成為他判斷個人和國家行為的基本原則和連續性原則。在他的早期小說中，這種和平主義表現在他對他者（包括印第安人、貴格會教徒及巫師）迫害的描繪，以及反對現存體制所採取的暴力團體事件的描繪。在他編輯的兒童課本《彼得・帕利通史及地理基礎知識》（西元 1837 年）的前言中，他明確地以歷史敘事表明自己的哲學觀，警告讀者：「當你拉開歷史的窗簾會發現，多少世紀以來，人類好像一直在不斷地鬥爭、戰爭、血腥屠殺……」(23:266)

1. 改革的政治暴力

霍桑最早表達仇視暴力傾向的短篇小說是《蒼髮勇士》(*The Gray Champion*)（西元 1835 年）。小說將西元 1675 年出現在麻薩諸塞的哈德利（查理一世的弒君者之一），與西元 1689 年波士頓對艾德蒙・安德羅斯政府的反抗結合在一起。故事一方面表達對清教徒所期盼的美國革命精神的讚美，另一方面充滿了對清教徒的諷刺。身為清教徒的「蒼髮勇士」，沉著鎮靜、盡其所能地充當總督的護衛。一群清教徒聚集在國王街反抗總督，那些殘忍的僱傭兵，「都是些經歷過飛利浦王之戰的退伍戰士，曾以虔誠的狂熱焚燒鄉村、屠殺老幼，而舉國上下那些善男信女，居然透過祈禱來

第三節　和平主義的政治理想

幫助他們」(9:11)。當那位弒君者突然出現，遇見前進的軍隊時，大聲喊道：「站住！」他鼓舞著群眾，群眾面對著「那群士兵，也不能說是手無寸鐵，因為他們準備用街上的石塊當成致命的武器」(9:16)。安德魯斯和他的人「開始緩慢而警覺地撤退」(9:17)。然而，在和平解決衝突的過程中，無論是清教徒們還是「那群專橫的統治者」，或者是那個具有威懾力的弒君者，都沒有獲得明顯的讚揚[037]。那個弒君者的成功，換句話說，在於他的勇氣，他勇敢地站在軍隊前面蔑視其武力，而不是使用武力。

在《我的親戚，莫利紐克斯上校》(*My Kinsman, Major Molineux*)（西元 1831 年）中，小說的結尾戲劇性地描繪了大約 75 年後發生的一場類似的衝突。在小說中，17 世紀中葉「大眾心中的怒火」讓憤怒的殖民者拷打，甚至要殺死那位忠誠的總督——羅賓的親戚[038]。年輕的羅賓首次從農村來到城市，當碰見一群人押著他那位全身被塗滿柏油、沾滿了羽毛的親戚出城時，就被城裡的政治傳染病所影響：「一種著了魔似的激動，不久就攫住了他的思緒，這次夜間的遊行，意外出現的人群、火炬，以及隨之而來的喧鬧，他的親戚備受群眾辱罵的樣子，凡此種種，並更有甚者，整個場面中那種極其荒唐詼諧的意味，都給予他一種精神痴迷的影響」(11:229)。羅賓也報以恐懼的大笑，加入暴徒們「毫無意義的大吼」行列。他們一路向前，「如同魔鬼嘲弄地簇擁著什麼君主的死屍，死者雖然不再有強權，卻仍在極度痛苦中威風凜凜」(9:230)。

因此，在參與讓「一顆在尊崇中鬚髮變灰的頭受盡屈辱」後，羅賓顯示出其性格弱點，這是對前文諷刺他「精明」的回應，正如那位新朋友在結尾所暗示的那樣，雖然他可能會「在這世上發跡」，但羅賓親戚所遭受

---

[037] 參見 Frederick Newberry, Hawthorne's Divided Loyalties: England and America in His Works (Rutherford, NJ: Associated University Presses, 1987), p. 55.

[038] Michael Colacurcio, The Province of Piety: Moral History in Hawthorne's Early Tales (Durham, NC: Duke University Press, 1995), pp. 136-138.

第一章　和平主義的文化理論家

的暴力，會在他心底留下巨大的陰影，其罪惡感最終也會玷汙他的發跡。

出現在《我的親戚，莫利紐克斯上校》中的變化，從天真的年輕人變成幾乎是野蠻的成年人，這種類似的變化在霍桑隨後的作品中，由於當時的「流行病」、「感染」和「發燒」也出現過——他常常這麼命名，是為了暗示其毒性。肖提出霍桑筆下的美國革命，可以被視為青少年的成年禮儀式，比佛洛伊德在《圖騰和禁忌》(Totem and Taboo)（西元1913年）中所描繪的替罪羊國王儀式還要早[039]。

西元1842年7月，霍桑和他的新婚妻子索菲亞搬到康科德的老宅後，就知道那裡與革命戰爭有密切的關連，因為從樓上的窗戶就能看到一座小山，當年英軍來到康科德查抄平民私藏的武器時，康科德民兵就是在那裡阻擊英軍的。西元1775年4月19日，美國獨立戰爭的爆發地就在附近的「老北橋」，愛默生（Ralph Waldo Emerson）在他的詩〈康科德戰鬥〉中寫道，那裡發出的槍聲「響徹世界」[040]。那天有兩位英軍士兵被打死。在《老宅》中，霍桑提到了下面的情景：

在那個4月的某天下午，牧師的年輕僕役正在古宅後院劈木材。當石橋兩頭槍聲大作時，他匆匆穿過空曠地想去看個究竟。常常，作為心智和道德上的思考課題，我曾經設想去追蹤那個年輕人，透過他後來的生涯，觀察他的靈魂如何因血汙而受煎熬，儘管長期以來，剝奪人類生命的尊嚴已是戰爭的慣例，可殺害一名同文同宗的兄弟，仍應被看作是一種惡行。（10:9-10）

這段描述的最後一句，就是霍桑對非人道和無情戰爭的諷刺和批評，直接指向他自己的祖國及其禽獸般的公民。

---

[039] Peter Shaw, "Fathers, Sons, and the Ambiguities of Revolution in'My Kinsman, MajorMolineux', " New England Quarterly 49 (December 1976) :559-576.

[040] R. W. Emerson, "Hymn: Sung at the Completion of the Concord Monument, April 19, 1836," inCollected Poems and Translations (New York: Library of America, 1994), p. 125.

第三節　和平主義的政治理想

這個故事一直留在霍桑的腦海中。大約 20 年後的內戰期間，住在路邊雅舍的霍桑，在接見英國記者愛德華·黛西時，也為她講述了這個故事。在黛西的重述中，「一些英軍士兵，返回來救助傷兵，發現他們的同袍腦袋被劈成了兩半，並大聲喊叫，說美國人剝去死去的英軍士兵的頭皮」[041]。黛西的描寫提供一個資訊，當那個小孩變成一位老人後，「他冷酷地殺害過一位受傷的士兵，這一念頭不停纏繞著他，最終到死也無法擺脫」[042]。按照黛西的解釋，這種行為的動機是恐懼和自衛，而霍桑的說法是，那個小孩「既不是存心，也未經思索」。當然，導致該行為的目的和思想，是周圍環境的因素，包括老北橋的交火、當時場景所引起的激情事件。

從這兩個相隔 20 年的相關版本中，讀者能辨別出三種延續的深邃想法，這也是體現在霍桑小說中的政治思想：首先，在政治情緒的影響下，一位天真、愛好和平的年輕人，可能變成一個野蠻的成年人；其次，政治動盪和公開的戰爭會剝奪人類生活的尊嚴，讓野蠻的屠殺顯得合理且不可避免；再次，罪惡的煎熬源自受政治影響的暴力，即使那時候有正義的藉口。政治動盪及巫術恐慌成為那段時間的「傳染病」，產生了霍桑所描述的一個人會跳入「溪流」或者「河流」，幾乎都違背人的意志。

這種情節構成了《我的親戚，莫利紐克斯上校》的高潮，在《帶有七個尖角閣的房子》中，它也是一個重要場景，當時虛弱無力的克利福德，在一支政治遊行隊伍經過他家陽臺下面時，也經歷過類似的一幕。鑼鼓聲、樂器聲、飄揚的旗幟和遊行的人群，構成了一幅嘈雜的景象，在他看來，「這不是單獨的個人，而是一個整體，如同滾滾向前的生命之流，洶湧澎湃，神祕而晦暗」(2:165)。因為激動，克利福德變成「一副狂野、桀

---

[041] Edward Dicey, Six Months in the Federal States (1863), reprinted as Spectator of America, ed. Herbert Mitgang (Athens: University of Georgia Press, 1989), p. 269.

[042] Ibid., p. 269.

第一章　和平主義的文化理論家

驚不馴的模樣，花白的頭髮隨風飄拂……這位孤獨、與世隔絕的老人，此時憑著難以抗拒的衝動，感覺自己又變成了一個人」(2:166)。在即將從陽臺上跳入人群中的瞬間，他被恐懼的妹妹海波茲芭和姪女菲比擋住了。

《年輕的布朗大爺》(Young Goodman Brown) 的同名主角，在他的森林之旅中也經歷過類似的變化和激動，只不過那可能是一場夢。從「正在輕輕地向北漂」的「一塊黑雲」的深處，他聽到了「一些嘈雜而又可疑的聲音」，包括他妻子費斯的聲音。因為失望而變得瘋狂，他大聲地狂笑，向「那個恐怖的場景」衝去，試圖弄清楚那些「聲名顯赫的人物」都來參加的女巫安息日聚會，到底是什麼樣子。這次聚會的主持人，「黑色的影子」，可能是一個魔鬼。為了加強場景的恐怖性，霍桑還讓「一些印第安牧師和巫師」混雜在這些人當中，「他們重用英國巫術所不知的隱祕咒語，使他們自己的那片森林令人覺得恐怖」(10:85)，因此像羅賓和克利福德一樣，布朗也因為周圍人行為的影響而變得瘋狂，希望緩解自己的困惑感和疏遠感，而情不自禁地參與。他「站穩腳跟，抵抗魔鬼」的決心被證明是不夠的，相反，他飛速穿過森林加入了眾人的行列。

《關於戰事》是霍桑後期創作的作品之一。在這篇隨筆中，他思考了內戰期間出現的屠殺行為，並懷疑自己的祖國是否能夠在好戰刺激的影響下，永遠抵制住誘惑，不再為了所謂正義的事業屠殺他國人民：

> 在美國還有這樣的時光出現嗎？就是說，我們能平靜地生活上十年，看不見一個士兵。當然，士兵們夏日結伴出遊，或者參加節日遊行那是另外一回事。這一代人是不可能了，我怕下一代人也不可能，甚至到世紀末也不可能。即使是在那段神佑的時期，儘管預言都好像很溫馨，也會聽到鼓聲和號角聲。（23:406）

對於一個處於戰事中的國家，這種離心的和諷刺性的思考可能有點叛逆。

2. 種族暴力及其雙重影響

霍桑懂得對敵人的妖魔化，就是從文化上找正當理由把暴力強加給敵人。

在《我的親戚，莫利紐克斯上校》中，那群革命暴徒的首領，就像是一個撒旦式的人物，他的臉上塗滿了顏料，半邊是紅色，半邊是黑色。「他這種凶惡多變的面部表情」讓「他就像戰爭的化身」（11:227）。透過這種象徵，霍桑把他那個時代的文化想像，與種族暴力和恐懼的意象融合在一起。正如作品中聚會的場景所顯示的，霍桑表面上採用黑色（包括紅色和黑色）種族他者的惡魔象徵，實際上是利用自己的美國歷史知識，質詢這些他者的映像效果。例如，他了解到，早期的英國定居者害怕印第安人的攻擊，害怕黑人的暴動，這一直是美國白人種族想像（及夢魘）的主要成分，白人們認為印第安人是惡魔崇拜者，他們的教士就是巫師。

在一些殖民地，「黑人」和「印第安人」這兩個詞是可以互換的。例如，在西元1662年哈特福德驅巫案中，一名證人證實在森林中見過被起訴者，是「兩個像印第安人的黑人，但要高些」。在西元1692年塞勒姆審判中，薩拉・奧斯本描述，她遇到的一件可怕的事情，就是碰見「一個像印第安人的東西，不過全身透黑」[043]。正如瑪麗・貝斯・諾頓所指出的，「塞勒姆村禮拜堂的所有人，都知道印第安人、黑人及魔鬼之間的連繫」[044]。

全美的殖民者都認為，黑人奴隸和印第安人都是可怕和恐懼的對象。在殖民地紐約，西元1712年由於害怕奴隸反抗，判處27名當地黑奴死刑。在這些被宣判的人中，有6人自殺，後來殖民地總督羅伯特・亨特向倫敦來的調查者彙報，「21人被處死，其中有一名婦女因懷孕緩期執行，

---

[043] 引自 Mary B. Norton, In the Devil's Snare: The Salem Witchcraft Crisis of 1692 (New York: Vintage, 2002), p. 58.

[044] Ibid., p. 59.

第一章　和平主義的文化理論家

有些是被燒死的，有些是被吊死的，一人是被碾死的，還有一人被吊在城牆上示眾，所以這次懲罰發揮了很好的震懾作用」[045]。西元1741年，在紐約，害怕奴隸暴動導致了所有白人的臆想症，結果逮捕了143名黑人，其中18人被絞死，11人被活活燒死在刑柱上，70人被驅逐出殖民地。[046]

東部殖民地這種令人毛骨悚然的示範性懲戒，在西部邊疆地區也存在，當人們在那裡遇到印第安人時也會產生類似的焦慮，也會表現出類似的殘酷性。霍桑在《羅傑‧馬爾文的葬禮》的前言部分，就提過西元1725年的「洛佛爾之戰」，並羞答答地聲稱，「如果審慎地把某些環境拋在一邊，人們應當好好頌揚一番一小隊戰士的卓越功績，他們深入敵人腹地，與兩倍於己方的兵力交鋒」（10:337）。「某些環境」所引起的反諷，也許並不易於被讀者注意到，因為欽佩洛佛爾小分隊的英雄行為，往往會忽視其「環境」。

可正如科拉克西奧所指出的那樣，洛佛爾所帶領的小分隊，是一支為賞金執行獵殺任務的部隊，他們這次遠征殺了一大批印第安人，是在印第安人熟睡之際下手的。因此，故事中年輕的賽魯斯‧波恩的悲劇性死亡，不僅可以被理解為魯本‧波恩個人罪惡的救贖，還可以被理解為是，按照科拉克西奧的觀點，「罪惡的國家血腥清洗的一次預言」[047]。參與野蠻地屠殺印第安人，並隱瞞自己拋棄羅傑的行為，魯本與他的國家一起背負了沉重的道德負擔。

霍桑厭惡暴力，並相信試圖摧毀邪惡可能導致更壞的結果，會把仇恨者變成可恨者。因此他的整個職業生涯都顯示出，與他那些憎恨印第安人的同胞們相反的傾向。他聲稱「厭惡印第安人的故事」（10:429），但在西

---

[045]　Ibid., p. 144
[046]　Junius P. Rodriguez, Chronology of World Slavery (Santa Barbara, CA: ABC-CLIO, 1999), p. 416.
[047]　Michael Colacurcio, The Province of Piety: Moral History in Hawthorne's Early Tales (Durham, NC: Duke University Press, 1995), p. 121.

元 1836 年曾擔任六個月編輯的《美國人實用與娛樂知識雜誌》上，他描述過發生於西元 1697 年 3 月 15 日，麻薩諸塞州哈弗希爾地區印第安人搶劫達斯頓家這一著名的事件。他從科頓·馬瑟的《美洲基督教史》上獲取這個故事的素材，這本書讚揚漢娜·達斯頓殺害那些被捕捉的印第安人一家，包括 2 個男人、3 個女人和 7 個孩子。經過多天歷經 150 英里的長途跋涉，漢娜和另外 2 位被俘的人一起，趁那家印第安人熟睡之際完成偷襲，砍下所有人的頭，並剝了皮，然後帶著勝利品返回白人住地，所有的這一切都似乎有如神助。

當霍桑重講這個故事的時候，漢娜並沒有獲得上述的讚許，而是譴責，因為她已變成一個野蠻的人。「哦，這些孩子們！」他悲嘆道，「他們的皮膚還是紅色的。然而漢娜·達斯頓剝了他們的皮，剝了這七個孩子的皮，只是為了讓這些孩子來吸吮你的乳房。」當然，她不會。霍桑稱她是一個「惡毒的女人」，一隻「憤怒的母老虎」[048]。霍桑的文章只是這類作品中的粗俗之作，他對漢娜的譴責也顯得有些過分。然而，這篇文章的內容表達出他對本土美國人的和平主義傾向，因此也讓他有別於其他歷史學家。在他看來，即使是正義的暴力或者謀殺性的復仇，也不是正義的行為。若是可以選擇，他更願意接受是命運、機遇和天意，要讓這種正義受到責罰。

3. 革命和奴隸制

我們知道，霍桑非常清楚美國歷史上的黑色種族他者的象徵作用。他的知識不僅來源於新英格蘭殖民者與美國土著居民之間的戰爭歷史，也來源於法國大革命及其所引起的美國奴隸反抗。19 世紀上半葉，聖多明戈

---

[048] Ronald A. Bosco and Jillmarie Murphy, Hawthorne in His Own Time (Iowa City: University of Iowa Press, 2007), pp. 6-10.

第一章　和平主義的文化理論家

（英語中該詞過去用來指法國的聖多明戈殖民地，後來改名為海地）這個詞讓人想像出，黑人在午夜時分謀殺那些沒有戒心的婦女和兒童。正如艾瑞克所指出的，聖多明戈後來變成了「既指美國贊成奴隸制的力量，也指反對奴隸制的力量」[049]。對於廢奴主義者來說，聖多明戈用來指對奴隸主的一個警告，如果他們拒絕放棄這種特殊的制度，就可能有事情發生。對於為奴隸制辯護的人來說，聖多明戈的恐懼是廢奴主義思想和活動的直接結果，為所有人安全考慮，必須予以壓制。在一定程度上，威脅和恐懼都有其事實根據。

最近的研究成果解釋了，參加聖多明戈起義的奴隸們所顯示出的瘋狂與殘酷性，探究其原因，是在奴隸起義前強加給他們的那種令人髮指的殘暴行為。

傑里米・波普金指出，「到西元 1790 年，半數左右的奴隸都是懷柔政策下的倖存者，而聖多明戈的種植園主們，則具有特別殘暴的名聲」[050]。瓊・達洋曾經以尼古拉斯・潔瓊勳爵這一臭名昭彰的案例來描述這種行為。潔瓊是一位咖啡種植園主，也是一個性虐待狂。西元 1788 年 3 月，他因涉嫌殺害四名奴隸，殘酷拷打另外兩名奴隸，並烘烤一些婦女的腳、大腿和肘部而被起訴。在等待審判的過程中，那些婦女在他種植園的鐵籠子裡被發現，她們的肢體已經腐爛，被發現後不久就死去了。審判過程中，潔瓊為自己辯護稱：

黑人所處的惡劣狀態，自然會讓他痛恨我們。只有透過力量和暴力才能征服他，他的內心深處一定滋生了無法原諒的仇恨。倘若他不盡其所能地反抗我們，只是因為他的意志被恐懼所束縛，所以我們若不重壓他，就

---

[049] Eric, J. Sundquist, To Wake the Nations: Race in the Making of American Literature (Cambridge, MA: Harvard University Press, Belknap, 1993), p. 31.

[050] Jeremy D. Popkin, "Facing Racial Revolution: Captivity Narratives and Identity in the Saint-Domingue Insurrection," Eighteenth-Century Studies 36.4 (2003) :512.

第三節　和平主義的政治理想

會遭受他所帶來的危險。如果我們讓他那處於麻痺的仇恨甦醒過來，誰能阻擋他摧毀這些束縛？[051]

潔瓊被位於勒卡普角的法國最高參事會當庭釋放，而 14 名舉報他的奴隸反而受到了懲罰。達洋總結道：「僅過了三年，正如他所預見的那樣，奴隸們鼓足勇氣起來暴動了。」[052]

強烈贊成奴隸制的人，把海地革命描述成一次巨大的災難：「血流成河；很多人為所欲為，強姦成為家常便飯；人們幾乎完全失去了人性，與野獸無異。」[053]

為什麼呢？在南方人看來，廢奴主義者的煽動理應受到懲罰。文森特·奧格領導了第一次聖多明戈叛亂，他是一位自由的黑白混血兒，參加過法國反奴隸制協會的巴黎論壇。巴士底監獄倒塌後，他去了英國，得到英國廢奴主義者湯瑪斯·克拉克森的資助。後來奧格乘船來到查爾斯頓，在那裡購買武器後，於西元 1790 年秋返回聖多明戈，帶領三百名混血兒發動暴亂，後被一千五百人的白人軍隊和黑人志工鎮壓。具有諷刺意味的是，奧格並沒有解放黑奴的意圖，他只想為自己的混血人種尋求平等權利。

被逮捕後，奧格和他的同夥因反抗尚·巴普迪斯特·夏凡尼，而被法國當局殘暴地處死，他的叛亂所導致的一個直接後果是，許多奴隸領導人在西元 1791 年夏天，經常在夜間舉行祕密聚會，並出現了 8 月 22 日晚間開始的一次規模巨大的奴隸暴動。眾多出版品對這次革命的描述，都強調它的恐怖性。英國種植園觀察家布萊恩·愛德華於西元 1801 年出版的暢銷歷史書中，詳細記錄了這一戲劇性場面：一個白人嬰兒被高高懸掛在一

---

[051] Joan Dayan. Haiti, History and the Gods (Berkeley: University of California Press, 1995), p. 217.
[052] Ibid., p. 217.
[053] William Drayton, The South Vindicated from the Treason and Fanaticism of the Northern Abolitionists (New York: Negro Universities Press, 1969), p. 263.

第一章　和平主義的文化理論家

根樹樁上,眾多白人婦女在她們丈夫的屍體上遭到姦汙,索傑納夫人遭受拷打等等[054]。到西元1792年初,無數種植園遭到摧毀,島上一片混亂。第二年,政治形勢變得異常複雜和無情,因為奴隸、混血兒、白人,包括西班牙人、法國人、英國人,為爭奪島嶼的控制權而激烈競爭。

海地革命最著名的領袖是黑人杜桑‧盧維杜爾(Toussaint Louverture),他曾經是奴隸,西元1793年初已經是一位傑出的軍事指揮官,一開始是和西班牙人戰鬥,後與法國人聯合把英國軍隊趕出海地島。曾宣誓效忠法國,但宣告自己是獨立的政府,杜桑在東部控制著西班牙屬聖多明戈,在西部和南部鎮壓混血兒的叛亂,到西元1801年完全控制了海地島,讓這片領土重新恢復和平與秩序。拿破崙希望重建法國在西印度群島上的殖民地,杜桑並沒有順從,於是他遭到逮捕、驅逐,並囚禁於法國的地牢中,死於西元1803年。杜桑被俘後,替代他的黑人將軍在許多人看來是一個魔鬼,進一步加強了許多對黑人、奴隸和自由的歧視政策。尚 - 賈克‧德薩林(Jean-Jacques Dessalines)藉助黃熱病的幫助,打敗了島上的法國軍隊,透過犧牲島上所有白人殖民者的利益,井然有序地完成海地革命。

雖然美國切斷了與海地的連繫,不過整個美國的黑人奴隸被海地革命所鼓舞。用詹姆斯的話說,畢竟這是「人類歷史上唯一成功的奴隸起義,以前面對一個白人都會顫抖的奴隸們,現在變成了一個民族,能夠組織起來擊敗當時最強大的歐洲國家,是革命鬥爭和勝利最偉大的歷史篇章之一」[055]。西元1822年當敦馬克‧維西領導奴隸在南卡羅來納州起義失敗後,他的跟隨者證實,他就是受到聖多明戈奴隸起義的激發所致[056]。

[054] 轉引自 Robert D. Heinl Jr. and Nancy G. Heinl, Written in Blood: The Story of the Haitian People, 1492-1971 (Boston: Houghton Mifflin, 1978), p. 53.

[055] C. L. R. James, The Black Jacobins: Toussaint L'Ouverture and the San Domingo Revolution, 2nd ed. (New York: Random House, 1963), p. ix.

[056] Corporation of Charleston, An Account of the Late Intended Insurrection among a Portion of the Blacks of This City (Charleston: A. E. Miller, 1822), reprinted in Slave Insurrections: Selected documents (Westport, CT: Negro University Press, 1970), pp. 34-39.

第三節　和平主義的政治理想

同樣的，西元 1812 年何塞・安東尼奧・阿龐特陰謀策劃在古巴發動奴隸暴動，承諾大家會得到來自海地的援助。正如蔡爾茲所了解到的那樣，海地革命對古巴具有深遠的影響：「對於古巴的種植園主來說，奴隸們實現了他們財富和奢華的夢想，但那些為他們創造財富的奴隸們，也可能是導致他們世界末日和滅亡的夢魘；對於奴隸們來說，海地革命的勝利讓整個島上都意識到，人類奴役的夢魘存在，會鼓勵眾多奴隸們為了結束奴隸制度的夢想，不惜冒險反抗採取行動。」[057] 在 19 世紀前十年中，古巴的官員和種植園主們都對海地式的反抗感到焦慮。事實上，正如蔡爾茲所指出的，海地的意象，也出現在西元 1844 年拉・艾斯卡萊拉的奴隸反叛中[058]。

霍桑對西印度群島上奴隸狀況的消息，都是靠閱讀索菲亞・皮博迪的《古巴日記》獲得的：那是西元 1833～1835 年間，索菲亞在古巴西部地區莫雷爾家族的蔗糖種植園逗留的十八個月期間，寫給她媽媽的信件。莫雷爾家族是一個非常富有、具有深厚文化底蘊的大家族，屬於西班牙血統，海地革命期間逃離聖多明戈。西班牙政府在古巴為避難的種植園主專門留出一大片土地供他們發展，莫雷爾家族在那裡成功地重建了家園。在索菲亞逗留期間，莫雷爾家拓展的種植園僱用了幾百名奴隸，索菲亞所住的大莊園裡就有九間房子住著奴隸。她的妹妹瑪麗也和她一起去古巴，身為一位具有革新思想的女性，瑪麗被她親眼所見的奴隸震驚，但索菲亞只專注於美麗的自然風光，和自身疾病的治療效果。

索菲亞的傳記作家帕特里西亞・瓦倫蒂指出，索菲亞一直遠離「她曾經在其中生活了一年半的政治漩渦」[059]。她所敬仰的米格爾・泰肯將軍，

---

[057] Matt D. Childs, " 'A Black French General Arrived to Conquer the Island': Images of the Haitian Revolution in Cuba's 1812 Aponte Rebellion," in The Impact of the Haitian Revolution in the Atlantic World, ed. David P. Geggus (Columbia: University of South Carolina Press, 2001), p. 137.

[058] Ibid., p. 150.

[059] P. D. Valenti, Sophia Peabody Hawthorne: A Life, vol. 1, 1809-1947 (Columbia: University of Mis-

第一章　和平主義的文化理論家

被瓦倫蒂描寫為「可能是西班牙君主在古巴最野蠻、手段最狠毒的代理人」[060]。索菲亞那時候好像愛上了風流倜儻的唐·斐迪南·德·扎耶斯。扎耶斯家位於兩英里外的一座種植園裡，是古巴最富有、最有文化水準的家族之一。另外，她還和扎耶斯一起盡可能地享受閒暇的莊園生活：讀書、討論、下棋、跳華爾茲舞、騎馬欣賞蔥綠而美麗的鄉村風光等。

儘管索菲亞在《古巴日記》中，盡力避免提及奴隸制和奴隸暴動所造成的威脅，可是偶爾仍會有所顯現。例如，其中一封信中她提到一天早上騎馬的場景，大地和天空「異常美麗而莊嚴」，讓人欣喜，突然碰到「一群黑人」：

戴著帽子的人取下帽子──有些伸出手臂──他們大都是用這種崇高而美麗的寓言向我表示尊重，據說是一種優雅的表示。他們相當熟悉我，因為我常常騎馬，也常常向這些可憐的人表達問候──我總是盡可能地表示友好。但此時他們的出現，完全大煞風景，甚至是令人痛苦──新的大地、新的曙光中的奴隸制！光明為所有人而來──卻不包括他們。[061]

在另外一個場景中，索菲亞碰見一個人騎在馬上，一名戴著鎖鏈的奴隸走在他前面。「看到這一幕真讓人掃興，」她寫道，「我們的思想立刻改變了，結論是我們願意放棄這個樂園中所有的迷人之處，也不願碰到這種令人震驚的場景。」[062] 很明顯，雖然完全沉浸在自己的信中，索菲亞也沒有完全忽視她周圍的危險。

一次去參觀蔗糖種植園，她寫道：

---

souri Press, 2004), p. 53.

[060]　P. D. Valenti, Sophia Peabody Hawthorne: A Life, vol. 1, 1809-1947 (Columbia: University of Missouri Press, 2004), p. 122.

[061]　S. P. Hawthorne, " 'The Cuba Journal' of Sophea Peabody Hawthorne," ed. Claire Badaracco (PhD-diss., Rutgers University, 1978), p. 319.

[062]　Ibid., p. 616.

第三節　和平主義的政治理想

在這個莊園裡，管理是不受到監督的，那些可憐的人被粗暴地對待，一年到頭都沒有假期。哦！他們完全變成了物品。每每看到他們，我就感到難受。[063]

霍桑是在西元 1838 年夏末單獨外出旅遊的期間，閱讀索菲亞的《古巴日記》的，還在自己的筆記本上摘抄其中的 11 個段落，並很快發現自己喜歡上日記的作者。其中有一段與他的主要政治觀相吻合，即「多諾麗塔，菲莉西亞納 —— 菲莉西亞納憂傷的女兒」(23:197)。在她的日記中，菲莉西亞納是莫雷爾種植園的家奴，有一個名叫多諾麗塔的女兒，索菲亞寫道，「多諾麗塔這個名字取得非常好，因為這樣一個憂傷的歌謠，從早到晚都伴隨著她，再也不會有更憂傷的事情了」(23:534)。

《古巴日記》也是霍桑的短篇小說《愛德華‧蘭多夫的畫像》的源頭材料，這篇小說展現出與《古巴日記》類似的動盪政治環境，只是後者設法迴避罷了。愛麗絲‧范恩有點索菲亞的影子，「是一位單一性格的女孩，有些天真、固執，與常規格格不入」(9:264)。但這位年輕的女孩，透過修復美國殖民歷史上最殘暴的統治者愛德華‧蘭多夫的神祕畫像，警告她的舅舅代理州長哈欽森先生，如果壓迫一個民族超出了他們忍耐的極限，他們就會起來反抗，並造成流血衝突。

在西元 1838 年的一封信中，索菲亞告訴她媽媽，霍桑先生「說他構思了一個故事，其主要情節是我所復原的費南德茲的畫像。無論如何，成為激發他神聖創造力的一種方式，總是件令人快樂的事」[064]。然而，索菲亞所復原的畫像色澤鮮亮、光彩照人，而霍桑想像中的畫像，從頭至尾都是令人感到恐怖的[065]。

---

[063] S. P. Hawthorne, " 'The Cuba Journal'of Sophea Peabody Hawthorne," ed. Claire Badaracco (PhD-diss., Rutgers University, 1978), p. 61.

[064] 轉引自 Julian Hawthorne, Nathaniel Hawthorne and His Wife: A Biography, 2 vols. (Boston: Hough-tonMifflin, 1884), p. 185.

[065] P. D. Valenti. Sophia Peabody Hawthorne: A Life, vol. 1, 1809-1947 (Columbia: University ofMis-

第一章　和平主義的文化理論家

這幅黝黑的畫像曾經是人們談論的話題,「其中一種最離奇、同時也是最可信的說法認為,這幅畫是塞勒姆附近一次驅巫集會上,一名邪惡人物的真實肖像」(6:260)。經過愛麗絲的復原,這幅畫變成了愛德華・蘭多夫的畫像,一位在地獄裡遭受苦難的犧牲者,「那臉上的表情,要是還有詞句能夠傳達其意思的話,屬於那種可恥的罪行已被人發覺,並且暴露在眾目睽睽之下的痛恨、嘲笑和蔑視之中的卑鄙小人,是一個在恥辱的重壓下掙扎的形象。他靈魂上受到的折磨,已流露在臉上」(9:269)。

假設霍桑故事的源頭是《古巴日記》,羅伯特・康德威爾推測,那麼霍桑就是在「索菲亞毫無設防的言語、島上的政治形勢和德扎耶斯的困境」的基礎上,想像出這個故事的[066]。康德威爾寫道,霍桑把古巴變形成為新英格蘭,把「那些年輕的古巴貴族想像成殖民者,他們正處於國家歷史的重大關鍵時刻」[067]。這種解釋是合理的,因為霍桑懂得,暴君和叛亂在任何時間、任何地方,都是相伴相生的,包括聖多明戈、古巴和波士頓。

艾瑞克・桑德奎斯特批評霍桑,對與奴隸制問題同時出現的美國自由的矛盾「完全視而不見」,不過霍桑的「無視」可以被理解為一種觀念,他認為奴隸制只是眾多人性惡中的一種,會激起改革與反抗。在《人生的行列》中,他讚揚那些「人類真正的奉獻者」,他們忘情地工作以消除人類各種形式的痛苦,在「監獄、精神病院、濟貧院裡邋遢的房間、機器惡魔湮滅人性的工廠、像牲口一樣勞作的棉田裡,都有這些人性使徒的身影」(6:216)。

至於無視的隱喻,在霍桑看來,則適合於那些理想主義者和改革家,他們只專注於單一的改革事業,看不到他們狹窄視野外的其他東西,也看不到他們自己行為的後果。在《塞普蒂繆斯・菲爾頓》裡,他同時對美

---

souri Press, 2004), p. 125.
[066] Robert Cantwell, Nathaniel Hawthorne: The American Years (New York: Rinehart, 1948), p. 254.
[067] Ibid., p. 257.

國革命和美國內戰做出了回應,「不僅士兵(具有嗜血的本性),還有政治家,以及那些從沒有傷害過一隻蒼蠅的寧靜老人,都造成了大量死亡,有時候是出於錯誤,有時候甚至是出於凶殘的目的,而從沒考慮過是否道德」(13:432)。對那些黨派觀察家們來說,在這種政治想像下,謙遜已變得讓人越來越無法忍受,倒是果敢的行為越來越盛行。

4. 廢奴主義和暴力

霍桑在整個創作生涯,都堅持不懈地反對廢奴主義運動,這不僅表現在他對奴隸主的同情,更主要體現在他反對任何形式的激進主義行為。雖然在早期反奴隸制運動中,有人主張以漸進的方式結束奴隸制。例如,英國人以協議的形式宣布西印度群島上奴隸的解放,但加里森的激進文章呼籲要立刻無條件地解放奴隸,引發了激烈爭論,獲得人們的巨大關注[068]。受波士頓黑人廢奴主義活動的激勵,加里森於西元1831年建立廢奴主義報紙《解放者報》,幾個月後就發生了以奈特‧透納為首的南安普敦奴隸反抗事件。在這一臭名昭彰的事件中,透納和他的同夥們大約60名奴隸,殺害了60多名白人,包括婦女和兒童。

這次事件造成整個美國南方的恐慌,無數黑人被拷打和殺害,成為報復的犧牲品。里士滿的《輝格黨》刊物編輯甚至悲嘆:「南安普敦反抗事件……我們指許多黑人未經審判,就被極端殘暴地屠殺掉。」[069]雖然透納平時閱讀的只有聖經,但是加里森及其《解放者報》被普遍認為是這次事件的煽動者。加里森從南方和新英格蘭都收到了死亡威脅[070]。他並沒有

---

[068] J. Russwurm and S. E. Cornish, North of Slavery: The Negro in the Free States, 1790-1860 (Chicago: University of Chicago Press, 1961), pp. 230-232.

[069] Herbert Aptheker, Nat Turner's Slaver Rebellion: Together with the Full Text of the So-Called "Confessions" of Nat Turner Made in Prison in 1831 (New York: Humanities, 1966), p. 61.

[070] Henry Mayer, All on Fire: William Lloyd Garrison and the Abolition of Slavery (New York: St. Martin's Press, 1998), pp. 120-121.

第一章　和平主義的文化理論家

被嚇到，一年後他警告讀者，倘若「全人類解放的日子」還沒有到來，「這對我們這個民族的安全將是一個災難……恐怖的喊叫聲，復仇的喊叫聲，將在漆黑的深夜響徹雲霄，還會出現血流成河的場面——既包括罪惡者的血，又包括那些無辜婦女和兒童的血。那時候將會聽到哀嘆和哭泣聲，這些聲音會淹沒對聖多明戈的恐怖回憶」[071]。

毫不奇怪，加里森變成一個公眾人物。西元1835年，一群反對廢奴主義的暴徒，將他從波士頓反奴隸制婦女聯合會的會議現場拉出來，用繩子套住他的脖子放在大街上拖，後被人營救，並出於保護把他關進監獄。雖然他受到了暴徒的懲罰，可公眾的輿論對他極為不利。《塞勒姆公報》聲稱：「這種人就是意圖把這片『樂土』變成血腥屠殺的場面，誘導黑人去殺害白人。」[072]《波士頓郵報》也對此事做出了回應：「我們為廢奴主義者的瘋狂感到悲哀，譴責他們的行為。」[073]很明顯，霍桑也同意這種觀點，認為至少有些廢奴主義者確實是「瘋了」。西元1835年秋，即波士頓事件後不久，他在日記中寫道：

以下的描述對象是一位現代改革者——對奴隸問題、冷水和其他類似的話題，堅持一種極端教條主義的人。他走上街頭，高談闊論，能言善辯，在即將要說服聽眾時，突然一個精神病院的看守者過來打斷他的演講，於是他就逃走了。這就是大多數改革者給人的印象。（8:10）霍桑在他的小說中從沒有用過這一情節，但《福谷傳奇》中的霍林斯沃斯帶有這種「現代改革者」的痕跡。西奧多・帕克相信，加里森就是霍林斯沃斯的原型[074]。

---

[071] W. L. Garrison, "The Dangers of the Nation"(1832) reprinted in Selections from the Writing's and Speeches of William Lloyd Garrison, 1852; reprint (New York: Negro Universities Press, 1968), p. 59.

[072] Salem Gazette, October 23, 1835.

[073] Ibid.

[074] Brenda Wineapple. Hawthorne: A Life (New York: Alfred A. Knopf, 2003), p. 251.

第三節　和平主義的政治理想

今天我們把早期廢奴主義者，視為那個時代的英雄和道德楷模，但是在 1830 年代，他們被許多美國人認為是社會穩定、白人及其他人生命的威脅，是狂熱分子。許多北方人認為奴隸制不合理，可他們把廢奴主義者看成是誤入歧途的狂熱者。換句話說，他們認為支持廢奴和支持廢奴主義者是決然不同的。西元 1833 年 8 月的一天，在編輯《紐約晚郵報》時，編輯威廉・庫倫・布萊恩特表達他及讀者對奴隸制的反對，宣稱：「沒有一點傾向要干涉任何不適當的、令人不快的行為方式，只有少數狂熱的人會這麼做。我們認為，就像任何在公開媒體上討論的、與公眾意見有關的事實一樣，它最終會得到很好的解決。」[075]

另外一些反對廢奴主義運動的進步支持者，也害怕黑奴的立刻解放所帶來的後果，特別是想到大量以前的奴隸加入北方社會成為勞動力，是一件可怕的事情[076]。

然而，並不是廢奴主義者，而是其反對者煽動了 1830 年代最具政治性的暴力事件，組織暴民攻擊黑人和廢奴主義者。這種敵意源自一種觀念，即黑人不適合住在白人社會裡。奴隸制是一個地方性的，而不是全國性的制度。外國人（也就是英國廢奴主義者）正在干涉美國事務，黑奴的立刻解放會導致暴力和種族戰爭[077]。他們堅持認為，一個多種族的社會是「非自然的」，特別是解放這些黑奴，而不是把他們驅逐出境，將會導致各式各樣的墮落和社會問題。

庫伯曾在《美國民主報》上警告說，假使美國廢除了奴隸制，「兩個種族共存於同一個地區，他們都會因為無法遏制的仇恨而感到痛苦，他們

---

[075] Lorman Ratner, Powder Keg: Northern Opposition to the Antislavery Movement, 1831-1840 (NewYork: Basic, 1968), p. 44.
[076] William H. Pease and Jane H. Pease, "Antislavery Ambivalence: Immediatism, Expediency, Race, " American Quarterly 17 (Winter 1965): 682-695.
[077] Lorman Ratner. Powder Keg: Northern Opposition to the Antislavery Movement, 1831- 1840 (NewYork: Basic, 1968), pp. 131-141.

第一章　和平主義的文化理論家

的面孔又不會改變，具有各自不同的特點。紛爭就會接踵而來，最後會出現滅絕性的戰爭。這邪惡一天的到來，可能會被推遲，卻絕對是不可避免的」[078]。這種觀點導致對殖民主義運動的支持，甚至得到廢奴主義者的支持。在《湯姆叔叔的小屋》(Uncle Tom's Cabin)（西元1852年）的結尾部分，斯托（Harriet Beecher Stowe）呼籲美國人首先要教育那些解放的奴隸，「直到他們在某種程度上獲得了道德和知識，成熟後再幫助他們返回非洲。在那裡，他們就可以把在美國所學到的用於實踐。」[079]

可以確定的是，霍桑曾不是明顯地支持過「美國殖民研究會」的活動。他編輯了布里奇（Horatio Bridge）所寫的《非洲巡洋艦日誌》(The Journal of an African Cruiser)（西元1845年），講述前往非洲西海岸巡遊，保護美國貿易，阻止奴隸販賣活動的經歷[080]。在整個作品中，霍桑提出了和平主義的建議，認為暴力不是實現政治目的的有效手段。

對霍桑來說，廢奴主義者所產生的熱情和興奮之情，帶來的不是最好的人類行為，而是最壞的行為。因此，《非洲巡洋艦日誌》中的那個小男孩勸說道，「理智地生活讓我改邪歸正。」長大後他成為一位理智的人。

---

[078] J. F. Cooper, The American Democrat, and Other Political Writings, eds. Bradley J. Birzer and JohnWilson (Washington, DC: Regnery, 2000), p. 483.

[079] Harriet B. Stowe, Uncle Tom's Cabin, ed. Elizabeth Ammons, Norton Critical Edition (New York:Norton, 1994), p. 386.

[080] Patrick Brancaccio, " 'The Black Man's Paradise': Hawthorne's Editing of the Journal of anAfrican Cruiser," New England Quarterly 53 (March 1980): 23-41.

第二章

社會政治問題心理化的文化邏輯

　　在當代文化批評的語境中，文化邏輯是指社會成員所共同認可的信仰、價值、傳統、行為、規範及話語模式。作為一種符號表徵的語法系統，其深層結構則呈現為主體的「心理藍圖或心理結構」，透過主體的習得、互動、成型，最終內化為主體的習性或認可的公理，成為主體的第二本質。理解霍桑的文學類型定位所遵從的文化邏輯，最合適的方式是探討他的創作意圖和作品內涵。

　　納撒尼爾・霍桑的藝術錘鍊過程，是從創作短篇小說開始的，但卻在很長一段時間裡，都「難以獲得哪怕是最微小的認可」，以至於在第三版《故事新編》(*Twice-Told Tales*，西元 1851 年) 序言中，他憂鬱地承認自己是「最無名的美國作家」[081]。

　　西元 1850 年，霍桑歷史性地放棄短篇小說創作，決定嘗試新的敘述類型，然而他明確表示自己的作品不是「小說」而是「羅曼史」。這一文類的選擇和實踐，不僅成為了解霍桑及其作品的出發點，也為以後的美國文學創作和研究，留下一個意蘊深厚的課題。二次世界大戰以來，隨著美國成為世界主要的經濟與政治超級大國，美國文學也作為一個獨立的民族文學，進入世界文學的殿堂。

　　美國批評界把自身民族文學的獨特性與藝術精華，歸結為「羅曼史傳

---

[081] Randall Stewart, Nathaniel Hawthorne: A Biography (New Haven: Yale University Press, 1948), p. 56.

第二章　社會政治問題心理化的文化邏輯

統」，並把這一傳統作為標準，來重構美國文學史的本質屬性，來確定美國文學的典律、主題、結構及闡釋。其中，霍桑的文類定位「幾乎成為所有後來對美國羅曼史結構和功能描述或定義的基準」[082]。雖然美國文學闡釋的「羅曼史中心論」，從1970年代初就受到批評家的反駁，但爭論的結果卻使羅曼史這一命題之內涵更加豐富，1980、1990年代甚至二十一世紀所發生的、關於羅曼史與美國文學傳統重構的論戰，使霍桑研究成為美國文學研究的重要「晴雨表」[083]。

　　作為一種古老的敘述文學樣式，羅曼史起源於歐洲文學早期的發展中，興盛於政教合一的中世紀，傳承且流行於文藝復興至19世紀初數百年的歐美文化血脈中。從英美文類傳統看，羅曼史一直是「小說」的反義詞。英國女性小說家與批評家克拉拉・力弗（Clara Reeve，西元1729～1807年）在其《羅曼史的演變》（*The Progress of Romance*，西元1785年）中，研究了從史詩到羅曼史再到小說的演化過程，認為「小說是當前現實生活及其世態的敘事」，而羅曼史則是「關於從未發生或將來也不可能發生的故事」[084]。

　　著名小說家華特・史考特（Walter Scott）也曾把後者定義為「以散文或詩歌形式虛構的敘事藝術，其敘述焦點是超自然或非同尋常的事件」[085]。兩者觀點等同，即小說關注寫實，而羅曼史強調虛構。霍桑時代的文學體裁理解，基本沿襲英國文學批評的定義，如18世紀末與19世紀初的哥德式或歷史羅曼史。但據批評家考證，自史考特的《威弗萊》（*Waverley*，西元1814年）出版之後，大西洋兩岸的羅曼史創作熱情，「在西元1833年

---

[082]　Terence Martin, Nathaniel Hawthorne (New York: Twayne Publishers Inc., 1965), p. 72.
[083]　方成：《霍桑與美國浪漫傳奇研究》，陝西人民出版社，1999，第1頁。
[084]　參見 Clara Reeve, Progress of Romance (London, 1785) in Rene Wellek and Austin Waren (eds.), Theory of Literature, New York and London: Harcourt Brace Jovanovich, Inc., 1956.
[085]　參見 Walter Scott, "An Essay on Romance," in Miscellaneous Prose Works of Sir Walter Scott, VI. (Edingburg: Robert Cadell, 1847).

之後就基本逐漸消退」[086]。霍桑直到創作《紅字》(西元 1850 年)和《帶有七個尖角閣的房子》(西元 1851 年)之時,才公開宣稱自己這一文學定位,而這兩部「成功的」作品,又使其獲得「全國著名作家」的榮譽,而不是長期默默無聞地「為麵包寫作的、胡寫亂畫的三流文人」[087]。

霍桑突然逆歷史潮流而動,動機詭異,令人匪夷所思,但卻意味深長。我們不妨從當代羅曼史闡釋視野中汲取批評活力,透過重構歷史文化語境,以他的經典作品《紅字》為例,聚焦文化象徵系統中的核心結構——主體性,探索霍桑定義與實踐羅曼史所遵從的文化邏輯。

在創作《紅字》期間,霍桑的政治思想變得更加敏銳,這讓他的文學諷刺更加嚴肅,對讀者來說,顯得更富有攻擊性。他試圖保全一個政治職位,最後還是被解僱,敗在塞勒姆輝格黨人手裡,讓他更加敵視那些自以為是的改革者及其追隨者。他的政治仇敵也許並不是他所想的那麼邪惡,塞勒姆人也不是那麼容易上當受騙,然而霍桑把自己想像成兩者的犧牲品,並因此聯想到革命和巫術。正如本章將要闡述的,這種想像在他的第一部羅曼史《紅字》中得到極好的體現,深刻地批判了 17 世紀的清教徒,及 19 世紀被他視為對手的那些人的絕對道德主義、視力缺陷和政治暴力。

第一節　心理探索作為創作的政治倫理

自亨利·詹姆斯關注《紅字》的心理學意義以降,百餘年來霍桑的經典闡釋,是作者以隱喻、象徵、寓言等藝術手法,「心理探索」主體。批

---

[086] Harrison Orians, "The Romance Ferment after Waverley," in American Literature, No. 3 (1931/1932): 431.

[087] Nathaniel Hawthorne, The Scarlet Letter, in The Scarlet Letter: An Authoritative Text; Backgrounds and Sources; Criticism, eds. Sculley Bradley and et al. (New York and London: W. W. Norton &Company, 1978), p. 23.

第二章　社會政治問題心理化的文化邏輯

　　評家米查德曾稱霍桑是以「謎語、隱語、含混、神祕靈啟」等手法，來進行創作的「心理世界的探索者」[088]，而斯皮勒曾稱霍桑之羅曼史為「心理小說」，是以「藝術領域的寓言手法」探索「人類的心理過程」[089]。

　　這種以突出「象徵手法」進行「心理探索」的闡釋視野，經西元1941年瑪瑟森《美國文藝復興：愛默生與惠特曼時代的藝術與表現形式》的加強，到西元1951年特里林（Lionel Trilling）《自由主義想像力》（The Liberal Imagination）、西元1954年列維斯《偉大傳統》、西元1957年奇斯《美國小說及其傳統》的重新整合，到西元1966年波瑞《現實之外的世界：美國文學中文體的重要性》，到西元1971年貝爾《霍桑與新英格蘭歷史羅曼史》，再到西元1986年布羅海特《霍桑流派》的闡釋沉澱，已經形成霍桑作品的經典闡釋傳統。

　　這種闡釋傳統雖然在「那個時代普遍關注內在心性」的文化語境下可以理解，可是在突出探索普遍的人性與心理方面的同時，忽視了其社會、歷史、政治含義。霍桑究竟為什麼要探索心理？那個時代究竟為什麼異常關注「普遍心性」？這些問題一直是1970年代之後批評家試圖回答的問題。

　　西元1973年，批評家麥爾斯運用英國小說與美國小說對比的闡釋方法，首先向脫離現實的經典闡釋傳統發難，認為長期以來美國文學的基本闡釋傳統「被嚴重誤解」，當時「自由主義批評家」處於某種意識形態，「臆造了」代表美國文學的羅曼史主題與體裁傳統，從而「使美國小說的社會向度被掩蓋或邊緣化」[090]。之後，基於後現代理論語境下的性別、種族、階級、意識形態闡釋大量湧現，歷史、文化、語言、殖民等理論話語迅速

---

[088] Regis Michaud, The American Novel Today (Port Washington, New York: Kennikat Press, 1967), p. 32.

[089] Robert E. Spiller, The Cycle of American Literature (New York: MacMillan Publishing co., Inc., 1965), p. 678.

[090] Nicolaus Mills, American and English Fiction in the Nineteenth Century: An Anti-Genre Critique and Comparison (Bloomington, London: Indiana University Press, 1973), p. 23.

第一節　心理探索作為創作的政治倫理

滲透，正如批評家艾里斯在西元 1989 年出版的《美國羅曼史的理論建構：美國學術歷史中的意識形態》中所總結的：整個 20 世紀的羅曼史觀念，都是「關於美國世紀的主流意識形態的產物」。

以宣揚美國民族主義與美國例外論為目的的批評家，「創造了代表美國文學生產與文化塑型獨特性的藝術形式」。因此，美國小說與文化被歪曲和誤讀，以至於美國現實中的矛盾被「忽視或扭曲」，歐洲與美國文學的共性被掩蓋。更重要的是，美國文學中的「社會矛盾」或「階級鬥爭」的闡釋傳統「被基本刪除」。總之，艾里斯認為「美國羅曼史」實際上是「一種失敗的寫作」[091]。1990 年代至 21 世紀關於霍桑羅曼史的觀念，仍然承載著沉重的美國主流意識形態的符碼，諸如多元文化主義、泛歐美主義、全球化及「元政治」、「後政治」、「文化政治」等理論建構。[092]

《紅字》的長篇敘事導論〈海關〉及再版的序言，提供了了解此問題的初步答案。從文類分析看，導論可以獨立成為一部中篇小說，現實主義般地敘述了作者長期以來追求藝術、故鄉塞勒姆鎮歷史與現實、西元 1842 年結婚之後準備「以文為生」、西元 1845 年陷入極度貧困而尋求公務職位、西元 1846 年經朋友推薦任海關職員、西元 1849 年被撤職的故事，主題涉及奔波謀生、因貧困而被謠言困擾、政治失意受辱、受陰謀而失業等。

當然大量篇幅描述了憂鬱無聊之時，在海關大樓的閣樓中，偶然「發現」一件紅布包裹，記錄了一段美國殖民早期的塵封往事，即後續講述的「紅字」故事。從表徵模式看，偶然發現之後的敘事，屬於當時典型的浪漫主義敘述：神祕、玄虛、詭異、荒誕離奇、充滿病態般的想像。把前後文字對照閱讀可以發現，後者顯然是沖淡或顛覆了前者明顯的敘述意義，

---

[091] William Ellis, The Theory of the American Romance: An Ideology in American Intellectual History (Ann Arbor: UMI Research Press, 1989), p. xiii.

[092] Donald E. Pease, "Hawthorne in the Custom-House: The Metapolitics, Postpolitics, and Politicsin The Scarlet Letter," boundary 2, 32.1 (2005) :53-70.

第二章　社會政治問題心理化的文化邏輯

導致當時批評家甚至霍桑本人劇烈的闡釋爭議。

為了解釋這種爭議，霍桑在第二年再版時，撰寫了一篇簡短序言作為〈海關〉與《紅字》閱讀的總體指南，當然也作為西元 1851 年出版的《帶有七個尖角閣的房子》和西元 1852 年出版的《福谷傳奇》的閱讀指南。該序言共有兩個自然段，在讀者和作家的互文性闡釋中，共涉及三個方面的具體內容。

首先，政治是最激烈的讀者反應，也是與霍桑進行對話的關鍵。批評家克羅勒曾經指出，霍桑的「《紅字》導論中，關於政治生活的敘述，在社會上立刻引起前所未有的騷動。其騷動的劇烈程度，簡直就像是他（霍桑）一把火將海關燒掉，然後用一個高位人物的鮮血，再把最後一片仍燃燒的餘燼撲滅，因為他對這個人物懷有刻骨的仇恨」[093]。據批評家分析，這種轟動的具體語境是：自西元 1842 年霍桑與索菲亞結婚，在康科德「古屋」建立自己的私人天堂之後，家庭經濟每況愈下，陷入食不果腹之窘境，依靠向朋友借貸勉強為生。

西元 1845 年春，霍桑在專業創作實在無法養家活口之際，透過朋友疏通關係，屈膝政治權貴，終於在中秋前後獲得塞勒姆港海關驗貨員一職。次年 3 月 23 日，經總統任命就職，年薪 1,200 美元。西元 1848 年，代表輝格黨（當代的共和黨）的泰勒（Zachary Taylor）在美國第十二屆總統選舉中獲勝，其波士頓地區的黨羽策劃清洗民主黨公職人員，霍桑受牽連而被解除公職，重新陷入生存絕境，甚至達到買不起照明蠟燭和全家挨餓之程度[094]。更有甚者，導致這種惡果的是霍桑的輝格黨同事，而「霍桑懷有刻骨仇恨的」，就是整起事件的背後操縱者——「塞勒姆輝格黨政客阿

---

[093]　J. Donald Crowley (ed). Hawthorne: The Critical Heritage (New York: Barnes & Noble, 1970), p. 154.

[094]　Hubert H. Hoeltje, "The Writing of The Scarlet Letter," New England Quarterly, 3 (1954): 326-346.

第一節 心理探索作為創作的政治倫理

普漢姆牧師（Reverend Charles Wentworth Upham）」[095]。

對於霍桑來說，這是一名「和善仁慈面紗下內心邪惡的人」，而且據歷史分析是《帶有七個尖角閣的房子》中「法官潘欽的原型」。[096] 無論是從讀者反應還是從批評家分析，霍桑〈海關〉的政治內涵是毋庸置疑的，但奇怪的是，霍桑本人卻有不同的理解。在序言的第二段，他公開表明自己對三年海關工作的回憶性敘述，絕不含有「任何根深蒂固的仇恨或敵意」，無論是「對個人的還是對政治的」。[097] 霍桑如果是虛偽之輩，此話便可以做敷衍理解；如果是自私之輩，則可以做避免招惹麻煩理解；如果是正人君子，則蘊含深刻的意味。從序言的整體來看，霍桑的確是在辯解海關工作的權力鬥爭，其政治意圖是非常明顯的。

其次，政治上被「砍頭」，迫使霍桑再次進入「以文為生」的生活狀態，從西元1846年春至西元1849年7月的小康生活，瞬間變成赤貧。[098] 重操舊業是一項痛苦的選擇，霍桑不得不走向文學市場獲得一種謀生方式。在敘述困境時，他說長期以來自己就想訴說自身的困惑，有「一種創作自傳之衝動」，向讀者解剖「一個多向度的自我」，使讀者能夠發現「作家個性中的分裂狀態」，並在「與讀者交流中呈現自我生存的全部」(1:1)。

但詭祕的是，霍桑的自我解剖是有限度的，他承認仍然「把最深層的『我』隱藏在幕後」(1:1)。關於霍桑隱藏的創作隱私，諸多批評家曾經有各式各樣的闡釋，政治、社會、文化、歷史、情感因素，甚至個人病理均有所論述，其中經濟動機也有所涉及。儘管筆者不願意以最世俗的眼光詮釋霍桑，不過作家本人還是在序言中透漏，他要「自己想像一個朋友，一

---

[095] Randall Stewart, Nathaniel Hawthorne: A Bibliography (New Haven: Yale University Press, 1948), p. 98.
[096] Leon Howard, Hawthorne's Fiction, Nineteenth-Century Fiction, 7.4 (1953): 237-250.
[097] Nathaniel Hawthorne, The Scarlet Letter (New York: Random House, Inc., 2003), p. 2.
[098] 西元1848年6月8日霍桑被威脅解僱，1849年7月24日生效，由此可以看出當時政治鬥爭的激烈。

第二章　社會政治問題心理化的文化邏輯

位寬容的、能夠理解人的、雖然不一定是最相好的朋友，來聆聽自己的敘述」(1:1)。

在緊接下來的〈海關〉導言中，霍桑用「FAVOR」一詞來敘述作家與讀者的關係。按照當時的語義解釋，「FAVOR」具有贊成、屈就、討好等義，雖然他認為三年前創作《古屋青苔》(*Mosses from an Old Manse*) 時，「沒有世俗目的」而「屈就讀者」是「不可寬恕的罪惡」，但是現在為了現實目的而屈就讀者，應該是可以理解的。因為這樣才可以讓讀者了解，多年來自己的現實困境和精神憤懣。批評家斯德維特指出，這時的霍桑「經濟困境比以前任何時候都嚴峻」[099]。因此，文學創作成為霍桑生活中最緊急、最重要的謀生方式。

第三，第二年的再版序言最直接顯著的特點，是霍桑的藝術辯解。導論〈海關〉與《紅字》合併發表之後，嚴肅批評家的責難與讚揚此起彼伏：諸如主題與情節批評中的「難道法國文學時代到來？」關於霍桑創作的倫理問題，關於〈海關〉的「現實主義手法」與《紅字》「浪漫主義手法」的風格分裂問題，關於當時霍桑對現實批判與歷史歪曲問題等等。

其實，後來的霍桑批評，傳統在對〈海關〉的批評中強調「外在現實與歷史因素」，而在對《紅字》的批評中強調敘述藝術問題，甚至 1950、1960 年代，奇斯 (Richard Chase) 等大批自由主義批評家，按照霍桑的羅曼史定義，「建構」了美國文學獨特形式傳統的「羅曼史小說」。霍桑的再版序言唯一強調的，就是自己的「創新藝術」問題。他列舉當時讀者的強烈反應，最後卻「拒絕修改任何一個語詞」，而且保持兩篇原文合併發表。

因此，從這兩個自然段的序言看，霍桑「協調」了政治寫作、文學市場、藝術表徵之間的相互關係，這也許就是霍桑隱藏在幕後的「主體動機」。

---

[099] Randall Stewart, Nathaniel Hawthorne: A Biography (New Haven: Yale University Press, 1948), p. 91.

第二節　被「砍頭」的檢察官的政治想像

　　像朋友奧蘇利文和前任贊助人班克羅夫特一樣，霍桑一直支持民主黨的范布倫派，並希望前任總統會獲得黨派提名。然而西元 1844 年大選的中心話題，是併吞德克薩斯，由於即將離任的總統泰勒（John Tyler）的努力，他認為自己將擊敗范布倫（Martin Van Buren）和輝格黨候選人亨利‧克萊（Henry Clay），這兩個競爭對手都希望，大選中不要討論併吞和奴隸制問題。

　　泰勒原來是民主黨成員，後來轉向輝格黨，西元 1841 年 4 月，由於哈里森總統（William Henry Harrison）意外死亡而成為總統，他把併吞問題提交國會討論，並在西元 1845 年總統任期即將屆滿的幾小時前，簽署了一個妥協法案。併吞問題在西部和南部有眾多的支持者，所以當克萊和范布倫聯合反對這一議題時，他們就失去了競選獲勝的機會。事實上，范布倫並沒有獲得黨派提名，獲得提名的是一匹「黑馬」詹姆斯‧K‧波克，他是一位來自田納西州的奴隸主，受到安德魯‧傑克森的支持。泰勒由於對兩個黨派來說都是局外者，後來被迫退出了角逐。

　　班克羅夫特和奧蘇利文看到波克有機會成為黨派候選人時，就見風轉舵，轉而效忠波爾克（James Knox Polk）。但霍桑繼續反對他，甚至在大選後還反對他的擴張主義政策，並明確表示贊同范布倫和克萊的觀點，認為併吞會引起地區緊張情緒，甚至會摧毀整個國家。按照詹姆斯‧梅洛的考證，霍桑在西元 1844 年 12 月 17 日寫給帕克‧班傑明的信中表示，「強烈反對波爾克當選為總統，這將導致整個政府也遭到暴力攻擊。」

　　他說如果德克薩斯被吞併，奴隸的自由問題將會導致州之間的分裂，最終導致聯邦的瓦解，並認為這是不可避免的，且很快就會發生。[100] 霍

---

[100]　James R. Mellow, Nathaniel Hawthorne in His Times (Boston: Houghton Mifflin, 1980), p. 255.

第二章　社會政治問題心理化的文化邏輯

　　桑了解到，獲得新的領土將會導致分裂，但這並沒有很快發生，十五年後才出現這種局面。班克羅夫特確信吞併領土可以實現和平，雖然他是范布倫的朋友和支持者，但在西元1844年民主黨全國代表大會上，他投票支持波爾克被提名為總統候選人。

　　當波爾克的提名成為事實，他立刻寫信告知波爾克這一事實，詳細描述了自己在這一過程中所發揮的作用。按照莉蓮·漢德林的描述，大選後班克羅夫特也「熟練地寫一封親筆信給波爾克，顯示他的機智、奉承和剛毅」。這封信強調了他在波爾克成功背後所發揮的作用，卻沒有提范布倫，也沒有提要求得到回報[101]。

　　其結果就是班克羅夫特被任命為海軍部長，掌管新英格蘭地區的任免權。雖然霍桑不贊成波爾克的政治主張，也蔑視班克羅夫特身為政治家的嘴臉，不過他還是希望他們給自己一個政治職位，以解決經濟窘境。

　　在尋求政府職位的過程中，霍桑依靠有影響力的朋友幫忙，自己也盡了最大努力，特別是向那些有影響力的人獻殷勤，以及設法打動那些阻止他的人。雖然他的努力被證明是成功的，但他在塞勒姆的政治對手——查爾斯·阿伯姆牧師，被證明在權力運作上的手段更高明。在西元1844年12月寫給索菲亞的信中，霍桑告訴妻子自己對阿伯姆的第一印象，可能並不是原本想像得那樣好的朋友。他講述道，那位好心的牧師和自己一起在愛默生家裡共進晚餐，然後回到塞勒姆，「講述我們貧窮與悲慘的可憐故事，幾乎要表明我們極度缺乏食物。每一個和我說話的人，都好像在暗示我們處於絕望的境地，政府的職位是唯一的選擇。」（16:70-71）儘管霍桑極為氣憤，可他的經濟狀況也確實不樂觀，他從布里奇那裡借錢度日，並想盡各種辦法以獲得政府職位。

　　霍桑在他的職業生涯中都堅持，倘若南方堅持維護其「特別制度」，

---

[101] Lilian Handlin, George Bancroft: The Intellectual as Democrat (New York: Haper and Row, 1984), p. 193.

第二節　被「砍頭」的檢察官的政治想像

聯邦就不是一個理想的共同體，那麼也不值得發動戰爭來保護這個共同體。對於他來說，只有消除了奴隸制才使得戰爭顯得無可厚非。在內戰前，只有加里森的追隨者這一小部分人，仍然支持解散聯邦，其中很多人，包括弗雷德里克·道格拉斯（Frederick Douglass）等最後都放棄了。

輝格黨和民主黨中的大部分成員，更願意看到國家擴張，即使他們在1840年代和1850年代不同意戰爭和奴隸制，但是他們主張領土擴張。對於輝格黨來說，特別渴望看到市場經濟的擴大。對於民主黨人士來說，特別是由奧蘇利文領導的美國年輕人，向西部擴張，就意味著為工人階級爭取到廉價的土地和民主原則的擴散。西元1846年春天，與墨西哥爆發戰爭，許多美國人，包括霍桑，感覺都被迫去支持它。

根據波爾克的提議，國會很快就通過戰爭法案，眾議院投票為174：14，參議院為40：2，只有反奴隸制的輝格黨反對。他們及其新英格蘭支持者們——主要是一些廢奴主義者和超驗主義者——把戰爭視為推廣奴隸制的不道德行為。著名的梭羅（Henry David Thoreau），因為反對戰爭拒絕繳納人頭稅，並發表了著名的演講和論文〈論公民的不服從〉，因此被抓進監獄裡關了一個晚上。富勒透過《論壇報》公開譴責「奴隸制這一可怕的癌腫瘤，這場邪惡的戰爭都是由之引發的」[102]。西奧多·帕克（Theodore Parker）結合和平主義和種族主義，控告波爾克誤導公眾支持一場粗野的戰爭，侵略一個低階的、半文明的民族[103]。雖然這是美國當時最大膽的反奴隸制宣言，但帕克還是表達了強烈的白人優越論觀點。

像帕克一樣，愛默生也反對戰爭，不過他也相信，從長遠的角度看，

---

[102] Margaret Fuller, "These Sad but Glorious Days, " in Margaret Fuller's New York Journalism: A Biographical Essay and Key Writings, ed. Catherine C. Mitchell (Knoxville: University ofTennessee Press, 1995), p. 165.

[103] Theodore Parker, "A Sermon of War," in Theodore Parker: American Transcendentalist; A Critical Essay and a Collection of His Writings, Robert E. Collins (Metuchen, NJ: Scarecrow, 1973), pp. 251-252.

第二章　社會政治問題心理化的文化邏輯

戰爭與盎格魯——撒克遜種族優越論沒有關係。當然，霍桑缺少愛默生那種著眼於「偉大的結果」，而接受「不光彩方式」的能力，但他在自己的作品中表達出「一代人的惡行會延續給後代人」（2:2）的觀點。而且他透過《帶有七個尖角閣的房子》（以下簡稱《房子》）表達，依靠想像的種族優越論竊取土地和財產，是一種主要罪惡。

這部作品容易讓人想到，這是在隱晦批評墨西哥戰爭，也隱晦批評了美國透過不正當手段，在西部豪奪大片新的領土，包括加利福尼亞，那裡在西元1849年發現金礦，由此引發了瘋狂的淘金熱。在《房子》的前言中，霍桑表達自己的「道德」或者「真理」，「透過不正當手段獲取黃金或者地產所造成的罪惡，總會要像雪崩一樣坍塌，落到不幸的後人頭上」（2:2）。雖然霍桑指的是塞勒姆的潘欽家族，可是他腦子裡當時一定想到了美利堅民族。

西元1849年，也就是墨西哥戰爭之後，霍桑的隨筆《大街》用狡猾的諷刺話語證明，侵略和統治是昭昭天命和盎格魯——撒克遜種族優越的必然結果。《大街》的敘事者是一位演出人，他用木偶戲和經常故障的機械全景圖片，講述塞勒姆的歷史，從前殖民時期一直到現在，讓人半信半疑，又像是上帝的天意。

在塞勒姆這塊土地上，取代原住民印第安人，展開了演出人所說的「進步」歷程，但坐在前排、愛發牢騷的觀眾，一開始就對道具提出質疑。就像馬克‧吐溫（Mark Twain）數落庫伯的文學攻擊一樣，這位「看上去酸溜溜的紳士」拒絕屈服於演出人的詭計。「全都是為了賺錢。」他開始覺察到。「大樹像花園裡的雜草，根本不是原始森林。斯科沃‧撒切姆和瓦帕克維特都是紙板做的，關節僵硬。松鼠、鹿和狼就像是小孩玩的木頭猴子，在一根棍子上滑上滑下」（11:52）。

當演出人設法呈現印第安人遇見早期殖民者的情景時，他同樣無法滿

第二節　被「砍頭」的檢察官的政治想像

足批評者的要求,「要準確地看到事物的本來面貌」。演出人斷言,「印第安人從遙遠的棚屋長途跋涉過來,看那個白人定居地,為他所踩踏出來的這條深深的小徑感到驚奇,也許腦中會閃過一絲不祥的預感和悲傷——這條小徑將會延伸到各處,荒野中的森林、荒野中的狼和荒野中的印第安人,同樣會被踐踏在他的腳下。後來的事實也確實如此。大街兩旁的人行道,肯定是在印第安人的墳墓上建起來的。」(11:55)

這裡耐人尋味的詞彙是「踐踏」和「肯定」,一方面暗示了有意的侵略,另一方面暗示了不可避免的演變。把這些放在一起,讓自由意志主宰命運,霍桑懷疑演出人的天佑敘事(providential narrative)。在《房子》中,他將更全面地闡釋這一主題,當潘欽將軍在馬修・莫爾的棚屋原址,「一塊不寧靜的墳墓」(2:9) 上,建起他的大廈,尋求索取一大片「未被開墾的東部土地」(2:18),暗示的就是印第安人的土地。

在《大街》後面的幾個場景裡,霍桑清楚地批評,白人為竊取印第安人土地辯護的種族思想。在描繪了總督恩迪科特和其他殖民者到達之後,演出人宣布,「你會感知到盎格魯-撒克遜的力量——如今日所用的字眼——已經在我們的畫景中發揮作用了。許多煙囪裡開始升起裊裊炊煙,開始讓這裡有點鄉村大街的模樣了」(11:57)。當那些殖民者建起他們的禮拜堂,這是及時的限制而不是讓人思想自由,演出人要求,「再看看圖片吧!看看前面所說的盎格魯-撒克遜力量,現在是如何踏過大街,他們矯健的步伐後面是如何揚起一股股灰塵的吧」(11:58)。科拉克西奧指出,對「踐踏」一詞的重複讓我們確信,「昭昭天命實際上是這個低調演出的潛在主題」[104]。

劇中的印第安人知道,「那條街道對他們來說,不再是可以自由出

---

[104] Michael Colacurcio, " 'Red Man's Grave': Art and Destiny in Hawthorne's 'Main Street'," Nathaniel Hawthorne Review 31 (Fall 2005): 9.

第二章　社會政治問題心理化的文化邏輯

入的，除非得到殖民者的同意和允許」，因為英國人權力的炫耀讓他們畏懼。一個「披著鎧甲的軍樂隊」正在大街上行進，「他們來了，有五十人或者更多，都有鐵製護胸甲和鋼盔，擦得鋥亮，在陽光照耀下熠熠發光。他們的肩上扛著笨重的滑膛槍，腰間圍著子彈帶，手裡拿著點燃的火繩，小鼓和橫笛歡快地吹奏著在前引導。看！這不就是軍隊在行進嗎？」(11:59-60)這種軍隊力量的炫耀，像霍桑作品中的其他元素，是一個令人興奮的景象，讓人的注意力會偏離其道德主題。

發表這篇隨筆時，正值參加墨西哥戰爭的士兵們凱旋，人們都充滿了勝利的喜悅，媒體也大肆宣揚英雄主義[105]，而《大街》則諷刺塞勒姆歡呼扎卡里·泰勒（Zachary Taylor）將軍參加總統競選。演出人說，他計劃讓展覽延續到現代，展示現在的事件，但電線斷了，機器停止運轉，出現了大街被埋在雪下的靜止畫面，那是西元1717年大暴雪所造成的「災難」。演出人認真地說：「赫庫蘭紐和龐貝城的悲劇命運重演了。」(11:81)採用這種幽默，霍桑表達對出生地日漸強烈的敵意，這種情感在〈海關〉中以辛辣的諷刺達到了極限。

在這裡，霍桑一定是暗示，他從文學上選擇機器之神來埋葬塞勒姆的一切，埋葬在印第安人墳墓上建立起自己城市的那些人。霍桑以帶挖苦的口吻結束隨筆，讓演出人悲嘆小城被永遠「埋葬」了，「我耗費了大量的光線和照明，來重現大街的完整形象，從布法姆角開始，到泰勒將軍勝利歸來的光明之夜」(11:81)。

在墨西哥的美國人最後「控告」這場戰爭是美國永遠的恥辱。史考特將軍（Winfield Scott）承認，他指揮下的志願兵部隊，「在墨西哥所犯下的暴行會讓上蒼哭泣，每一個有良心的美國基督徒，都會為這個國家感到羞

---

[105]　Robert W. Johannsen, To the Halls of the Montezumas: The Mexican War in the American Imagination (New York: Oxford University Press, 1985), pp. 204-240.

第二節　被「砍頭」的檢察官的政治想像

愧。屠殺、搶劫、在捆綁的男人面前強姦其妻女的場面，在里奧·格蘭德沿途隨處可見」[106]。

米德上尉回憶說，那些志願兵「把丈夫趕出房子，強姦他們的妻子……他們勇敢地戰鬥，但他們是一群沒有紀律的哥德人和汪爾達人，讓我們成為那些無辜人民的恐懼」[107]。按照許多其他見證者的說法，包括墨西哥人和英國人，德克薩斯遊騎兵對待墨西哥人，尤其殘酷和殘暴。雖然英美歷史學家宣稱，遊騎兵的行為不能被當成整體現象，他們只是參與了邊境戰事，但拉里·麥克默特利譴責說，「『為什麼他們不能』是那些找藉口的人應該回答的一個問題。暴行就是暴行，不管是在德國，還是在阿爾及爾，或者在紐埃西斯帶沿途。當然，遊騎兵會說他們的行為是正義的，但實施過暴行的人都會這麼說」[108]。

洛威爾是霍桑崇拜的作家之一，他的《比格羅詩稿》於西元1846年在雜誌上連載，西元1848年結集出版，也暗示他了解墨西哥戰爭更多的黑暗面。洛威爾的書信體小說從一位麻薩諸塞騎兵團列兵的視角，用戰爭中的事實辛辣諷刺了波爾克政府的戰爭行為。儘管洛威爾支持廢奴主義而霍桑反對，但他們都同意，正如博德弗雷登所說：「在我看來，戰爭就是屠殺，而你卻認為是很平淡的事，我不再參加戰爭，以此作為我的誓約。」[109] 霍桑認為《比格羅詩稿》是洛威爾「寫得最好的作品」（17:261），屬於美國最好的六部作品之一。

儘管厭惡戰爭，不過霍桑有時候對那些無奈參與戰爭，又能冷靜、善

---

[106] Carey McWilliams, North from Mexico: The Spanish-Speaking People of the United States (NewYork: Greenwood, 1948), p. 101.

[107] Carey McWilliams, North from Mexico: The Spanish-Speaking People of the United States (NewYork: Greenwood, 1948), p. 101.

[108] Rodolfo Acuna, Occupied America: The Chicano's Struggle Toward Liberation (San Francisco:Canfield, 1972), p. 37.

[109] James R. Lowell, The Biglow Papers, First Series: A Critical Edition, ed. Thomas Wortham (DeKalb:Northern Illinois University Press, 1977), p. 51.

第二章　社會政治問題心理化的文化邏輯

意地對待戰爭的人表達敬意。在〈海關〉中，他以這種模式描述老將軍詹姆斯・米勒。在西元1812年的戰爭中，米勒帶頭猛攻倫迪雷恩小山頭，進行了猛烈殊死的戰鬥，最後占領英軍的炮臺，立下赫赫戰功。霍桑寫道：

> 我從他身上看到的……是頑強而深沉的堅毅……是和他在奇皮瓦或伊利要塞率眾與敵人白刃戰同樣強烈的那種慈悲心腸，我認為這種軍人的慈悲，和當年任何或所有的慈善家的好爭論如出一轍，都是真誠的戳記。他曾親手殺人，亦未可知 —— 在他那充斥著勝利能力精神的衝鋒陷陣面前，人們自然是如同鐮刀橫掃之下的草葉般倒了下去，即使如此，他心靈中絕無絲毫落井下石的殘忍。（1:22）

具有諷刺意味的是，正是這位被霍桑稱為盟友的老勇士，其政治運作成為霍桑失去海關職位的主要原因。

按照塞勒姆輝格黨的說法，這位老將軍面臨「貧困和窘迫」，因為霍桑及其塞勒姆的民主黨同僚們，密謀勸說老將軍在泰勒主政之前，從收稅員的職位上退下來。空出來的職位，波爾克讓老將軍的兒子，埃弗拉伊姆・米勒上校代替了。小米勒是霍桑和其他民主黨人士的朋友，讓他作為名義上的輝格黨員占據這個職位，泰勒上臺後就不會存在解僱的風險了。作為這項任命的交換條件，小米勒祕密同意，在海關中不會用輝格黨成員代替民主黨成員。

霍桑也參與了西元1848年的這次陰謀，並寫信給新認識的朋友丁梅斯代爾頓議員，請求任命小米勒，麻煩在「泰勒主政前把事情辦妥」。厄珀姆的「邪惡行為」，如果是真的話，讓民主黨成功控制海關的事遇到了大麻煩，特別是民主黨在西元1848年大選失敗後。西元1849年3月，當霍桑聽到風聲，輝格黨意圖去除他的職位，他就讓朋友希拉德連繫波士頓有影響力的輝格黨人士，為自己尋求支持，聲稱「我尋求職位不是希望將來有政治前途，以後也不再成為政治家」。這話一半是真的，一半是假的。

第二節　被「砍頭」的檢察官的政治想像

　　霍桑在塞勒姆與輝格黨人的鬥爭期間，滲透在《古屋青苔》中對改革者的諷刺態度，完全變成了對「改革」十分強烈的敵意，正如他自己所說，是輝格黨的競選「砍」了他的頭。這期間霍桑在塞勒姆為了生存與輝格黨鬥爭，最後透過想像把輝格黨人與自以為是的清教徒連繫起來，並把這種思想滲透到他的小說《紅字》中。他所想像的連繫，事實上有一定的基礎，因為輝格黨，特別是波士頓以外的良知輝格黨，追溯其祖先是吃苦耐勞的清教徒族系，把自己看成是道德的管理者，這就是為什麼他們會成為反奴隸制運動的主力軍[110]。

　　《紅字》出版後，霍桑告訴布里奇，「〈海關〉已經引起了自巫術事件以來最猛烈的海嘯。若是我從城裡走過，不被塗滿柏油、沾滿羽毛，我會認為是非常幸運的事。」(16:329) 這一想像，源自巫術和暴動，描述霍桑殉難的感覺，但另外一個想像，則表達出霍桑渴望報仇。「我必須承認，它激起我體內魔鬼的一面。」他在西元 1849 年夏天寫給朗費羅的信中說，「發現自己被那些政治獵犬所追剿，要是他們成功讓我丟失職位，我一定會宰殺一兩個作為祭品。」(16:269)

　　霍桑把自己想像成被迫害的巫師和逃亡的奴隸，但也參與了焚燒或以私刑殺害其對手的活動。身為作家和政客，霍桑具有面對戲劇性的鑑別力，把自己想像成既是受害者也是加害者，這對於他來說是自然之舉，讓他能夠同時參與政治遊戲，也遠離政治遊戲，可以既是巫師、奴隸，也是他們殘忍的對手，同時腳踏兩隻船。

　　當霍桑想像在塞勒姆遭受迫害時，似乎給他帶來最大麻煩的是虛假的證據，這也與巫術審判具有相同的性質。在西元 1850 年 4 月 13 日的一封信中，他告訴布里奇，塞勒姆的人「真的不值得我出手⋯⋯在故意整倒我之後──不止一次，而是有兩次不同的攻擊──以兩個虛假的指

---

[110]　David J. Potter, The Impending Crisis, 1848-1861 (New York: Harper and Row, 1976), p. 237.

第二章　社會政治問題心理化的文化邏輯

控——以我的名義提出的同一種聲音」(16:329)。

西元 1692 年，塞勒姆的謊言和妄想，在西元 1849 年重新發生在霍桑身上，並出現在他關於波士頓西元 1642～1649 年的歷史小說中。他用來向讀者介紹海斯特故事的方式，顯示他是有意用不可靠敘述，因為他不僅不承認是自己的故事（手稿是檢查員皮尤準備好的），而且表明其源頭是「口頭的證據」，不是親眼見證後的講述，是「由檢查員皮尤先生的時代還活著的老人」(1:32) 講述的。這種模糊的轉換提醒讀者，下面所有的敘述都是不可靠的。這部作品中明確的道德「真誠！真誠！真誠！」(1:260) 也具有嘲弄的性質，敵人讓公眾反對他，這是受敵人迫害的作家所做出的政治反應。

當然，〈海關〉是一個明顯的騙局，其目的是為了吸引讀者，也是透過謊言和迷信，在他虛擬的世界裡控制讀者。他宣稱，那位死去的前任檢查員皮尤的鬼魂一直在海關徘徊，並「用他那鬼影綽綽的手……把紅字和一小卷說明手稿交給了我」(1:33)。那些「嗜血成性」的輝格黨徒，從政治上「砍」了他的頭，讓他也變成鬼魂，無賴霍桑只能去編撰故事。

「我倒認為，一個人頭顱落地之時，至少是他一生中最為愜意之際。」他斷言。他至少因此向「民主黨兄弟們」顯示出自己的忠誠而感到高興，他們在他「贏得殉道的桂冠」(1:41-42) 之前懷疑過他。他繼續以開玩笑的口吻說，在被解聘之後，新聞界「抓住了我這件事，讓我在一兩個星期內屢屢見報，其實他們針對的是一個沒有頭顱的人，就像歐文的無頭騎士一樣」(1:42-43)。

雖然霍桑的目的是要營造幽默的效果，可是他關於海關鬼魂的玩笑，在他的政治和藝術之間建立起連繫。首先，把自己呈現為一個殉道的政治形象就是一種虛構，目的是掩蓋自己參與了政黨政治，也是為了對抗塞勒姆輝格黨對他的指控。他曾經對一位希望尋求政治職位的朋友說：「表

第二節 被「砍頭」的檢察官的政治想像

面上表現謙虛，但骨子裡要敏銳、勇敢，這是必須的。」(16:649)第二，引用歐文的典故「睡谷傳奇」表明，霍桑知道自己根本沒死，而是一個雜亂無章的騙術，是有意的惡作劇，並不像歐文筆下的布魯姆·伯恩斯，用偽裝把他的對手，那位易於受騙的校長、北方佬伊卡博德·克萊恩嚇出局了。

我們知道，伊卡博德的致命弱點是他相信鬼魂。霍桑在塞勒姆輝格黨中的主要對手厄帕姆是一位政治家，也是一位巫術和幽靈專家，霍桑在《房子》裡報復性地把他塑造為邪惡的潘欽法官。霍桑在〈海關〉中公開宣稱的超然與寧靜只是一種假象，其真實意圖是想要報仇，所以督察霍桑「迄今為止都被歪曲了」，就像他筆下的人物一樣，變成了「影子，或者實際上是不存在了」。因此，作者告訴我們，這篇羅曼史可以「被看作是《一位被砍頭的督察的遺稿》」(1:43)。

不管是從個人層面還是政治層面，小說的中心話題都是幽靈，既討論了它的起源，也討論了它所產生的影響。很明顯齊靈渥斯是奸詐的，《紅字》中的主要人物也都是騙子。他們說謊基本是透過沉默，透過所做的選擇，而不是言語表達。丁梅斯代爾隱藏自己的父親身分，海斯特隱藏自己對丁梅斯代爾的愛。他們在公眾面前是一副面孔，私下裡又是另外一副面孔，導致了巨大的分裂。

霍桑在第二十章〈迷惘中的牧師〉中宣稱，「在相當長的時期內，誰也無法對自己裝出一副面孔，面對眾人又裝出一副面孔，其結果必然是連他本人也會弄不清，到底哪一副是真的。」(1:216)這種欺騙不僅讓人迷惑，也會讓世界和人分裂。「對於那個不真實的人來說，整個宇宙都是虛偽的——都是難以掌控的，在他的掌控之中化為子虛烏有。至於他本人，迄今為止在虛偽的光線中所顯示出的自身，已經變成一個陰影，或者更確切地說，已不復存在了」(1:145-146)。海斯特和丁梅斯代爾在整部小說中

第二章　社會政治問題心理化的文化邏輯

都經歷了這種分裂，他們欺騙他人，甚至是自己，隱瞞其真實身分。他們變成了陰影、魔鬼、幽靈，羅曼史因此也變成了一個鬼故事，不僅警告虛假的證言，也警告那些變成魔鬼的人，就像是被砍頭的督察。

小說中最主要的幽靈，就是那個「黑人」，當然實際上沒有黑人，就像西元1692年的塞勒姆沒有黑人一樣。霍桑的暗示表明，他創造了殖民地的宗教，讓每一個有罪的人都感到內疚。梅爾維爾在評論《古屋青苔》時曾提到過，霍桑「總是痴迷於喀爾文教內在墮落和原罪的觀念，從天降福禍⋯⋯深邃的思想永遠都無法自由」，不過霍桑更感興趣的是感受罪惡，而不是宗教教條。對於他來說，危險在於那些非理智的激情——欲望、憤怒、自我中心主義、報仇——有些人和國家並不抑制這些激情。

從側面來看，這部小說最初是緣起於輝格黨「他們惡毒的怨恨和報復」（1:41），到結尾則顯示西班牙水手們眼睛裡發出「野獸」般的凶光（1:232），《紅字》的主角也成為他們無法控制的、非理智激情的犧牲品。像霍桑筆下許多的壞人一樣，齊靈渥斯正如他的名字所顯示的那樣冷酷無情。然而處於情感另一極的丁梅斯代爾和海斯特，則虛弱地展示過度的情感，並在第十七章〈教長與教民〉裡諷刺性地到達高潮，他們無法扮演各自應有角色，導致了人格分裂，讓他們都以幽靈的身分出現。

在第十七章的開頭，他們發現自己的轉變，「他們在這幽暗的森林中不期而遇，簡直像是兩個幽靈，出了墳墓之後在世上首次邂逅⋯⋯雙方都是鬼魂，卻又被對方的鬼魂嚇得不知所措」（1:190）。丁梅斯代爾伸出他那死人一般冰冷的手，觸碰海斯特發涼的手，他變成鬼魂不是因為某種超自然的力量，而是因為他自己軟弱的人性。正如霍桑所解釋的，「像他過的這種虛假生活，實在有難言的痛苦，因為我們周圍無論什麼現實，原是由上天注定賜給我們精神上的喜悅和營養。可是對他來說，其精髓和實質已被竊取一空。」（1:145）

第二節　被「砍頭」的檢察官的政治想像

　　由於海斯特是執迷不悟的懺悔者，所以她留在波士頓也變成了鬼魂，「以鬼魂的形式出沒於此，因為這裡所發生的事情，給她的一生打上無法磨滅的印記」。臨近小說的結尾，當她在市場上等待丁梅斯代爾，她的臉「儼如一副面具，或者更像是一位亡婦臉上那種僵死的恬靜，如此令人沮喪的類比，是因為海斯特無權要求任何同情，猶如實際上死去一般，她雖然看起來像是混跡於人間，但確實已經離開人世」(1:226)。因此《紅字》變成了一個由鬼所講述的鬼故事，就像是塞勒姆巫術審判中所呈現的證據一樣令人難以置信。

　　在前言（完成於小說之後）中，霍桑確信〈海關〉中的人物「都是些殭屍，面帶輕蔑挑釁的獰笑，死死盯著我的面孔，那種表情彷彿在說：『你和我們有什麼關係？』」(1:34)他們缺乏現實性，缺乏活力，可以想像他們的行為會有什麼效果。雖然齊靈渥斯是羅曼史中典型的邪惡之人，當施加報復時，他變得更加黑暗，更加畸形。而丁梅斯代爾因為罪惡，認為魔鬼就在自己身上。海斯特也是如此，當她看珠兒時，從她臉上看到的是「魔鬼」和「滿是惡意」，珠兒就像是一個「邪惡的精靈」。他們所看到的是迷信和罪惡的複合體。儘管有謠言說珠兒是惡魔的後代，不過那個真正的「黑人」，就是她的生父丁梅斯代爾。

　　海斯特告訴珠兒，她曾經見過一次黑人，讀者知道，她所遇見的不是魔鬼，而是丁梅斯代爾牧師，欲望讓他們結合在一起。當丁梅斯代爾好像出現在森林的霧中，珠兒問：「那是黑人嗎？」海斯特回答道：「傻孩子……那是牧師。」(1:187)在接下來的高潮場景裡，海斯特表現出以前她與丁梅斯代爾關係中的本性，屈服於她隱藏了多年的激情，摘下紅字，取下帽子，讓自己「烏黑而濃密」的頭髮散開來，臉頰上泛起性感的「紅潮」。

　　或者我們希望這樣總結，八年前牧師引誘這位美麗的已婚教民，教民也引誘了他，或者他們雙方都拒絕抵抗來自相互的吸引力。但事實卻

第二章　社會政治問題心理化的文化邏輯

是，他們的結合是非法的，儘管海斯特斷言「它有著自己的祝聖禮」。海斯特可以自由離婚，雖然有困難，丁梅斯代爾可以自由結婚，雖然會失去景仰，可他們都漠視這些富有挑戰性的公開法律程序，踐行自己祕密的欲望。

當他們第二次在林中會面，作為自由意志的行為，丁梅斯代爾好像變成了海斯特想像中的「黑男人」。正如古德曼・布朗一樣，他好像是在夢境中穿過那片森林，「每走一步，他心中都想做出這樣那樣出奇的、狂野的、惡毒的事情，感到這種念頭既非心甘情願，卻又有意為之」(1:217)。霍桑讓那種有害的、無形的影響，充滿了戲劇化的色彩，這種影響源自「那一小時的感情交流」，在選舉日時，丁梅斯代爾做完布道後，它就逐漸減弱了。

在那天他獲得巨大成功前，波士頓人都去看那位疾病纏身的年輕牧師，據說他成了魔鬼的犧牲品，雖然一直與魔鬼的力量相抗爭，卻不怎麼成功。教堂司事也假想是有魔鬼為了嫁禍於牧師，把牧師的手套拿到刑臺上去了。

齊靈渥斯，那位科學家，有意告訴海斯特，「他也像他的牧師兄弟們一樣迷信，幻想著自己已被惡魔所控制，受盡折磨，始終被可怕的夢魘、絕望的念頭、良心的責備、無望的寬恕纏繞，像是讓他預先嘗試一下即將要進入的墳墓的滋味。這正是我無所不在的影子所產生的效果——現在與他關係最接近的那個人，是被他以卑劣的手段侮辱過的人——支撐那個人活下來的理由，就是為了實施這種沒完沒了的毒計，對他進行最可怕的報復」(1:171-172)。

換句話說，丁梅斯代爾看到的是並不存在的幽靈，忽視了身邊那位真實的惡棍。身為學者和科學家，齊靈渥斯並不相信丁梅斯代爾的迷信，甚至承認自己惡魔似的行為。霍桑的高明之處在於，他從心理上和政治上洞

第二節　被「砍頭」的檢察官的政治想像

察到，幽靈、魔鬼、惡魔是個人和社會自我壓抑的恐懼和欲望的投影。

嚴格的清教徒社區是由牧師的布道所維繫的，海斯特就是這種社區及其居民流言的受難者，但她幾乎是以令人敬仰的英雄形象出現在刑臺上的。敘事者賦予她這種身分。然而，當她來到森林第二次見丁梅斯代爾的時候，她變成了反叛者的角色，敘事者的同情好像消失了。描繪著革命前景，霍桑把她呈現為一位自由女神，猛烈攻擊一處城堡。不過，正如雷諾茲先生所說：「她的勝利，就像是第一天攻打巴士底監獄的情形，釋放出無政府主義和邪惡的力量。」[111]

丁梅斯代爾所做出的「振奮人心的決定，對於一個剛剛逃脫自己心靈禁錮的囚犯來說，猶如踏上一片未受基督教化的、尚無法律約束的荒土，可以盡情呼吸那片荒野裡自由的空氣」（1:201）。在第十三章〈海斯特的另一面〉中，我們知道，海斯特生活的時代裡，「手執利劍的人已經推翻了王室貴冑，比他們更勇敢的人則顛覆和重建了⋯⋯傳統偏見的整個體系，而後者與古代準則是密切連繫的」。作為吸收時代精神的結果，海斯特所崇尚的思想，「被人視作如同魔鬼一樣危險的、影子一般的客人，經常被見到去輕叩她的門扉」（1:164）。這些危險的幽靈，無論是源於革命、弒君還是源於改革，都增強了魔鬼或者未經授權的行動的吸引力。

海斯特向西賓斯女士透露，「要是他們帶走珠兒，我將用自己的血在黑男人的簽字本上簽下我的名字。」（1:117）她為什麼要這麼做？是為了報仇嗎？不。是為了顯示她在仁慈的上帝面前失去了真誠嗎？可能是。是一種反抗行為嗎？完全是。這裡霍桑洞察到，亂用權力進行壓迫會造就「女巫」。正如科頓‧馬瑟所宣稱的，巫術就等同於反抗。

那個「黑男人」，作為那些像海斯特這樣，在上帝所謂的聖徒那裡找

---

[111] Larry J. Reynolds, European Revolutions and the American Literary Renaissance (New Haven: YaleUniversity Press, 1988), p. 94.

第二章　社會政治問題心理化的文化邏輯

不到正義同盟者，因此承擔著政治內涵。如果她的孩子被那些有權力的人奪走，為了正義，海斯特想過向他求助。絕望之際，她會和那個「黑男人」聯合起來，共同挑戰這塊土地上既有的權威。最後，霍桑希望我們發現，小說中最危險的人，並不是齊靈渥斯、丁梅斯代爾、海斯特、珠兒、西賓斯太太這些順從自己不羈的熱情、使人想起魔鬼陰影的人物，而是那些維護一個顛倒黑白的社會，把殘酷當作公正，把專制當作正義的人。當牧師和治安法官為了維護自己的統治，集中討論魔鬼的力量時，那些無知的人們做出了恐懼和憤怒的回應。因此那些圍著刑臺的「長舌婦」們顯露出可怕的血腥欲望，盼望海斯特被打上烙印或者被處死。有一個人說：「這個女人讓我們蒙羞，應該處死。」(1:51)

小說中的人物之一西賓斯女士稱海斯特為「精神病患」，真實中的西賓斯女士在西元1646年死於恐怖的清教徒之手，她是被當作女巫處死的。海斯特被允許回到牢房之前，「波士頓最年長的牧師」——約翰·威爾遜，對人群發表了「關於罪惡的演講」，時時涉及海斯特的紅字，「在長達一個多小時的演講中，他有力地描述這個標記，就好像用地獄之火把紅字這個標記烤得通紅，他那強而有力的言辭在人們的耳際反覆轟鳴，在他們的心頭引起新的恐懼」(1:68-69)。他因此將海斯特魔鬼化，並讓聽眾相信，她與魔鬼連在一起。最後，當她被押回牢房的時候，「那些目光隨著她的身影移動的人小聲議論著，她胸前的紅字在牢內黑漆漆的通道上，投下了一道血紅的閃光」(1:69)。牧師所散布的恐怖發揮了作用。

丁梅斯代爾在《紅字》的結尾，是否真的放棄了自己的欺騙行為，讓教民看到他的真實面目，頗具爭議。假定霍桑強調的是各種形式的欺騙，小說結尾一名犯罪嫌疑人的聖母憐子畫面，就應該被理解為是一種反諷。霍桑在他的作品中再一次顯示，只有自我錯覺可以讓一個人宣稱自己有能力戰勝邪惡，進而向善。

然而，當霍桑把故事結尾讀給索菲亞聽時，他的情感反應暗示，當他面對自己設定的這種結尾時，它可能失去了設想的反諷效果。也就是說，這個詭計欺騙了他自己。在《英國日記》裡，他回憶說：「小說剛寫完，我就懷著熱情把最後的場景讀給妻子聽──盡力地讀著它，當然，我的嗓門提高了，上下起伏，就好像一場風暴平息後，還在海面上下顛簸。」(23:339-340)。那麼他和許多讀者的觀點類似，發現丁梅斯代爾虛假的懺悔具有說服力。正如後來在解釋約翰·布朗時所承認的，「如果我自己都不能控制自己，那麼我有什麼權利抱怨別人愚蠢的衝動。」(23:428)。

第三節　海斯特的個體反抗：霍桑的公民意識想像

海斯特·白蘭胸前的字母「A」字既要求詮釋又違抗詮釋。「這個字絕妙異常……具有一種魔力，使她超凡脫俗，超越了一般的人間關係，將她封閉在自身的天地裡。」(1:53-54)海斯特與她的社區之間，到底有著怎樣不同尋常的關係？字母A如何發揮社會象徵、懲罰和反叛行為的功用？這些問題都隨著故事本身的不斷推進，而變得更為複雜。然而，這種複雜性並未阻止學者們頻繁地從不同的理論視角，批評性評論《紅字》的決心。

在這些討論中，特別引人注意的是，1980年代的解構主義者和符號學家，往往忽視權力鬥爭的政治方面，而隨後的新歷史主義式的解讀，又很少正確對待意指的錯綜複雜性。然而，這個「A」字顯然不止在一處場域中運作，這部小說的聚焦點隱含於文字與懲罰、公共標記與私人罪責、鮮明符號與神祕記號、恥辱烙印與自豪徽章之間。德里達的意指可能性和傅柯的權力關係，對於理解圍繞「A」字展開的鬥爭都必將大有用處，而這兩者之間複雜的推拉戰，確實可以找到一個共同的聚焦點，當我們透過同時期梭羅在《抵制國民政府》(*Resistance to Civil Government*)中提出的象

第二章　社會政治問題心理化的文化邏輯

徵性政治活動模式,來剖析霍桑的《紅字》時,這個共同的聚焦點便會立刻出現。

正如讀者已注意到的,《紅字》將意指過程置於特別引人注目的位置。儘管這往往會引來解構主義者的解讀,但是在一個強調意指的不確定性文字中,這樣的解讀會提出循環邏輯的問題。這個問題的一方面便是聲稱霍桑是位解構主義者,如弗洛里斯(Ralph Flores)把《紅字》看成「寓言的寓言」,「A」字在其中被無盡地寓言化,這個符號的意義也被無盡地延異[112]。

儘管文字中有不少證據來支撐這種解讀,不過它仍是不足以充分理解「A」字在這部小說中的功能。霍桑筆下的清教徒,透過那些對道德權威具有毋庸置疑的依賴性的「神聖的地方法官」進行言說,他們是一群「把宗教和法律幾乎完全視為一體的人」(1:54、50)。政治權力與上帝和宗教相聯結的地方,便是中心之所在,圍繞這個中心建構起整個社區,在這裡對於把海斯特標記為淫婦的官方律令,絕不會隨意遭到質疑。清教徒實驗的核心,在於透過接觸上帝來獲取固定意義理解遊戲的能力。假如海斯特佩戴的「A」字,一開始指向地方法官已公開決定的意義的對立面,那麼這種意義上的轉變必定會構成一種失控,會對整個結構的根基產生嚴重的威脅。

這種「游離狀態」的開始,本身就包含在丁梅斯代爾的個體墮落之中,後來又在海斯特的公共活動中得以加強。儘管起初地方法官似乎有權力將「A」字的意義,固定在狹小的界限內,然而,隨著敘事的展開,這些界限被不斷地擴大了。不可否認,「A」字作為一個符號的本質,為海斯特提供一種她可以利用的、固有的不穩定性。若是海斯特想要反抗「淫

---

[112] Ralph Flores, "Underground Allegory: The Deadly Living Letter in Hawthorne's The Scarlet Letter," Criticism 29 (1987): 338.

第三節　海斯特的個體反抗：霍桑的公民意識想像

婦」這個標記的話，首先必須找到一種權力，這種權力能夠讓她以一個個體，來對抗看似完全統一的清教徒社會。「A」字把海斯特孤立起來，卻幾乎沒有賦予她反抗的權利，而小鎮用以規訓她並強加在她身上的「A」字，這個懲罰性的、政治性的象徵符號的不確定性，使得海斯特能夠反過來利用這個弱點。

海斯特用以獲取政治權力的策略，確實與梭羅的公民不服從模式相類似，在這裡活動本身變成了象徵性的，相反，象徵也可以成為一種活動形式。假如象徵性符號「A」可以被用來向海斯特施加壓力，那麼借用梭羅的話，它也可以成為「一種阻止或減緩政府機器運行的反向摩擦力」[113]。槓桿隱喻暗示著不同末端力量上的巨大差異，這同樣適用於這部小說：「這個不幸的罪人承受著巨大的壓力，成千雙無情的眼睛注視著她，目光都緊盯住她的前胸，但她還是盡一個婦人最大的能耐支撐著自己。這實在是難以忍受的。」(1:56) 如果「A」這個符號是槓桿，那麼意指便是支點，只是這個支點是一個極易被撬動的、不穩定的點。

正如德希達（Jacques Derrida）所言，「結構的結構性」的一部分，便是它必然設定一個中心：「這個中心的功能在於確定結構運行的方向，維持結構的平衡，組織結構的發展。這是因為人們根本無法理解一個毫無組織的結構，而且最重要的是，要保證結構的組織原則，將限制我們可能稱之為結構的『自由遊戲』的發生。」[114] 德希達在《論文字學》（*Of Grammatology*）一書中闡述了語言的運行模式，他認為終止遊戲的欲望，是與壓制力量的存在緊密相連的：語義遊戲的終止，主要與系統內部的諸要素有關。儘管德希達在這本書中避開了直接討論政治權力的本質，但它卻暗含

---

[113] Henry D. Thoreau, "Resistance to Civil Government, " in The Writings of Henry David Thoreau, ed. Wendell Glick (Princeton: Princeton University Press, 1988), pp. 73-74.

[114] Jacques Derrida, "Structure, Sign and Play in the Discourse of the Human Sciences, " in Writing and Difference, trans. Alan Bass (Chicago: University of Chicago Press, 1978), p. 278.

第二章　社會政治問題心理化的文化邏輯

在對所設中心的確立和維護之中；甚至它在確保意義存在時，同樣是一種壓制工具。

基於德希達的上述觀點可以得出：透過接觸某個用以命令全部所指的超驗的能指，就能呼叫這個「中心」以確保意義存在，然而這種做法的危險就在於，它會把看似固定不動的中心重新放回遊戲場中，這樣就有可能引起破裂。[115]而這種隱晦的可能性貫穿了《紅字》這部小說的始終：在小說最後一幕，當丁梅斯代爾試圖從海斯特身上取回 A 字時，中心所具有的短暫不定的性質，最終暴露了出來。破裂會產生空虛的危機，同時中心也不再存在，因此必須重新固定一個中心，或者以某種變形來代替先前的中心。海斯特胸前的 A 字，對海斯特本人來說，很明顯是一種壓迫性的威脅，對小鎮來說，A 字的潛在威脅，是它帶來了破裂的可能性。正如小說《紅字》開篇清教徒地方法官要求海斯特說出「珠兒的父親是誰」，這精采絕倫的一幕所清晰展現的那樣，遊戲的終止、中心的固定需要權力，甚至需要暴力。

吉爾摩（Michael Gilmore）在海斯特的身上看到了一位像梭羅一樣的思想家，他認為「霍桑在創作《紅字》時，腦海裡可能不時想起梭羅」[116]。

湯瑪斯·考瑟（G. Thomas Courser）堅信梭羅影響了〈古屋〉（西元1846年《古屋青苔》序言的草稿），他認為霍桑與他同時期的梭羅及其思想之間緊密連繫，促使霍桑創作出《紅字》這部作品，持有相同觀點的還有布福德·瓊斯。[117]例如，「霍桑在西元 1848～1849 年的冬天，曾兩次安

---

[115]　參見 Jacques Derrida, Of Grammatology, trans. Gayatri Chakravorty Spivak (Baltimore: Johns HopkinsUniversity Press, 1997).

[116]　Michael Gilmore, American Romanticism and the Marketplace (Chicago: University of ChicagoPress, 1985), p. 85.

[117]　G. Thomas Courser, "The Old Manse, Walden, and the Hawthorne Thoreau Relationship," ESQ: A Journal of the American Renaissance 21 (1975): 11-20. Buford Jones, " 'The Hallof Fantasy'and the Early Hawthorne Thoreau Relationship," PMLA 83 (1968): 1429-1438, especially p. 1434.

第三節　海斯特的個體反抗：霍桑的公民意識想像

排梭羅在他摩爾大街的房子裡講學」[118]。

西元 1849 年，《抵制國民政府》首次在《美學文論》中出現，作為這部彙編作品的第 10 篇文章，它的出版比《紅字》早了一年，而霍桑的《大街》作為其中的第 8 篇文章也同時出版。值得指出的是，《美學文論》是由霍桑的妻妹伊麗莎白・皮博迪編著的。鑒於這種暗示性的鄰近，想要解讀霍桑對社會的界限，和個人主義權利方面的深層次探索，特別是描寫海斯特的抵抗，就需要與梭羅的文章進行對話。

正如梭羅指出的，要想打破人們所質疑的中心之根基，就需要接觸到這個系統本身：他在《抵制國民政府》中對公民不服從的呼籲，為那些被壓制束縛的個體，提供一種逆襲政府「機器」的模式：

假如不公正是政府機器所產生的必然摩擦力中的一部分，那就讓它順其自然：如果它能磨平對方的話，那麼它自身也會消耗殆盡。假如不公正有專供其自身利用的彈簧、滑輪、繩子或者曲柄，那麼或許你可以考慮一下，糾正行為是否比邪惡行為較為好一些。假如本質上還是需要你成為對他人不公正的媒介物，那麼要我說，你應該做的是打破法律的束縛，讓你的生活成為阻止這臺機器運行的反向摩擦力。[119]

海斯特起初是經歷了怎樣的深思熟慮，才下定決心打破法律的束縛，這一點只能靠讀者自行去想像。在市場上，透過拒絕將丁梅斯代爾牽扯進來，放棄自身被寬大處理的機會，她公開地反抗了清教徒權威、她的丈夫以及她的情人。此外，她對 A 字的獨特設計，也令它超出清教徒地方法官的控制：「我不說……這個紅字烙得太深了，你無法將它取下來。但願我能忍受住自己的痛苦，也能忍受住他的痛苦！」（1:68）丁梅斯代爾將海

---

[118] James R. Mellow, Nathaniel Hawthorne in His Times (Baltimore: Johns Hopkins University Press, 1998), p. 289.

[119] Henry D. Thoreau, "Resistance to Civil Government, " in The Writings of Henry David Thoreau, ed. Wendell Glick (Princeton: Princeton University Press, 1988), pp. 73-74.

第二章　社會政治問題心理化的文化邏輯

斯特拒絕說出他的名字，理解為「一個婦人的心胸是多麼堅強、多麼寬大啊」，海斯特的確對他太過慷慨了。竊賊也該被如此寬容地對待嗎？或者用梭羅的話說，海斯特之所以拒絕，是因為她不想成為「對他人不公正的媒介物」嗎？《紅字》中海斯特的形象表明：

> 她認為清教徒地方法官強制她佩戴 A 字和示眾都是錯誤的，而且她自身足夠堅強去做她認為正確的事情。海斯特拒絕將亞瑟牽扯進來，儘管他就是證明地方法官根本不具有道德權威這一事實的證據，而他們強加在她身上的判決，本身就是對他們自身道德權威的暗示。在所有的聽眾中，只有海斯特自己知道這個事實，這反而進一步加深了她的冤枉感。

丁梅斯代爾的公民權利，更多來源於對宗教和法律的闡釋，而不是他自身的牧師身分，他自己也清楚地意識到中心位置的空洞，他甚至懇求海斯特來揭露這種欺瞞行為：「我要提醒你注意，你是怎樣在阻止他喝下，現在端在你唇邊的那杯辛辣卻有益的苦酒，而要知道那個人自己可能沒有勇氣把酒奪過去喝下啊！」(1:67) 在公眾的壓力和監視下言說、譴責和共同感受恥辱，在某種程度上，將證實地方法官賦予 A 字的意指。

說出亞瑟的名字，雖然能使海斯特免於佩戴刺繡的 A 字，卻會鞏固地方法官所定義的「淫婦」的名號，所以海斯特選擇沉默。這些「神聖的地方法官」的權威完全依賴於上帝，而海斯特否認他們去除 A 字，以及減免她刑罰的權力，卻是一次具有重要意義的言說。正如她為 A 字設計的精妙絕倫的刺繡一樣，這次言說斬斷了 A 字與地方法官之間的連繫，使它更加直接地與自身連繫在一起。

雖然地方法官與這位孤獨的「淫婦」之間，存在著巨大的權力差異，可在海斯特和亞瑟看來，他們的權力之源中存在破裂的可能性，卻顯而易見。起初，海斯特是被當眾羞辱和懲罰的對象，因為她既沒有充分的權力也沒有權威，來迫使破裂發生或者將 A 字完全據為己有，而小鎮民眾聚集

第三節　海斯特的個體反抗：霍桑的公民意識想像

在一起，不僅是要將 A 字固定在她的胸前，還要固定住 A 字的意指。

海斯特雖然缺少避免被標記的權力，卻透過公開接受本應該屬於兩個人的懲罰，以及把 A 字私人化，毫無疑問地將 A 字變成自己的附屬物。從監獄出來之後，海斯特開始「穿粗布做的衣裙，顏色是最黯淡的，佩戴的唯一裝飾品就是那個紅字 —— 那是她注定非戴不可的」(1:83)。海斯特抹去自己的美麗以便突出 A 字的存在，她總是使它鮮明地展現在公眾的眼前。

這個紅字是小鎮用來向海斯特施加壓力的槓桿，不過正如梭羅所指出的，這樣的機械設備是雙向作用的。海斯特認真地拿起 A 字，開始將壓力逆作用於她的小鎮，然而這種鬥爭也令她付出高昂的代價。梭羅為不服從非正義法律設定的、富有理性和道德性的標準表明，要遠離統治階層，因為這個實體「從不打算與人進行理智上的交鋒，只會針對他的身體及感官」：「武裝它的不是高超的智慧或誠實的品行，而是強大的身體力量。」[120]

霍桑的女主角面對的是看似更為強大的、以「神聖的地方法官」形式存在的「政府」，因為他們聲稱自身權力的泉源，正是學識與德行。海斯特無法遠遠地站著，像梭羅一樣發出自信的挑戰：「讓我們看看到底誰更強」[121]，這就是《紅字》中的公民不服從模式，與梭羅的公民不服從模式最大區別之處。這是因為霍桑為他的個體人物設定了較少的潛能，卻讓他作為「阻止機器運行的反向摩擦力」而付出較大的個人代價。

雖非出於本意，海斯特卻已深陷這場殘忍的鬥爭中，不可能從中全身而退。當她從監獄出來時，這樣思考著自己的未來：「日積月累，年復一年，恥辱之上堆積起層層苦難。她將在長年累月之中，逐漸放棄個性，

---

[120] Henry D. Thoreau, "Resistance to Civil Government," in The Writings of Henry David Thoreau, ed. Wendell Glick (Princeton: Princeton University Press, 1988), p. 80.

[121] Ibid., p. 81.

成為布道師和道學家眾手所指的一般象徵。」(1:79) 這與梭羅出獄後的情形，形成了鮮明的對比：他出獄後立即參加一個越橘派對，很快就去了「兩英里外的一處高峰上，在那裡政府無處可見」[122]。

海斯特在市場上既嘗到了變成一種象徵符號的代價，也見證了抵抗的高昂代價。但是她不會說出地方法官想要的名字，也不會承認他們具有強加或者去除 A 字的權力，亦不會放棄這個象徵符號。

用解構主義解讀這部小說就會發現，當地方法官將表示「淫婦」的能指強加在海斯特身上時，海斯特與小鎮之間的權力分配，也就暗暗地牽扯到多少「遊戲」在場的問題。弗洛里斯認為，「遊戲」從來不會被壓制，意指透過無限數量的寓言式的替換，會被無盡地延異。史密斯同意 A 字總是處在遊戲狀態的觀點，可是他認為霍桑提供了幾處「真實言說」的時刻：「例如海斯特為守住珠兒的撫養權而進行的感人辯護，以及丁梅斯代爾所具有的、最後『說出一切』的能力。」[123] 史密斯提出的「真實言說」在根本上並非德希達式的，他是從丁梅斯代爾透過逃脫不確定性、找到「真實言說」的路徑、「最終贏得 A 字的勝利」(1:80) 以解救自身的角度，來解讀整篇小說的。

對史密斯來說，連同小說較為黑暗的方面，遊戲是一種危險的力量。但是對艾爾伯特 (Monika M‧Elbert) 來說，意指的滑動卻是一件具有正向意義的事情，它會允許海斯特來解救自身。艾爾伯特看到海斯特最終像剛勇的亞馬遜族女戰士一樣，發揮出自身的能量：「她佩戴的這個象徵物，已被賦予她自己的意義……這使她變得不可觸及、不可捉摸、無比堅強。」[124]

---

[122] Ibid., p. 84.
[123] Allan L. Smith, "The Elaborated Sign of the Scarlet Letter," ATQ 1 (1987): 69-82.
[124] Monika M. Elbert, "Hester's Maternity: Stigma or Weapon?," ESQ: A Journal of the American Renaissance 36 (1990): 198.

第三節　海斯特的個體反抗：霍桑的公民意識想像

　　伯克維奇（Sacvan Bercovitch）認為，海斯特在跟小鎮鬥爭，而且事實上對小鎮來說，海斯特代表著一種激進的威脅。他還認為「A 字的功能」涉及一種社會化的過程，在這個過程中，「海斯特的『恥辱烙印』變成一種融合的『神祕』記號」[125]。對艾爾伯特來說，《紅字》是一部對母性及海斯特的權力給予肯定的作品，而伯克維奇初次評價該作品時，認為「它對海斯特的激進主義，展開了深入而猛烈的抨擊」[126]。這兩種闡釋的預設前提均為能指的權力十分重要：就前者而言，海斯特控制著 A 字的意指；就後者而言，海斯特最終被小鎮強加給 A 字的意義所界定。

　　但是這部作品反對將權力視為單方面存在（或者屬於海斯特，或者屬於清教徒小鎮）的觀點。傅柯（Michel Foucault）也觀察到權力並無據點，它存在於複雜的關係網中：「假如僅僅從法律和憲法、國家和國家機器的角度來理解權力，就極大地破壞了這個問題的複雜性。」[127] 其言下之意，不是說一個機構不能行使權力，而是說權力從來不會只有一個源頭，也從來不會只流向一個方向。

　　這部小說內部的權力平衡，起初似乎對海斯特十分不利。假如 A 字是個槓桿的話，她顯然位於這根棍棒較短的一端。霍桑筆下的清教徒聚居區波士頓秩序井然、團結一致：「正跟他們的身分相一致，這些人把宗教和法律幾乎完全視為一體。」（1:50）儘管讀者在人群中看到有嬉戲的觀眾，可是對海斯特來說，整個小鎮堅如磐石，儘管波士頓這個居住區顯得「陰沉」、「肅穆」、「沉重」、「冷酷」、「莊重」、「灰暗」等，但很顯然，小鎮的居民不好對付。（1:56-57）

　　當海斯特從監獄裡出來時，鎮上的居民在海斯特面前，表現出明顯的

---

[125] Sacvan Bercovitch, The Office of The Scarlet Letter (Baltimore: Johns Hopkins University Press, 1991), p. xii.
[126] Sacvan Bercovitch, "Hawthorne's A-Morality of Compromise," Representations 24 (1988): 1.
[127] Michel Foucault, Power/Knowledge: Selected Interviews and Other Writings, 1972-1977, trans. ColinGordon, et al. (New York: Pantheon, 1980), p. 158.

第二章　社會政治問題心理化的文化邏輯

道德確定性。當海斯特被示眾時，這些人又充當了觀眾的角色：「要是她被判處死刑，他們會十分嚴肅地看待她的死，不會抱怨說什麼判刑過於嚴苛。」(1:56) 牧師、地方法官以及其他尊貴人物，除了渾身戰慄的亞瑟，都帶著絕對的、超常的權威講話：「你不要違背上天的仁慈，寬恕不是無邊的！」(1:68) 帶著 A 字和珠兒，海斯特被示眾，一種強大可怕的力量匯聚在她的周圍，把這些相連的象徵符號，用一個單一的、不可改變的所指固定下來。

海斯特被小鎮分離出來，被當作罪犯示眾，這樣做是為了保證所有人都知道 A 字的意義，以及它適用於什麼樣的人。然而，在那「灰暗的」人群中，憑藉她壓倒一切的美貌，和堅定自信的個人主義，海斯特特別引人注目，「這個青年婦女身材頎長，體態優美絕倫。她的秀髮烏黑濃密，在陽光下光彩奪目。她的面龐皮膚水潤，五官端正，在清秀的眉宇間還有一雙深邃的黑眼睛，使之極為楚楚動人」(1:53)。

海斯特大概也知道自己的美麗，鎮民也同樣清楚這一點：「原先認識她的人，本以為她在這樣災難性的陰雲籠罩下，一定會黯然失色，結果卻叫眾人驚訝不已，甚至讓人驚得發呆了，因為他們看到她依舊光彩照人，竟把籠罩她的不幸和恥辱，凝成了一輪光環。」她的美麗標緻、珠兒以及她的 A 字，都在不斷發揮作用，促使海斯特與小鎮不斷分離。在這場展現「恥辱與罪惡情景」的戲劇開端，海斯特就透過能利用的唯一的手段，來上演屬於她自己的戲份。（1:53-56）

正像海斯特用金色的線和絕妙的繡功來突出紅色的 A 字一樣，為了這個場合，她特意穿上一件突出自己美貌的華麗衣裙。「她做得一手好針線活，那沒錯。」一個圍觀的女人說，「不過，還有哪個女人會像這個不要臉的賤貨一樣，想到用這來露一手！」這個 A 字「繡得絕妙異常」，違背了鎮民的期待，海斯特細緻的打扮引來他們不同的理解。（1:53-54）一位老婦

第三節　海斯特的個體反抗：霍桑的公民意識想像

人把她的這種行為視為傲慢無禮，另一位年輕的婦人則將它理解為負擔與痛苦的記號：「別讓她聽見你們說的話！她繡的那個字，針針線線都扎在她的心上呢！」(1:54)

即使地方法官把整個小鎮法律的、宗教的、社會的權力都壓在她身上，海斯特依舊能用手裡的針，開拓一片微小的空間。她將 A 字這個象徵符號私有化，並使它在胸前更加醒目，透過擁有 A 字而不是使自己遠離它，她挫敗了小鎮的期望。海斯特不住地使用針來抵抗小鎮的懲罰，儘管她的抵抗權利被她在小鎮規訓戲劇中的角色所限制，而這個角色是小鎮安排給她的，她根本無從選擇。[128]「海斯特完全知道自己應該做什麼，她沿著木頭階梯走上刑臺，將自己展示在眾人面前」(1:55-56)。

梭羅將他的公民不服從行為，轉變成一種公開演說，首次發表於西元 1848 年 1 月 26 日，地點在和諧演講廳，但是卻沒有這樣一處場域對海斯特開放。梭羅的著名開篇詞「我完全接受這一箴言──『管得最少的政府，就是最好的政府』」，它與小說中清教徒地方法官頒布的法令，形成了頗具諷刺意味的對比，因為這些人不僅試圖控制個體的行為，還想控制個體的靈魂。回答地方法官的提問，是海斯特被允許發出的、唯一的公共聲音，對於這些問題，她的答覆是：「我不說……我絕不說！」(1:68)

艾爾伯特從母權制和父權制的角度，來審視這種場景下的衝突，認為「海斯特的沉默，是對她的男性法官的勝利」[129]。沉默是海斯特抵抗策略中的一部分，可市場上的衝突，才僅僅是這場持久戰的開端，因此，很難由此預判出海斯特的勝利：「海斯特回到監獄後，處於神經質的高度興奮

---

[128]　參見 Gilmore, American Romanticism, p. 85. Rita K. Gollin, " 'Again a Literary Man': Vocation and theScarlet Letter," in Critical Essays on Hawthorne's" The Scarlet Letter"(Boston: G. K. Hall, 1988). Leland S. Person Jr., Aesthetic Headaches: Women and a Masculine Poetics in PoeMelville & Hawthorne (Athens: University of Georgia Press, 1988). Jon B. Reed, " 'ALetter: The Letter A': A Portrait of the Artist as Hester Prynne," ESQ: A Journal of the American Renaissance 36 (1990): 79-108.

[129]　Monika M. Elbert, "Hester's Maternity: Stigma or Weapon?," ESQ: A Journal of the American Renaissance 36.3 (1990)：179.

第二章　社會政治問題心理化的文化邏輯

狀態之中，必須有人時刻監護著她，以防她傷害自己，或者在半瘋半癲中向那可憐的嬰孩施虐。」(1:70)

海斯特有限的權力，在於她情人身分的祕密和她的象徵性行動。她的第一次行動是將 A 字明顯地變為己有，第二次行動是從她被監獄放出之時開始的，「將全部多餘的收入用於救濟他人，只是這些人並不比她生活得更悽苦」(1:83)。而公眾對她的針線活的喜歡程度，同樣太過誇張：「沒過多久，她的針線活就漸漸地成為時髦的象徵。」(1:82)

無數針對海斯特藝術性的批評性研究，都將 A 字和珠兒視為她自身創造性的延伸。海斯特用她的針，讓 A 字變得更加引人注目，她同樣透過針讓珠兒穿上華麗的衣裳，這使珠兒也更加引人注目：「這身衣裳，還有這孩子的整個外貌，實在是引人注目，也讓看見她的人不可避免地、無法遏制地想到，海斯特注定要佩戴在胸前的那個標記。這個孩子是另一種形式的紅字，是被賦予了生命的紅字！」(1:102)

當地方法官給海斯特帶上 A 字，讓她單獨站在整個小鎮民眾面前時，也就否認了她避開公眾凝視的權力，海斯特的第一反應是將珠兒抱在胸前，以掩蓋這個標記，「然而，很快她明智地意識到，用象徵恥辱的標記來掩蓋另一個標記，是無濟於事的。於是她乾脆將嬰孩放置在手臂上，雖然臉上泛起火辣辣的紅暈，卻傲然一笑，用一種從容不迫的眼光，環視周圍的同鎮居民與街坊鄰居」(1:52-53)。

海斯特大膽地回應鎮民的凝視，並迅速地明白退縮或者隱藏這個象徵，也就默認了小鎮試圖附加在她（和她的珠兒）身上的 A 字全部意指。相反，她盡其所能地將這些「標記」清晰地展現出來，而小說人物自始至終都在努力理解它們的意義。

部分由於珠兒的可見性，她主要待在小鎮之外。然而作為一個能指，她變得越來越游離，可以被不斷解釋和挪用。當威爾遜總督在他的公寓裡

第三節　海斯特的個體反抗：霍桑的公民意識想像

看到珠兒時，直到海斯特走過來認領她，他才從剛開始的毫無頭緒中醒悟過來。齊靈渥斯，他比大部分人都了解珠兒，也對她困惑不已：「在這孩子的氣質裡，沒有法律，沒有對權威的敬畏，對於人類的法典或輿論，不管正確與否，都無所顧忌……天哪，她究竟是什麼呢？」(1:134) 甚至海斯特自己也經常不確定：「孩子，妳究竟是什麼呀？」(1:97)

珠兒是一個狂放的 A 字，她切斷了與任何「中心」或者超常能指之間的連繫，代表了某種「遊戲」，會對權威造成威脅。儘管海斯特十分審慎地在珠兒和 A 字之間創造一種平衡，但這卻是一種險招，因為它會引起地方法官對這個孩子「現下的墮落和未來命運」的關注。結果海斯特差點失去珠兒，挽救她的是她對丁梅斯代爾的一點點隱藏的威脅：「你來替我講話……你比這些人更了解我……請你關心一下吧！我絕不能失去這個孩子！關心一下吧！」(1:112-113) 丁梅斯代爾立即關心這件事，最終威爾遜總督決定將珠兒的靈魂交由他來關照。

儘管艾爾伯特聲稱「海斯特的母性是她最終戰勝父權制的武器」，可海斯特實際上也失算了，以至於差點失去女兒。[130] 她對自己的權利過於自信，「深知她自己的權利，但雙方力量懸殊：一方是廣大公眾，另一方則是僅以自然的同情為後盾的單身婦女」(1:101)。

然而，「廣大公眾」依舊有權力來決定什麼才是「正確的」，她的聲音卻無人理會。透過向丁梅斯代爾施加影響，海斯特得以保留珠兒，只是這次事件讓她再一次深刻地感受到，自己在地方法官面前相對無權的狀態。他們不會聽人說任何「權利」，只會認定他們自己頒布的律令。為了抵抗他們，海斯特必須再次默默地使 A 字處於游離的狀態。即使珠兒也不可能從她那裡獲得有關 A 字的任何注解，因為她依舊沒有改變 A 字意指的話

---

[130] Monika M. Elbert, "Hester's Maternity: Stigma or Weapon?," ESQ: A Journal of the American Renaissance 36.3 (1990): 198.

第二章　社會政治問題心理化的文化邏輯

語權，所以她不會讓珠兒知道它的「含義」。當珠兒用草模仿 A 字，替自己也做了這樣一個裝飾物戴在胸前時，她想著：「不曉得媽媽會不會問她這是什麼意思！」

珠兒，她本身就是一個純真與罪惡共存的、晦澀難解的神祕記號，跑到母親的跟前，「又跳又笑地用手指著自己胸前的裝飾品」。「我的小珠兒，」海斯特「在沉默了一會後」說道，「那綠色的字母，在妳的胸前是沒有什麼意義的。不過，我的孩子，妳知道這個媽媽非戴不可的字母，是什麼意思嗎？」（1:178）此處海斯特也不能確定，對於她為何必須戴著 A 字這個問題，孩子實際上能理解多少。不過珠兒真真切切地把它和一個隱藏的原因連繫在一起：「那跟牧師把他的手捂在胸口，是同樣的道理！」（1:179）珠兒的回答顯然展現了她天真的個性和敏銳的感知力，並加深了這部小說對社會活動和意義之間所存連繫的探索。海斯特透過將有限的活動與被動的抵抗結合起來，反對地方法官，A 字和珠兒都被她用來為意指創造交替的可能性。

海斯特透過不懈努力，讓她的 A 字在公眾的凝視中保持幻想，年復一年，不斷地推動 A 字回歸小鎮，推動著它一次次獲得新的理解。在她被允許的有限空間內，海斯特不斷行動著，慢慢建構起她作為慈悲與善良載體的公共身分：「在她身上可得到那麼多的幫助——如此巨大的能量，如此豐富的同情之心——以至於許多人不肯按本意來解釋那個紅色的字母 A 了。他們說，那字母的意義是『能幹』，海斯特雖為女子，卻多麼堅強！」（1:161）城鎮的居民開始稱她為「我們的海斯特」，然而她不是他們的海斯特，她一直在努力地變成自己的海斯特，隨著 A 字被一次次重新理解，她就越來越不是他們的了。

雖然被不斷重新解釋，但 A 字從來沒有完全擺脫它最初的汙名，因為那些誇讚她的人，同時也記著發生在市場裡的景象，「不錯，人性中有一

第三節　海斯特的個體反抗：霍桑的公民意識想像

種癖性，喜歡對別人說三道四，數落別人最不光彩的事，這些人也禁不住要把幾年前的那樁醜事，悄悄地說一說」(1:162-163)。儘管如此，海斯特還是成功地開始一些遊戲，A 字這個能指開始激起不同的所指：淫婦、能幹、慈愛、信徒、天使等。對於已經呼叫了一個超常的、神聖的中心，來固定 A 字遊戲傾向的清教徒小鎮來說，這個能指的游離是一種威脅。對海斯特來說，它同樣也是一種威脅。

假如我們認同這種觀點：在特定的社會中，意指取決於有限的遊戲，取決於對與權力結構相連繫的「中心」的保護，那麼海斯特的計畫，就有可能切斷她與凝聚社會的重要權力之間的連繫。7 年後，當齊靈渥斯提到地方法官正在考慮去除她身上的 A 字時，海斯特否認了小鎮取回 A 字的權力。「取下這個標記是那些長官們所不樂意的⋯⋯如果我已配得上可不佩戴它，它會自然而然掉落下來，或者變成另一種不同意義的東西」(1:169)。

海斯特與小鎮的疏離，以隱喻的方式在小說第十六章〈林中散步〉中表現出來。正像年輕的布朗大爺一樣，海斯特在林中的旅程也展現出一種自由與危險含糊不清的混雜。敘事者對出現的性別問題十分警覺：「紅字就是她的護照，讓她進入了別的女人不敢涉足的領域。恥辱、絕望、孤寂，這些都是她嚴厲又粗野的教師，它們已令她變得堅強，也教她更加偏執。」(1:199-200) 亞里斯多德（Aristotle）在《政治學》(*Politics*) 中指出：「被城邦孤立、不再是城邦一分子的人，要麼是野獸，要麼是神。」[131] 霍桑在《紅字》中對孤立的刻劃，同樣契合亞里斯多德的這句格言，因為隨著海斯特在思想和信仰上越來越遠離小鎮，她也變得越來越「狂野」。

到最後，能把她與小鎮連繫在一起的東西，就只剩下 A 字和丁梅斯代爾了。而當丁梅斯代爾同意與她一起逃離時，海斯特便決定斬斷這最後

---

[131] Aristotle, The Politics. trans. Benjamin Jowett (New York: Modern Library, 1943), p. 6.

的連繫,將 A 字扔進了小溪中。海斯特做出帶著亞瑟離開、丟掉 A 字的決定,展現出她的英勇氣質。與她相比,亞瑟是膽小懦弱的。然而,儘管她擁有力量,但海斯特既不是野獸也不是神,她不可能毫髮無損地斬斷與小鎮之間的連繫。年復一年的抵抗已經使她精疲力竭,而生活在社會的邊緣,「環顧四周,盡是荒山野景,淒涼可怖,尋不見一處舒適的家」,這讓她「沒有頭緒地徘徊在黑暗的思想迷宮裡」(1:166)。

在這部小說中,想要立足於社會之外來批評社會,本身是不可能的,也不存在所謂「神聖的個人主義」。當海斯特丟掉小鎮遺留給她的最後一樣東西時,即使這個小鎮是她一直處心積慮想要破壞掉的,卻會讓她隨即陷入漂泊不定的狀態。對霍桑來說,跨出社會也就等同於使自己遠離中心。

若我們將海斯特的抵抗看作是公民的不服從,把 A 字的功能當作能產生「阻止政府機器運行的反向摩擦力」的槓桿,那麼在《紅字》中我們便會發現,關於梭羅對這個時代中,擁有奴隸的社會與其社會個體之間關係的認知,霍桑表現出一種含蓄的批評態度。梭羅將國家假定為,由一群必須自己決定公正與否的自治個體組成的集合體,假定有一處實實在在的邊界地帶,是為那些不贊同壓迫性的奴隸社會的公民提供的容身之處,在那裡他們可以作為「自由的載體」生活下去。

即使《紅字》中的異見模式批判激進的個人主義,不過它未必就是在批判激進主義或者個人主義本身。那種認為人們不可與他們的文化分離的觀點,並不是在說他們不能抵抗社會的壓力。另外,即便海斯特處在卑微和看似無權的位置,但她絕不是處在霍桑和梭羅的讀者所能設想到的、最卑微和最無權的位置,了解到這一點也同樣重要。可怕的奴隸制縈繞著《紅字》這部作品,當海斯特站在市場絞刑臺上時,這一點體現得最為明顯。用葉林的話來說,這部小說對「黑人和黑人性給予了極大關注」。

第三節　海斯特的個體反抗：霍桑的公民意識想像

　　特麗莎・戈度（Teresa A・Goddu）將霍桑置於滲透著奴隸貿易的市場經濟中，把他的海關職務與依靠奴隸制興起的商業貿易連繫起來，發現「透過研究他的作品來重新排列霍桑的職業生涯，以及把他放在環大西洋海事或商業文化圈中，就會明白奴隸貿易是怎樣架構了霍桑的創作以及他的藝術」[132]。戈度還堅信，奴隸制普遍存在於新英格蘭市場經濟中。然而，「珠兒不僅被看成一件商品，還和加勒比人有著連繫」，以及珠兒「表示出奴隸就是財產」：她的這兩種觀點並不太令人信服。

　　奴隸在社會中處在最無助、最被疏遠的位置，雖然海斯特和珠兒讓我們想到了奴隸制，可是我們必須了解到，與在北美的非洲奴隸相比，她們所具有的種族優勢。利蘭・帕森清晰地說明這兩者之間的區別：「拒絕說出孩子父親的名字、反對虔誠的牧師帶走她的孩子，計劃逃向自由——海斯特與雅各布斯這樣的奴隸母親很像，儘管她的行動表現強調種族差異的政治。將海斯特置於奴隸母親間的情誼，和反奴隸制的女性主義共存的複雜而又客觀的境遇中，霍桑描繪了黑人的身分認同、白人婦女的經歷以及政治——正像它們如今極度相交在一起一樣，它們在 19 世紀同樣是交織纏繞著。

　　為了她身為母親的權利，海斯特遭受父權制帶來的不幸苦難，這使她與那些奴隸姐妹連繫在一起，但是，她不顧一切的母性能力代表著，她是與雅各布斯這樣的奴隸母親有所不同的女權主義者。」[133] 出現在《紅字》中的關於 19 世紀中葉奴隸制討論的回聲，確實間接地關聯到海斯特和珠兒，不過霍桑並沒有在小說中直接呈現廢奴問題。雖然海斯特具有「黑人性」，但她依舊具有種族優勢，可以運用那些奴隸婦女無法運用的方式進

---

[132] Teresa A. Goddu, "Letters Turned to Gold: Hawthorne, Authorship, and Slavery," Studies in American Fiction 29 (Spring 2001): 49-76; 65.

[133] Leland S. Person, "The Dark Labyrinth of the Mind: Hawthorne, Hester, and the Ironies of Racial-Mothering," Studies in American Fiction 29 (Spring 2001): 49-76.

第二章　社會政治問題心理化的文化邏輯

行抗爭。[134]

海斯特與小鎮間的關係是互動的，這種方式在戰前奴隸身上從沒有出現過，卻經常出現在白人改革家和激進分子身上。當她以全部的英雄氣概切斷與小鎮的連繫時，海斯特幾乎迷失了自己，甚至到了打算殺嬰和自殺的地步。

丁梅斯代爾同樣也思忖著一些令人震驚的反社會行為。他是一個以小鎮為重的人，「他天生的才能、文化教養，以及整個發展，只能在文明和優雅的環境中才能充分發揮，適得其所」（1:215）。一旦接受海斯特離開小鎮的計畫，他就會陷入完全游離的狀態，變成徘徊在森林裡的「黑男人」，一個想要洩憤的邪惡破壞者。當珠兒問她是否已見過黑男人時，海斯特做出了這樣的回應：「我一生只見過那黑男人一次……這個紅字就是他的記號！」（1:185）不敬、淫蕩、褻瀆神明、荒誕——當他走出森林時，這一切都在牧師的心中翻騰著，他幾次衝動地想去毀掉，自己傾盡一生所建立的東西。

海斯特開始自我毀滅，而亞瑟對清教徒維持秩序的策略產生了威脅，因為他希望揭開被壓制、被規訓的一切：「輕蔑、狠毒、邪念、無端的惡言穢行，以及對善良和神聖事物的嘲弄，這一切全都被喚醒了，雖然他內心嚇得惶恐不安。」（1:222）在丁梅斯代爾的叛離過程中，霍桑生動地描繪掙脫社會契約束縛的危險，同時也把海斯特越過越好的一面展現出來。

透過海斯特強大敏悟的個人主義、她行走在社會邊緣的能力，以及她改變現狀的欲望，我們可以發現她與梭羅是何等的相似！相反，丁梅斯代爾對中心的認同和他對現狀的含蓄維護，都反映出霍桑保守的一面：對富蘭克林·皮爾斯的支持、為不作為的辯護、沒能成功支持廢奴。[135] 以上

---

[134] Jay Grossman, " 'A' is for Abolition? Race, Authorship, The Scarlet Letter," Textual Practice 7 (Spring 1993): 13-30.

[135] Brenda Wineapple, Hawthorne: A Life (New York: Alfred A. Knopf, 2003), p. 262.

第三節　海斯特的個體反抗：霍桑的公民意識想像

這幾點可以毫不突兀地表明：海斯特和亞瑟之間不同尋常且困難重重的結合，或許與梭羅和霍桑之間不大可能的友誼有幾分淵源。

要是脫離小鎮。亞瑟幾乎無法生存，因為他既沒有海斯特長期受難的經歷，也沒有她那樣的力量，於是在擺脫社會束縛的一小時後，他便陷入了失控狀態。丁梅斯代爾必須重新回到中心，而他也的確這樣做了——在一生中最榮耀的時刻，在最後慶祝選舉日的布道中，以海斯特為代價，他最終重回中心。

「此時此刻，他處於無比自豪、凌駕一切的巔峰，達到了早期新英格蘭的一名牧師，憑藉智慧的天賦、淵博的學識、超凡的口才和潔白無瑕的神聖名聲，所能達到的極限高度，何況在當初，牧師這一職業本身就享有崇高的地位。」(1:249-250) 在最後這個令人震驚萬分的背叛行為中，亞瑟試圖從海斯特身上取下 A 字，而這個 A 字卻是海斯特用了 7 年才把它變成自己的東西，並且透過它一次又一次地否認地方法官的權力。「新英格蘭人……請朝我這裡看，看看我這個世上的罪人吧！」(1:254) 在海斯特曾經受審的地方，亞瑟將延遲了 7 年的 A 字佩戴在自己身上，試圖運用他全部的權力和聲望，將地方法官最初賦予 A 字的意義重新注入 A 字。

在這行為中，雖然海斯特攙扶著他，但他卻為了「解救」自己，而破壞掉她與這個象徵符號之間長久的鬥爭：「『這不是比我們在森林裡所夢想的更好嗎？』他喃喃說道。」決心不帶任何罪惡死去的亞瑟，走出去向著他從未稱之為妻子的女人進行布道，但是，海斯特不願接受他的道德說教，因為它們是她一直以來都反對的東西。

她依然隱喻式地待在森林中，與小鎮的破裂使她心中充滿了毀滅性的想法：「『我不知道！我不知道！』她匆匆回答說，『更好？是的，這樣我們可以雙雙死去，小珠兒也可以跟著我們一起死去！』」(1:254) 亞瑟對自己恥辱的宣稱雖然姍姍來遲，卻使代表恥辱的 A 字，幾乎以它最初的固定

性重新附著在海斯特身上，然後留下她自己單獨承受它帶來的苦難。滿身負載著疲憊、恥辱、背叛和拋棄的感覺，海斯特最後也崩潰了。

因為無法繼續與這些清教徒一起生活，或者是因為無法繼續過著遠離小鎮的生活，海斯特結束了她的抵抗，帶著珠兒逃向歐洲。丁梅斯代爾最後直接袒露胸膛，把令他異常興奮的 A 字，這個「可怖的奇蹟」展現出來，他的這種行為不僅使他的教區民眾感到無比困惑，也使 A 字這個象徵符號，重新銘記在他們心中 (1:255)。

關於 A 字是否真實出現、它意味著什麼，以及他是如何得到它的討論接踵而至。在不知不覺中，亞瑟的行為進一步把這個象徵符號的意指，放回到遊戲場中，就連敘事者本人也對此評頭論足：「讀者可以從這幾種說法中自行選擇。」(1:259) 亞瑟想要重新上演最初在絞刑臺上的一幕，想要透過將 A 字戴在身上，來去除自己的道德怯懦。然而，他的懺悔卻對地方法官所具有的神聖不可侵犯的道德權威，提出了深深的質疑，這種權威允許他們只將唯一一種意義，固定在一個能指上。

身為牧師，亞瑟在其最輝煌的時候，在所有鎮民面前懺悔，認為自己比海斯特差遠了。透過抓住並精心繡製小鎮強行給她戴上的標記 A 字，海斯特盡自身全力從 A 字固定的最初意義那裡，撐下一些可替代性的意義來保護自己，而亞瑟的懺悔，儘管並非出於他的本意，也進一步使 A 字這個能指遠離中心。海斯特已經與 A 字融為一體：「逐漸放棄她的個性，成為布道師和道學家眾手所指的一般象徵，他們以此來具體說明和體現，他們關於婦女的脆弱本性與罪惡情慾的形象。」(1:79) 在亞瑟懺悔之後，「他們的形象」也隨即失去了相當大的權威。

隨著亞瑟的死以及海斯特和紅字的消失，A 字這個能指在鎮民的想像中，逐漸變成一種神祕的象徵符號：「紅字的故事漸漸成為傳說。不過，它的魅力猶存，那個可憐的牧師死在上面的那個刑臺，以及海斯特住過的

第三節　海斯特的個體反抗：霍桑的公民意識想像

海邊茅屋，仍然令人望而生畏。」(1:261) 即使那個復活的、肉體化的能指消失了，意指之間的衝突卻獲得了它自己的生命力，含糊不清地存在於絞刑臺和海斯特的小屋這兩個象徵物之間。

海斯特故事的強大魅力，不光影響了整個清教徒小鎮，也將她牢牢地釘在了新英格蘭，即使亞瑟死後她離開過一段時間。霍桑把具體化為紅字的社會契約，比作一條「永遠也不可能斷裂的」鐵鏈 (1:80)。海斯特絕不會讓這些契約在珠兒的身上形成，她遠離具有壓迫感的清教徒小鎮，最初看起來她像在逃離，實際上這只是一個她將「小精靈」(1:92) 珠兒轉移到較為友善的環境中培養的過程。

我們不能說珠兒生活在社會契約之外，只能說珠兒身上的社會契約，形成於沒有她母親恥辱烙印的地方。珠兒獲得了徹底的解脫，她大概在歐洲的某個地方開心幸福地生活著，嫁了人，也過上相當富裕的生活。海斯特卻回來了：「對於海斯特來說，住在新英格蘭這裡，比起住在珠兒成家的那個異鄉客地要好，生活得更真實……因此，她回來了，重新戴上構成我們這個故事的那個標記，她戴它完全出於自己的意志，因為連那個冷酷時代的最嚴厲官吏也不會強迫她了。」(1:262)

明白海斯特為何重新戴上 A 字，對理解《紅字》是至關重要的。儘管伯克維奇曾將這部小說視為「對海斯特的激進主義深入且猛烈的批判」，可是在較為全面地剖析《紅字》後，他將上述觀點修改為一個對社會化和抵抗，都大加讚揚的新論點：「紅字是文化程序的敵對表徵，它的激進功能在於，它能從被它所抵抗的結構那裡獲得滋養。」伯克維奇認同海斯特的個人主義和反抗，卻仍然把海斯特重新戴上 A 字視為「最後的默從」[136]。

伯克維奇的觀點，總體上界定了近十年來圍繞《紅字》展開的批評性

---

[136] Sacvan Bercovitch, *The Office of The Scarlet Letter* (Baltimore: Johns Hopkins University Press, 1991), p. 116, p. 154.

第二章　社會政治問題心理化的文化邏輯

討論。羅伯特・麥爾德（Robert Milder）的觀點同樣極具洞見性，他十分微妙地敘述，霍桑在接受「社會道德秩序要求」方面所表現出來的不自在，「這些要求使得抑制、鎮壓和人的畸形，成為常見的社會情況」[137]。雖然圍繞海斯特回歸的任何討論，都必然深入分析 A 字以及它的規訓功能，但是透過梭羅的思想來闡釋海斯特的公民不服從模式，一直被學界忽視。當從公民不服從的視角審視海斯特的活動時，我們就會發現，不是她的回歸而是她的離開，顯示出她向社會力量投降了。

霍桑在《紅字》的開篇之筆，便展現了無權的縮影：一位被剝奪公民權的、未婚的、無畏的母親，站在具有權威的清教徒地方法官和鎮民面前，被他們用這個殘忍而又不尋常的符號 A 標記下來。考慮到至少一半的「犯罪」過失存在於地方法官的心中，這顯然就是梭羅提出「具有一整套專供自己使用的彈簧、滑輪、繩子或者曲柄的不公正」概念的例證。梭羅告誡人們：起來反抗以糾正邪惡，可能會比邪惡還要糟糕，並且在宣揚公民的不服從之前，設立了額外的標準──「它需要你成為對他人造成不公正的媒介物」[138]。

梭羅的公民不服從模式，與海斯特的抵抗模式之間的類似，絕不僅僅是出於巧合：海斯特拒絕說出孩子父親的名字，自身承擔起所有的懲罰，這些行動完全符合梭羅為變成「阻止機器運行的反向摩擦力」所設定的標準。[139] 在亞瑟試圖重回中心、重獲 A 字之後，海斯特一度放棄了她長久以來的抗爭，只是她的回歸並不是一種默從，相反，正是她抵抗行動的繼續。

海斯特被綁在她的小鎮中，小鎮也被綁在她身上。敘事者告訴我們，當海斯特回來時，「連那個冷酷時代最嚴厲的官吏」，也不會將 A 字這個

---

[137] Robert Milder, "The Scarlet Letter and Its Discontents," Nathaniel Hawthorne Review 22 (Spring1996): 23.

[138] Henry D. Thoreau, "Resistance to Civil Government," in The Writings of Henry David Thoreau, ed. Wendell Glick (Princeton:Princeton University Press, 1988), p. 73.

[139] Ibid., p. 94.

第三節　海斯特的個體反抗：霍桑的公民意識想像

符號再強加於她了，不過她重新戴上 A 字，卻表明這個符號已不再屬於地方法官。海斯特的回歸揭開了陳舊的傷口，迫使小鎮寧願遺忘的符號 A 回到小鎮中，再次激發她利用意指而展開的長久鬥爭。然而那種認為海斯特的回歸，能夠表明她已成功地將 A 字完全不定化（如弗勞瑞斯），或者已成功黏附上她自己的所指（如艾爾伯特）的解讀則太過樂觀。即便 A 字作為一個能指所具有的特性，在海斯特的抵抗行動中幫助了她，而且她也成功地在結構內部開始了一些遊戲。但是，她獨自一人既沒能解構清教徒的父權制，也沒能獲得任何超驗的能指。

不過，她確實使 A 字變得足夠游離，以至於它「不再是引起世人蔑視和冷嘲的恥辱烙印」，這對抵制清教徒秩序的摩擦力來說，則是一次雖然相對較小，卻無比重要的勝利。（1:263）《紅字》是一處虛構的場域，在這裡，霍桑讓一位表面無權的個體，來對抗一種壓迫性的社會秩序，並展現抵抗國民政府的高昂代價。那些將海斯特當作這場鬥爭的「勝利者」、個人主義成功典範的人，卻忽視了這樣的重要事實：海斯特從未逃脫小鎮的壓力，而靠近社會外圍的生活，卻給她帶來了嚴重的危險。相反，那些將海斯特視為一個在社會化中被迫走向類同的靈魂、一個最終愛上「老大哥」典型的溫斯頓‧史密斯式的人物之人，同樣忽視了海斯特帶給小鎮的壓力，以及她在清教徒統治秩序中所開闢的異議空間。

儘管霍桑不同意梭羅的如下觀點：「個體擁有較高的獨立權利，他們是所有國家的自身權力和權威的泉源。」但《紅字》證明了個體行動的權利，是改變社會秩序的強而有力證據[140]。海斯特從未高於或者超出她的小鎮，當她逃往歐洲以圖給珠兒一個全新的開始時，卻將一處「可怕的」、空蕩蕩的空間遺留下來，那裡曾是她的容身之處。

---

[140] Henry D. Thoreau, "Resistance to Civil Government" in Reform Papers, ed. Wendell Glick, in The Writings of Henry David Thoreau (Princeton: Princeton University Press, 1988), p. 89.

第二章　社會政治問題心理化的文化邏輯

這個紅字不僅僅是海斯特的人生判決，也是她一生的事業。她回來後不是懷著熱情，而是懷著冷酷、疲倦的決然，再次戴上了它，她的小鎮立刻就感覺到那份熱度。曾經是「布道師和道學家眾手所指的一般象徵」的海斯特，自己卻成為一種權威。那些受傷害的、受委屈的、困惑的、不安的人們，全都「來到海斯特的茅屋，詢問她為何如此痛苦，要如何解脫」(1:263)。海斯特能給出的最好答案，無非是她相信事情終究會改變，但是她自己的轉變卻鼓勵著他們，用一種明顯不同於小說開篇「完全統一」的人群的方式，去期望、去質疑他們的社會狀況。

霍桑抵制國民政府的模式與梭羅相比，不同之處在於個體必須從社區內部，而不是從一個假想的中立邊緣進行努力。不過，霍桑最終同意如下觀點：一個個體能夠創造出使這臺機器疲憊的摩擦力，而這樣的摩擦力最終能夠消除一些不公正。海斯特不是一個帶著槓桿尋找某個想像的阿基米德支點，以圖撬動她的世界的英雄人物，相反，地方法官與海斯特之間的衝突，可以被看成一幅韋恩圖（Venn diagram），在那裡，海斯特的「反向摩擦力」從地方法官的勢力範圍內打造出一個缺口，一個「恥辱的魔圈」(1:246)。

抵抗的代價之所以高昂，是因為摩擦讓雙方都耗損，可海斯特憑藉自身的毅力和勇氣，成功地運用了符號 A 的不穩定性，並改變了它的身分地位。地方法官的權力、鎮民譴責的目光，以及將海斯特捆綁在新英格蘭的社會枷鎖，這三種力量集聚在一起，要比梭羅在《抵抗國民政府》中所設想的國民對手更為強大。然而，令人驚奇的是，《紅字》支持梭羅的如下觀點：有效的個體抵抗對公民主體來說，或許有所不利的同時，也必有益處。

這部小說黑暗、陰鬱的一面，展現出霍桑相信如此的抵抗將是漫長且

第三節　海斯特的個體反抗：霍桑的公民意識想像

艱難的,這與梭羅苛刻地叫醒甚至侮辱他的鄰居,以便使他們行動起來的做法形成鮮明對比,同時霍桑也相信抵抗的結果可能會比較含混。海斯特最後被葬在亞瑟的旁邊,而 A 字就顯現在他們上方的那塊「簡陋的石板」上,那「類似盾形紋章的刻痕」之中。這既像紋章又像盾牌的徽章 A,對這場為掌控能指而進行的鬥爭及其戰鬥者都十分重要,但最後也隨著海斯特進了墳墓,只留下「不明其意義」的讀者苦苦冥思。(1:264) 昏暗中,「一個比影子還要黝黑的、永遠閃著紅光的光點」,仍留有摩擦與反摩擦產生的柔光,繼續散發出一些臨界熱。

第二章　社會政治問題心理化的文化邏輯

第三章

運用歷史想像支撐國家凝聚力的文化介入策略

　　西元1850年秋冬，霍桑在伯克希爾地區寫他的第二部羅曼史《房子》。作品充滿了陽光的形象，但對自私自利的政治人物和容易上當受騙的公眾，卻充滿陰鬱的憤懣，因為他們總是被謊言所控制，並沉迷於自己的激情。本章將主要以這部羅曼史為支點，探討霍桑對社會和政治分裂的強烈反感，主張以「愛的意識形態」來增強國家凝聚力，即霍桑運用歷史想像，支撐國家凝聚力的文化介入策略。

　　筆者認為，《房子》一開始就批評政治權力及其濫用，金錢腐敗和欺騙所造成的無形力量，對城鎮和國家具有最大的威脅。它延續了霍桑早期作品的主題，虛假的證言、不可靠的證據、雙重的受害者與加害者，都與塞勒姆的巫術及其遺產有著千絲萬縷的連繫，同時也表達出作者對種族和社會階層的焦慮。霍爾格雷夫的回歸和大團圓結局的設定，一方面是霍桑對當時可能出現的歷史斷裂的思考，聽從上帝的意志，回歸美國憲法，並擁護它超越一切黨派與紛爭的至上地位。另一方面，這是霍桑面對19世紀中葉美國社會轉型、國家分裂時，所採用的話語方式，以實現自己建構主流政治話語的文化努力。

第三章　運用歷史想像支撐國家凝聚力的文化介入策略

第一節　政治權力的方式

離開塞勒姆前，霍桑向一些記者表達自己對厄帕姆及當地居民的看法。在西元 1849 年 6 月 5 日寫給朗費羅的信中，他說：「我可能選好了一個犧牲品，要讓他心裡的毒液滴出來，讓他在未來相當長的時間裡，在公眾的嬉笑面前痛苦不堪。」(16:270) 讀者很快就發現，厄帕姆就是卑劣的潘欽上校的原型。但霍桑的敵意涵蓋了所有人，因為他對塞勒姆的居民也懷著「無限的輕蔑」，他們聽了對他的「虛假指控」，居然「沒有一個人出面為他說話，並送一個證人去國會，送其他人去州立法院，還選了另外一個人當他們的市長」(16:329)。

作為報復的一部分，霍桑把羅曼史的背景設定在塞勒姆，開始講述塞勒姆歷史上最恥辱的事件——巫術騙局。他用這個事件與現代事件進行類比，堅持認為「一代人的罪惡會遺傳給後代」(2:2)，並確認塞勒姆及其居民都逃不脫過去的罪惡，特別是虛構的人物潘欽法官，應該負「主要責任」(2:228)，他用自己「油滑的善行」欺騙小鎮上幾乎所有的人。

潘欽法官和他的先祖潘欽上校是一路貨色，他們分別掠奪窮人和弱者——克利福德·潘欽和馬修·莫爾——以滿足他們對財富和權力的欲望。上校被描繪成一位「鐵石心腸的清教徒、毫不仁慈的迫害狂、心狠手辣的人」(2:15)，他控告馬修·莫爾是巫師，也證明了自己的罪惡。法官也一樣，沉迷於「透過邪惡的手段，肆無忌憚地追逐私利」，像他的祖先一樣，活在「虛妄之中」，不相信惡魔，而是相信「他臆測中克利福德所具有的祕密」。

霍桑讓這種妄想偏執一般化，「像他這樣意志力強、精明睿智之人，一旦在具體的情況下，碰巧採納了錯誤的意見，運用到現實中弄假成真，要想糾正他們的錯誤思想，其難度實在不亞於將一棵橡樹連根拔起」(2:242)。

對這種迫害唯一的反抗只有詛咒，這是那位巫師處於絕望之時，對其壓迫者的反抗行為。但霍桑賦予雙重性的結果、戲劇化的色彩，讓前一代的受害者在後一代中變成加害者。小說中的人物——莫爾和潘欽一樣——都不值得尊敬，然而霍桑並不坦白地宣布，他們的缺點「不會在最低程度上，令他們指定居住的、可敬的城鎮名譽掃地」(2:3)。讀者可能會忽視這種強烈的反諷，可是對於他的朋友們來說依然存在，能從中感覺到他對塞勒姆的居民，及這座「可敬城鎮」的蔑視。

當霍桑在寫這部小說的時候，他最蔑視的那個人於西元 1850 年參加了公職競選。霍桑以極大的興趣，追蹤這個可敬人物的政治運勢。厄帕姆在西元 1840～1849 年間擔任州議員，西元 1850 年參選美國眾議院議員。由於擴張奴隸制所引起的爭議，競選過程中，參議院成為高度激烈的政治競技場。由於受大衛·威爾莫特不適當的限制性條款推動，這一時期主要政黨之間出現了南北分裂，導致自由土地黨的崛起，屬於良知輝格黨人與反奴隸制民主黨人士的聯盟，後者無法容忍西元 1850 年的《妥協法案》，特別是那可恨的《逃亡奴隸法案》。

在麻薩諸塞州，這個聯盟由前民主黨成員阿馬撒·沃克爾，和前輝格黨成員查爾斯·薩姆勒所領導，他們的對手是喬納森·艾爾所稱的「以北方的金融寡頭和南方的奴隸主為代表的貴族聯盟」[141]。霍桑支持自由土地黨，雖然他的塞勒姆政治朋友仍然對那裡的民主黨保持忠誠。在西元 1850 年秋塞勒姆舉行的議會選舉中，輝格黨候選人厄帕姆並沒有獲得能獲勝的多數票，部分原因是有 4 人參選，部分原因是，忠誠於韋伯斯特的輝格黨人並沒有投他的票。

這下霍桑高興了，他寫信給博奇默說：「必須承認，那位可敬的朋

---

[141] Jonathan H. Earle, Jacksonian Antislavery and the Politics of Free Soil, 1824-1854 (Chapel Hill:University of North Carolina Press, 2004), p. 121.

第三章　運用歷史想像支撐國家凝聚力的文化介入策略

友失敗了,我非常高興,並希望在下一次審判中,他會遭受更殘酷的鞭刑。」(16:365) 為了把事情搞得更好,他要求博奇默:「為了遊說人們反對厄帕姆,你是不是可以告知廣大民眾一個事實,在許多年前的一個國慶日,他曾拒絕朗讀獨立宣言,是在藉口他對其中的條款不滿嗎?這是匹克講的事實。」(16:366)

在得知厄帕姆的政治命運之前(在西元 1851 年 4 月被自由戰士候選人以 953 票擊敗),在極具反諷意味的章節〈潘欽州長〉中,霍桑懷著虐待式的快樂,殺死了自己虛構的對手。很顯然,潘欽是因腦梗而死亡的,不過從象徵的意義上看,他是被作者謀殺的,作者好像能從法官的暴斃中獲得巨大的快樂。他詳細地描寫一隻蒼蠅「聞到了」他身體的味道,從法官的臉上爬到那雙睜得大大的眼睛上,讓他遭受最後的羞辱。這種折磨的想像,讀者一定會認為是出自霍桑的感覺,但很明顯不是。

霍桑這麼不得體地對待潘欽法官,更確切地說是他的屍體,是要抹黑他的身體,把他的靈魂送入地獄。倘若霍桑了解厄帕姆的廢奴主義傾向——很明顯霍桑是知道的,因為他問過博奇默關於「輝格黨與擁護厄帕姆的自由戰士之間,是否存在妥協」(16:364) 的可能性——那麼在下面一段描述中,就存在另一層含義的反諷,玷汙已死去的潘欽法官的家族清白。

這陰暗並非自戶外進來……唯有法官那僵滯的面目蒼白得出奇,拒絕融入這一萬能的溶劑……那光亮消失了嗎?不!——對!——還沒有完全消失!還有一點點黝黑的白色——我們冒險將這兩個意義截然相反的詞語強拉在一起——那就是潘欽法官黝黑的白色面孔。五官全部消失了,留下的只有蒼白。現在它是什麼樣子呢?沒有了眼睛(windows)!沒有了面孔!一個無垠的、不可思議的漆黑消滅了光亮!那我們的宇宙呢?全部在我們面前崩塌了。(2:276)

第一節　政治權力的方式

　　正如大衛·安東尼（David Anthony）指出，潘欽法官的臉在這裡，似乎就是美國文化菁英的臉本身，「逐漸被階級和種族的差別所同化（稀釋），這張臉在這裡顯示，上流階層在維護其白色的過程中，被證明是失敗的」[142]。

　　更進一步，如果潘欽法官的原型果真是厄帕姆的話，那麼霍桑應該樂於採用一種融合的形式，讓良知輝格黨也有廢奴主義傾向。當潘欽沒能出現在波士頓的宴會上，參加自己人的聚會，那些政客們計劃選他當州長，他們得出結論，「自由戰士聯盟會選他的」，於是「確定了另外一位候選人」(2:275)。在想像他缺席波士頓的宴席時，霍桑更是讓法官種族化了，變得有點像惡魔。他嘲笑法官的屍體已經變成「黑乎乎的龐然大物」，「起身吧！你這個老謀深算、世俗的、自私的、鐵石心腸的偽君子，做出你的選擇，是繼續當一個老謀深算、世俗的、自私的、鐵石心腸的偽君子呢？還是把這些帶來生命之血的罪孽，從你的本性中驅逐殆盡！復仇者已來到眼前！起來吧！不然就會遲了」(2:283)。當然，正如敘事者和讀者都知道的，已經遲了。

　　表面上《房子》描繪並歡迎社會的變化，出現了新的市場經濟，以霍爾格雷夫和菲比為代表的新興平民，代替了以海波茲芭和克利福德為代表的舊貴族。然而，可惡的潘欽法官代表的是墮落的貴族，正如麥可斯（Walter B. Michaels）所注意到的，他「更像是一個資本家，而不是貴族」[143]。實際上，金錢腐敗和欺騙所造成的無形力量，對城鎮和國家具有極大的威脅。崇尚激進政治理念的霍爾格雷夫，侃侃而談過去的沉重負擔，受「死人的書」、「死人的形式和教條」、「死人的疾病」、「死人的房子」

---

[142] David Anthony, "Class, Culture, and the Trouble with White Skin in Hawthorne's The House of the Seven Gables," The Yale Journal of Criticism 12.2 (1999): 263-264.

[143] Walter B. Michaels, "Romance and Real Estate," in The American Renaissance Reconsidered, eds. Walter Benn Michaels and Donald E. Pease (Baltimore: Johns Hopkins University Press, 1985), p. 160.

壓迫。可在潘欽法官死後，他願意接受農村的房產，他和他的新娘把它當作自己的家，因此，他那些改革的信條在金錢的腐蝕下，完全坍塌了。

小說大團圓的結局，解決了舊貴族與新興平民之間的緊張關係，隱藏了小說的基本觀點，即現代政治體系中心的卑劣之處。雖然潘欽法官死了，這種卑劣卻仍然活著。正如霍桑在〈潘欽州長〉這一章裡所提到的，「目標是一個法寶，比巫術更有力量」(2:274)，由像法官這樣的人建造的「那座高大堅固的大廈」，充滿了生活的外部現象，「如黃金、地產、信託和津貼辦事處」，裡面有一具「正在腐爛的屍體」，是「那個祕密的、令人作嘔的地方」，是房子主人的「不幸的靈魂」(2:229-230)。

在波士頓等待法官的那些人，他們計劃選一位州長，「從公眾……那裡竊取了他們選擇統治者的權利」，「在下一屆地方長官的選舉中，公眾的呼聲哪怕響如雷鳴，其實也不過是這些紳士們在這次朋友的私人聚會上，悄聲低語的回聲」(2:274)。這就是霍桑對西元1692年塞勒姆發生的一切的現代寫照。那時候「牧師、法官、政客」對公眾施加了過分的影響，造成他們的恐懼和仇恨。西元1692年和西元1850年最主要的區別在於，宗教已不再像原來那樣，明顯地被用作政治煽動的工具。

雖然潘欽法官是小說中明顯的反面人物，但他的惡行卻不被塞勒姆的居民所了解。迷人的平民菲比，她的活潑和明媚為世人所熟知，卻也是法官邪惡行為的同謀，她沒能清楚地意識到，法官在政治上和經濟上的成功都具有欺騙性，都建立在謊言和恫嚇的基礎之上。從這個意義上來說，霍桑讓她代表那些城鎮居民，曾經屈服於巫術欺騙，現在繼續被那些政治領袖所矇騙。

小說中有些章節賦予菲比洞察力和能力，把幻想變為現實。作為求愛的一部分，霍爾格雷夫奉承她，把生活描述成一個複雜的謎，「它需要少女般直覺的同情心才能看透，像我這樣只是個旁觀者，很容易誤入歧

途」(2:179)。作為敘事者的霍桑，也透過觀察來奉承菲比，「她透明的本性具有欺騙性，其實具有深邃的思想，泉底的石子比我們想像得要深遠」(2:182)。

然而在小說中，作者並沒有賦予菲比深邃的智慧，只是讓她表現為一個操持家務的能手，和推銷商品的巧手。在海波茲芭的小商店裡，菲比在塞勒姆的居民中頗受歡迎，因為喜歡他們，對他們的無禮行為從不計較。她無法「完全理解」霍爾格雷夫 (2:93)，對克利福德「頭腦中和經歷中無論有什麼病態的內容」(2:143) 都不在意，並被法官所表達的要讓克利福德幸福所吸引。「他這麼惡毒嗎？」菲比問，「不過他倒是好心地提供方便。」(2:131) 霍桑描繪她的思想屬於「安分守己的階層」(2:131)。在她看來，那位面帶微笑的法官是一位政治人物，他所說和所做的事情都是正確的，都讓人崇敬。

當法官想親吻菲比時，她本能地避開了，但她很快就克服了這種心理。當法官仁慈地對克利福德說話時，菲比感覺「非常衝動，想要跑到潘欽法官跟前，出於她自己的主動去親吻他一下──就在剛剛不久前，她還逃避過呢」(2:128)。幸運的是，她沒有這麼衝動，不過她仍然疑惑，為什麼克利福德和海波茲芭感覺到他的威脅，並把他們對他的敵意，歸結於古老家族的世仇。當海波茲芭告訴她，法官是「鐵石心腸」時，她感覺十分困惑：

不知道那些法官、牧師和其他職高位尊的人，會不會在某一瞬間表現出不那麼公平正義？這種性質的困惑，對那些安分守己、被人忽視的階層，具有震撼人心的影響，如果表現為現實，就會讓他們內心感到驚恐，而我們這位村姑恰恰屬於這一階層。然而世界上存在著邪惡，而且位居高位的人也會和下等人一樣，擁有一份邪惡，傾向於更大膽思考的人，就會從這一方面的發現中，引申出嚴峻的領悟。

第三章　運用歷史想像支撐國家凝聚力的文化介入策略

再進一步拓寬視野和深入內心去探討，就會看到等級、尊嚴和地位，無非都是一場虛幻。因為他們只一味重視受尊重的權利，感覺不到這個世界已然一頭栽進混亂的泥坑。然而，菲比為了保持天地的原貌，卻在某種程度上寧願將自己對潘欽法官的直覺加以扼殺。（2:131-132）

一開始霍桑就批評政治權力及其濫用：事實上，身居高位掌管著國家權力的人，也有殘酷和邪惡的一面，認不清他們的真實本質並信賴他們的那些人，就和他們所造成的傷害一樣是有罪的。菲比因此代表著選民——或者更確切地說，是那些「廣大的愚民」，公眾，不能「進一步拓寬視野」，「深入內心去探討」，易於陷入這些鐵石心腸之人所設定的「等級、尊嚴和地位」的虛幻中。

當菲比正入神地聽霍爾格雷夫讀書時，霍桑寫道，月亮正爬上頭頂，「毫無遮攔地將銀盤融入藍天，就像一名野心勃勃的民眾領袖，採用符合民意的流行風采來掩飾其抱負」（2:213），雖然夜幕已降臨，月光仍讓萬物依稀可辨。霍桑描繪菲比「如同嬰兒滾到懸崖邊，完全沒有覺察到她剛剛經歷過的危機」（2:212）。因此她完全被霍爾格雷夫的聲音控制住，就像公眾被領袖控制了一樣，兩個過程都是源於他們嬰兒水準的意識，無法感覺到身邊的危險。

塞勒姆那些「小男孩們」表現出不太明顯但是更嚴重的偏見。那些殘酷的小男孩，海波茲芭想像他們是赤裸裸地奚落，在克利福德走過街道時，高聲尖叫著，大聲嘲笑他，這也正是他們那些無知的父母，其行為在孩子身上的表現：他們「對美麗和神聖的東西不懷更多的敬意，對悲傷的事情沒有憐憫，對以人形體現的、神聖的不幸，缺乏更多的感覺，即使撒旦（Satan）是這一切的淵藪也不過如此」（2:247）。甚至是那個喜劇性的小奈德·希金斯因為房子裡沒有人回應，也開始「氣憤得唾沫飛濺」（2:290）。他正準備往房子裡扔石頭，突然一個陌生人阻止了他，把他趕

去上學,在學校裡他可能學會行為規範,也可能學不到。

　　在《房子》裡,只有莫爾顯示出獨特的能力,看清現象中的事實。老莫爾雖然是受害者,卻能意識到上校陷害他,有著「刻毒的個人恩怨」(2: 8),也了解到上校的身體狀況,在將來某一天會讓他陷入致命的危機。從他的詛咒「上帝會讓他飲血」看,我們後來知道,「大概在潘欽家族的這種身體弱點上,找到了科學依據」(2:304)。他的兒子,建築師湯瑪斯・莫爾,知道上校所擁有的印度人契約,是最有價值的文件,所以就將它藏在畫像後面,既避免了被搶劫的危險,也讓潘欽家人找不到。這讓潘欽上校的畫像,成為他們和巨大的財富夢想之間的障礙。

　　至於小馬修・莫爾,擁有比傑維斯・潘欽和他的女兒──歐化的艾莉絲・潘欽高得多的智慧和洞察力,艾莉絲認為他極為傲慢。因為霍桑不相信巫術是事實,就用催眠術來代替其想像的效果:讓艾莉絲成為小馬修・莫爾催眠術的受害者,在行動上就像是塞勒姆所謂被施加了魔法的女孩,並不是因為她實際被施加了魔法,而是因為她屈服於莫爾卓越的精神力量。小說中催眠術的作用,是為了表明一般人的脆弱性,那些沒有洞察力的人,往往易於被權威的學說或者主義所迷惑。

　　雖然莫爾對艾莉絲施加催眠術,包括奴役她,這些行為明顯是惡毒的,可是他仍然是有理智的,對那個年輕女子的折磨也是有限度的。他命令她去參加他的婚禮,並去新房照顧新娘,結果她在途中淋雨感冒,最後病情加重死掉了,這是莫爾不希望看到的,因為「他只是想羞辱她,並不想殺死她」(2:210)。像霍桑筆下所有的改革者一樣,他最後帶來的是傷害,而不是美好。

　　雖然海波茲芭也有亮眼的時刻,但霍爾格雷夫是小說裡最可敬的人:他理解所有人物的行為和品性,拒絕用自己的力量對菲比造成傷害,反對他祖父所崇尚的魔法。他不讓菲比像艾莉絲那樣沉迷於他的故事,反而讓

她重獲自信。他表達對菲比的愛是透過尊重，而不是占有。菲比的自然和快樂，反過來也使他的人性變得友善。很明顯，霍桑喜歡霍爾格雷夫，並讓讀者也喜歡他，所以賦予他「非凡而高貴的品德，能尊重他人的個性」(2:212)。

他的藝術正是霍桑所希望的，讓他不僅能區分虛幻現象與精神現實，而且採用的是公眾男女的手段。正如貝姆（Nina Baym）所指出的，「他的銀版攝影法藉助陽光的作用，陽光就是他的朋友和助手，顯現了潘欽的真實本性，讓他的邪惡行為為大家所熟知，辨別清楚他就是迫害他人的先祖」[144]。霍爾格雷夫唯一的缺點就是，他沒有意識到，接受潘欽的地產是一個愚蠢的行為。那些經歷過赤貧的人，可能意識不到這種接受會犧牲掉自己的原則，而霍桑就確實經歷過。

第二節　法律意識：上帝意志的體現

《房子》出版之後，杜伊肯克在同年 4 月刊的《文學世界》中評論道：「就感情的微妙和細膩而言，當下尚沒有哪個作家的作品能超越此書。」[145] 惠普爾在《格拉哈姆雜誌》上，亦充分肯定此書以及霍桑的文學才華，「我們慶賀像霍桑這樣具有原創性天才的出現，並非因為他撼動了已有的文學巨擘的地位，而是他找到一個屬於自己的領域」[146]。

雖然大多數讀者和批評家們對其持肯定態度，但也不乏批評之

---

[144] Nina Baym, "Hawthorne's Holgrave: The Failure of the Artist-Hero," Journal of English and German Philology 69 (1970): 587.

[145] Joseph Donald Crowley (ed.), Hawthorne: The Critical Heritage (London: Routledge & KeganPaul Limited, 1970), p. 194.

[146] Ibid., p. 201.

第二節　法律意識：上帝意志的體現

聲[147]，本節將透過文字細讀，論證霍桑在《紅字》中流露出的有關妥協、漸進的思想，同樣在《房子》中有所體現。面對風雨欲來的內戰，和即將處在風雨飄搖中的國家，透過霍爾格雷夫的回歸和大團圓結尾的設定，霍桑在作品中進一步思考，對當時可能出現的歷史斷裂的超越：聽從上帝的意志，回歸美國憲法，並擁護它超越一切黨派與紛爭的至上地位。

1. 上帝之法：霍爾格雷夫的回歸

霍爾格雷夫剛開始是作為一個激進的改革者登場的，他是「國內眾多改革家同伴的代表」（2:508）。他對菲比說，那些用「石頭和磚塊這種耐久材料建成的」，諸如「議會大廈、州政府大樓、法院、市政府大樓和教堂」等，這些建築物如能「每隔二十年左右坍塌一次才好」，這樣它們「所象徵的那些機構」，就能被「人們檢驗並改良了」（2:510）。霍爾格雷夫的激進言論並非孤例，正如霍桑所言，對許多人來說，「在當今，遠比以往任何時代，都更應該把布滿青苔、已經衰朽的過去扳倒，把那些失去生命的機構，從前進的道路上清除，把它們的死屍埋葬，使一切都重新開始」（2:506）。

廷德爾（George Brown Tindall）和艾默利（David Emory Shi）也發現「內戰前充斥著各式各樣的改革運動」，有的人「挑戰社會中的種種罪惡，有的人關注細枝末節」，比如，一位麻薩諸塞州的改革者甚至斷言，「提倡素食是所有改革的基礎」[148]。霍桑敏銳地觀察到，以霍爾格雷夫為代表的改革家們，不管在教育程度、人生閱歷，還是思想境界、宗教信仰等諸

---

[147] 20世紀中後期，評論界出現了各種關於《房子》的批評聲音，認為它感傷的氛圍與大團圓的結局顯得生硬和矯飾，破壞了作品的整體性。參見 Jane Tompkins, Sensational Designs: The Cultural Work of American Fiction 1790-1860 (New York: Oxford UniversityPress, 1985), pp. 3-39.

[148] George Brown Tindall and David Emory Shi, America: A Narrative History (New York: W. W.Norton & Company Inc., 2007), p. 479.

第三章　運用歷史想像支撐國家凝聚力的文化介入策略

多方面,都具有明顯的不足和缺陷。

首先,他「書讀得不多,而且這點書本知識……還和大眾的嘮嘮叨叨混雜在一起,因此失去了各自專有的含義」,他雖自認為是個思想家,擁有「深思的特性」,但這「恐怕難以企及那些受過教育的人思考的起點」。其次,他缺乏恆心,性格「魯莽草率」,雖對「所有做過的事都曾熱情洋溢」,這卻使他的過往就像「換衣服一樣」,一件接著一件。再次,他自以為是一個可以「投身於某些事業中的鬥士」,可這不過是受「深藏不露的雄心」和「慷慨大度的衝動」驅使。最後,他的哲學「粗糙、狂熱而朦朧」,他「擁有信仰」卻又「不信宗教」(2:507-508)。在霍桑看來,這些改革者憧憬那個「黃金時代」(2:506),是受到了「國外先驅者們」(2:506)的鼓動。

雷諾茲(Larry J. Reynolds)將「國外先驅者們」,理解為西元 1848 年掀起席捲歐洲革命的鬥士們,而「美國公眾亦展現出對這場革命的興趣與同情」,那些聲稱消除貧窮、實現自由平等的革命者,如「拉馬丁、柯樹芝、馬奇尼等人,也都成為美國人眼中的英雄」[149]。但實際上,這場僅僅持續兩年(西元 1848～1849 年)的革命,其思想根基可以「追溯至西元 1789 年的法國大革命」(2:48)。雷諾茲與伯克維奇都重點分析了,以法國大革命為代表的歐洲革命,對美國女權主義發展的影響,它令女人們相信「她們所期待的解放就在手邊」[150],「自由的旗幟……透過(西元 1848 年)在塞內卡福斯舉行的第一次婦女權利大會,而再次插在美國的領土上」[151]。筆者認為「國外先驅者們」的範圍可以更廣一些,比如,曾引領

---

[149] Larry J. Reynolds, "The Scarlet Letter and Revolutions Abroad," American Literature 1 (1985): 47.
[150] Larry J. Reynolds, European Revolutions and the American Literary Renaissance (New Haven: YaleUniversity Press, 1988), p. 55.
[151] Sacvan Bercovitch, The Office of The Scarlet Letter (New Brunswick: Transaction Publishers, 2013), p. 81.

第二節　法律意識：上帝意志的體現

催眠術在歐洲尤其是在法國風靡一時的梅斯麥爾（Mesmer）[152]等人。

莫爾家族世代相傳的催眠術，在以潘欽和莫爾家族為代表的貴族與平民階級的鬥爭中，扮演著關鍵角色。莫爾家族的一個後裔，就曾利用催眠術將艾莉絲・潘欽變成一位瘋瘋癲癲的女孩，而初識菲比的霍爾格雷夫，就差一點用催眠術控制了她。霍桑將擁有神祕力量的催眠術賦予霍爾格雷夫，而這一平民階級出身的激進改革者，也正是看到了催眠術所蘊含的顛覆性力量。羅伯特・達恩頓就詳細探究了暗藏於催眠術中的無窮潛力。當開創催眠術治療之先河的梅斯麥爾醫生，「懷著虔敬之心，希望救人們於苦難之中，而來到巴黎時」，他和他的催眠術卻遭到了諸如「皇家醫藥學會」等貴族團體的「嘲弄、羞辱與迫害」[153]（2:83）。

與此同時，眾多平民出身，但仍然籍籍無名的醫生和科學家們，卻看到了催眠術為他們帶來改變命運的機會：它既能為「自然界中那些無形的力量，提供一個嶄新的科學解釋」（2:83），又可使其成為一種反抗皇家和貴族學術團體，壓迫自己職業的工具。隨著官方對催眠活動的壓制日益加劇，他們為梅斯麥爾和催眠術正名的行為，逐漸演變成反抗政府和議會（2:83-105）。催眠術的追隨者如貝爾加斯和卡拉等人，還從催眠術中發展出一套「他們自認為連貫一致、合情合理」的政治理論，以至於「警察將他們視為對國家的威脅」（2:107）。

梅斯麥爾也順水推舟，將催眠術「精心設計」為一套「適合宇宙和人類」的普適理論，他承諾「要將法國打造成萬古流芳的民主國家，永遠致力於人類的自由與平等」（2:147）。因為受到上層社會的排斥，梅斯麥爾說道：「我需要吸引的是普羅大眾。」（2:83）而霍爾格雷夫的職業之一，便是向「大眾舉辦催眠術講座」（2:504）。也正因如此，霍桑看到了催眠術作為

---

[152]　催眠術（Mesmerism）一詞，正是以梅斯麥爾的名字命名的。
[153]　參見 Robert Darnton, *Mesmerism and the End of the Enlightenment in France* (Cambridge: Harvard University Press, 1968).

第三章　運用歷史想像支撐國家凝聚力的文化介入策略

一種革命武器的顛覆性力量，假若占人口絕大多數的普通大眾，都被催眠術蠱惑，由此造成的社會動盪可想而知。在《房子》中，霍桑的文化政治策略之一，便是用「愛的意識形態」讓菲比「策反」霍爾格雷夫，讓她呼喚這個漂泊無依的浪子回頭。[154]

在《紅字》結尾部分，海斯特終於明白，自己並非「上帝選中的那個宣布真理的女預言家」，「將來宣示真理的天使和聖徒必然是個女性，並應是一名高尚、純潔和美麗的女性，尤其是其智慧並非來自憂傷，而是來自飄渺喜悅的女性，而且還應是一位透過成功地達到這一目的的真實生活考驗，顯示出神聖的愛將如何使我們幸福的女性」(1:344-345)。至此，海斯特了解到並由衷地信服，上帝為這個世界所規定的執行法則，而紅字也「完成了它的職能 (It has done its office)」(1:340)。霍桑的妻子索菲亞在給姊姊瑪麗的信中，談到自己讀完《紅字》之後的感受，「它具有極強的震撼力，當中所蘊含的道德力量，就像電閃雷鳴一般讓人感到震驚和害怕。它告訴人們法不可違 (The law cannot be broken)」(16:313)。

《房子》中的菲比，正是《紅字》中那個尚未到來的女預言家，她就是那位被上帝選中「宣示真理的天使和聖徒」。驚詫於菲比的機靈、做事的敏捷，凡納大叔如此讚美菲比，「我從未見過有哪個人能像菲比這樣做事，她做起事來簡直就像上帝派來的天使」(2:422)，菲比的活動中「有一種精神特質」，讓她可以把「一天漫長而勞碌的生活……過得這麼快活，甚至可愛，這源於她那種無意識的優雅……天使從不費力工作，而是自然變出漂亮的東西，菲比即是如此」(2:422)。

海斯特經歷了一番掙扎和磨難之後，才了解到自己的職能，菲比則天然地明白，並能夠忠實地履行自己的職能，她「賦予洗鍋刷壺這些日常

---

[154] 方文開：《從〈帶有七個尖角閣的房子〉看霍桑的文化政治策略》，《外國文學研究》西元 2008 年第 1 期。

第二節　法律意識：上帝意志的體現

事務親切溫馨的氣氛，使之具有十足的家庭味」，而「這正是女人的職能 (woman's office)」(2:421)。在霍桑看來，菲比忠實履行著這一職能：

在她周圍造就了一個家 —— 正是那些被遺棄、坐牢的或當權的人，那些被人類踩在腳下，撇在一旁或捧得高高的可憐蟲，出自本能所苦苦追求的 —— 一個家！她是真實的！握著她的手，你會感到有一些東西，一種溫柔的東西，一種實在和暖和的東西，只要你感覺得到那隻手的把握，儘管那手非常柔軟，你仍然會確信：你在人類本性的整個同情鏈條中，有自己牢牢的一個位置，這個世界就不再是虛幻的。(2:472-473) 有菲比這類女人的存在，會讓如霍爾格雷夫這樣「即便是為了一個更好的制度而脫離日常生活軌道四處漂泊，或遭到驅逐的人們，都別無他求，只想被引領回來」(2:472)。這就為後來霍爾格雷夫的回歸做了鋪陳。

菲比曾因懷疑「霍爾格雷夫也許是個無法無天 (lawless) 的人」而對他心生排斥，因為她「內心有一部分讓自己受法則的約束」(2:425)，「她的一舉一動都按照上帝的指引自由做出」(2:474)。在菲比的聲音中「我們能夠辨識出造物主的聲音」(2:470)。身為上帝派來的天使和傳達上帝之法的媒介，菲比讓霍爾格雷夫感受到了上帝之愛，讓他重新了解到「以往孤寂沉悶的生活」，讓他深深反思「這個世界向前的衝動，歸咎於那些不安分守己之人。幸福的人一定會將自己禁錮於古老的限制之內。我有一種預感，日後……我會讓自己遵守法則以及社會的和平實踐。你的沉靜要比我搖擺不定的傾向更為強大」(2:615-616)。

霍爾格雷夫回歸的意義，不光是激進的改革者走向成熟、回歸家庭那麼簡單，曾經的霍爾格雷夫正如曾經激進的海斯特一樣，也要經歷一場歸順上帝之法的過程。儘管杜伊肯克認為，在現實生活中幾乎無法碰到像菲比這樣的女人[155]，而且結尾看似突如其來的大團圓，也受到許多批評家

---

[155]　Joseph Donald Crowley (ed.), Hawthorne: The Critical Heritage (London: Routledge & KeganPaul

第三章　運用歷史想像支撐國家凝聚力的文化介入策略

的質疑[156]。筆者認為這些情節設定其實是霍桑有意為之，如果將其與霍桑所處的時代背景，以及他對歷史發展的見解相結合，那麼對這種貌似突兀的大團圓結局的質疑，便迎刃而解了。

2. 大團圓：對歷史斷裂的超越

伯克維奇認為，霍桑在《紅字》中透過反諷的手法，揭示出歷史是按照「一種曲折、不可預測，最終卻仁慈和善的模式發展，透過反諷的情節設定，霍桑讓人們了解到最好的辦法就是順其自然（Let it be）」[157]。反諷透過設定一個不可預測和難以理解的當下，表明在歷史發展中存在一個更高層次的連貫秩序，讓歷史具有一種「天意的無意識（providential unconscious）」[158]，讓人們珍惜並支持「普通、曲折、漸進、累積」的變化，因為「天意」會挫敗那些希望以革命方式進行劇烈變革的企圖，甚至還會產生意想不到的災難後果[159]。

這種「天意的無意識」在《紅字》最後一章借海斯特之口，安慰了那些因受到「傷害、虐待、玩弄」而處在「憂傷和困惑」中的女人：「到了更光明的時期，世界會自然而然地因此而成熟，在上帝設定好的時刻，便會揭示一個新的真理……」（1:344）在《房子》中，霍桑仍然堅信歷史會在上帝的指引下，以一種人們無法意識到的方式逐漸發展。面對霍爾格雷夫想要

　　Limited, 1970), p. 193.
[156] 參見 Michael T. Gilmore, American Romanticism and the Marketplace (Chicago: University of ChicagoPress, 1985), p. 96. Walter B. Michaels, "Romance and Real Estate" in The American Renaissance Reconsidered, eds. Walter B. Michaels and Donald Pease (Baltimore: Johns HopkinsUniversity Press, 1985), pp. 178-179.
[157] Sacvan Bercovitch, The Office of The Scarlet Letter (New Brunswick: Transaction Publishers, 2013), p. 41.
[158] Ibid, p. 42.
[159] Arthur Riss, Race, Slavery and Liberalism in Nineteenth-Century American Literature (Cambridge:Cambridge University Press, 2006), pp. 116-117.

第二節　法律意識：上帝意志的體現

推翻當前一切制度、建設一個更好時代的激進想法，霍桑評論道，的確「我們並非注定要在老路上永遠爬行」（2:506），「關於更好的時代正在到來，這一主要觀點……藝術家肯定是對的。他的錯誤在於：他認定當今時代比以往或將來任何時期都更加注定會看到，古舊之襤褸袍服要被一套新裝取代，而不是靠補綴來逐漸更新」（2:506-507）。

霍桑相信，「隨著時間更沉重地落到他的肩頭」（2:507），他激進的思想、衝動的性情，會因閱歷的豐富而逐漸成熟和完善。與此同時，他依然會樂觀地相信人類將擁有一個光明的前景，或許還會更加熱愛他的同胞，「因為他已經了解到，一個人單槍匹馬的無能為力。而他步入生活時所產生的那種崇高信念，也會在他結束生活時變得低微得多，因為他終究辨識到人們即便盡了最大努力，也只取得了夢幻般的效果，而上帝才是現實世界的唯一創造者」（2:507）。霍桑在這裡流露出的，正是上文所說的「天意的無意識」：它終將摧毀所有革命的企圖，讓人們了解到儘管謀事在人，但成事依然在天。

霍桑在《房子》中，還讓人們更多地看到歷史發展的無意識因素，這種由「天意」驅動的無意識，在菲比身上得到淋漓盡致的體現：菲比具有一種「不可思議的魅力」（2:414）和「天生的魔力，這種魔力能使上帝的寵兒，把他們周圍東西的潛在能力發揮出來」（2:413）；她「似乎並沒有預先打算」，就能令這個「荒廢已久、死氣沉沉、灰塵遍布的房間」，灑遍善意好客的微笑（2:413）；「無論她做什麼都沒有刻意地費心用力」，「這種自然的和諧，讓她像樹蔭中的一隻小鳥」（2:417）；菲比的活動中「有一種精神特質，把一天漫長而勞碌的生活……過得這麼快活……這源於她那種無意識的優雅」（2:422）；「她的一舉一動，都按照上帝的指引自由做出」（2:474）。

在黑格爾（Georg Wilhelm Friedrich Hegel）看來，宇宙由有意識的、

第三章　運用歷史想像支撐國家凝聚力的文化介入策略

自我意識的和無意識的三種成分構成，宇宙中的無意識成分只能被上帝理解，因為祂創造了宇宙，人類只能理解自己創造的那些有限事物。上帝「將祂的智慧運用到更廣闊的範圍」[160]，因此黑格爾將整個宇宙理解為超驗世界精神的自我發展，而精神依據黑格爾所說的辯證法發揮作用[161]。

以賽亞・伯林（Isaiah Berlin）將黑格爾辯證法發揮作用的方式，描述成一種初始觀念，即正題和對它的各種修正觀念，即反題發生的矛盾與衝突，由此，這種觀念和對這種觀念的批評，這種觀念和其他攻擊它、影響它的觀念之間的矛盾與衝突，產生了其他事物，這種事物既不是那個初始觀念，也不是與它對立的觀念。相反，它以高於它們、超越它們的方式，保留二者的因素，即合題的誕生[162]。

《房子》中的大團圓結局，正是這種辯證發展的產物。霍爾格雷夫和菲比分別代表了兩種觀念，即黑格爾所說的正題與反題，當霍爾格雷夫的激進態度，逐漸被菲比沉靜溫柔、保守拘謹的性情，和遵守法則的傾向所修正時，正題與反題之間的矛盾與衝突，最終促成了合題的誕生——霍爾格雷夫與菲比的結合。黑格爾認為正題與反題的衝突，以及衝突之後如鳳凰涅槃般合題的誕生，才是歷史進步的原因（2:170-174）。有時這種衝突並不以「血跡斑斑的革命方式」呈現，它可能以一種如文藝復興般的文化大覺醒，抑或其他精神、藝術或思想大發現的形式呈現，總之這個過程總是以一種飛躍的形式向前運動[163]。

這一跳躍式的運動，也正是《房子》的大團圓結局略顯突兀的原因。霍桑借克利福德之口，將合題的誕生以及歷史發展的辯證運動，更為清晰

---

[160] G. W. F. Hegel, The Philosophy of History, trans. J. Sibree (Kitchener: Batoche Books, 2001), p. 29.
[161] G. W. F. Hegel, The Phenomenology of Spirit, trans. J. B. Baillie (New York: Digireads.comPublishing, 2009), pp. 41-48.
[162] Isaiah Berlin, Freedom and Its Betrayal: Six Enemies of Human Liberty, ed. Henry Hardy (Princeton:Princeton University Press, 2014, p. 89.
[163] Ibid., p. 91.

第二節　法律意識：上帝意志的體現

地表達出來：

> 人類的一切進步就是一個圓，或者用更精確和美妙的比喻，是一個上升的螺旋形。當我們自認為在筆直地前進，每走一步都達到一個全新的境界時，我們實際上卻回到了好久以前嘗試並放棄的東西，只是我們如今發現，這些東西對其理想而言，已經昇華了、精練了、完善了。過去無非是現在和未來既粗糙又表面的預言。（2:574-575）

在霍桑看來，黑格爾辯證法的跳躍式運動，只是歷史在進步上升過程中的一個「螺旋」而已。這一螺旋式的跳躍發展，仍然需要以漸進的累積為基礎，而非以撕裂與過去連繫的、「血跡斑斑的革命方式」實現。因此在「天意的無意識」指引下，《房子》的大團圓結局，既保證了歷史發展的內在一致性，又避免了因革命和戰亂而造成的歷史斷裂。如果我們在《紅字》中只是看到歷史的漸進發展，霍桑在《房子》中則更進一步思考了，歷史在漸進基礎上的螺旋運動，也正是從這個意義上說，《房子》是霍桑為《紅字》調製的一味「解藥」。若是放在內戰前的歷史背景下加以考察，那麼霍桑在上帝指引下的歷史進步觀，就具有更加迫切的現實意義了。

西元1852年，霍桑在為其朋友富蘭克林‧皮爾斯寫作的總統競選傳記中，就曾利用歷史發展中的「天意的無意識」，為皮爾斯支持南方蓄奴州的堅定立場，以及他對包括《逃亡奴隸法案》在內的1850年妥協法案的積極響應做出辯護。他說道，那些激進地反對南方蓄奴制度的北方人，應該以一種更為明智的觀點看待奴隸制度：奴隸制應被視作「神聖的上帝在人世間留下的眾多罪惡之一，這一罪惡並非人類的發明創造所能補救，但在上帝設定好的時刻，當奴隸制的使命完成之後，它自會以某種無法預料並極其簡單容易的方式，夢幻般地消失」。

他接著說：「在人類歷史上，僅憑人類的意願和智力，為偉大的道德改革想出來的方法，尚沒有一次能完美地實現其目的，世界的每一次進

步,都或多或少地在其前進的道路上,遺留下一些罪惡或錯誤,就連懷著解決這些罪惡或錯誤之理想的、最具智慧的人們,也永遠找不到補救的方法。」(23:352)

面對日益激進的廢奴主義者們,霍桑警告他們,以人類的智慧和能力根本無法廢除奴隸制,反而只會把「憲法撕個粉碎」(23:351)。而皮爾斯對妥協法案毫無保留地支持,恰恰反映出他「對憲法原則的忠實履行,他的所作所為正是為了維持並重啟,州與州之間那種相親相愛、和諧共處的姐妹情誼」。他的「良心、情感與智識」,都讓他義無反顧地擁護妥協法案,因為這正是他身為一個「聯邦統一的堅定支持者」所必須做到的。

在霍桑看來,1850年妥協法案雖不能一勞永逸地解決奴隸制問題,可它正是在「天意的無意識」指引下,人類對自身制度進行小修小補的一部分,就像《房子》的大團圓結局一樣,它是在南方與北方所代表的正題與反題這兩種觀念之間,衝突、較量、修正和妥協之後的產物,它以一種「告別革命」的方式,成為推動歷史向前跳躍發展的一個「螺旋」。更重要的是,當美利堅合眾國在面臨內戰和分裂的危險之際,在霍桑眼中,西元1850年的妥協法案是對國家完整和統一的維護,是對上帝的意志即對美國憲法的忠實順從。

3. 美國憲法:上帝的意志

在《富蘭克林・皮爾斯的一生》(*Life of Franklin Pierce*,西元1852年)中,霍桑以嚴肅的口吻警告那些激進的廢奴主義者:他們的所作所為將把「憲法撕個粉碎,破壞它所約定下的誓言,讓在上帝指引下合眾為一的共同國家分裂成碎片」,而偉大的合眾國「從在蠻荒之地建立起第一個殖民地開始,到美國獨立戰爭爆發為止,已經奇蹟般地連續走過了近兩百年歷

第二節　法律意識：上帝意志的體現

史」（23:351）。

霍桑的歷史意識，在他的羅曼史中得到了充分體現。《房子》開篇，霍桑便簡要介紹這部羅曼史的時間跨度：它將精練地概述「近兩百年歷史」（2:355）。《紅字》更是把背景直接設定在兩百多年前的新英格蘭，在牧師丁梅斯代爾的最後一次布道上，他深情地講述「上帝與人類社會的關係，尤其談到他們在蠻荒之地開墾安居的新英格蘭」。霍桑在時間上如此精緻細膩的安排絕非巧合。

兩百多年前的西元 1620 年，「五月花號」在歷經海上六十六天的漂泊之後，在普羅溫斯頓港拋錨。為了在這片蠻荒之地建立起一個大家都能受到約束的自治基礎，他們在上岸之前簽訂了一份公約，即後來的《五月花號公約》（Mayflower Compact）：

> 以上帝的名義，阿門……信仰和教會的捍衛者詹姆士國王陛下（James VI and I）的忠順臣民……為了上帝的榮耀，為了增強基督教信仰……我們在上帝面前共同立誓簽約，自願結成國家，以便更好地建立秩序、維護和平……為了更好地維護殖民地的普遍福利，我們將隨時制定平等正義的法律、法規和憲法，並選派公職人員加以實施。對此，我們保證服從，信守不渝。[164]

這份「以上帝的名義」起草的公約，不僅預示和規定了美國憲法的誕生，而且更為直接地彰顯美國憲法理論中的自然法背景。斯多葛派的自然法理論最早揭示了全人類通往幸福的光明大道，「自然法是普遍理性為指導人類而制定的行為法則」[165]，人們可以藉此透過上帝賜予的理性能力，與眾神一道直接參與存在於世間的道德秩序。西塞羅（Cicero）在《共和國》（De re publica）中進一步說明了這一自然法觀，「與自然和諧一致的正

---

[164] William MacDonald, Documentary Source Book of American History, 1606-1913 (Princeton:Macmillan, 1920), p. 19.

[165] Sir John William Salmond, Jurisprudence (London: Sweet & Maxwell, 1924), p. 27.

第三章　運用歷史想像支撐國家凝聚力的文化介入策略

確理性，才是真正的法律。

它亙古不變地傳向所有人，它以其命令召喚人們履行義務，以其禁令約束人們為非作歹……人類立法不可試圖違背、毀損和廢棄該法，這是一項神聖的義務」。對西塞羅而言，這部自然法並不需要「任何人作為解說者或闡釋者……無論何時何地，世間有的只是這部永恆不變的法，它永不失效」[166]。西塞羅在十六、十七世紀的繼承者格老秀斯（Hugo Grotius），更是直截了當地將自然法理解為「上帝的法律」[167]。一般來說，自然法的永恆目標之一，便是對亞里斯多德所說的「自然正義」[168]的追求。而霍桑無疑是自然法的忠實支持者。

透過克利福德的蒙冤入獄，霍桑在《房子》中向人們展示人類法律的不足。當菲比驚詫於海波茲芭竟然允許霍爾格雷夫這樣一個看似「無法無天」、藐視法律的人，租住在房子裡時，海波茲芭「的親身體驗，讓他對人類法律（human law）咬牙切齒」，她冷冷地答道，「我想他有自己信奉的法律！」（2:425）在菲比第一次與潘欽法官交談過後，她猛然意識到，這位法官的音容笑貌、習慣秉性，居然與那位嚴肅冷酷、貪得無厭的祖先潘欽上校如此相似。

面對這種不可思議的遺傳，霍桑評論道，「導致罪行的那些弱點、缺陷、邪惡激情、卑劣傾向和道德敗壞，仍在世代相傳，這一傳遞過程要比人類法律（human law）所制定的、有關財產和榮譽的繼承辦法更為可靠」（2:454）。霍桑不僅指出人類法律的不足，還透過批判它的闡釋者——法官，進一步確證自然法的至上地位，保證它無須闡釋者。身為法官的潘欽，年少時作惡多端，在氣死舅舅之後還利用人類法律的漏洞，讓克利福

---

[166] Edward S. Corwin, The "higher Law" Background of American Constitutional Law (Indianapolis: Liberty Fund Inc., 2008), p. 9.

[167] Ibid., p. 55.

[168] Aristotle, Nicomachean Ethics, trans. C. D. C. Reeve (Indianapolis: Hackett Publishing Company, 2014), p. 89.

第二節　法律意識：上帝意志的體現

德成為自己惡行的替罪羔羊。當上法官之後，他不僅無法在社會促進正義的實現，反而徇情枉法、以權謀私，為了逼克利福德說出寶藏的祕密，他甚至威脅要用自己的「全部影響——政治的、官方的、私人的」(2:552)，讓克利福德永遠得不到自由。

海波茲芭在萬般無奈之下，只好答應潘欽法官讓克利福德出來見他，此時她心如刀割，甚至失去了對上帝的信念，「上帝對一個人冤枉另一個人這樣的瑣事不加干預，也不對一個孤單靈魂的這類微小痛苦給予安慰。只是如同陽光同時普照半個地球一樣，灑下祂的公正和仁慈」。霍桑及時指出了海波茲芭的錯誤，她「沒有看到這一點，因為這時溫暖的陽光照進了所有窗戶，伴隨而來的，是上帝對每個人特別需要的關懷和憐憫的愛」(2:562)。最終，法官像他的祖先潘欽上校一樣，在房子中離奇暴斃，如霍爾格雷夫所言，「看來這是上帝所為，既讓他的罪行有了報應，又表明了克利福德的無辜」(2:614)。在霍桑眼中，最後能夠伸張正義的永遠不是人類法律，而是偉大的自然法。霍桑正是看到了人性中固有的缺陷，才會由衷地認同，在自然法面前沒人配成為它的闡釋者。

在《房子》的結尾部分，霍桑再次重申他在《富蘭克林·皮爾斯的一生》中所表達出的，對人類智慧和能力及其產物人類法律的觀點，「對人類來說，我們活著所犯下或忍受的重大錯誤，無一是被真正公允處置的，這是一條真理……時間、世事的滄桑浮沉和死亡的不合時宜，全都使這種正義的實現成為不可能……最好的處方是讓那些不幸的人繼續前進，把他一度認為無法彌補的毀滅遠遠撇在身後」(2:621-622)。不過霍桑補充道，這條「對人類來說」的真理，要是忽視了「其中所暗示的更高希望（higher hopes），那絕對是一條令人十分傷心的真理」(2:621)，由此可見，霍桑看似悲觀的態度，實則蘊含著「更高」層面上的樂觀。

愛德華·考文（Edward Samuel Corwin）曾系統梳理過美國憲法的「高

第三章 運用歷史想像支撐國家凝聚力的文化介入策略

級法（higher law）」背景，這裡的高級法指的正是在西方社會已經流行幾千年的自然法。考文認為，美國憲法的至上地位，源於「它所體現的那種實質性且永恆不變的正義……這些關於權利和正義的特定原則，憑著自身內在的優越性而值得放之四海……這些原則並非人類制定……它們表達了神的本性……是永恆不變的」，考文由此得出結論，正是「奠基於一個共同的、已經確立的基礎之上，即人們深信有一種法高於人間統治者的意志」，才使美國憲法擁有了「合法性（legality）、至上性（supremacy）」，以及受到人們廣泛「推崇（be worshipped）」的地位[169]。

在廢奴主義者們挑起的內戰陰雲籠罩下，霍桑預感歐洲激進革命者們「無神論（atheism）」思想在美國的「流毒」，將極大地破壞美國革命的遺產——美國憲法以及人們對其神聖地位的信仰[170]，有評論家還將《紅字》中的「A」理解成「Athesim」（無神論），以此來證明霍桑對無神論的懷疑和抨擊[171]。面對「歐洲革命的紅色瘟疫」[172]，和無神論者背離上帝信仰，霍桑警告他們，背離憲法即是背離上帝的意志，後患無窮——會「讓在上帝指引下合眾為一的共同國家，分裂成碎片」。同時他在《房子》中用大團圓的結局要凡夫俗子相信，只要南方和北方能在憲法約束的框架下達成妥協，那麼在冥冥之中，上帝自會在設定好的時間，讓世界上的一切苦惱和不幸煙消雲散。

正如霍桑在《房子》序言中所說的那樣，「如果羅曼史真正有所教諭，或者能夠產生任何效應，那通常都要經過一個遠非直截了當的微妙過程……經過漸進漸明地描述」，最終「一個精雕細琢的高級真理（high truth）……

---

[169] Edward S. Corwin, The "Higher Law" Background of American Constitutional Law (Indianapolis:Liberty Fund Inc., 2008), pp. 4-5.

[170] John E. Alvis, Nathaniel Hawthorne as Political Philosopher: Revolutionary Principles Domesticated and Personalized (New Brunswick: Transaction Publishers, 2014), pp. 60-78.

[171] Douglas Wilson, The Deluded Atheist (Powder Springs: The American Vision, Inc., 2008), p. xx.

[172] Sacvan Bercovitch, Rites of Assent: Transformation in the Symbolic Construction of America (NewYork: Routledge, 1993), p. 222.

在結尾處發展為高潮……但末頁與首頁相比，絕不會更真實，也難以更顯而易見」（2:352）。

借《房子》這部小說，透過霍爾格雷夫的回歸，以及「漸進漸明地描述」大團圓結局，霍桑終於讓人們看到這個「遠非直截了當的微妙過程」：「一個精雕細琢的高級真理」，即代表著上帝意志的美國憲法，在結尾高潮處顯現，但這一永恆不變的「高級真理」，不管在「末頁」（此時此刻）還是在「首頁」（憲法誕生之初）都一樣真實、一樣顯而易見。

面對風雨欲來的內戰，和即將處在風雨飄搖中的國家，霍桑用他深邃的睿智、成熟的理性和敏感的洞察力，分析內戰可能造成的災難性後果，表達自身強烈的「美國情感」[173]。也許後來的事實證明，一味妥協並不能從根本上解決問題，了解到人類能力的局限，固然有助於做出審慎的決定，可在危機面前，也不能過於低估人類自身的主觀能動性。儘管霍桑在《房子》中流露出的保守傾向，並不完全可取，但他的許多思想，諸如對憲法至上的推崇，對其神聖地位不可侵犯的維護，對歷史漸進發展的強調，對改革而非革命的提倡，都對當今國家實行依法治國、建設法治國家，以及維護整個社會的和諧穩定、長治久安，具有重要的現實借鑑意義。

第三節　主體性消失，作為「愛」的文化政治

在《房子》中，潘欽家族不斷遭受咒語的報應，始終存在著持續不斷的良心自責、不斷破滅的希望、親族之間的爭鬥、各式各樣的不幸、莫名其妙的死亡、心地陰暗的猜忌、難以啟齒的恥辱等，最後以菲比與莫爾家

---

[173] Robert S. Levine, Conspiracy and Romance: Studies in Brockden Brown, Cooper, Hawthorne, and Melville (NewYork: Cambridge University Press, 1989), p. 23.

第三章　運用歷史想像支撐國家凝聚力的文化介入策略

族的後代──銀版攝影師霍爾格雷夫的聯姻而收尾，也就解除了這幢搖搖欲墜的古屋的魔力詛咒，世仇在「愛」和財產繼承後消失了。

小說的第一章〈古老的潘欽家族〉追溯了這座老宅的歷史。這裡的敘述用去小說空間的十二分之一，其時間卻跨越了幾代人，近兩百年的歷史。從第二章開始，敘述就迅速轉到現在，一直到故事結束。由此可以看出，霍桑真正重視和關注的是現在。在文字敘述中，霍桑也多次提到現實中的真實事件和政黨組織。第十八章中提到了「秋季的競選」(2:226)，也提到保守黨邀請法官參加一個私人晚宴，共同商量州長候選人事宜，這些表明故事發生的時間，是在美國總統選舉年。

敘述中還提到過「自由土地黨」，它是西元 1848 年成立的、反對奴隸制的美國政黨，提出過「自由土地、自由言論、自由勞動、自由人民」的政治口號。《紅字》的序言〈海關〉也講述了泰勒入主白宮，致使霍桑丟掉在塞勒姆海關的職位，因此霍桑講述的故事，正是發生在他擔任海關檢查員的最後一個夏天，這段時間對「霍桑和他的國家來說，都是至關重要的」[174]。

在相當程度上，霍桑對歷史主題的探索只是象徵性的，而非真實客觀的，只是把歷史作為一種敘述本源，而不是歷史本身。其目的是實現宣洩和干預現實的一種手段。因此「一代人的罪惡會延續到下一代」，就構成他作品的象徵體系，不過霍桑的主題「不是作為神學問題的罪惡」，而是「罪惡所帶來的影響」，特別是「人與人之間的關係」[175]。

從文字敘述中讀者可以知道，潘欽家族成員的主體心理，受兩種歷史因素的制約。一是每代人都生活在幻想之中，幻想那一大片印第安土地的

---

[174] Charles Swann, Nathaniel Hawthorne: Tradition and Revolution (New York: Cambridge University Press, 1991), p. 97.

[175] Arne Axelsson, The Links in the Chain: Isolation and Interdependence in Nathaniel Hawthorne's Fictional Characters (Uppsala: Studia Anglistica Upsaliensia, 1974), p. 18.

第三節　主體性消失，作為「愛」的文化政治

所有權，這種精神上的狂亂，甚至讓家族中最貧窮的成員，如海波茲芭、克利福德等，都覺得自己承襲了「高貴的」特質，並且將來會有巨大的財富來支撐這種高貴。二是來自莫爾的詛咒成為一種超自然的因素，不斷地對潘欽家族的後代施加影響，它縈繞著帶有七個尖角閣的房子，使之成為一種可感受得到的恐懼。這兩種歷史因素作為隱藏的能指，一直左右著小說人物的心理發展，因此霍桑用了超過三分之一的篇幅，去描寫主要人物心理及其個性，向讀者闡釋過去對現在所造成的壓抑，尤其是面對這種壓抑所做出的反應。

在壓抑面前，海波茲芭和克利福德都無法自拔。六十年來一直生活在虛幻想像世界中的海波茲芭，始終與自己周圍的人相隔離，為了保持所謂的家族名字，耗盡了美好的青春年華，現在為生活所困不得不開一家微利商店。現實對她的心理衝擊是毀滅性的，因為她認為這種行為與自己「古老的高貴門第」相背離，這使得她經常掛著一副愁苦相去招呼顧客，處於精神失常的狀態之中。她會因到來的顧客而感到羞愧，每次聽到鈴響就「立刻驚得周身的每根神經都呼應著不安的振盪」（2:35），也會因為店外的行人而感到不安。克利福德則完全生活在自己家族過去的影子之中，成為一具「空殼」和「幽靈」。

面對這種壓抑，霍爾格雷夫則表現出完全不同的態度。當海波茲芭為生計所迫準備開小商店時，他熱情地加以鼓勵。當海波茲芭面對「淑女」與「商業活動」之間的矛盾，表現出失衡心理時，他又給予諄諄勸導：「紳士淑女這樣的名號，在這個世界以往的歷史上有一種含義，有這樣頭銜的人，就獲得了想要的和不想要的特權。在今天——尤其是在未來的社會條件下，這種頭銜意味的不是特權，而是束縛。」（2:38）他從另一個角度肯定海波茲芭的選擇。這就是霍爾格雷夫的哲學，認為每個人都應該建立自己的生活，創造自己的成就，依靠先輩的功績生活的人，就等於生活在

第三章 運用歷史想像支撐國家凝聚力的文化介入策略

過去,會將自己與周圍的世界隔絕開來,也就失去了自己真正的生活。

現實中的霍爾格雷夫也的確如此,很小的時候他就不得不學會照顧自己。為了生存,他從事過多種工作,遊歷過歐洲許多地方,在他所有到過的地方和所從事的職業中,他都從未違反自己的天性行事。霍桑強調:「他性格的真正價值,在於內心力量的深邃良知,這使得他以往的沉浮,似乎只像是更換袍服。他的熱情平靜得連他自己也甚少知其存在,但卻使他對所插手的所有事情,都付出赤子之心。他個人的雄心……潛藏著某種效驗,讓他從理論家充實成投身實踐事業的鬥士」(2:180-181)。

在花園與菲比的談話中,霍爾格雷夫進一步闡述了自己的哲學,即「人從過去中解脫出來的必要性」。在他看來,每一代人都應該建設反映自己信仰與價值觀的大廈,都應該有自己的創造,那種依賴前人的成就和價值的行為是愚蠢的,對現實而言也是沒有意義的,其中所蘊含的激進社會改革思想不言而喻。

然而在小說的結尾,霍爾格雷夫並沒有沿著激進的社會變革思想繼續走下去,而是發生了一百八十度的大轉變。故事也以大團圓收尾:海波茲芭繼承了潘欽法官的財產和鄉間土地;克利福德雖然依舊不是很好,但是變得輕鬆多了,也感覺幸福多了;霍爾格雷夫與菲比相愛,遺失的資料已經找到,不過現在對那塊印第安土地來說,已經沒有什麼意義了;他們所有的人都準備搬到潘欽法官在鄉下的別墅去住。歷史暴力在現實中得以妥協,祖先的詛咒在大團圓中消失得無影無蹤。這一結尾透過聯姻的方式,調和了家族世仇,消解了歷史的暴力,也消解了現實中的矛盾。

許多批評家都對這個結尾提出質疑[176]。霍爾格雷夫的世界觀,為什麼會發生這種急遽的變化?小說怎麼突然轉向大團圓的結局?小說文字本

---

[176] 參見 Hawthorne to James T. Fields, "Letter of November 29, 1850," quoted by William Charvat, "Introduction" in The House of the Seven Gables, p. xxii.

第三節　主體性消失，作為「愛」的文化政治

身並沒有為我們提供現成的答案。因此我們要釐清上述困擾，必須連繫《房子》創作的社會背景、霍桑的世界觀，以及諸多文字外部因素。

霍桑創作《房子》的時代，也就是西元 1850 年代，是一個美國社會急遽變化的時代。城市不斷膨脹，商業迅速發展，疆域極度拓寬，技術日益更新。政治上，婦女爭取權益的解放運動風靡全國，特別是南方蓄奴制引起國內各種政治觀點的爭執，令國家面臨內戰和分裂的危險。所有這一切都讓霍桑感到，「歐洲革命的紅色瘟疫在美國傳播」[177]，美國社會正被拖向一場激進的革命。

而霍桑的政治信仰一向都是保守的，對激進改革的信念是持懷疑態度的。在他看來，「人類的變化非一朝一夕之功」，「解放黑人運動，其實解決不了長期以來盤根錯節、根深蒂固的種族關係問題」[178]。西元 1852 年，他甚至在為皮爾斯的總統競選活動所寫的傳記中，間接地將廢奴主義者比作歐洲「紅色共和黨人」，認為他們只熱衷於混亂，把「美國的憲法撕了個粉碎」[179]。因此他主張美國的社會變革應該採取一種漸進的方式，而不是走歐洲激進式的道路。這與霍桑在小說中對克利福德的處理是相切合的。

小說結尾是「重構各種相互影響的關係，並形成了統籌這些關係的秩序」，這種秩序就是克利福德式的生活方式，即一種螺旋式上升的「漸進」的方式，而不是霍爾格雷夫原來激進的思想，因此後者發生價值觀的嬗變，就顯得順理成章[180]。霍爾格雷夫從激進向保守的轉變，以及小說大團圓的結局，其實就是霍桑的意圖，是他「漸進」政治信仰的流露，也是

---

[177] Sacvan Bercovitch, Rites of Assent Transformation in the Symbolic Construction of America (NewYork: Routledge, 1993), p. 222.
[178] 斯圖爾特：《霍桑傳》，趙慶慶譯，東方出版中心，西元 1999 年，第 253～255 頁。
[179] Sacvan Bercovitch, Rites of Assent Transformation in the Symbolic Construction of America (NewYork: Routledge, 1993), p. 244.
[180] Michel Foucault, The History of Sexuality, vol. 1 (New York: Vintage Books, 1980), p. 106.

第三章　運用歷史想像支撐國家凝聚力的文化介入策略

霍桑的世界觀在《房子》中的形象化展現。霍桑將自己「漸進」的政治信仰，文字化為霍爾格雷夫與菲比的「愛」，即威廉‧克里甘（William Kerrigan）所稱的「複雜的愛的意識形態」[181]。

雖然霍桑自己說過，《房子》只是一個純粹「杜撰」的歷史故事，與美國現實中「任何一塊真實的土地」(2:5) 都毫無關係，但其文字透過「歷史」的象徵性言說，突顯出作家的現實主義情懷，特別是在國家民族面臨戰爭和分裂危險的緊要關頭，這實際上是以一種隱喻性的文化政治策略或非政治化的方法，去解決當時國家民族所面臨的政治困境。

在霍桑的主要羅曼史中，「愛」的觀念被用作調和緊張形式和消除矛盾的重要手段。特別是在1850年代中後期的美國，奴隸制問題讓整個國家處於戰爭和分裂的危險之中。因此，霍桑「愛」的觀念與愛默生的「超驗直覺」一樣，被許多評論者解讀為防止國家分裂的一種情感紐帶，一種「意識形態」。

雖然霍桑的一生談不上有強烈的政治追求，可他是具有敏感的「政治意識」的，即一種強烈的「美國情感」[182]。西元1846年3月1日，他在寫給布里奇的信中曾明確地表示，「過去的歲月讓我具備成為一名成熟政治家的經驗」[183]，這種「情感」和「經驗」，讓霍桑在寫作中自然地採用文化的策略，去表達自己的政治主張。

從歷史現實的層面看，《房子》成稿和出版的那段時間，「媒體話語到處都充盈著聯盟分裂的擔心和恐懼，像霍桑等作家……總是設法表示出不傾向於任何一派政黨的觀點」[184]。然而現實中的霍桑卻是偏向民主黨的，

---

[181]　William Kerrigan, "What was Donne Doing," South Central Review 4 (1987): 3.

[182]　Robert S. Levine, Conspiracy and Romance: Studies in Brockden Brown, Cooper, Hawthorne, and Melville (New York: Cambridge University Press, 1989), p. 23.

[183]　Randal Stewart, Nathaniel Hawthorne: A Biography (New Haven: Yale University Press, 1948), p79.

[184]　Lesley Ginsberg, The Willing Captive: Narrative Seduction and the Ideology of Love inHawthorne's A Wonder Book for Boys and Girls, American Literature 65.2 (June, 1993): 256.

第三節　主體性消失，作為「愛」的文化政治

　　為了尋求政治上的安全，他在關注國家民族命運的同時，必然採用一種比較含蓄的表達方式，發表文章也採用匿名的形式，即不偏向任何一個政黨的意向。

　　這對刊登他文章的期刊（指當時由民主黨所控制的《塞勒姆廣告客戶》）來說，也是有現實意義的，因此霍桑的「中間地帶」這一文學概念，立刻就變成一個文化政治概念。這樣，「霍桑在期刊上發表文章時，不斷地變換名字這一策略，不僅為他自己的寫作生涯，也為他所信仰的民主黨，準備了一份特別的資本，使他以後更易於獲得政治和經濟的地位」[185]。此外，他有意地宣稱自己的作品是羅曼史而不是小說，是一種非政治化的方式，從而讓作品免遭各種審查機關的侵擾，逃避了「道德和政治審查」[186]。

　　綜上所述，霍桑的《房子》將歷史當作敘述的本源，透過探索現代人心理的精神實質，去闡述歷史對現實的影響。它那貌似非邏輯性的結尾，一方面體現霍桑的藝術追求[187]：一種處理主題與形式的自由；另一方面，它也顯露了作家「漸進」保守的政治信仰，在文字中表現為一種抽象的「愛」。這種「愛的意識形態」不僅是霍桑羅曼史主題的連貫性表達，也彰顯出他文學創作的文化政治策略，即作家採用以歷史羅曼史的話語方式，實現了建構主流政治話語的文化努力。

---

[185]　Sacvan Bercovitch and Myra Jehlen (eds.), Ideology and Classic American Literature (NewYork: Routledge, 1986), p. 715.

[186]　Robert Clark, History and Myth in American Fiction, 1823-1852 (New York: St. Martins's Press, 1985), p. 54.

[187]　許多批評者都持類似的觀點，關於這方面的討論請參閱 Clark Griffith, "Substance and Shadow: Language and Meaning in The House of the Seven Gables," Modern Philology (February, 1954): 187-195. Nina Baym, "Hawthorne's Holgrave: The Failure of the Artist Hero," JEGP 69 (1970): 548-598.

第三章　運用歷史想像支撐國家凝聚力的文化介入策略

第四章

知識分子修身齊國的整體性文化策略

　　本章探討霍桑具有完美主義意識形態的改革倫理和總體的社會改革理想。《福谷傳奇》與《富蘭克林・皮爾斯的一生》，構成了一幅政治連環畫，彰顯霍桑「中庸、人道和豁達」的價值觀，他要反對的不是在布魯克農莊的烏托邦試驗，而是改革者致命性的自我中心主義。作為知識分子修身齊國的整體性文化策略，《福谷傳奇》不僅以隱喻的方式再現美國社會的權力運行機制，而且冷靜地審視了工業化、城市化中個體的生存狀態，表達知識分子對世界主義文化背景下，社會分化、個體孤立的焦慮，同時也展望了媒介社會中，理想的文化公民身分特質。

第一節　《福谷傳奇》與《富蘭克林・皮爾斯的一生》：　　　　　一幅政治連環畫

　　與霍桑同時代的瑪格麗特・富勒（Margaret Fuller）是主張暴力革命的。在西元1848～1850年間發行於義大利的《紐約論壇報》上，富勒就提出，為了推翻專制統治、建立民主政府，就必須進行暴力革命。霍桑對富勒激進政治活動的反應，可以從他所描繪的海斯特身上得到印證，特別是作為一位爭取自由的形象，意圖推翻壓迫人的等級秩序[188]。霍桑告訴

---

[188] Larry J. Reynolds, European Revolutions and the American Literary Renaissance (New Haven: Yale University Press, 1988), pp. 79-96.

第四章　知識分子修身齊國的整體性文化策略

讀者，海斯特「以陌生人的眼光看待人類的風俗制度，以及由教士和法官所建立的一切；她幾乎和印第安人一樣，以不屑的態度批評牧師的絲帶、法官的黑袍、頸手枷、絞刑架、家庭和教堂」（1:199）。沒有珠兒的影響，她「也許會——並非不可能——因企圖顛覆清教制度的基礎，而被當時的法官處以死刑」（1:165）。

西元 1850 年，伊麗莎白號客輪在紐約火島附近的海灘沉沒，富勒、她的丈夫和孩子都在這次海難中溺水身亡。一年後，霍桑在《福谷傳奇》中，對富勒和她的革命暴力做出回應，刻劃了澤諾比阿這一形象，有人看見她要將匕首刺入對手的胸膛，這種激進的暴力更像是在「義大利，而不是英格蘭」（3:78）。正如米切爾（Thomas R. Mitchell）所顯示的，霍桑所刻劃的澤諾比阿這一人物形象，「結合了富勒早期爭取婦女權利和改善婚姻習俗的奮鬥，以及暴力推翻舊世界的統治，特別是推翻最古老的羅馬教宗的專制統治所做的鬥爭」[189]。

澤諾比阿富有熱情和侵略性，也許正是因為這一點，她令作者和敘事者都相當著迷。然而，她成了霍林斯沃斯陰謀的受害者。他之所以向她求愛，是因為聽說她有錢，在弄清楚她什麼都沒有後，便拒絕了她，因不明的罪惡而懲罰她。當科弗代爾來到他們中間，成天與他們相處，他斷言「我所看到的霍林斯沃斯，完全是藝術家所期望的一位清教徒行政長官的嚴厲形象，好像掌握著生殺大權，正在審訊著驅巫案——澤諾比阿像是女巫，並非滿臉皺紋、老態龍鍾，而是漂亮得足以誘惑撒旦，對他也有巨大的誘惑力」（3:214）。

霍林斯沃斯是現代的清教徒，當他執行自己的意志時，他自身男巫的意象就轉化成了女性的反抗：「當我更仔細地觀察澤諾比阿整個人時，看到的是一種盛怒，是那種經過一場殊死搏鬥，仍然平靜不下來的狂躁，搏

---

[189] Thomas R. Mitchell, Hawthorne's Fuller Mystery (Amherst: University of Massachusetts Press, 1998), p. 208.

第一節 《福谷傳奇》與《富蘭克林・皮爾斯的一生》：一幅政治連環畫

鬥雖已收場，獲勝的她仍然感到力量和勇氣在體內有力地衝擊著，渴望著新的較量。我感覺就好像是來到了硝煙尚未散盡的戰場。」(3:215)當硝煙散盡，澤諾比阿被刺穿的屍體也僵硬了，從河裡被人撈出來時，她的手「還緊握著，顯示絕不調和的挑戰」(3:235)。雖然自殺了，但她最後的話還在詛咒：是霍林斯沃斯謀殺了她。

富勒好戰的案例，應該被看作是西元1848～1849年歐洲革命後，國際政治動盪的一部分，它之所以引起霍桑的注意，是因為在整個1850年代，它導致了逐漸加劇的暴力行為和暴力政治修辭。霍桑所熟知的超驗主義者和廢奴主義者，都處於這場運動的中心，密切關注著奴隸制問題。例如，梭羅的論文〈反抗國民政府〉，與霍桑的《大街》，一同發表在伊麗莎白・皮博迪所主辦的《美學評論》上，也暗示了前面所提到的內容。

在一些激進的廢奴主義者中，從道德勸誡轉向暴力的傾向，自1840年代就開始了，這是由一些直率的北方黑人領袖領導的。在1850年代，當加里森和他的追隨者們繼續提倡非抵抗主義之際，除了道格拉斯，其他人如韋德、薩繆爾梅、飛利浦等，都放棄了他們的「和平原則」，並提出武力反抗的主張[190]。

北方民眾對自由奴隸法案的反抗，讓「自由土地黨」獲益頗豐。在麻薩諸塞州，政府長期由輝格黨控制，民主黨和自由土地黨的聯合，在西元1850年的州議會選舉中贏得了多數席位，並讓前輝格黨成員薩姆勒，以自由土地黨的身分成為美國參議員[191]。大衛・波特（David J. Potter）注意到，「在紐約、波士頓及其他地方的保守有產階級人士中，人們非常積極地支持這項法律，也支持其提案人丹尼爾・韋伯斯特（Daniel

---

[190] 參見 John Stauffer, The Black Hearts of Men: Radical Abolitionists and the Transformation of Race (Cambridge, MA: Harvard University Press, 2002).

[191] Honathan H. Earle, Jacksonian Antislavery and the Politics of Free Soil, 1824-1854 (Chapel Hill:University of North Carolina Press, 2004), pp. 185-186.

第四章　知識分子修身齊國的整體性文化策略

Webster)」[192]。然而，霍桑並不支持這些保守人士，而是支持民主黨和自由土地黨聯合陣線的主張。西元1851年5月，他寫信給朗費羅，歡呼他們共同的朋友薩姆勒當選為參議院議員。

霍桑像許多北方民主黨成員一樣，由於逃亡奴隸法與自由土地黨結盟，在西元1852年又回到了民主黨中間，並透過這麼做獲得一份外交官的任命。他很可能與布萊恩特和許多轉變成自由土地黨的「燒倉派」一樣，認為南方控制政黨的局面，在西元1850年已經發生改變了，正如喬納森・艾爾（Jonathan H・Earle）所說，「民主黨至少在北方重新獲得了認可」[193]，甚至范布倫（西元1848年曾經以自由土地黨的身分參加總統競選）也決定回到民主黨中間來。雖然霍桑一直保持著「支持新英格蘭，不會支持南方」，但他支持的是那些民主黨人，如富蘭克林・皮爾斯和約翰・奧沙利文，他們努力統一黨和國家。其他民主黨成員也持類似的看法。艾爾在日記中寫道：「在西元1852年大選後的14個月裡，自由土地黨作為一項運動、一種思想、一個政黨，實際上已奄奄一息。」[194]

西元1851年秋，霍桑開始創作《福谷傳奇》。雖然他發現空想社會主義也令人討厭，不過他透過小說反對的，不是在布魯克農莊的烏托邦試驗，而是像霍林斯沃斯這樣的改革者，他的慈善事業實質上是毀滅性和致命性的自我中心主義。像〈海關〉中的督察一樣，作者使用一個第一人稱不可靠的敘事者科弗代爾，來表達自己的政治觀點，同時也批評它們。

在《主要關於戰事》這篇文章中，他也採用同樣的手法，用腳註質疑自己在文字中的陳述。身為一位小詩人，科弗代爾沉迷於窺視和猜想，特別是對澤諾比阿和霍林斯沃斯，發現他們倆在身體上都富有吸引力。但

---

[192] David J. Potter, The Impending Crisis, 1848-1861 (New York: Harper and Row, 1976), p. 138.
[193] Jonathan H. Earle, Jacksonian Antislavery and the Politics of Free Soil, 1824-1854 (Chapel Hill:University of North Carolina Press, 2004), p. 188.
[194] Ibid., p. 192.

第一節 《福谷傳奇》與《富蘭克林‧皮爾斯的一生》：一幅政治連環畫

是當他批評他們的激進主義和謊言時，也審判自己的冷漠和羞怯。像《紅字》一樣，當他們都戴著虛假面具的時候，所有的人物都變得像幽靈和鬼魂。最終霍林斯沃斯鋼鐵般的意志控制住自己的行為，導致了悲劇。

霍林斯沃斯身為作品的中心人物，被霍桑描繪成迷惑對手的魔鬼，並發現他心中的神「正是他自己這位牧師身上的光輝，會讓周圍的一切都變得黑暗」。

科弗代爾宣稱喜歡霍林斯沃斯，可他卻用一系列的暴力隱喻，有力地證明了為什麼要反抗這個人：「除非出於自己的私利，他們根本不會交朋友。如果你踏上他們那條可怕的筆直道路，邁出第一步而未能邁出第二步、第三步或繼續走下去，他們就會毫不遲疑地將你殺死，並把你的屍體踏在腳下。」（3:70）澤諾比阿成為霍林斯沃斯這個偏執狂的主要受害者，她的「屍體」也讓科弗代爾的隱喻，在小說的大災難中得到印證。

米切爾詳細地總結，富勒在霍桑塑造澤諾比阿這一人物形象時所產生的作用，包括她的智慧魅力、活力、爭取婦女權利、傲慢、自大及溺水身亡[195]。相比較而言，霍林斯沃斯這一人物好像沒有原型，但可以被看作是霍桑所熟知的幾位改革者的綜合體。像愛默生，透過自己的口才和理想主義吸引他人的注意，可當他人試圖靠近時，他又冷面相對。像這些意志堅強的改革者，如帕克、加里森，甚至包括布朗森，他透過自己的修辭和舉止顯示出了力量。

索菲亞描述帕克是一個「大膽且肆無忌憚」的人，並觀察到「那時候大家都認為他特別有思想，是真理的掌握者，但他看問題常常不無偏頗，有點偏執」[196]。具有諷刺意味的是，帕克認為霍林斯沃斯是對加里森的

---

[195] Thomas R. Mitchell, Hawthorne's Fuller Mystery (Amherst: University of Massachusetts Press, 1998), pp. 204-219.

[196] William E. Cain, "Prospects for Change," in The Blithedale Romance, by Nathaniel Hawthorne, ed. William E. Cain (Boston: St. Martin's, Bedford, 1996), p. 224.

第四章　知識分子修身齊國的整體性文化策略

刻劃。瑪麗・曼寫信給她的丈夫賀拉斯時說[197]：「加里森在霍桑所刻劃的慈善家面前會退縮。」

至於說科弗代爾，讀者都認為他就是霍桑本人，強調他們都有窺視、反諷、政治冷漠的傾向。在敘述的某一點，科弗代爾宣稱：「在人類爭鬥的這場混亂中，如果有什麼理由值得一個明智的人為之而死，而我的死又有價值，那麼 ── 當然，只要這一努力並沒有包含不合禮數的麻煩 ── 我想我還是有勇氣奉獻生命的。例如，科蘇特（Lajos Kossuth）要是在離我住所不遠之處，擺下爭取匈牙利權利的戰場，並且挑選一個風和日麗的上午，在早飯後開戰，邁爾斯・科弗代爾將甘當他的部下，對著平端著的刺刀，來一次衝鋒陷陣。超出那一步，我就難保證我自己了。」(3:246-247) 當然，科蘇特是一位著名的匈牙利自由戰士，西元1849年曾短暫出任過匈牙利共和國首領，後來被奧地利和俄羅斯聯合部隊打敗並趕出了匈牙利。在土耳其被囚禁一段時間後，西元1851年12月，他取道來到美國，籌集資金和武器繼續他的革命事業。

理查・布羅德赫德（Richard Brodhead）寫過一篇著名的論文〈霍桑及其政治命運〉，用科弗代爾幽默的解釋支撐他的觀點，「具有典型意義的是，霍桑深深感受到，已捲入一個衝突社會的更大爭鬥中，最終產生的不是更重的責任，而是對這種責任更強烈的反諷，這種反諷的主要來源，是霍桑執而不化的想像」[198]。這是對霍桑政治既合理又流行的看法，但布羅德赫德的觀點也有疏漏之處。與科弗代爾不同，霍桑的性格中有剛強的一面：身為一位作家和公眾知識分子，他大膽地堅持自己的政治和平主義，而且十分勇敢，因此他自謙的幽默往往被讀者所忽視。人們常說他「退縮」或者「逃避」到想像的天地，這也可以被看作是他的方式，保證他能獨立而深入地理解當代事件。

---

[197] Brenda Wineapple, Hawthorne: A Life (New York: Alfred A. Knopf, 2003), p. 251.
[198] Richard Brodhead, "Hawthorne and the Fate of Politics," Essays in Literature 11 (Spring 1984): 98.

第一節 《福谷傳奇》與《富蘭克林‧皮爾斯的一生》：一幅政治連環畫

霍桑對科弗代爾和科蘇特的諷刺，是霍桑和平主義的反向表達。那段時間整個美國都出現了非理性的「科蘇特熱」，霍桑很可能是受到這一現象的刺激。無論他走到什麼地方，都是宴會、遊行、演講來歡迎這位匈牙利革命家，康科德也一樣。西元 1852 年 5 月，愛默生以他的名義發表一場演講，並設宴會招待他。霍桑宣稱，在西紐頓見到科蘇特之前，「對他的熱情就像是一塊冰凍的泥土」(16:537)，那位匈牙利人對暴力和戰爭的獻身精神，一點也打動不了他。

作為康科德對他歡迎的回應，科蘇特宣稱：「我從未聽說有暴君會由於道德的影響，而賦予其臣民以自由。康科德這塊土地就是一個很好的例子。壓迫的門窗必須透過武力才能打開，神佑的光線也才能滲入被壓迫人民黑暗的居所。」[199] 在美國之旅的過程中，儘管他強調匈牙利人的「自由」，卻拒絕談論黑人奴隸制，因此廢奴主義者對他所持的外交沉默極為不滿。令人奇怪的是，霍桑也發現這是令人反感的。在西元 1854 年 6 月 14 日寫給喬治‧桑德斯的信中，霍桑反駁科蘇特的公開信並問：「他難道沒有一點裝飾或者討好嗎？無疑，他隻字未提，這是事實，但這並不是坦率的結果，也不是毫無保留的真實。我希望他能做出解釋和回應，並堅定地譴責奴隸制。」(17:230)

在《福谷傳奇》的前半部分，讀者常常發現，霍林斯沃斯因為性格的力量，比膽小的科弗代爾更有吸引力，因此很容易理解為什麼兩位女士更喜歡他，而不喜歡那位柔弱的詩人。甚至在小說的結尾，霍桑還有點同情霍林斯沃斯這個疲憊不堪的、有知識的、墮落的人，死去的澤諾比阿陰魂不散，控告他謀殺了自己。接下來科弗代爾所表達的寓意，雖然可能不可信，卻與霍桑自己在其他地方所表達的信仰體系是一致的。科弗代爾認為：

---

[199] New-York Weekly Tribune, May 22, 1852.

第四章　知識分子修身齊國的整體性文化策略

接受所謂慈善觀念並以之為業，它能帶來有力的推動，對於社會來說通常是有益的，但對於個人來說則是危險的。因為他的熱情是單一的，這會毀滅或非常容易毀滅他那顆心，上帝並不希望他那顆心中豐富的乳汁遭受暴力擠壓，再以非自然的過程注入烈酒，而是希望那顆心能賦予生命以甜蜜、協調和溫馨，並無形地影響他人的心靈和生命，以達到同樣幸福的目標。

拒絕單一的「熱情」和「暴力擠壓」的感受，與霍桑的觀點是一致的。霍桑越來越為周圍所看到的政治激進主義感到焦慮，特別是在康科德，他不久前才從阿爾科特手裡購買入新居「雅舍」，就在葡萄生產商伊弗列姆·布林的隔壁。

《富蘭克林·皮爾斯的一生》寫於西元 1852 年 7～8 月間，與《福谷傳奇》構成了姊妹篇。在這部傳記中，霍桑刻劃了一位理想的政治激進主義者，其主角超越種種單一的主義，為人類整體的美好事業而奮鬥。《福谷傳奇》的改革者為了自己狹隘的目標，不惜犧牲他人及其和平的社區生活，而皮爾斯則為他人奉獻，為了國家的利益，以最寬闊的視野處理其政治事務。在霍桑的描述中，皮爾斯也參加過墨西哥戰爭，那是「服從國家的需求」，而且是「一位勇敢的士兵」，並且是「一位追求和平的人」，「為和平而戰」（16:561-562）。所有的證據顯示，皮爾斯將軍與霍桑一樣，都致力於追求和平。

西元 1852 年，民主黨和輝格黨的競選策略，都聚焦於人格魅力，避免提及敏感的奴隸制問題，因為他們都知道，倘若涉及這一問題，難免傷害某一部分選民的感情。兩個主要政黨的競選團隊，因此都強調國家統一，支持 1850 年妥協法案和逃亡奴隸法案。只有以新罕布夏州議員約翰·霍爾為候選人的自由土地黨，採取單一立場：其競選團隊宣稱，「奴隸制是一種反上帝、反人類的罪惡」，要求立刻全面地廢除逃亡奴隸法

第一節 《福谷傳奇》與《富蘭克林・皮爾斯的一生》：一幅政治連環畫

案[200]。與民主黨競選策略不同，霍桑選擇在《富蘭克林・皮爾斯的一生》中討論奴隸制問題，可能是因為他清楚這個問題，在他的家人和麻薩諸塞州的朋友中是多麼重要，也可能是因為他認為，「裝飾和屈從」是一種膽小的表現，正如他曾經譴責科蘇特所做的一樣。

這樣決定下來後，霍桑在傳記撰寫過程中，一直圍繞皮爾斯支持1850年妥協法案來展開，但這麼做導致的結果是，將來的傳記作家和評論家就會誤解他的政治觀，會把皮爾斯的政治觀與他的混為一談。最著名的研究是伯克維奇的《紅字的職責》（西元1991年），從闡釋霍桑的主要作品入手，參考他在《富蘭克林・皮爾斯的一生》中所表達的觀點，認為霍桑是支持1850年妥協法案的[201]。實際上，這並不是霍桑的政治觀，他只是為了幫助皮爾斯在總統競選中能取得最好的效果才這麼做。他支持自己所塑造的皮爾斯這一形象，就像他支持小說中那些可敬的人物形象一樣，並把他們的動機和觀點呈現在讀者面前。

為了替皮爾斯最富有爭議的政治立場辯護，霍桑在傳記結構上花了一番心思，讓皮爾斯對1850年妥協法案的支持顯得自然，作為他愛國主義一生的體現。當涉及妥協這一近期的、反覆無常的話題時，他把皮爾斯的決議和意見，歸咎於「很久以前就宣告過的原則」(23:350)。當霍桑把注意力簡短地從皮爾斯身上，轉移到其他政客身上，是他自己的政治觀最清晰地體現之時。

在一段簡短卻著名的段落裡，他描繪了政治競技場上的三種人：投機分子或「一時的純粹政治家」，理論家，見多識廣、了解歷史、睿智又具有豐富實踐經驗的政治家。很明顯，他最崇敬最後一種。當他在解釋這種

---

[200] Arthur M. Schlesinger, Jr. et al. (eds.), History of American Presidential Elections, 1789-1968, vol. 2, 1848-1896 (New York: Chelsea House, 1971), p. 954.

[201] Sacvan Bercovitch, The Office of The Scarlet Letter (Baltimore: Johns Hopkins University Press, 1991), pp. 88-102.

第四章　知識分子修身齊國的整體性文化策略

人是如何形成時，好像在說他自己：

　　在公共政策上能親身去實際觀察、研究，在思想上能對比現在和過去，能堅持兼顧現在和歷史的原則，讓歷史成為活生生的老師。一個學生經過這種合適指導，其未來的行為一定會具有崇高的理想和高貴的素養，並具有適當的、切實可行的卓識和天性，在處理人間現實的事務時，一定會勝過那些純粹的理論家。（23:293）

　　因此，身為自己理論的奴隸，霍林斯沃斯只能從狹窄的視角去看待問題，而真正的政治家則能從歷史和現在、理想和現實中吸取經驗，獲得寬闊的視野和深邃的洞察力，進而去理解世界。

　　儘管不同的政見讓霍桑和皮爾斯有別，不過他們都認為，應克制有益，而「煽動」有害（23:351）——後者指那些「最激烈的、最不審慎的、最堅定的反奴隸制者」的修辭和行為。透過撰寫皮爾斯的傳記，霍桑逐漸敬佩那個人的管理才能。

　　直到最近，他才成為皮爾斯少有的幾個評論員之一，表達出無限的敬意。在一封私人信件中，他告訴布里奇：

　　我嚴肅地得出的結論是，他身上有許多偉大的統治者所具備的主要元素……他是一位天才的管理者……（16:60-606）皮爾斯最近的傳記作家——沃勒爾也得出同樣的結論，至少預見到皮爾斯會作為黑馬贏得總統提名。

第二節　探討權力運作機制

　　《福谷傳奇》是新英格蘭三部曲中，創作得最倉促的小說，也是唯一一部以第一人稱敘述寫成的長篇小說。它以 1840 年代的新英格蘭為背

第二節　探討權力運作機制

景，敘述一群具有超驗主義思想和改革傾向的知識分子，為了改變當時的現狀，嘗試著進行以空想社會主義思想家湯瑪斯・摩爾（Thomas More）和傅立葉（Charles Fourier）的理論為基礎的社會改良，試圖建立起一個以密切的合作取代自私自利的競爭，透過足夠地供給人們必需品，讓人們無憂無慮地生活的烏托邦式社會，但還是以失敗告終。

作品於西元 1852 年 7 月 14 日首次出版，雖然霍桑滿懷期待，然而該書所受到的歡迎，遠不及《紅字》和《房子》，愛默生認為這個故事因為寫得「悽悽慘慘」而「令人不悅」[202]。特別是由於整部作品敘述語氣的不統一，許多評論者認為《福谷傳奇》是一部相當糟糕的作品[203]。後來的評論界對作品的看法有所提高，也出現了一些積極正面的回應，認為霍桑的英語「最具豐厚和強烈的語言神韻」，小說體現了「在現世作家中首屈一指的完美悲劇框架、飽含熱情的收尾、微妙的情感分析和精巧的風格」[204]。美國現實主義旗手豪威爾斯（William Dean Howells），認為它是一部「令人心跳的自然主義」之作[205]。

如果我們以新歷史主義文化批評的視角，重新考察霍桑的文字會發現：一方面，透過對催眠術和偶像崇拜的書寫，以及對幾個主要人物之間複雜關係的描述，作者意在考察「人際關係動力學（interpersonal dynamics）」；另一方面，小說呈現出一種傅柯（Michel Foucault）所說的「全景監獄式」社會模式，不僅是霍桑對當時社會改革，尤其是監獄體系改革的現實關照，更是他對權力在社會中運行模式的考察。

---

[202] Randall Stewart, Nathaniel Hawthorne: A Biography (New Haven and London: Yale University Press, 1948), p. 126.

[203] 參見 F. O. Matthiessen, American Renaissance (New York, 1941), p. 297. Mark Van Doren, Hawthorne (New York, 1949), pp. 188-189. Rudolph von Abele, The Death of the Artist: a Study of Hawthorne's Disintegration (The Hague, 1955), p. 82.

[204] Randall Stewart, Nathaniel Hawthorne: A Biography (New Haven and London: Yale UniversityPress, 1948), p. 145.

[205] William Dean Howells, My Literary Passions (New York: New York Press, 1895), p. 186.

第四章　知識分子修身齊國的整體性文化策略

1. 催眠術與偶像崇拜：

《福谷傳奇》的原型，是西元 1841 年由喬治・李普雷（George Ripley）建立的烏托邦實驗基地——布魯克農莊，這已成為學界公認的事實。透納（Arlin Turner）還做過考證，認為《福谷傳奇》中有大量的段落，是霍桑從西元 1841 年參加農莊時所寫的日記和一些雜記中，直接轉摘過來的[206]。

在小說序言中，霍桑雖然並不否認自己「頭腦中有這樣一個村社」，也「偶爾利用本人的實際回憶」，卻聲稱小說並非直接再現布魯克農莊，「其杜撰成分絕不亞於要在本書中引出的那些出於想像的人物」（2:2）。在一封寫給喬治・威廉・科迪斯（George William Curtis）的信件中，霍桑坦承，雖然他年輕時在布魯克農莊待過一段時間，但他所寫的「福谷」與這個農莊沒有絲毫的關係，就像「帶有七個尖角閣的房子」只是一幢虛構的房子一樣，所用的材料「與建構空中城堡的材料沒有差別」[207]。

霍桑為什麼要如此宣告？這也是一直被學界所忽視的問題。當然，有學者把它解釋為一種「強烈的反諷」，也不失為一種恰當的解讀方式[208]，假使我們以新歷史主義文化批評的視角來研讀文字，就會發現這是霍桑獨特、超前歷史觀的體現。

在以格林布拉特、懷特為代表的新歷史主義學者眼裡，歷史——這個長期以來被認為是唯一的、客觀的、本質性的、存在於文學文字之外的「宏大敘事」——被解構成為與文學文字沒有差別的、可以被任意改寫的故事。

---

[206] Arlin Turner, "Autobiographical Elements in Hawthorne's The Blithedale Romance," University of Texas Studies in English 5 (July 1935): 39-62.

[207] Hawthorne to George William Curtis, 14 July 1852. The Letters, 1843-1853, eds Thomas Woodson, L.Neal Smith and Norman Holmes Pearson (Columbus: Ohio State University Press, 1984), p. 569.

[208] Frederick C. Crew, "A New Reading of The Blithedale Romance," American Literature 24 (May1957): 149-169.

第二節　探討權力運作機制

「歷史就是一種文字」[209]，「文學」與「歷史」之間那種傳統的對立，是可以被解構的，它們之間的關係可以從後解構主義的視角，理解為「共建的互文性」關係[210]。歷史與文學文字一樣也是一種敘事，因此它同樣具有主觀性和虛構性，歷史事實只存在於文字蹤跡之中，人們只有透過不同的文字才能夠了解歷史，即歷史具有「文字性」[211]。原先大寫的、單數的「歷史」（History）被小寫的、複數的「歷史」（histories）所取代，因此，文學創作就是把過去的「宏大敘事」置換為個人敘事，還原其民間的歷史視覺與歷史敘事。

霍桑的文學創作在這一點上，與新歷史主義批評家十分契合，他對美利堅民族命運的書寫，並不是依託正史或正史風格的傳記文學這類宏大敘事，而是圍繞新英格蘭這一背景體系，依託作家本人對新英格蘭軼事的記憶，以個人敘事，以小寫、複數的歷史並透過發散的想像與歷史接軌。

《紅字》以發生在17世紀波士頓的一則愛情軼事，引導讀者脫離現實生活的瑣碎小事走向歷史的通道，從而進行歷史與現實的對比和關照。《房子》則以眷戀之情重現了作家故鄉塞勒姆的歷史，以沉迷、哀怨的筆觸闡釋過去（也就是歷史）對現在的影響。即使是那些寫給孩子們的童話，霍桑也是從歷史故事著手，透過對「傳奇的阿貝拉·詹姆遜（Arbella Johnson）、遭受磨難的印第安人、被流放的阿卡狄亞人、受迫害的貴格會員、忠英主義者」等的記憶，來完成對美利堅民族精神的書寫表達[212]。

---

[209] Hayden White, "New Historicism: A Comment," in The New Historicism, ed. H. Aram Veeser (NewYork: Routledge, 1989), p. 297.

[210] Howard Felperin, " 'Cultural poetics'versu's cultural materialism': the Two New Historicismsin Renaissance Studies," in Uses of History, eds. Francis Barker et al. (Manchester and NewYork: Manchester University Press, 1991), p. 77.

[211] Louis Montrose, "Professing the Renaissance: The Poetics and Politics of Culture," in The New Historicism, ed. H. Aram Veeser (New York: Routledge, 1989), p. 20.

[212] Gillian Brown, "Hawthorne's American History," in Nathaniel Hawthorne, ed. Richard H.Millington (New York: Cambridge University Press, 2004), pp. 121-123.

第四章　知識分子修身齊國的整體性文化策略

霍桑一再否認「福谷」與布魯克農莊之間的關聯，只是強調，他之所以關注該社團，是因為想「在遠離來來往往喧鬧人群的地方設立一個舞臺，並在這樣的舞臺上，讓思想中的人物演繹他們夢幻般的角色，不是把人物與現實生活拉得太近，也不是把他們的行為與現實生活中的真實事件相對比」(3:225)。這實際上就是作家一直堅持的創作基調：想像與虛構。

在〈海關〉中，霍桑選擇的是現實與想像交會的「中間地帶」。在《房子》的前言中，霍桑選擇的是一個「與美國現實中任何一塊真實土地都毫無關係」的、「虛構」的故事。類似地，在《福谷傳奇》中，「布魯克農莊」的歷史只是虛構「福谷」的素材，是一種「文字性」的歷史，霍桑只是將其「作為特殊的情節結構進行編碼」，並使其具有了「敘述話語結構」[213]。透過邁爾斯‧科弗代爾、霍林斯沃斯、澤諾比阿、普里西拉等幾個普通人物的小寫的、複數的歷史敘事，以冰冷的觸角織羅故事，毫不留情地讓其筆下的人物在掙扎中走向毀滅。

在描寫上述人物命運的過程中，霍桑將「催眠術」和「偶像崇拜」糅合在一起。從表面上看，它們是完全不同領域中的概念，但如果從19世紀上半葉美國的文化語境下來看，兩者有著千絲萬縷的連繫。西元1830～1840年代，美國的勞工、種族、階級等矛盾異常尖銳，林林總總的社會改革運動和烏托邦實驗風起雲湧，各種新思潮、新（偽）科學大量湧現，催眠術就是其中一種「新的信念」[214]，它承諾給人們一個救贖和新生的契機，使人們透過普遍的個體救贖，實現整個社會的改革。

這與福谷這座社會主義改革農莊的宗旨也基本吻合，因此它在福谷盛行也是情理之中的事。實際上，它貫穿於小說首尾，小說開篇出現在讀者

---

[213] Hayden White, Tropics of Discourse: Essays in Cultural Criticism (Baltimore and London: The Johns Hopkings University Press, 1978), p. 83.

[214] Samuel Chase Coale, Mesmerism and Hawthorne: Medium of American Romance (Tuscaloosa, AL: University of Alabama Press, 1998), p. 9.

眼前的，就是「戴面紗的女士」（3:228），她一直隱隱約約地在讀者眼前徘徊，卻不見其廬山真面目。直到真正的催眠師威斯特韋爾特出現，這一形象才得以明晰。科勒認為它與作品是「融合為一體的」，甚至「是霍桑想像力的核心」[215]。

儘管將其當作「想像的核心」，可不論是從道德上還是從哲學上，霍桑對這種偽科學都是持否定態度的。在介紹「戴面紗的女士」時，他就將催眠術稱作「騙術」（3:228），也不願相信這種事，認為若是相信了，「個人的靈魂就會當真消失，我們現在生活中的一切甜美和純淨的東西都會墮落，人類永恆職責的概念會變得可笑，不朽的就會立即化為烏有」（3:393）。其根本原因不在於它的偽科學或欺騙性質，而在於催眠術對他人意識和精神的操縱作用：「一個人對另一個人的情感和意志的神奇控制」（3:393），是對「個人靈魂的侵犯」[216]，是一種「現代巫術」[217]。

催眠師在讓被催眠者進入催眠狀態後，「可以如魔鬼般占據和控制被催眠者」[218]，把人性如「軟蠟」（3:393）般捏在手裡把玩。因而，催眠師與被催眠者之間形同主僕（dominaton-submission or master-slave），是奴役者與被奴役者的關係，其實質就是「把人視為操作對象……的權力的特殊技術」[219]，是「主宰與屈服的權力關係」[220]。

這種「權力關係」在偶像與崇拜者身上，得到更準確的體現。「偶像崇拜是霍桑小說中沿用的一種心理模式」[221]，《福谷傳奇》也不例外。小說

---

[215] Ibid., p. 119.
[216] Samuel Chase Coale, Mesmerism and Hawthorne: Medium of American Romance (Tuscaloosa, AL:University of Alabama Press, 1998), p. 3.
[217] Ibid., p. 4.
[218] Ibid., p. 3.
[219] Michel Foucault, Discipline and Punish: the Birth of the Prison (New York: Vintage Books, 1995), p. 170.
[220] Samuel Chase Coale, Mesmerism and Hawthorne: Medium of American Romance (Tuscaloosa, AL:University of Alabama Press, 1998), p. 121.
[221] Ibid., p. 114.

第四章　知識分子修身齊國的整體性文化策略

圍繞著監獄改革者霍林斯沃斯的形象展開，他提出一個人道的監獄體系改革計畫，希望教化那些野蠻的罪犯，「希望激起犯人的高級本能，以令他們改過自新」，拯救其靈魂。

他這種富有鼓動性的烏托邦信念，贏得了一大批信徒和崇拜者，包括澤諾比阿，也包括普里西拉。特別是後者，雖然從威斯特韋爾特的催眠陰謀中逃脫，被以自我為中心的霍林斯沃斯所救，但她的獲救並沒能擺脫其被控制的命運，只是變換了一種形式而已。威斯特韋爾特是用催眠的方式來控制她的身體，以達到賺錢的目的，而後者則是以信仰或藍圖引起她的偶像崇拜，使其成為自己盲從的信徒，並最終成為自己必不可少的「拐杖」[222]。

對於另一位崇拜者澤諾比阿，為了獲得足夠的監獄改革經費，霍林斯沃斯不惜利用她對自己的崇拜和情感，使其誤入歧途，並最終跳河自殺。

伊萬・卡頓（Evan Carton）指出：「『福谷』中的主要人物都是催眠師，都把自己的想像力強加給世界，並試圖按照自己的意志去改造這個世界。」[223] 威斯特韋爾特是真正的催眠師，霍林斯沃斯的改革藍圖和慈善觀念，擁有一大批追隨者和崇拜者，澤諾比阿關於世界新秩序和婦女權利的觀點，也使其成為被崇拜的對象，科弗代爾「雖然害怕催眠術，但他能像催眠師一樣，隨意地去窺探人的內心」[224]。

在霍桑看來，「那些將人生目標作為最重要的東西來對待並投身其中的人，往往如此……他們有一個偶像，自願為其獻身，充當高級教士，並且認為為之獻身是神聖之舉……這尊假神祇不過就是個教士，它只能使周

---

[222] Ibid., p. 121.
[223] Evan Carton, The Rhetoric of American Romance: Dialectic and Identity in Emerson, Dickinson, Poe, and Hawthorne (Baltimore: Johns Hopkins University Press, 1985), p. 242.
[224] Agnes McNeill Donohue, Hawthorne: Calvin's Ironic Stepchild (Kent, OH: Kent State University Press, 1985), p. 110.

圍變得黑暗」(3:285)。現實生活中，出現主僕關係的主要根源在於偶像崇拜，就好像他們進入被催眠狀態一樣，完全聽命於催眠者，其結果必然是悲劇。澤諾比阿的自殺、霍林斯沃斯慈善計畫的流產，以及整個福谷改革的失敗，都與這種扭曲的「權力關係」有關。

2. 監獄改革與圓形監獄原則

　　對人物命運及其相互關係的書寫，只是霍桑在向我們講述虛構歷史斷面上的故事而已，作者的真正意圖是要利用這種「敘述話語結構」，來調動其內在的諷喻性，透過文字的隱喻意義，實現其對現實的關照。小說中，霍林斯沃斯改造犯人的計畫，以及無處不在的「凝視」，為我們進一步理解霍桑提供一個隱喻的架構：一方面是其隱含的「監獄」元素，另一方面是其所展示的「全景監獄式」社會模式。

　　就像「通姦」作為《紅字》中一個重要的隱蔽元素一樣（霍桑在小說中沒有明確描述這一行為的發生），「監獄」也是《福谷傳奇》中的一個重要元素（霍桑也沒有直接描寫霍林斯沃斯實施這一計畫的過程或者措施，只在人物的交談過程中，隱隱約約提到他的計畫）。其實霍桑在其主要小說中，大多巧妙地使用了這個元素。比如《紅字》的第一章就是〈獄門〉，其第二段開首即寫道：「新殖民地的開拓者們，不管他們的頭腦中，起初有什麼關於人類品德和幸福的美妙理想，總要在各種實際需要的草創之中，忘不了劃出一片未開墾的處女地充當墓地，再劃出另一片土地來修建監獄 —— 文明社會裡的一株黑花。」(1:38)

　　《房子》中的克利福德‧潘欽被自己的胞兄陷害入獄 30 年，獲釋之後又將自己禁閉在一個更加封閉的空間裡。在《福谷傳奇》中，霍林斯沃斯「希望激起犯人的高級本能，以使他們改過自新」(3:254)，希望透過教化

第四章　知識分子修身齊國的整體性文化策略

那些野蠻的罪犯，拯救其靈魂，最終使其遵紀守法，並獲得新生。在他的計畫中，最關鍵的是改造人的靈魂。

這種以拯救罪犯的靈魂為終極目標的監獄改革，在 1840～1850 年代是十分盛行的，與霍桑同時代的瑪格麗特・富勒（Margaret Fuller）就十分推崇這種改革。她當時為《先驅論壇報》寫的許多文章，都有涉及這方面的內容：

> 我們應該將罪犯當作一個有靈魂的人來看待……在物質生活給予足夠的保障，在精神生活上，不僅要給予尊嚴，而且要以父母之愛去對待他。這樣一來，他也許會拋棄以前的惡習重新做人。[225]

在富勒看來，犯人也是人，「是有靈魂的」，若是否定這一點，就剝奪了他們成為正常人的權利，實際上也是剝奪了他們的公民權。只有承認這一點，才能對他們實施拯救的措施，才能透過改造讓他們重新做人，從而改善整體公民的素養，進而達到改革社會的目的。霍林斯沃斯與富勒持相同的觀點，後者將其歸功於「辛辛那提女監會會長——Eliza Wood Burnham Farnham」，這位女會長特別強調「那種看不見的、潛移默化的對道德體系的限制，比任何懲罰措施都有效」[226]，最有效的改革就是「用書，透過日常的閱讀，使個人得以提升」[227]。如果說霍林斯沃斯的改革觀念是激進的，那他也不孤獨。因此，霍桑在「福谷」中塑造霍林斯沃斯這個烏托邦監獄改革者形象，從某種程度上說，是呼應富勒的監獄改革觀念。

其實在 19 世紀早期的美國，存在著兩種監獄改革模式，即奧本式和費城式。奧本監獄在紐約建立起來的時候，是沒有隔離限制的。隔離條款

---

[225] Margaret Fuller, Margaret Fuller's New York Journalism: A Biographical Essay and Key Writings, ed.Catherine C. Mitchell (Knoxville: University of Tennessee Press, 1995), p. 179.

[226] Margaret Fuller, Margaret Fuller's New York Journalism: A Biographical Essay and Key Writings, ed.Catherine C. Mitchell (Knoxville: University of Tennessee Press, 1995), p. 107.

[227] Ibid., p. 109.

第二節　探討權力運作機制

是在西元 1819 年才新增的。因為隔離而孤獨的犯人，常常感覺到嚴重的精神痛苦，所以西元 1822 年又廢除了這一條款，並使用後來十分聞名的「奧本體系」，即「白天聚集在一起勞動，但要保持絕對的安靜，夜間使用單獨囚室」。這種規訓方法主要包括以下內容：「眼睛朝地、行進快速、絕對安靜、監視下勞動、慷慨使用鞭子等。」在早期商業資本主義時代，因犯人的廉價勞動、開銷小、能自給自足並帶來巨大的效益等優勢，這種模式被廣泛應用。

當奧本監獄體系失敗後，出現了一種新模式──費城模式。貴格會教徒在這一過程中產生極大的作用，他們認為，「聚集式」監獄收效甚微，它不太像一個教化場所，更像一個罪犯集中的場所，因此罪犯應該在孤獨中反思。正如蘇利文（Larry E. Sullivan）所描述的：「奧本與費城兩種監獄體系之間的論戰，從 1820 年代一直持續到內戰爆發。」[228]

這種模式受到瑪格麗特·富勒的極度推崇，因為這種模式下的監獄秩序井然，犯人也明顯少遭受痛苦。不過在實際行動中，她經常光顧的只是一些女子監獄，就像她沒有親自參與但經常去參觀布魯克農莊一樣。霍林斯沃斯的監獄改革計畫似乎包含有兩種模式的影子：一方面霍林斯沃斯相信福谷田園式的環境，將會使罪犯的生活恢復穩定；另一方面他嘗試的是費城式監獄，因為他只對拯救罪犯的靈魂感興趣。

從 1820 年代以來，監獄就和改革連繫在一起。考察美國的監獄改革史，我們會發現：霍桑透過《福谷傳奇》關注的是 19 世紀早中葉美國的社會改革現實。作家想像的翅膀藉助喬裝的「歷史」，採取往事追敘的方式，將現實感受歷史化，力求達到更高層次的本質和真實。

「監獄」不僅是霍桑關注現實的一個元素，也構成了「福谷」社團體系的基本隱喻。巴馬斯（E. Shaskan Bumas）認為，自從傅柯的《規訓與懲

---

[228] Larry E. Sullivan, The Prison Reform Movement: Forlorn Hope (Boston: Twayne, 1990), p. 11.

第四章　知識分子修身齊國的整體性文化策略

罰》(*Discipline and Punish*)出版以來,監獄體系逐漸被看成是社會的隱喻和縮影[229]。霍林斯沃斯的計畫是希望把福谷從一個實驗農莊,轉變為一個實驗性的監獄,這與傅柯所提出的權力說和烏托邦思想是一致的。

傅柯權力說的中心隱喻是「圓形監獄」,並把它看作權力實施的基礎。這是由邊沁(Jeremy Bentham)所設計的一種監獄體系,其構造如下:四周是一個環形建築,並被分成許多小囚室,中心是一座瞭望塔。這種設計可以將囚犯置於全天候的監視之下,而他們卻不能互相交流,也看不見看守的存在。在這種全景敞視的「圓形監獄」中,權力可以持續不斷地對某一點施力,然而受力點無法確知力的來源[230]。

在描述這種全景敞視建築的幾何學原理時,傅柯把它與烏托邦式的有序社會連繫起來:「在 18 世紀後半期,這種環形建築聲名卓著,在眾多原因中,無疑應包括一個事實,即它體現了某種政治烏托邦。」[231] 甚至現代社會的工廠、軍隊和學校,都不同程度地運用了這種所謂「圓形監獄原則」,從而「發展出一整套馴服人類的技巧,把他們禁錮在特定的地方,進行監禁、奴役、永無止息的監督」[232]。

透過對兩個男主角的描述,霍桑筆下的「福谷烏托邦」在一定程度上,是對傅柯「政治烏托邦」的註解。正如巴馬斯所理解的那樣,霍桑的主要目的,是弄清楚權力在社會和人際關係中的運行機制[233]。

---

[229] E. Shaskan Bumas, "Fictions of Panopticon: Prison, Utopia, and the Out-Penitent in the Works of Nathaniel Hawthorne," American Literature 73.1 (2001): 121-145.

[230] Michel Foucault, Discipline and Punish: the Birth of the Prison (New York: Vintage Books, 1995), p. 200.

[231] Ibid., p. 174.

[232] 包亞明主編:《權力的眼睛——傅柯訪談錄》,嚴鋒譯,上海人民出版社,西元 1997 年,第 30 頁。

[233] E. Shaskan Bumas, "Fictions of Panopticon: Prison, Utopia, and the Out-Penitent in the Works of Nathaniel Hawthorne," American Literature 73.1 (2001): 133.

第二節　探討權力運作機制

霍林斯沃斯之所以選擇一間能俯瞰周圍一切的山邊小屋作為居住地，其目的就是建立一座「瞭望塔」，把「福谷」變成一座監獄，讓所有的對象都置於全天候的監視之下，從而使自己獲得對他們實施有效的控制與規訓的權力，特別是期望透過權力來控制他人的身體，上文討論過的對兩位女士的控制就是很好的例證。當澤諾比阿試圖反抗時，他的這一意圖便顯得尤為明顯。澤諾比阿相信，她可以影響社會變革。「如果我能活得長久些，」她曾誇口，「我將代表女性為更廣泛的自由向社會付出呼籲。」(3:328) 可惜她後來沒有時間去實現這一理想。

身為改革者的霍林斯沃斯，希望透過使用懲罰產生足夠的威懾力量，讓那些要求權益的女性感到害怕。這代表了他的策略，握緊拳頭，威脅所有勇於挑戰男權的女性 (3:345)。當然，霍林斯沃斯也為自己這種強而有力的攻擊性承擔了後果，霍桑安排他「謀殺」了澤諾比阿（實際上是因為霍林斯沃斯的欲望使後者誤入歧途，最終導致其跳河自殺）。

澤諾比阿死後，霍林斯沃斯和普里西拉結婚，好讓自己時常意識到，自己對澤諾比阿的死負有無法推卸的責任。科弗代爾後來遇見霍林斯沃斯時，發現他一直有著羞愧的神情，「眼睛一直盯著地面」(3:432)。科弗代爾意在表明，霍林斯沃斯一直以來都把自己當成「一個純粹的謀殺犯」在「改造」(3:432)。這種懲罰觸及了霍林斯沃斯的靈魂，與他自己所認為的「高級本能」是完全相符的。

像規訓的邏輯一樣，注視的邏輯同樣已經成為現代西方社會生活的基本部分。在傅柯的「全景敞視建築」機制裡，囚犯生活的場所是「眾多的小籠子、小舞臺。在裡面，每個演員都煢煢孑立，各具特色又歷歷在目」[234]。這種描寫正好應對了科弗代爾的情形：他的機制就是將其朋友

---

[234] Michel Foucault, Discipline and Punish: the Birth of the Prison (New York: Vintage Books, 1995), p. 200.

第四章　知識分子修身齊國的整體性文化策略

置於自己的「顯微鏡」之下，依託他那個小小的「隱蔽點」(3:310)，研究他們的行為及歷史，對他們的靈魂做出判斷。透過觀察同伴們的每一個細節，他有強烈了解他們的願望，有把澤諾比阿想像成一名演員的願望，也有把霍林斯沃斯推到教堂後面去的想法。

這也喚起了他鬼鬼祟祟的行為習慣，以及他藏在幕布後面偷窺，催眠師威斯特韋爾特使用催眠術控制普里西拉靈魂的行為。「任何一個目光都將成為權力」[235]，這其實是科弗代爾表達他權力的欲望。

「全景敞視建築」是一種分解「觀看／被觀看」二元一體的機制，因此，它也可以被看成是一定形式的對話敘述，就像科弗代爾有時候也允許其他人觀察並評價自己一樣。在科弗代爾身上，間諜、偷窺者、觀察者三位一體。「無論觀察者懷有什麼樣的動機……也許是出於輕浮者的好奇心，也許是出於孩子的惡作劇，也許是出於哲學家想參觀人性展覽館的求知欲，或是出於以窺探和懲罰為樂趣之人的邪惡心理」[236]，所有這些與科弗代爾的動機比起來，都顯得黯然失色。他嘗試以「凝視」的權力去控制其他人時，就會情不自禁地去偷窺以求發現祕密，卻認為這是一個「平靜的自然主義者」[237] 理所當然的一切。

透過以上分析可以看出，霍桑之所以一再否認「福谷」與「布魯克農莊」之間的關聯，是為了說明「福谷」是一個完全虛構的社區，是作者建構的一座舞臺，以探討美國社會的權力運作機制。從微觀層面上看，催眠和偶像崇拜展現了扭曲的權力關係；從總體的層面上看，「福谷」所呈現的邊沁式「圓形監獄」，實際上就是當時美國社會一種權力趨向的縮影。

---

[235] Michel Foucault, Discipline and Punish: the Birth of the Prison (New York: Vintage Books, 1995), p. 171.

[236] Ibid., p. 202.

[237] Nathaniel Hawthorne, The Centenary Edition of the Works of Nathaniel Hawthorne, eds. William-Charvat et al. (Clumbus: Ohio State University Press, 1962), p. 311.

霍桑在小說中敘述的是監獄（或者監視）的無所不在，有真實的，也有想像的，意在表明現代社會中「圓形監獄原則」的普遍性。作家以「最真實的歷史學家」[238]的視角，既表達對創作自由的嚮往，也表達自己超前的「新歷史主義」歷史觀；既表達對19世紀美國社會改革現實的歷史關照，又以潛在的隱喻模式表達對美國社會權力執行機制的思考，這其實是霍桑創作「文化政治策略」表達的延續[239]。

「福谷」，這座作家搭建起來的，透過眾多虛構人物「小寫的歷史」，探討社會權力運行模式的「舞臺」，將會永遠上演經典的劇目，惠澤後人，並為後人所景仰。

第三節　旁觀的科弗代爾：現代性反思

《福谷傳奇》的主角科弗代爾在一定程度上，可以視為作者的代言人，他對現代化、城市化的敘述，對城市人在感受現代化這一過程時，意識和身分變化的觀察，以及他對使一切邊界與限制「煙消雲散」的世界主義式生活的旁觀，都彰顯出霍桑的現代性反思。

1. 對城市化的思考

在《福谷傳奇》出版的西元1852年，美國的城市化已不再是一個抽象的概念，而是一個伴隨著經濟快速成長、工業化迅速發展以及大規模移民等緊迫的現實進程。城市化作為現代性的重要社會特徵，在帕斯內（Pacione）看來包含三方面含義：（一）Urbanization，城市人口占總人口比

---

[238] Toni Morrison, Behind the Making of the Black Book, Black World, (1974), p. 80.
[239] 方文開：從《〈帶有七個尖角閣的房子〉看霍桑的文化政治策略》，《外國文學研究》西元2008年第1期。

第四章　知識分子修身齊國的整體性文化策略

重的增加；（二）Urban growth，城鎮的人口增加；（三）Urbanism，城市生活的社會和行為特徵在整個社會的擴展。[240]

「1840年代，美國從貿易經濟向成熟農業和萌芽期工業經濟轉變……城鄉移民（rural-to-urban migration）迅速出現……更高水準的農業生產力，能夠供給持續增多的海外移民」[241]，農村人口和移民大量湧入城市，為工廠提供足夠的勞動力，並共同促進了城市化發展。

「至西元1840年，美國城市體系已經獨立，並逐漸形成一個經濟整體，透過大規模移民……波士頓也超過了93,000人」[242]。

這個時期美國商業城市人口密度極高，居住環境極差，「過度擁擠（每間房屋平均住兩戶人）」，城市急速擴張，波士頓已「跨過Charles河」[243]。正如科弗代爾講述方德洛（老穆狄）為了躲債，剛逃到波士頓時所居住的那條「骯髒不堪的街道」（3:305）那樣：「他在那裡跟窮人、罪犯、孤寡而善良的人、愛爾蘭人以及其他赤貧的人住在一起。每一幢房子裡，不管樓上樓下，也不管狹小的角樓，甚至陰暗的地窖裡都擠滿了許多人家的人……（原來州長的房間）現在睡著二十個愛爾蘭人……」（3:305）霍桑深刻地意識到，城市化過程中所帶來的人口增加，與建築密集所造成的壓抑，也與科弗代爾出城時所觀察到的一致：

兩旁的建築物彷彿壓得我們太緊了，連我們雄偉的胸懷在它們中間，也幾乎找不到可以舒展的地方。落下來的雪也顯得難以形容的淒涼（我幾乎要說它是發黑的了），它捲著城市的煙灰下降，落在人行道上，被人們破舊的靴子或套鞋踩踏著，留下了一個個足印。（3:185-186）由拓荒者時代遺傳下來的、對自然的征服欲，由西進運動所燃起的創業熱情，加之人

---

[240] 保羅・諾克斯、琳達・邁克卡西：《城市化》，顧朝林等譯，科學出版社，2011，摘自譯者序。
[241] 保羅・諾克斯、琳達・邁克卡西：《城市化》，顧朝林等譯，科學出版社，2011，p. 67。
[242] 保羅・諾克斯、琳達・邁克卡西：《城市化》，顧朝林等譯，科學出版社，2011，p. 65.
[243] 保羅・諾克斯、琳達・邁克卡西：《城市化》，顧朝林等譯，科學出版社，2011，第132頁。

第三節　旁觀的科弗代爾：現代性反思

們認為「那時候地球上的財富似乎是沒有窮盡的」[244]，在環保意識還未普及的 19 世紀，由煤當動力的工業化城市，無可避免地會造成諸如空氣汙染等環境問題，「19 世紀的少數人看到了這種漠視自然，和不加思考地濫用自然資源可能出現的後果」[245]，「當城市化已經成為人類社會主導的生活方式時，他們又傾心嚮往著鄉村的牧草和田園」[246]。霍桑透過科弗代爾表達他對城市壓抑、骯髒的厭惡和反感，他同梭羅（Thoreau）一樣追求田園牧歌的理想，這也是他前往布魯克農莊進行「烏托邦」試驗的原因之一。

霍桑除了表達對環境問題的憂慮，同時還表達對公共利益在城市化過程中的關懷。科弗代爾初到福谷，認識了「一群空想家」，從他描述的福谷宗旨來看，這群改革者們崇尚用正當手段、踏實工作獲取利益，而不是如新英格蘭的某些人那樣，靠偷奸耍滑、「巧取豪奪、自私自利的手腕，從鄰居那裡贏得利益」（3:191）。由此可以看出，霍桑在新英格蘭確實見過用詭計竊取利益的人，那都是些什麼人呢？

美國早期的開拓者，期待在這片嶄新的土地上建立一個平等的國家，因此他們制定一個基於自由權利之上的土地法。只要交稅，任何人都可以購買土地，且對土地擁有者、土地繼承及用途無任何限制。以後制定的法律（西元 1784～1787 年的西北法典和聯邦憲法）中也明確了這些原則。土地是城市存在的基礎，因而土地所有權成為公民的自由權利，尤其是在城市化的大背景下，具有深遠影響。「在 19 世紀當公共土地都被分解後，國家的許多土地實際上已經轉由土地投機商掌控了。」[247]

---

[244] 弗・斯卡皮蒂：《美國社會問題》，劉泰星、張世灝譯，中國社會科學出版社，西元 1986 年，第 453 頁。

[245] 弗・斯卡皮蒂：《美國社會問題》，劉泰星、張世灝譯，中國社會科學出版社，西元 1986 年，第 453 頁。

[246] 魯樞元：《生態文藝學》，陝西人民教育出版社，西元 2000 年，第 15 頁。

[247] 保羅・諾克斯、琳達・邁克卡西：《城市化》，顧朝林等譯，科學出版社，西元 2011 年，第 134 頁。

第四章　知識分子修身齊國的整體性文化策略

土地投機商一方面囤積土地，另一方面透過貸款給那些只能支付土地購買費用的開發者，來間接控制大量土地。一個更深遠的影響就是——「投機商操縱了重要資本（包括公共和私人資本）的投資地點」[248]。「這在全國造成一個巨大的既得利益團體，使得人們認為北美城鎮政府的職能，就是保護私人財產。」[249]再加上土地使用缺少調控，土地出售法規不健全，因此城市發展得自由散漫、雜亂無章，導致的結果就是「城市無法提供良好的商業、居住和健康環境」（Meyer and Brown）。從波伊爾（Boyer）的描述中，我們可以得知美國城市的居住條件：

> 人們吃著腐敗的食物，生活得像豬一樣。長達數英里粗製濫造的人行道上，鋪著鵝卵石或花崗石。下水道和沖廁幾乎沒有，木建築仍然普遍存在，人們居住的房屋防火效能極差，因此城市供水系統必須要過多考慮防火要求，然而對大眾健康和清潔的可飲用水則考慮不多。

《福谷傳奇》中，科弗代爾同時也是一名城市生活的旁觀者，因而他作為改革者之一也想革新除弊，將他對理想居住環境的期望在福谷付諸實踐。所以當科弗代爾將要度過在福谷的第一個夏天時，他興奮地認為自己要在這個制度裡「如果不做一輩子，也要做上好幾年」（3:268），他們所期待的那幢可以容納大家庭的「公共住宅」（3:268），不正可以緩解城市居住緊張、擁擠不堪的現狀嗎？他們所挑選的「樹林旁」（3:268）、「通風的小坡上」（3:268）、「小谷隱蔽的角落裡」（3:268）不正體現了對良好、健康、優美的居住環境的渴望嗎？他們開始準備的「長久的計畫」（3:268）、同心協力所做的「種種計畫」（3:268）不也正是對當局者缺少遠見與長遠規劃，以致城市發展自由散漫、雜亂無章的暗諷嗎？

可見公共利益在城市化過程中受到的損害，主要源於兩方面：一是少

---

[248] 保羅・諾克斯、琳達・邁克卡西：《城市化》，顧朝林等譯，科學出版社，西元2011年，第135頁。
[249] S. B. Warner, Jr., The Urban Wilderness (New York: Harper & Row, 1972), p. 19.

第三節　旁觀的科弗代爾：現代性反思

數既得利益者獲得大量土地財產，置大多數人於貧困之中；二是缺少政府主導的都市計畫與調控，使人們無法獲得健康、良好的居住環境。前者與霍桑的認知相一致，即「每個人的心靈深處，都有一座墳塋和土牢」[250]、「……自私自利普遍存在於人性之中，是人心之惡的根源」。這也反映出他的創作宗旨，即「對『人類心靈真相』的關照」[251]，透過反映「惡」之人性，來剖析真實的人類心靈。後者也許就是霍桑寄予當局者的希望：制定長遠的都市計畫，透過行政手段的運用，大力改善公眾的居住條件。

面對日益「理性化」的城市生活，霍桑還在找尋城市化過程中，人類越來越孤獨、異化的原因，並對此深刻地反思。與霍林斯沃斯決裂之後，科弗代爾離開福谷，在一間小旅館裡回想整個夏天，他聽到來自不同職業的人們，發出各式各樣嘈雜、混亂的聲音。

究其緣由還是城市化、工業化的發展，讓城市人口急速膨脹，「他們為了經濟專門化這一特別因素，以一種新的形式被組織在一起」[252]。

正是在這種環境裡，人們才接觸了更多不同類型的人，所以才有了客人、主人、酒保、腳夫、女侍、士兵、軍樂隊、消防員……以及他們發出的各種聲音。但是「從社會運行原則來說，現代性是合理性的產物，是人按照自身的理性所建造的自己的世界，既是對人類潛力的極大發揮，同時也帶來了冷峻的理性可能帶來的問題」[253]。這種種聲音暗示著，人們受拘束的時間使用；對土地利用功能的劃分，則導致住宅、辦公、聚會等場所的空間分離；生活空間的割裂「使得很難保持與家庭和朋友的親密關

---

[250] Alfred Kazin, God and the American Writer (New York: Alfred A. Knopf Publisher, 1997), p. 28.
[251] 方文開：《人性‧自然‧精神家園——霍桑及其現代性研究》，上海外語教育出版社，西元 2008 年，第 122 頁。
[252] 保羅‧諾克斯、琳達‧邁克卡西：《城市化》，顧朝林等譯，科學出版社，西元 2011 年，第 438 頁。
[253] 張輝：《審美現代性批判》，北京大學出版社，西元 1999 年，第 4 頁。

第四章　知識分子修身齊國的整體性文化策略

係」[254]，孤獨不可避免；受到空間和時間束縛的家庭生活，伴隨著向小型、不穩定的家庭模式過渡的家庭形態。

這些共同反映了托尼斯（Tonnies）所建構的法理社會（Gesellschaft）的特徵：社會交往趨於短暫化和表面化，社會關係建立在源於經濟組織模式的理性、效率和契約責任之上等。而正是這樣一個「理性」的社會，刺激形成了建立在「親密的友愛」、「以兄弟姊妹相稱」之上的福谷「烏托邦」[255]，改革家們希望透過長時間專注於某件事情、強化一個固定的身分、深化某份具體的工作，來增強大家的凝聚力和一致性。福谷的理想與另一種社會交流模式，即禮俗社會（Gemeinschaft）的諸多特徵相似：用深度、連續性、凝聚力、滿足度等特徵描述社會關係，透過來自家庭和鄰居的非正式紀律，規範約束個人行為等。在這裡，霍桑藉助福谷的理想目標，舉起審美現代性的大旗，既包含著「對主體性的捍衛」，又宣告了「對理性化的反抗」[256]。

2. 對城市居民的思考

在〈鄉村會堂〉這一章，科弗代爾為了解答那些讓他困惑許久的疑問，來到這座位於鄉間的文藝會堂觀看「蒙面小姐」的演出。演出開始前，他詳細描述了一年到頭人們可以在這裡聽到的話題、廣泛的演講，可以觀看的各式各樣、內容豐富的展覽。

在這座鄉村會堂，「他們體會到一種原本屬於城市知識分子的特權：

---

[254] 保羅・諾克斯、琳達・邁克卡西：《城市化》，顧朝林等譯，科學出版社，西元 2011 年，第 438 頁。
[255] Ferdinand Tonnies, Community and Society, trans. C. Loomis (East Lansing, Mich.: MichiganState University Press, 1957), p. 189, p. 191.
[256] 張輝：《審美現代性批判》，北京大學出版社，西元 1999 年，第 5 頁。

第三節　旁觀的科弗代爾：現代性反思

依靠觀察的力量，把世界還原成一幅全景圖畫」[257]。城市生活充滿了不斷變化、五彩斑斕的展示，和各式各樣、令人興奮的新奇感覺，「百貨公司和購物長廊變成消費夢想世界的組成要素，城市街道變成了人們扮演不同角色的舞臺，人群成為浪蕩子的觀眾──閒逛者看別人也被別人看」[258]。人們像欣賞一件藝術品那樣觀察「他的身體、他的行為、他的感覺，還有他的熱情」[259]。

作為工業化的核心區域，與波士頓相鄰的「農村的發展和都市成長是緊密相連的」[260]，因此科弗代爾發現，「所有這些年輕男子，好像都是從市郊而不是從鄉村來的。在這些日子裡，除非在田裡工作的人身上沾滿泥土，否則根本就沒有鄉下佬模樣的人」（3:314）。透過科弗代爾的觀察，霍桑向我們展示以前充滿鄉土氣息的新英格蘭村民，現在可以透過欣賞世界上各種事物的影像來自娛自樂，彷彿一切都唾手可得，只不過是以影像形式展現在面前罷了。因此，當村民們與這些全景式展現在他們面前的影像打交道時，這種認識現實的方式，也將對他們的意識產生影響。

鄉村會堂作為一個典型媒介，最能體現人的意識與現實互動方式的轉變，霍桑於其中集合許多新興的文化現象，從而傳達出一種迅速崛起的現代性文化。藉助催眠術，「時間和空間的障礙可以暫時克服，過去的、未來的都可以在現實中實現，墓室中的、仙山上的都可以召喚到面前」[261]。

催眠術、銀版攝影法以及其他各種科技發明，似乎將世界各地的距離

---

[257] Dana Brand, The Spectator and the City in Nineteenth-Century American Literature (New York: Press Syndicate of the University of Cambridge, 1991), p. 124.
[258] 保羅·諾克斯、琳達·邁克卡西：《城市化》，顧朝林等譯，科學出版社，西元 2011 年，第 441 頁。
[259] M. Foucault, "What is Enlightenment?," in The Foucault Reader, ed. P. Rabinow Harmonsworth (UK: Penguin, 1984), pp. 41-42.
[260] 保羅·諾克斯、琳達·邁克卡西：《城市化》，顧朝林等譯，科學出版社，西元 2011 年，第 53 頁。
[261] 尼克·史蒂文森：《文化公民身分：世界性的問題》，北京大學出版社，西元 2010 年，引自總序。

第四章　知識分子修身齊國的整體性文化策略

大大縮小了，人們可以在物理和心理上隨意到達任何地方，霍桑在《福谷傳奇》中正是描述了這種普遍存在的文化，這種文化使人們質疑以往對現實永久性與堅固性的理解。聚集在會堂裡的這群鄉下人代表新一代的美國人，他們構成現在和未來美國社會的主體，他們耽於影像體驗與消費之中，他們的意識正如鄉村會堂本身：「保留了大量影像，卻沒有感到有必要透過自主選擇，賦予影像一個身分特徵。」[262]

透過科弗代爾對他人及其所投身事業的旁觀，霍桑也在分析這種想方設法把一切還原成可觸及、可消費之影像的意識。身為一名旁觀者，科弗代爾在整部小說中經歷福谷的「烏托邦」試驗，看到了霍林斯沃斯改造犯人的計畫，還有威斯特韋爾特神祕的「催眠術」。

首先，福谷是建立在這些理想之上的：拋棄一切虛偽殘酷的統治，崇尚人人平等、互通有無。這群改革家們希望回到現代文明之前那種簡單、純樸的生活方式，透過長時間專注於某件事情、強化一個固定的身分，以克服現代生活給人們造成的不安和孤獨。一旦福谷事業成功，它將建成一個人人可以平等從事任何勞動的社會，在這裡的人不會受到某個固定身分的限制，然而這反倒強化了現在這種生活方式，也反映出其初始意願與最終結果的矛盾性。

科弗代爾發現福谷的試驗者，後來沉溺於諸如假面舞會、「活人畫」等活動，改革的失敗恰恰說明他們對單一的身分失去耐心，「他們無法超越已經習慣的流動、劇場式的都市自我表現方式」[263]。都市現代性依然無法踰越：如果要固守農民這一個身分，就無法成為其他人物了。所以福谷事業實際上是一次高尚的狂歡：「世界主義的改革家們沉浸在各種田園人

---

[262]　Dana Brand, The Spectator and the City in Nineteenth-Century American Literature (New York: Press Syndicate of the University of Cambridge, 1991), pp. 124-125.
[263]　Ibid., p. 139.

第三節　旁觀的科弗代爾：現代性反思

物裡，盡情享受而不需要真正成為其中的任何一個。」[264] 正如科弗代爾所得出的結論：「恐怕是這個日後仍能恢復我們從前身分的想法，在我們後來的勞苦生活裡發揮巨大的作用，使我們能夠平心靜氣地忍受許多困難和恥辱。」(3:195) 身分的可恢復性，說明意識是可以與人的身分脫離的，身分是流動的，而人的意識可以與任何一個身分相結合。

儘管福谷的改革試驗，是為了重新獲得一個擁有固定身分的生活，但實際上他們卻背離原先這個頗為懷舊的目的。所以說，與鄉村會堂類似的福谷，實則是「現實影像化在社會組織層面上的表現」[265]。

其次，科弗代爾觀察到，不管是參加福谷事業的澤諾比阿、傾心於犯人改造的霍林斯沃斯，還是四處宣傳催眠術的威斯特韋爾特，都有一個「氣場」(sphere)。當科弗代爾臥病在床時，他感到「澤諾比阿的一舉一動有力地影響了我，並且在我這次身體虛弱期間，把我變成一個有些像催眠術裡的『千里眼了』」(3:210)。

在科弗代爾即將與霍林斯沃斯決裂前，面對霍林斯沃斯伸出來渴求他回心轉意的雙手，他感到「只要一碰到霍林斯沃斯伸出的手，他那磁石般的吸引力，或許就會把他自己對所有這些事情的想法，滲透入我的心裡」(3:272-273)。科弗代爾在林中小徑偶遇威斯特韋爾特之後，發覺自己沾染上犬儒主義者對一切美好事物的懷疑與譏笑，跟這種人一接觸，「就不可避免地使高尚的變為墮落，使純潔的變為下流，使美麗的變為醜陋」(3:249)。

科弗代爾談及這些主要人物時，發現他們都有一個類似於催眠術的「氣場」，他各自處於這些「氣場」中心，科弗代爾感到時不時就會被他們的「氣場」影響。這些「氣場」似乎與威斯特韋爾特的一脈相承，科弗

---

[264] Ibid., p. 140.
[265] Dana Brand, The Spectator and the City in Nineteenth-Century American Literature (New York: PressSyndicate of the University of Cambridge, 1991), p. 140.

第四章　知識分子修身齊國的整體性文化策略

代爾認為,「這位教授的話是代表世界上一般人的意見,帶有一種冷酷的質疑,拚命要壓制我們崇高的志向,並且讓其餘的志向都顯得滑稽可笑」(3:249),再者 Westervelt(威斯特韋爾特)與 Western world 諧音,由此便可推測,霍桑安排威斯特韋爾特來代表 19 世紀中期西方世界一般人的意識。

這些可以覺察的現代意識,都具有一個「氣場」結構,「據此霍桑提出一個分析解釋現代性文化的模型」[266]。

雖然他指出的還是傳統意義上「自我」形式的一種,不過正如商品世界在資本主義日益發達的 19 世紀,依靠媒介(標籤等)進行編碼和排列,從而形成一個多樣有序、可供消費的「物的倉庫」一樣,這一「自我」也正藉助觀察以及新(偽)科學等媒介,從而擁有一個具有控制力量的「氣場」,反映現代文明中日趨普及和強大的意識現象,即某個主體將他人重構為一個影像,並把它放入自己的「意識倉庫」之中。

科弗代爾目睹了福谷的失敗,澤諾比阿、霍林斯沃斯、威斯特韋爾特強大的「氣場」,在此,霍桑認為人們已經習慣於對影像的消費和體驗,已經擁有把世界萬物還原成影像的能力。一方面,身分是流動的,因此一個人可以將意識與自己當下的身分分離,並與其他身分相結合;另一方面,身分是不停變化的、模糊的,所以很難給個體賦予一個固定、永久的含義和價值。就像大多數現代性理論家認為的那樣,「體驗的現象學特徵在現代世界,與以往各個歷史時期相比,少了一份統一、連貫與持久」[267]。

---

[266]　Ibid., p. 146.
[267]　Dana Brand, The Spectator and the City in Nineteenth-Century American Literature (New York: Press Syndicate of the University of Cambridge, 1991), p. 2.

3. 對世界主義的思考

史蒂文森認為，世界主義者相信「一切邊界和標記都可以被超越，並可以形成一種全新的文化民主與公民身分」[268]。對超越限制、追求自由的狂熱，在科弗代爾目睹的一群深受世界主義影響的社會改革家身上，顯得淋漓盡致。從科弗代爾描述的福谷宗旨，即「……我們已經拋棄了自傲情緒，正盡力以親密的友愛來代替它……我們依靠互助的力量來求得利益……任何人有了上述的任一種情形，不管他有意無意，就等於大家犯下那種罪過，也是大家遭到了危害……」(3:191)。

可以看出福谷的主要目的之一，便是建立一個具有統一性的社會團體，竭力克服都市生活的孤獨感。在這裡人們共享同一種興趣和追求，在這樣一個和諧、單一的社會裡，每個人的想法都應透明、無邪；某一個人的意識，就應該是所有人意識的代表。它不僅具體化絕對的世界主義理想，而且還是一個可以隨意通往其他人意識的幻想世界。在這裡沒有陌生也沒有晦澀，因為只要一個人了解他自己，便可了解其他人。

這一理想反映他們對前工業社會的懷念，那時「人口規模較小，且相對同質化，他們彼此認識，做著同樣的工作，有著共同的興趣。因而，他們看待問題、思考問題的方式和行為方式相似，表現出價值觀念和行為準則的一致性」[269]。同時又體現他們對自由選擇的渴望：唯有能無拘無束地將意識與身分分離，方可盡情接觸其他人的意識世界，他們期待擺脫某個固定身分的束縛。福谷的試驗者後來沉溺於諸如假面舞會、「活人畫」等活動就說明了這點。然而，霍桑認為福谷「烏托邦」最終的失敗表明，追求絕對自由、不受限制的世界主義者，若是還想恢復現代文明前那個身分

---

[268] 尼克‧史蒂文森：《文化公民身分：世界性的問題》，北京大學出版社，西元 2010 年，第 5 頁。
[269] 保羅‧諾克斯、琳達‧邁克卡西：《城市化》，顧朝林等譯，科學出版社，西元 2011 年，第 438 頁。

第四章　知識分子修身齊國的整體性文化策略

明確、感受單一的世界,已經不可能了。

對於霍林斯沃斯改造犯人的計畫,科弗代爾「已經不知多少次看到他拿著一支鉛筆、一張紙,在畫建築物的正面、側面或背面的草圖,或者在設計內部的布置⋯⋯他的靈魂跟所有其他的幽靈不同,經常在一間根本不存在的屋子裡出沒」(3:217)。作為他意識的外化,霍林斯沃斯期待建立一棟封閉的大廈,他在腦海裡則想著,如何控制那些不順從的、被改造的犯人。

至於威斯特韋爾特的「催眠術」,科弗代爾詳細記述他在鄉村會堂聽到的,講臺上催眠術教授(威斯特韋爾特)的一番演講,他預言一個嶄新的時代,「這個時代會把人與人結合起來,把目前的生活和我們叫做來世的生活,緊密地聯結在一起,結果會把這兩個世界變成一個巨大的、相互了解的、具有兄弟般關係的世界」(3:316)。

這個「巨大的、相互了解的、具有兄弟般關係的世界」,不正是福谷設想的那個嗎?福谷的「烏托邦」試驗和霍林斯沃斯改造犯人的計畫,都與威斯特韋爾特依靠「催眠術」重構世界的宣傳有相似之處。催眠術士認為,倘若每個人都能意識到並與他那個精神上高度統一的世界相接,那麼人與人之間的鴻溝便可以消除。福谷的改革家們認為彌合這條鴻溝的途徑,是大家從事相似的職業,共同分擔體力勞動、分享思想智慧。這兩者的實現需要重構「一片新的天地」當媒介,從而建立一個統一的、兄弟般的世界。

霍林斯沃斯一直期盼的、那座用來改造犯人的大廈,其唯一的控制者正是霍林斯沃斯自己。威斯特韋爾特這個催眠術士,也正是透過控制他人,使其成為「千里眼(clairvoyant)」(3:210),從而讓被他控制的人,感受到那個所謂「巨大的、相互了解的、具有兄弟般關係的世界」。這兩者實現其目的的手段,需要某個人的意識藉助某種媒介來行使力量,以達到

第三節　旁觀的科弗代爾：現代性反思

世界的一致性。

正如前文提到的「氣場」（sphere），「根據催眠術學的解釋，以及幾何學暗喻手法」[270]，霍桑定義的「氣場」是一個封閉且具有控制力量的自我。霍林斯沃斯期待建立一個封閉的空間，他可以於其中控制、改造犯人，而這正是他意識的外化。威斯特韋爾特用催眠術創造的封閉世界，也是以穿過他人的「氣場」，並霸占他們所處「氣場」的中心位置來實現的。這一切的實現都依靠一個單一意識來行使權力，強加力量。

這些新興的所謂科學制度與試驗，也是建構史蒂文森所謂「文化公民身分」（cultural citizenship）的一次嘗試。「在一個媒介充斥的社會中，文化也可以用來指代與生活息息相關的各種符號、意義和實踐」[271]，而「公民身分」（citizenship）則用來指「集體所有的共同權益、義務和象徵，並由此可以確定一個政治團體」[272]。面對日益分化的現代世界，霍桑透過分析作為媒介的科學社會主義制度、監獄改造計畫、催眠術等世界主義文化的產物，以及它們的主導者在各自的「團體」中所具有的控制力量，暗喻西方世界的統治階級和改革者們，意欲透過打造另一種形式的「文化公民身分」，強加一個秩序給複雜的社會現實。

但科弗代爾也目睹了福谷事業的終結、霍林斯沃斯改造計畫的夭折和威斯特韋爾特催眠術的失控。由這些制度的失敗，霍桑做出他對現代性的另一思考：

要想強加一個統一的秩序，給這個逐漸分化的西方世界真是難上加難，因為已經不可能把人與人緊密地連繫在一起了，個體的孤立仍將繼續。除此之外，霍桑還分析了女性在世界主義文化背景下的無助與掙扎。

---

[270] Dana Brand, The Spectator and the City in Nineteenth-Century American Literature (New York: Press Syndicate of the University of Cambridge, 1991), p. 145.
[271] 尼克・史蒂文森：《文化公民身分：世界性的問題》，北京大學出版社，西元2010年，第156頁。
[272] 尼克・史蒂文森：《文化公民身分：世界性的問題》，北京大學出版社，西元2010年，第155頁。

第四章　知識分子修身齊國的整體性文化策略

儘管澤諾比阿是女性，可她經濟基礎雄厚，接受過一般女性所沒有得到的教育，屬於城市知識分子，並且她也是追求自由的世界主義者。身為女人，她在現實中卻不得不拘束在一個角色裡，為了讓科弗代爾相信女人普遍之不幸，她說：「當她發現命運分配給她的只是一件事，她必須千方百計地把它構成整個生活的內容，這樣她還能夠快活嗎？而一個男人卻有不可勝數的事情可以任意選擇。」(3:219)科弗代爾愚蠢地答道：「我想一個女人如果反覆不斷地做她那樁唯一的事情，那也可以補償單調的生活。」(3:219)澤諾比阿的一聲「哼」，既表達她對男女社會地位不公之不滿，又發出了她對自由選擇之渴望。

當科弗代爾離開福谷，在波士頓偶遇澤諾比阿時，她重申：「存在的最完美形式，在於有不可勝數的事情可以自由選擇。」[273]當科弗代爾在澤諾比阿的客廳與她相見，他幾乎認不出眼前這個高貴華美的女人，就是曾經在福谷見到的那個衣著樸素的澤諾比阿，當科弗代爾說出這些想法時，澤諾比阿冷冷地回答：「做那些事情有一定的時候和一定的地方，但是我相信沒有容納其他思想餘地的頭腦，一定是非常狹窄的。」(3:292)

當科弗代爾進一步問道，她是否永遠放棄福谷時，她說：「我認為只能夠接受一種生活方式，並且完全由於現在的生活方式和過去的不同，就硬把過去的生活說成是一場夢，像這種人的性格是貧乏、狹窄的。我們為什麼要排斥所有其他的生活方式，只滿足於我們過去幾個月那種樸素的生活呢？」(3:293)澤諾比阿身上的世界主義理想徹底顯露出來，她在努力實現這一理想，卻不被所愛的人承認和理解。科弗代爾在霍林斯沃斯身上，看到那些壓迫女性追尋自由的毀滅力量。

在伊律特講道壇，當澤諾比阿質問霍林斯沃斯「你看不起女人嗎」

---

[273] Dana Brand, The Spectator and the City in Nineteenth-Century American Literature (New York: Press Syndicate of the University of Cambridge, 1991), p. 152.

第三節　旁觀的科弗代爾：現代性反思

（3:264）時，霍林斯沃斯反駁道，女人應該待在男人身邊，並且「真正的女人心裡明白，自己應當待在哪裡，她們絕不會想超越界限，在外面漂泊流浪的」（3:264）。而「在外漂泊流浪」，不正是像霍林斯沃斯這種世界主義者所追求的絕對自由和選擇嗎？

科弗代爾聽後，憤怒得彷彿全身的血都在沸騰：霍林斯沃斯暴露出男性利己主義者「心裡的真正感覺」（3:265），令女人的存在輕於鴻毛。

身為男性利己主義者的代表，霍林斯沃斯並不否認女人的存在和聖潔，不過前提是「在她正確的地位和性格上」（3:264）。然而當她想要獲得跟男人們一樣選擇的自由時，男性利己主義者意識到女性的自由，將造成社會的巨大危害，因為這樣就沒有人繼續履行自己的義務和責任了。而霍林斯沃斯身為社會成員，也被期待著履行某個角色所擔當的責任和義務，但他自己沒有發現這些問題，卻在女性身上了解到絕對自由所造成的社會危機。

在伊律特講道壇最後一幕的高潮部分，科弗代爾聽到澤諾比阿大聲吼出，她對這種可以「自我滿足（self-sufficiency）」[274]的男性利己主義的認知，她對霍林斯沃斯不再抱任何幻想：他是「一個冷酷無情、徹頭徹尾的自私傢伙（self-beginning and self-ending piece of mechanism）」，他「一切都是為自己！沒有別的，只是自己、自己、自己……我現在明白了！我清醒了，不再著迷，得到解放了！自己、自己、自己！你一心一意鑽在一個計畫裡面」（3:329）。

霍林斯沃斯居於自己那個強大「氣場」的中心，只會將其他人還原成一張張影像，而不願愛任何人，他只會接受像普里西拉這樣甘心附屬於自己的人。儘管澤諾比阿最終認清了這個置她於死地的「徹頭徹尾的自私傢

---

[274] Dana Brand, The Spectator and the City in Nineteenth-Century American Literature (New York: Press Syndicate of the University of Cambridge, 1991), p. 153.

第四章　知識分子修身齊國的整體性文化策略

伙（self-beginning and self-ending piece of mechanism）」，可是這種可以「主動開始（self-beginning）」與「主動結束（self-ending）」的自由，不正是她渴望得到的嗎？

霍桑顯然相信因為女人有一種天生去愛的特性，所以她們無法像霍林斯沃斯那樣「自我滿足（self-sufficiency）」、「自我沉浸（self-absorption）」[275]，可澤諾比阿終究還是世界主義的產物，她既想追求選擇的自由又想得到一份永恆的愛戀，這一矛盾正是澤諾比阿悲劇結尾的原因。在此，霍桑認為是女性仍固守著對穩定、持久的執著，而男性則完全沉浸在對絕對自由、無限選擇的追求之中。

雖然我們並不能完全將科弗代爾與霍桑等同起來，但根據透納的考證，我們可以確認科弗代爾的部分旁觀與霍桑的一致性。透過以上分析，我們可以看出：霍桑用冷靜的頭腦審視著工業化、城市化下個體的生存狀態，並期待革新除弊；用超乎尋常的洞察力，分析著人們認識現實的意識，並痛苦地發現身分的流動性；用悲天憫人的心腸表達著對世界主義文化背景下，社會分化、個體孤立的憂慮，並流露出對女性的同情。

因此霍桑絕不是一個消極的悲觀主義者，揭示殘酷的現實並不是他的創作目的，其目的在於警示人類，從而早日擺脫孤獨和異化的現實。「他作品中對人存在狀況的關注，對異化、人性惡的揭露，對回歸本真的鄉土精神的渴望，可以被看成是對現代性進行批判的早期源頭之一，是一種『反現代性』的現代性萌芽。」[276]

---

[275] Ibid.
[276] 方文開：《人性自然精神家園：霍桑的現代性研究》，上海外語教育出版社，西元 2008 年，第 150 頁。

第四節　文化公民身分實踐

　　《福谷傳奇》出版後，不少評論家認為，它反映出霍桑對社會進步所持的消極態度，從而對其加以批判，這與霍桑的期待可以說是大相逕庭。鑒於大多數評論家忽視了小說中應接不暇的媒介文化，以及多次出現的「同情」二字，再加上霍桑羅曼史所特有的含混性質，對《福谷傳奇》的貶斥就不難理解了。如果將這些小說中長期被忽視的元素，與霍桑所處的時代背景結合起來予以考察，則之前評論家們所說的「消極態度」，其實是對霍桑以妥協為核心的文化政治策略的誤讀。19 世紀上半葉是美國社會經濟、科學技術迅速發展的時期，生產力水準的提高，間接導致一系列社會矛盾加劇，比如蓄奴制引起的緊張局勢日益白熱化。

　　美國內戰前這段時間，改革運動此起彼伏，全國各地人聲鼎沸。人們可以在會堂裡、書刊上，聽到或看到各式各樣的新觀念、新思潮，可以乘坐輪船、火車輾轉各地，甚至去歐洲感受革命的氛圍，如果哪裡都不去，那也可以依靠便捷的電報不出門而知天下事。這些媒介的發展極大地影響了人們對現實世界的認知，重新塑造人們的意識，大大激發了人們參政、議政的熱情，這一系列變化也共同培育新一代的美國人。《福谷傳奇》正是在這樣一個媒介社會大發展的背景下誕生的，是霍桑對媒介文化公民身分的實踐，也是他基於同情、妥協與對話的文化政治策略。

1. 同情、妥協與對話

　　湯瑪斯‧尼古拉斯（T. L. Nichols）在《美國人的 40 年生活：西元 1821～1861 年》（*Forty Years of American Life, 1821-1861*）中，闡述了當時美國公民身分的一大特徵，就是自我理想狀態與現實處境的不懈鬥爭、當

第四章　知識分子修身齊國的整體性文化策略

前所處階層所造成的乏悶現實，與美國繁榮的市場經濟所創造出的、那個永遠實也現不了的理想狀態之間的不斷摩擦。他寫道：「隨便問個窮小子的夢想，就是當美國總統或百萬富翁。倘若夢想實現了那便皆大歡喜，但讓人失望透頂的現實說明了什麼？為追求這些無望的幻影，而浪費的那些興奮狂熱的年華、不安分的青春，又告訴我們什麼？」[277]

美國人的生活在這四十年的光景裡，就如同科弗代爾的遭遇，「像被一根線拴住腿的小鳥，在有限的圈子裡蹦躂著、呼扇著，極不安分地做著一堆徒勞無益的活動」[278]。坦普爾（G. Temple）也證明了霍桑和尼古拉斯的發現，即當時公民身分的突出特點，就是「不安分」[279]。在克拉克西歐（Michael J. Colacurcio）和眾多批評家看來，霍桑選擇這樣一個改革運動此起彼伏、吶喊爭議席捲全國的「亂世」出版《福谷傳奇》，著實「讓人難以理解其目的」[280]。但這恰恰符合霍桑羅曼史的一大特點，即它與這個時代一樣混亂和隱晦，因此霍桑才得以在其中「探討多種觀點，以及它們互相糾纏的狀況」[281]。

伯克維奇在分析《紅字》時，多次強調它所體現的那種含混的性質，其意義的模稜兩可「在美國自由主義形成的關鍵時期，為其提供了多聲部的敘述」[282]。實際上，文字所透露出來的聲音的多元性，也代表了霍桑所處時代的多元和複雜。透過分析海斯特·白蘭的回歸，伯克維奇發現這部小說的核心策略，就是「採用感性的主題和哥德式的技巧，來調和烏托

---

[277] T. L. Nichols, Forty Years of American Life, 1821-1861 (New York: Stackpole, 1937), p. 195.

[278] 納撒尼爾·霍桑：《紅字·福谷傳奇》，侍桁等譯，上海譯文出版社，西元 1996 年，第 313 頁。

[279] G. Temple, "His Delirious Solace: Consummation, Consumption, and Reform in Hawthorne's Blithedale Romance," A Journal of the American Renaissance 4 (2003): 285.

[280] M. J. Colacurcio, "Nobody's Protest Novel: Art and Politics in The Blithedale Romance," Nathaniel Hawthorne Review 1 & 2 (2008): 1.

[281] 金衡山：《〈紅字〉的文化和政治批評——兼談文化批評的模式》，《外國文學評論》西元 2006 年第 2 期。

[282] Bercovitch, The Rites of Assent: Transformations in the Symbolic Construction of America (New York: Routledge, 1993), p. 225.

第四節　文化公民身分實踐

邦與反烏托邦者們的極端情緒。正如我們所見到的那樣，對文化本源的回歸，既預示了分裂的威脅，也暗示了漸進主義的好處」，伯克維奇推測「《紅字》代表的是一種選擇的形而上學」。霍桑並未清楚地提出「某個特定的行動路線」，伯克維奇在《紅字》中發現的是一種「調和」的基調，也可以理解成是一種「妥協」的智慧[283]。

在霍桑眼裡「美國之所以為美國的中心要義，就是因為它超越了政治，它意味著透過妥協來實現跨黨派的多元化發展」[284]。「妥協」這一理念同樣貫穿於霍桑的第二部羅曼史《房子》，它雖有一個相當可疑的大團圓結局，卻也是霍桑「『漸進』政治信仰的流露」[285]。

那麼《福谷傳奇》想要證明什麼呢？小說中，主角科弗代爾多次悲觀地感慨當前社會的狀態：「我們在沒有終止的人生道路上走著下坡路，因此使我們跟那些卑鄙作惡、受死神懲罰而淪落為鬼的人，處於同樣的地位！」[286]面對如此不幸的現實，霍桑在他的第三部羅曼史中，和同時代許多熱心的改革家一樣，也提出自己隱晦的改革方案。據伯克維奇分析，《紅字》中暴露多元的聲音有著「增強社會凝聚力的考量」，「意義的含混隱含著透過避免衝突，來實現目標的策略」[287]。

至此，伯克維奇對海斯特回歸的分析，已經闡明了霍桑政治理想的基礎——透過妥協實現差異認同。對這一政治理想的進一步闡釋，也可在方文開對《房子》的分析中得以驗證，「霍桑將自己『漸進』的政治信仰文

---

[283] Ibid., pp. 225-226.
[284] Ibid., p. 237.
[285] 方文開：〈從〈帶有七個尖角閣的房子〉看霍桑的文化政治策略〉，《外國文學研究》西元 2008 年第 1 期。
[286] 納撒尼爾・霍桑：《紅字・福谷傳奇》，侍桁等譯，上海譯文出版社，西元 1996 年，第 315～316 頁。
[287] Bercovitch, The Rites of Assent: Transformations in the Symbolic Construction of America (NewYork: Routledge, 1993), p. 213.

第四章　知識分子修身齊國的整體性文化策略

字,化為霍爾格雷夫與菲比的『愛』」[288],以「複雜的愛的意識形態」[289]表達妥協的藝術。

以上有關對霍桑文化政治思想和策略的發掘極具啟發性,若是將這些「多元聲音」、「愛的意識形態」,與史蒂文森探討世界主義背景下,文化公民身分的論述結合起來,一起分析《福谷傳奇》,那麼霍桑最終的政治目標,即對文化公民身分的實踐,就隱約可見了。米哈伊爾·巴哈金曾提出對話論這一概念:「從單個作者視角出發,將不同聲音像復調音樂般逐漸展現出來。」[290] 這一理論被伯克維奇用來證明,《紅字》中霍桑所流露出的那種寬容、妥協的態度,這一態度在《福谷傳奇》中依然明顯。例如,霍桑把城市裡聽到的聲音,與在福谷聽到的相對比發現,「這一切聲音,自有它的價值,和在遮蔽著伊律特講道壇的樺樹中間,吹過的一陣微風所發出的哀鳴聲,含有同樣的價值」[291]。

但這兩部小說的區別是,霍桑在《福谷傳奇》中不再僅僅展示「一種選擇的形而上學」,反而更為直接地提出「某個特定的行動路線」,這一「特定的行動路線」,就是史蒂文森(N. Stevenson)反覆強調的:「重拾對對話的重視」,以實現「一種『現代人』的差異認同。」[292] 像科弗代爾敘述的那樣,「因為我們在精神上有著這樣的情況,就是靈魂受到的感動太微弱無力,因而我們不能夠傾向宗教」[293]。宗教的衰落在 1850 年代已經非常明顯,貝克(Ulrich Beck)和蓋恩斯海姆(Elisabeth Beck-Gernsheim)提

---

[288] 方文開:〈從〈帶有七個尖角閣的房子〉看霍桑的文化政治策略〉,《外國文學研究》西元 2008 年第 1 期。

[289] W. Kerrigan, "What was Donne Doing?" South Central Review 4 (1987): 2-15.

[290] Bercovitch, The Rites of Assent: Transformations in the Symbolic Construction of America (NewYork: Routledge, 1993), p. 213.

[291] N. Stevenson, Cultural Citizenship: Cosmopolitan Questions (New York: The McGraw-HillCompanies Inc., 2003), p. 151.

[292] Bercovitch, The Rites of Assent: Transformations in the Symbolic Construction of America (NewYork: Routledge, 1993), p. 213.

[293] 納撒尼爾·霍桑:《紅字·福谷傳奇》,侍桁等譯,上海譯文出版社,西元 1996 年,第 302 頁。

出「愛」替代了原來宗教的位置,使得現代人依賴它為我們的生活賦予意義,所以它已經成為「我們普通人的世俗宗教」[294]。

《福谷傳奇》中多次重複的「同情」二字,實際上是「愛」這個能指更為具體的所指,所以霍桑透過呈現科弗代爾對「同情」的極端渴望,強化並突出了他在《房子》中所流露的那種「複雜的愛的意識形態」,它的意義在於呼籲不同主體給予彼此更多的理解寬容、對話交流。將「愛」化身於「同情」,霍桑由此賦予「愛」一個更加確切的路線,一個透過對話和交流,推行理性與妥協政治的感性表達。

2. 媒介及其影響

19世紀上半葉,藉助新科學技術而日益興起的媒介力量,在《福谷傳奇》中已顯露端倪。霍桑細緻入微地向我們展示他那個時代媒介的湧現,以及豐富的媒介對個體認知現實所造成的影響。科弗代爾的敘述裡,有兩處集中體現了媒介的力量:一處是第二十一章的鄉村會堂,另一處就是科弗代爾等待老穆迪的那個沙龍。主角科弗代爾首先簡短地描述,鄉村會堂內時興的宣傳最新科學技術的手段:

來這裡表演的有口技家,他帶來一套神祕莫測的口技,有魔術師表演鴿子、盤子和圈的各種稀奇戲法,還有薄烤餅會在你的帽子裡冒煙,小小的酒瓶可以變成一大酒窖的美酒來。這裡還有巡迴教授分別講授生理學給男士和女士聽,並且用真的骨骼和巴黎制的蠟像來說明。在這裡還可以聽到黑人歌唱家的合唱,看到莫斯科或龐克族山風光的透視畫,或是動人的中國萬里長城的全景。這裡還陳列著蠟像展覽,在這些蠟像裡有英雄、政治家、教宗、摩門教的預言家、皇帝、皇后、凶手以及漂亮的貴婦人等,

---

[294] U. Beck and E. Beck-Gernsheim, The Normal Chaos of Love (Cambridge: Polity Press, 1995,) p. 168.

第四章　知識分子修身齊國的整體性文化策略

混雜在一起……[295]

除了鄉村會堂，給霍桑留下深刻印象的還有沙龍裡的狂歡。科弗代爾剛踏進沙龍，映入眼簾的便是一幅幅唯妙唯肖的圖畫：

牆上掛著很多畫，其中有一幅畫著一塊牛排的油畫，看上去又嫩又多汁，非常美妙，讓看到的人覺得可惜它是假的，不能放在烤網上去烤……最妙的一幅是畫著一對野鴨子，它身上斑駁的羽毛畫得好像是用銀版攝影法照出來的……所有這些東西被模仿得那麼逼真，彷彿擺在你面前的是真的東西，而且還帶著一種無法形容的想像的魅力，這種魅力把最肥最油的東西裡的粗鄙部分除掉了……[296]

霍桑諷刺地總結道，這些極其真實的圖片，對人類生活的影響就是「在精神生活如此貧乏的狀態中，也能顯得高貴充實、熱情洋溢」[297]。媒介之所以能帶來這些愉悅，正是由於方便人們交流的技術手段的革新和發展，因此，「口技家」、「魔術師」、「生理學教授」以及「蠟像展覽」才得以巡迴演出，讓村民們見識到最新的發現、發明、娛樂活動。

隨著19世紀的大幕徐徐拉開，通訊技術也在飛速發展。「運河、鐵路、高速公路的建設，以及蒸汽機船、電報設備的普及，引發了一場通訊革命。」[298] 小說中，威斯特韋爾特所設想的那個「新的時代……可以把靈魂與靈魂、現世與來世緊密結合，最終能夠把這一切都變成一個巨大的、相互感知的兄弟世界」[299]。

正是基於通訊技術的飛速發展，人們在世界中可觸及的範圍日益寬

---

[295] 納撒尼爾・霍桑：《紅字・福谷傳奇》，侍桁等譯，上海譯文出版社，西元1996年，第313～314頁。

[296] 納撒尼爾・霍桑：《紅字・福谷傳奇》，侍桁等譯，上海譯文出版社，西元1996年，第299～300頁。

[297] 納撒尼爾・霍桑：《紅字・福谷傳奇》，侍桁等譯，上海譯文出版社，西元1996年，第300頁。

[298] G. B. Tindall and E. Shi David, America:A Narrative History (New York: W. W. Norton &Company Inc., 2007), p. 431.

[299] 納撒尼爾・霍桑：《紅字・福谷傳奇》，侍桁等譯，上海譯文出版社，西元1996年，第316頁。

第四節　文化公民身分實踐

廣。也是基於此，威斯特韋爾特等人的「雄心抱負」得以醞釀和施展。飛速發展的通訊手段，連同「演講」、「骨骼」、「蠟像」、「透視畫」、「全景畫」、「展覽館」、「戲劇」等媒介的輔助，對人們意識的塑造產生了雙重作用。一方面，它們用某些領域（地理、生理等）的前端知識，武裝了普通大眾的頭腦。

據科弗代爾描述，會堂裡的觀眾包含各個階層：「年老的農民……穿著五顏六色衣服的美麗女孩，還有漂亮的年輕男子——像教師、律師或是法科學生、掌櫃」等，受到這些演講和展覽的薰陶，他們看起來「好像都是從市郊而不是從鄉村來的」，現如今「除極少數人身上還沾著剛剛勞作後的泥土之外，幾乎看不到幾個鄉巴佬模樣的人了」[300]。

作為某些現代社會機構發展的代表，鄉村會堂中已出現早期「脫域機制」的雛形。安東尼·吉登斯（A. Giddens）提出兩種脫域機制：一種是「象徵標誌」，指「資訊得以交換的媒介，但它又不牽扯到某些個體或群體的特徵，這些個體或群體往往在資訊傳遞的特定環節，參與資訊處理過程」[301]；另一種是由工業技術和專業知識組成的「專家系統」，「這些系統能夠組織我們當前生活的大部分物質和社會環境」[302]。

例如：鄉村會堂中展出的「蠟像」便是一種「象徵標誌」，因為它們將來自不同地域、不同時間的人物，生動逼真地帶到村民眼前，達到以假亂真的效果；那些巡迴講演的生理學教授，構成了「專家系統」的一部分，因為他們將生理學知識傳授給普通民眾，並重塑他們對身體的認知。由此，沙龍裡那些買醉不歸的人，甚至「在喝酒前，先講一套這種或那種酒對健康和腸胃所引起的醫藥作用」[303]。這些脫域機制將「社會關係從當前

---

[300] 納撒尼爾·霍桑：《紅字·福谷傳奇》，侍桁等譯，上海譯文出版社，西元1996年，第314頁。
[301] A. Giddens, The Consequences of Modernity (Cambridge: Polity Press, 2012), p. 22.
[302] A. Giddens, The Consequences of Modernity (Cambridge: Polity Press, 2012), p. 27.
[303] 納撒尼爾·霍桑：《紅字·福谷傳奇》，侍桁等譯，上海譯文出版社，西元1996年，第300頁。

第四章　知識分子修身齊國的整體性文化策略

語境中移除」，它們「促成了時空分離作為時空延伸的條件」。[304]

另一方面，能夠將「社會關係從當前語境中移除」的能力，恰是溝通手段的加速更新所造成的。可以說《福谷傳奇》中的居民，已經進入一個即時交流的時代。這也是吉登斯所說的現代性的另一個後果，即「時空壓縮」的體現，它使人們藉助即時媒介，得以在任何位置，且沒有明顯察覺到時間耽誤的前提下，像在現場一樣觀察某一事件的發生。「透視畫」、「全景畫」以及那些栩栩如生的「蠟像」，就是19世紀現代性所帶來的「即時媒介」。

因為長時間浸淫在極其逼真的影像裡，保羅·維利里奧（P. Virilio）認為現代媒介的「即時」特性，已經完全扭曲、重塑了主體對現實的理解，他們更傾向於把社會視為影像和景觀的大集合[305]。這些變化緊緊抓住了霍桑的注意力，並促使他反思媒介對公民身分的影響。

3. 霍桑對媒介社會的反思

鑑於社會中媒介的充斥，以及它對人們意識的影響，霍桑這個沉默寡言的改革家，仔細審視了媒介的作用，並肯定了它促進對話、認同弱者、維護社會團結的正面作用。霍桑對基於媒介的文化公民身分的實踐，就在於他對媒介潛在優勢的利用。但許多評論家像克拉克西歐一樣，常被這一問題所困惑，「霍桑在這部他最為精心謀劃的小說中，到底怎樣藝術性地暗示他的政治傾向」[306]。透過對霍桑媒介公民身分的分析可以發現，其實他的過人之處並不在於提出具體的政治綱領，而在於藝術性地描寫他的

---

[304]　A. Giddens, The Consequences of Modernity (Cambridge: Polity Press, 2012), p. 28.
[305]　P. Virilio, The Information Bomb (London: Verso, 2005), pp. 115-130.
[306]　M. J. Colacurcio, "Nobody's Protest Novel: Art and Politics in The Blithedale Romance," Nathaniel Hawthorne Review 1 &2 (2008): 20.

第四節　文化公民身分實踐

觀察、記錄他的反思，從而鼓勵人們學會深入思考，並為日後文化公民身分的建構吸取教訓。

首先，霍桑認為在這樣一個媒介社會裡，人們缺少深入批判和反思的能力。科學技術、交通工具和媒介手段的變化發展日新月異，這讓人們能夠在最短的時間內接收資訊，也讓人們在資訊極度充裕的條件下，快速形成自己的觀點。再加上「脫域機制」的推波助瀾，似乎每個人都對這個世界該如何運轉，形成了自己的體系。史蒂文森說：「觀念形成速度的加快，通常導致膚淺觀點的產生，從而使深刻、充實的意見失去生存空間。」[307]

這部分解釋了為什麼「那個極度晦暗、動盪的內戰前夜，充斥著打著各種旗號的改革運動」，一些憂國憂民的改革家們「挑戰社會中的各種疾苦、邪惡，另一些則專注於細枝末節」，似乎每個人都可以提出自己的改革方案，不管那些聽起來多麼膚淺和愚蠢，例如某個麻薩諸塞州的改革家，甚至「堅持聲稱所有改革的機要核心，就在於素食主義的貫徹執行」[308]。正像科弗代爾說的，「在那裡有著數不盡的計畫，種種根據世界可能或應該變成什麼樣子而做出的計畫，因此我開始弄不清楚，那到底是怎麼樣的一種世界了。在像我們這樣的環境中，我們不可能不接受這種想法，那就是存在於自然界和人類中的一切東西全是流體的」[309]。

世界如「流體」一般，意味著它內在意義和價值的分崩離析，雖然較之從前，現在人們可以更快捷地接收資訊，但卻失去了透過深入闡釋讓這個世界更有意義的權利。沉溺於「透視畫」、「全景畫」和「蠟像」中的城市公民，不安分地蒐羅各種具有轟動效應的大場面、最新的資訊和不同的視角。一方面，對一個表面上五彩斑斕的圖畫世界的追求，破壞了人們感同

---

[307] N. Stevenson, Cultural Citizenship: Cosmopolitan Questions (New York: The McGraw-HillCompanies Inc., 2003), p. 113.

[308] G. B. Tindall and E. Shi. David, America: A Narrative History (New York: W. W. Norton &Company Inc., 2007), p. 479.

[309] 納撒尼爾・霍桑：《紅字・福谷傳奇》，侍桁等譯，上海譯文出版社，西元1996元, 第277頁。

第四章　知識分子修身齊國的整體性文化策略

身受、表達同情的能力，這一點可以由科弗代爾經常性地責怪同伴們缺少「同情心」得到佐證。另一方面，同情心的缺失，不可避免地導致公民對他人及社會責任感的下滑，從而使現代社會中更具責任心、更富意義與內涵的反思成為稀少短缺之物。

當澤諾比阿看到自己頭上那朵美麗的花朵已經有些枯萎時，她像一個村姑扔掉一束乾癟了的紫羅蘭一樣，漠然地把它棄之於地。也正是這種「漠然」，讓澤諾比阿全然不顧與普里西拉的姊妹情誼，將她交還給威斯特韋爾特。克拉克西歐認為對《福谷傳奇》的進一步評論，「還應深入探討一種廢奴主義語境下的潛臺詞」。

如果「女性作為一個整體在社會中的境遇，常被視為一種受奴役的狀態」，那麼「普里西拉被交還給威斯特韋爾特這一情節，若放在西元1850年《逃亡奴隸法》發表的大背景下，就像是對時勢的暗諷了」[310]，因為根據這一法案，南方奴隸主有權要求北方政府逮捕並歸還逃亡的奴隸。因此，霍桑可能將這一荒謬絕倫文件的發表，歸結於一種文化上的原因，即高層決策者和多數民眾缺乏同情心、責任感，以及深入批判思考的能力。

看到澤諾比阿這一漠然之舉後，科弗代爾心裡想，「我認為要是這位漂亮的女人手裡散的是鮮花，而且她的纖指還能令殘花復活的話，那就更適合她那豪放的性情了」[311]。在霍桑眼裡，一個真正慷慨大方、美麗迷人的靈魂，應當充滿愛心地予人鮮花、播撒溫暖，應當富於同情地手下留情、救死扶傷。

其次，霍桑還察覺到，在一個媒介主導的社會中，原本應該肩負起促成公共行為的辯論與對話日漸式微。現代媒介通訊技術的即時性質生，產

---

[310] M. J. Colacurcio, "Nobody's Protest Novel: Art and Politics in The Blithedale Romance," Nathaniel Hawthorne Review 1 & 2 (2008): 37.
[311] 納撒尼爾・霍桑：《紅字・福谷傳奇》，侍桁等譯，上海譯文出版社，西元1996年，第192頁。

第四節　文化公民身分實踐

出了一種維利里奧所說的「工業化視域」[312]，現實並沒有改變或好轉，它僅僅是把公民對事物的感知，轉移到現代性所製造的各種眼花撩亂的瞬時景觀上罷了。所以說，公民被動地呈現在諸多事件與場面之前忘乎所以，就意味著一個公眾廣泛參與的溝通社會，即將被一個沉溺在影像和奇觀中的社會所取代。

之前提及，科弗代爾等待老穆迪出現的那個沙龍，是能夠體現社會上媒介充盈的公共空間代表之一的，此外，它同樣見證了公共空間中對話交流的衰弱。健康的公共空間的意義在於──「關乎公共利益的重大事件在最終決定前，可以被廣泛討論」[313]。哈貝馬斯將公共空間的歷史起源，追溯到17～18世紀的歐洲，那時男性資產階級可以聚集在咖啡館和沙龍裡探討文學作品。

哈貝馬斯認為儘管這些討論有階級局限，但「它們還是可以與一個規範性的準則相關聯」，這啟發我們透過觀察「媒介在何種程度上，促進自由或公開討論」來判斷其價值[314]。他和霍桑都了解到，隨著交流對話的組織開展逐漸受到商業利益的驅使，在沙龍和咖啡館裡所進行的那種有意義的常態化交談，已經銷聲匿跡了。與對影像的沉溺一致的是，人們對酒精的肆意消費：「照美國人的習慣……他們喝完每一杯酒，總要使勁地哼幾聲，把一隻手按在心窩上，似乎一時的快感成為他們物質享受的一部分。」[315]

透過展現人們對影像和酒精的無節制消費，霍桑意在揭露商業文化的普及，及其狂野、不受限制的巨大吞噬力。所以，原來存在於公共空間中的對話，不知不覺地就被商業文化灌醉的美國人拒之門外。

---

[312] Paul Virilio, The Information Bomb, trans. Chris Turner (London: Verso Books, 2005), p. 57.

[313] N. Stevenson, Cultural Citizenship: Cosmopolitan Questions (New York: The McGraw-HillCompanies Inc., 2003), p. 157.

[314] Ibid., p. 99.

[315] 納撒尼爾·霍桑：《紅字·福谷傳奇》，侍桁等譯，上海譯文出版社，西元1996年，第301頁。

第四章　知識分子修身齊國的整體性文化策略

　　真誠對話的稀少短缺，也導致福谷結局與其成立時的初始目標背道而馳。福谷成立之初，改革家們理想的實現，是基於「親密的友愛」、「互相幫助」、「對各自責任的盡心盡力」，以及「共同承擔夥伴們所犯的錯誤」[316]，也只有互相同情、親如兄弟般的對話交流，才能達到「不管哪兩個成員之間發生了惡感，整個社裡的人總會因此多多少少騷動和不安」[317]。然而改革家們厭倦了日復一日的勞動，所以他們時不時會做些像「舞臺表演」、「活人畫」等娛樂活動，在枯燥無聊的生活裡聊以自慰。

　　科弗代爾說：「猩紅的披肩、古老的綢緞長袍、縐領、絲絨衣服、皮袍，以及五花八門好看而沒有價值的東西，把我們熟悉的朋友扮成了各種圖畫世界裡的人物。」[318]對「圖畫世界」的渴望，強調的是感官享受和刺激，當無法滿足單純的影像時，他們就需要更多的東西來填補對感官刺激的需求，比如年輕女孩們哭著喊著求澤諾比阿講鬼故事。最終，對「圖畫世界」的沉迷，讓福谷改革滑入一場假面舞會似的鬧劇。

　　離開福谷之前，科弗代爾說出了他對流於表面的愉悅的厭惡，對缺少真誠對話的痛苦，「要是我能重新再活一次，不管表面上的喧囂嘈雜是如何迷人，我也一定會傾聽女預言家喀桑德拉最刺耳卻最真誠的傾訴」[319]。所以他隱約感到自己與霍林斯沃斯、澤諾比阿、普里西拉之間，產生了一種不可名狀、十分隱晦的關係，「那種夢一般的、不幸的變化，使你覺得……這是一種你眼睛看不見，心裡卻感覺得到的東西。當你想分析它的時候，它似乎就不再存在，而變成自己的一種帶有病態的怪想法」[320]。

　　因為人與人之間僅限於表面的接觸，所以科弗代爾困惑痛苦的根本原

---

[316] 納撒尼爾・霍桑：《紅字・福谷傳奇》，侍桁等譯，上海譯文出版社，西元1996年，第191頁。
[317] 納撒尼爾・霍桑：《紅字・福谷傳奇》，侍桁等譯，上海譯文出版社，西元1996年，第276頁。
[318] 納撒尼爾・霍桑：《紅字・福谷傳奇》，侍桁等譯，上海譯文出版社，西元1996年，第252頁。
[319] 納撒尼爾・霍桑：《紅字・福谷傳奇》，侍桁等譯，上海譯文出版社，西元1996年，第276頁。
[320] 納撒尼爾・霍桑：《紅字・福谷傳奇》，侍桁等譯，上海譯文出版社，西元1996年，第276頁。

第四節　文化公民身分實踐

因，就是福谷社員之間缺少彼此同情和坦誠的對話。從這個角度分析，改革家們放任自己對感官享受的追求，將親密友愛、真誠交流以實現最初目標這一宗旨拋到九霄雲外，以致福谷最終失敗。

最後，霍桑在這樣一個媒介社會中，還觀察到文化的時間維度可變，讓人們集體感知到了未來的不確定性。受到全球即時傳遞資訊能力提高的影響，城市公民能否聽到或看到某些事件的發生，與所處地理位置的相關度將越來越少。班奈狄克·安德遜（B·Anderson）發現，「現場直播」的誕生賦予世界一個統一的「全球時間」，這打亂了原本能讓一個民族國家沿著歷史軌跡，依照線性且秩序的時間發展下去的老路[321]。隨之轟然倒塌的是那些線性且秩序的時間框架下，有關進步與穩定的敘事，這讓人們在談論未來的時候顯得更加焦躁不安。霍桑在《福谷傳奇》中就向讀者展示了，當時社會上對未來不確定性的三種回應。

首先，透過人們在沙龍中無節制地消費酒精折射出來的，是大多數普通人的回應：「毫無疑問，喝酒最大的妙處是在心窩上，而不是在頭腦裡。但是他們喝酒的真正目的——這個令人生厭的世界繼續存在一天，這個目的就會一天促使人們去喝酒，或者做其他類似的事情……節制喝酒的人們就可以鳴鐘慶祝勝利了！」[322] 霍桑冷嘲熱諷地勾勒出這些所謂「節制喝酒的人們」，他們對口腹之欲看得更重，像伊比鳩魯主義者那樣將身體享樂放在首位，而不注重精神境界的提高。大部分普通人就像他們一樣，在這個「令人生厭的世界」上苟延殘喘，依靠酒精麻痺自己，希望再次獲得青春與活力，從而幫助自己逃避想到未來時的焦躁與不安。

其次，據理查森考證，霍桑與妻子索菲亞的通訊，能夠證明霍桑在

---

[321]　B. Anderson, Imagined Communities: Reflections on the Origin and Spread of Nationalism (London: Verso, 2006), pp. 39-166.
[322]　納撒尼爾·霍桑：《紅字·福谷傳奇》，侍桁等譯，上海譯文出版社，西元1996年，第301頁。

第四章　知識分子修身齊國的整體性文化策略

「西元 1845 年讀了大量關於傅立葉的法文原版書」[323]，這也從側面說明，霍桑絕非一個消極的改革家，而是一個細心鑽研過同時代不少改革計畫的熱心旁觀者。他發現這些有關社會改革的諸多設想中，往往帶有一種尚‧布希亞（Jean Baudrillard）所說的「歷史終結」[324]色彩，這也反映出當時人們對未來的恐懼。

偏離線性時間和秩序的歷史發展程序，在具有世界主義特性的媒介襯托下，顯得格外明顯，讓人們感覺到未來可能混亂無序、不可預測。因此，大批改革家丟擲了自己建構未來、確定未來的藍圖，可是在霍桑眼裡，他們要麼只是想替歷史畫上句號，要麼就像專制主義者那樣，只是表達了重構世界的狂熱欲望。霍林斯沃斯提出要在「空曠的山坡上」建一座大廈，讓它成為「獻給世界的一處景觀」，讓它成為「改革的模仿對象，最終像這樣的大廈一定會在全世界聳立而起」[325]。

他認為如果這些改造犯人的宏偉建築能遍地開花，那麼這個世界就不會雜亂無章了。因為「歷史發展沿著線性時間，在密不透風的民族國家中獨立發展的時代，已經被時間、事件的全球同步，和過去、現在、未來嚴格界限的模糊所打亂」[326]，所以催眠術士威斯特韋爾特才能想像一個「新的時代……可以把靈魂與靈魂、現世與來世緊密結合，最終把這一切變成一個巨大的、相互感知的兄弟世界」[327]。但實際上，霍桑看透了這些打著「平等友愛」、「親如兄弟」等旗號的計畫。那時，「幾乎每一種改革運動都帶著專制主義的色彩」[328]，加上觀眾的被動性，和以單向交流為特

---

[323]　M. J. Colacurcio, "Nobody's Protest Novel: Art and Politics in The Blithedale Romance," Nathaniel Hawthorne Review 1 & 2 (2008): 35.
[324]　J. Baudrillard, The Illusion of the End (Cambridge: Polity Press, 1994), p. 130.
[325]　納撒尼爾‧霍桑：《紅字‧福谷傳奇》，侍桁等譯，上海譯文出版社，西元 1996 年，第 234 頁。
[326]　Stevenson, Cultural Citizenship: Cosmopolitan Questions (New York: The McGraw-HillCompanies Inc., 2003), p. 111.
[327]　納撒尼爾‧霍桑：《紅字‧福谷傳奇》，侍桁等譯，上海譯文出版社，西元 1996 年，第 316 頁。
[328]　G. B. Tindall and E. Shi. David, America: A Narrative History (New York: W. W. Norton &Com-

徵的新媒介逐漸普及的大背景，霍林斯沃斯的「大廈」和威斯特韋爾特的「催眠術」，透過把人們置於常態化的監視之下，製造出一種極權主義的新形式。

布蘭德（Dana Brand）如此評價：「催眠術向人們提供一種統一人類意識的可能，這就意味著某個人可以介入並控制其他人的意識活動。」[329] 威斯特韋爾特也正是利用催眠術「強暴了普里西拉的靈魂」[330]，他所宣揚的那個連接靈魂與靈魂的新時代，不過是變著花樣將其他人變成他自己的「精神奴隸」[331] 罷了。那個由霍林斯沃斯控制的改造犯人的宏偉建築，與威斯特韋爾特的陰謀如出一轍，因為它們都以侵犯和暴露作為他者的個體為基礎。

這些改革計畫將極權專制凌駕於對話交流之上，從而剝奪了普通大眾參與和培養公共空間的權利。

福谷公社的成立代表了社會的第三種回應。福谷的理想目標是達到「愛的太平盛世」[332]，這也折射出一種「歷史終結」的性質。然而，以福谷為代表的改革，旨在透過「懷舊似的復古和古代與現代的調和」[333]，回到前工業社會的生活狀態，這也類似於尚·布希亞在《最終的幻想》（*The Illusion of the End*）中所論述的「文化迴轉」[334] 現象。

他們抱著一個把舊衣服穿破的念頭，選擇「跟鄉下人在一起」，用「陶

---

pany Inc., 2007), p. 480.

[329] Dana Brand, The Spectator and the City in Nineteenth-Century American Literature (New York: Press Syndicate of the University of Cambridge, 1991), p. 125.

[330] M. J. Colacurcio, "Nobody's Protest Novel: Art and Politics in The Blithedale Romance," Nathaniel Hawthorne Review 1 & 2 (2008): 23.

[331] M. J. Colacurcio, "Nobody's Protest Novel: Art and Politics in The Blithedale Romance," Nathaniel Hawthorne Review 1 & 2 (2008): 7.

[332] 納撒尼爾·霍桑：《紅字·福谷傳奇》，侍桁等譯，上海譯文出版社，西元1996年，第194頁。

[333] N. Stevenson, Cultural Citizenship: Cosmopolitan Questions (New York: The McGraw-HillCompanies Inc., 2003), p. 111

[334] J. Baudrillard, The Illusion of the End (Cambridge: Polity Press, 1994), p. 115.

第四章　知識分子修身齊國的整體性文化策略

土製的杯子喝茶」，而不用「上面印著花的瓷器和銀叉」，支撐這些高貴的改革家屈尊與鄉下人生活的，正是「那種無比珍貴的意識」，即如此生活並不是必要和強制的，完全是他們自由的選擇[335]。福谷改革家們根本不想放棄上流階層的文雅，而心甘情願地接受農民這一身分，所以他們竭盡全力不被外人認為，自己是淪落到這步田地的下層百姓：

我們是一群穿得破爛不堪的上等人。由於我們經常帶著一種學者或牧師的神氣，你們還可能以為我們原是寒士街上的居民，想依靠農業勞動來獲得舒服的生活，或者把我們當成一群正在全面實驗柯爾律治所假想的、「理想的平等社會」之人，要不就是把我們當作空提德和他那批身穿雜色衣服的夥伴們在菜園裡工作，再不然也有可能認為我們是一批捉襟見肘、背上滿布極不雅觀補丁的什麼東西。我們也可能是福爾斯塔夫破破爛爛一大群人的莫逆之交。[336]

「寒士街上的居民」、「柯爾律治所假想的『理想的平等社會』的全面實驗的人」、「空提德和他那批身穿雜色衣服的夥伴們」，甚至「福爾斯塔夫破破爛爛一大群人的莫逆之交」——這一幅幅文學中的圖畫，面具般地讓他們獲得不同的身分，避免了難堪，從而讓外人將他們當成是穿著「詩裡和舞臺上用來辨識田園人民服裝」的、「純樸田園生活的理想家」[337]。

需要特別注意的是，身分的可恢復性與可更改性，對福谷改革家們的影響：「恐怕是這個日後仍能恢復我們從前身分的想法，在我們後來的勞苦生活裡有著很大的作用，使我們能夠平心靜氣地忍受許多困難和恥辱。」[338] 作為現代性的後果，這裡所體現的流動的身分，與先前科弗代爾的朦朧意識，即「存在於自然界和人類社會中的所有東西都是流動的」遙

---

[335]　納撒尼爾・霍桑：《紅字・福谷傳奇》，侍桁等譯，上海譯文出版社，西元1996年，第194～195頁。
[336]　納撒尼爾・霍桑：《紅字・福谷傳奇》，侍桁等譯，上海譯文出版社，西元1996年，第222頁。
[337]　納撒尼爾・霍桑：《紅字・福谷傳奇》，侍桁等譯，上海譯文出版社，西元1996年，第222頁。
[338]　納撒尼爾・霍桑：《紅字・福谷傳奇》，侍桁等譯，上海譯文出版社，西元1996年，第192頁。

第四節　文化公民身分實踐

相呼應。這也是即時通訊和膚淺交流，對人類意識的影響之一。

久而久之，人們可以將他遇到的任何東西，都轉換成可以消費的影像。小說一開始就為這種影像消費做了鋪陳，雍容華貴的澤諾比阿剛剛現身，便成為科弗代爾感官的消費品，以至於能「叫我們的英勇事業變成一種幻想、一場化裝舞會、一首田園曲、一個假的世外桃源，我們這些成年男女就好像在過著生活中的假日一般」[339]。福谷改革試驗的失敗，道出了現代性大潮的不可逆轉，也暗示以恢復前工業社會為宗旨的烏托邦氣數已盡。

透過分析霍桑基於媒介社會的文化公民身分實踐，我們可以發現，媒介社會崛起的重要意義，就是在不同主體間開展真誠和富有同情心的對話，以應對影像消費帶來的表面化交流，從而實現一種穩固持久的集體關係。利用媒介的優勢，透過對話認同他者，提高人們批判反思的能力，促進公共空間的健康發展，實現強者與弱者、未來與當下的理解、寬容和妥協，這與霍桑一直採取的文化政治策略是一脈相承的。

儘管霍桑還是被媒介為社會和人的意識所帶來的巨大影響所震撼，不過他清楚地知道，歷史的發展潮流不可逆轉，他只能透過這部小說呼籲人們對當前的社會境況有所了解，而不是渾渾噩噩地隨波逐流。他將自身的思考和觀察細緻地呈現出來，促使人們深入反思，從而為今後文化公民身分的建構打下基礎。

霍桑審慎地分析媒介的積極作用，所以他並沒有消極對待媒介現在及以後在社會中可能扮演的角色。對霍桑的這些反思加以總結，可以拼湊出他理想中基於媒介社會的文化公民身分。其一，面對社會中對話的缺失，霍桑格外強調批判思考的重要性，倘若失去這一點，社會上的普通百姓對他者將無動於衷，對政治、文化議題的深入探討將不復存在。因此，媒介

---

[339] 納撒尼爾・霍桑：《紅字・福谷傳奇》，侍桁等譯，上海譯文出版社，西元 1996 年，第 192 頁。

的潛力應當被充分挖掘，以幫助人們廣泛地參與同情他者的對話，及維持公共空間的存在。

其二，像普里西拉這樣的弱勢族群，往往生存在被排擠出城市核心之外的貧民區，他們通常不被媒介關注並且極易被操控，因而無力控制自己在主流媒體的鏡頭前和新聞報導中，是如何被表現的。由此可見，媒介應該被用來認同弱者和邊緣人群，賦予每一個普通公民平等的公民權利。

其三，未來的不確定性不能透過「歷史終結」或「文化迴轉」得到消除，因為終結歷史的計畫常會受極權統治左右，現代性已對人們的思維習慣產生了根深蒂固的影響，所以文化的發展趨勢是無法被逆轉的。若是要應對未來的不確定性，就需要賦予公民相應的權利，並在公共空間中培養足夠的交流和對話。否則，沉浸在影像的海洋中，現代公民就難以自拔，更不用說參與富有遠見和建設性的對話了。

第五章

突顯自身文化主體地位的
社會實踐介入邏輯

　　本章圍繞霍桑的最後一部長篇羅曼史《玉石雕像》，探討其以基督教的愛、和平與原諒為基礎的價值體系，筆者將這些視為作家突顯自身文化主體地位的社會實踐干預邏輯。在《玉石雕像》中，霍桑對美國政治的興趣，與他對歐洲藝術透澈的了解結合在一起。一方面，他描述了正在走向成型的美國文化，與身為其母體的歐洲文化之間對立統一的關係。另一方面，他表達了建構家園的政治理想。然而，19世紀中葉的美國國內危機日益嚴重，反奴隸制運動轉向了暴力，這進一步讓霍桑確信，應該致力於政治和平主義[340]。

　　霍桑了解巫術幻想，也了解政治和宗教領袖們透過煽動民眾，讓他們誤入歧途的種種方式，因此他拒絕投入巨大的熱情置身其中，儘管那是整個1850年代美國新聞界的中心話題[341]。反奴隸制運動轉向暴力，這種方式的變化產生了相應的政治影響，南方人在面對榮譽和生活方式遭受威脅時，逐漸採取不妥協和進攻的態勢，形成了緊張的政治環境，甚至像富勒、梭羅、愛默生這樣著名的人士，也懷著巨大的熱情參與到這場政治運動中。

---

[340] Larry J. Reynolds, "Righteous Violence: The Roman Republic and Margaret Fuller's Revolutionary Example," in Margaret Fuller: Transatlantic Crossings in a Revolutionary Age, eds.Charles Capper and Cristina Giorcelli (Madison: University of Wisconsin Press, 2008), pp. 172-191.

[341] Larry J. Reynolds, Devils & Rebels: The Making of Hawthorne's Damned Politics (Ann Arbor: TheUniversity of Michigan Press, 2010), p. 178.

第五章　突顯自身文化主體地位的社會實踐介入邏輯

《玉石雕像》中的變形暴力，正是以這場興起的暴力浪潮作為背景[342]。西元 1848～1849 年的歐洲革命，特別是瑪格麗特・富勒在義大利的激進活動，預示了美國反奴隸制思想的主要變化，影響北方那些最重要的反奴隸制幹將戰前所持的態度，因此霍桑認為有必要以藝術的形式，描繪出這種變形的思想和暴力，讓民眾了解其危害，以彰顯其作家的使命感，突顯其干預社會實踐的文化主體地位。

第一節　原諒與復仇

透過媒體報紙了解到美國國內日益嚴重的危機之後，霍桑在文學上也做出了反應，創作出最後一部長篇羅曼史《玉石雕像》。作品一方面描繪義大利藝術、建築、風景，另一方面從被壓迫者的視角，探討殺戮所造成的心理影響。像許多霍桑以前的作品一樣，這部羅曼史描繪了巫術和革命的意象，試圖消滅以米利亞姆所代表的惡，並透過迷信與所謂「地下寢陵的幽靈」連繫起來，這個「人魔」徘徊在地底下，正在尋覓和「矇騙新的犧牲品墮入他的苦難」(4:33)。

霍桑塑造的這個人物，並不是像齊靈渥斯和潘欽法官那樣的年老惡棍，而是類似於英文書名中所示的「農牧神」這一森林形象。一名天真的義大利年輕人多納泰羅，他本意是要讓世界擺脫罪惡，最後自己卻變成了惡魔。在霍桑想像的世界裡，多納泰羅經歷了熟悉的政治轉變，從一個天真的青年變成一位野蠻的成年人，影響他的是瞬間的激情——在這個故事中，是由米利亞姆的痛苦所激發的憤怒。

米利亞姆的反抗性格，似乎部分根植於富勒西元 1848～1849 年在羅

---

[342] John Demos, "The Antislavery Movement and the Problem of Violent'Means'," New England Quarterly 37 (December 1964): 501-526.

第一節　原諒與復仇

馬的革命活動，特別是她公開贊成羅西的暗殺行動[343]，並且多納泰羅與梭羅有許多共同的特點。在《玉石雕像》中，正如米切爾所指出的，霍桑塑造了「一個類似於富勒的人物，透過與過去的民主革命相連繫，試圖為羅馬的共和暴力，尋找一個正當的意識形態理由」。

米切爾特別指出：「就在謀殺發生後不久，米利亞姆引導多納泰羅來到龐貝廣場，『昂首闊步走過去』並宣稱，『因為這裡曾發生過壯舉……一次像我們一樣的流血行為！誰知道呢？或許我們會遇到殺害凱撒的、那些高尚又時時傷心的兄弟們，和他們相互致意呢』。」[344] 很明顯，霍桑了解富勒關於西元1848年刺殺大主教的觀點，但他讓米利亞姆提及布魯特斯及其「謀殺」的同謀，表示他對這件事持懷疑態度。在小說所有的藝術和美學背後，隱藏著霍桑的政治目的：批評冠冕堂皇的暴力觀念。

霍桑的和平主義面臨著強而有力的挑戰，包括富勒在羅馬所發的新聞報導、梭羅的「麻薩諸塞的奴隸制」、愛默生的演講，以及帕克、希金森和克拉克等人的布道詞，所有這些都譴責奴隸制，打著自由的幌子縱容暴力甚至是謀殺。霍桑以經典的神話、聖經和世界歷史中的事實，虛構了類似的暴力形象，回擊這種挑戰，透過以基督教的愛、和平與原諒為基礎的另一套價值體系，展開巧妙的批評。

謠傳米利亞姆有黑人血統，這一事實暗示該羅曼史與奴隸制問題和種族通婚問題相關。據謠傳，她是「一位美國南方種植園園主的後裔，接受良好的教育並獲得了遺產」(4:23)。在米利亞姆同意的前提下，多納泰羅殺害她的壓迫者。從多納泰羅自己的種族特徵來說，這一行為就具有另外的政治意義。南希・本特利（Nancy Bentley）指出，它把多納泰羅與種族

---

[343] Leona Rostenberg, "Margaret Fuller's Roman Diary," *Journal of Modern History* 12 (June, 1940): 217-218.

[344] Thomas R. Mitchell, *Hawthorne's Fuller Mystery* (Amherst: University of Massachusetts Press, 1998), p. 235.

第五章　突顯自身文化主體地位的社會實踐介入邏輯

主義話語連繫起來，強調黑人原始的、野蠻的性格特徵[345]。

霍桑為小說寫的前言，常常被引用來說明他對奴隸制罪惡的漠視：假如他關心的問題，美國因為奴隸制而痛苦地分裂了，正處在內戰的懸崖邊緣，那麼這篇前言在某種程度上，就應該被理解為是一種反諷。

除非是試驗，沒有哪一個作家能夠設想，要寫出一部關於親愛祖國的羅曼史，其難度有多大。那裡沒有陰影、沒有歷史、沒有神祕、沒有奇異且陰暗的不道德之舉，除去萬里晴空下的普通繁榮和幸福，一無所有。(4:3) 這種陳述可以說是霍桑一貫的手法。在《房子》的前言中，他說自己「相當尊敬」塞勒姆的居民，在《福谷傳奇》的前言中也宣稱，小說中的人物「完全是虛構的」，與他在布魯克農莊所知道的那些人沒有絲毫關係。「欺騙」愚笨的讀者，似乎已成為霍桑生活中的一個小樂趣。

霍桑相當清楚，他「親愛的祖國」正在遭受「陰暗的不道德之舉」，這些舉動威脅著要將它撕裂。在西元 1854 年 12 月 14 日寫給布里奇的信中，霍桑告訴他的朋友，美國「因為黨派之爭，變得如此動盪不安、錯綜複雜、充滿火藥味，身在遠方，在我看來好像南方與北方實際上已有裂縫，不久這種裂縫就會越來越大」(17:294)。兩年後，他再次為國內的消息悲嘆，並對威廉‧蒂克納（William Ticknor）說：「我發現自己越來越不想回來了……我不同情任何一個派別，只是恨它們 —— 自由土地黨、支持奴隸制的人等等 —— 事實上所有的都一樣，我沒有祖國了，或者說有一個讓我感到羞恥的祖國。坦白地告訴你，這段時間在大洋彼岸，美國人活得真不容易。」(17:559)

西元 1858 年 3 月 10 日～4 月 19 日，霍桑的老朋友、前總統皮爾斯先生，專程來義大利看望他，告訴他近來政治發展的內幕消息，當然都是

---

[345] Nancy Bentley, "Slaves and Fauns: Hawthorne and the Uses of Primitivism," ELH 57 (1990): 901-937.

負面的。一個月後,當霍桑收集資料準備「動筆寫一篇關於農牧神的小羅曼史」時,他與布萊恩特討論了「血腥的堪薩斯事件」。布萊恩特是一位詩人和報紙編輯,在自由土地黨和西元 1854 年的共和黨創立過程中,一直有著非常重要的作用[346]。在西元 1858 年 5 月 22 日的日記中,霍桑寫道:

我提到了堪薩斯這一話題,在說起布坎南(James Buchanan)擊敗自由土地黨競選獲勝時,我發現他的臉上立刻呈現出政治報紙編輯所獨有的那種苦澀表情。我問他近來見過薩姆納沒有,他回答說,他們在巴黎見過面,這個人讓他極為失望。(14:222-223)

霍桑非常清楚,在堪薩斯暴力傾向正逐漸加劇。薩姆納在參議院被打得不省人事後,一直在治療康復中。薩姆納身體上的傷是康復了,但布萊恩特告訴霍桑,好像「他精神上的創傷相當嚴重,是不可能治癒了」。霍桑聽聞這一消息「令人傷心至極」,又說:「他真正是這個世界最好的同志之一,具有傑出的才能,應該生活和死亡在與所有人的友情之中。」(14:223)

在《玉石雕像》中,霍桑透過四個人物的關係,從多重視角探討神祕的犯罪,和一位曾經擔任過模特兒的陰暗人物的謀殺事件。從一開始,米利亞姆的藝術和她對貝雅特里·森西的認同就暗示,她趨向於使用暴力手段來反抗壓迫她的人,多納泰羅鍾情於她,再加上他自己潛在的野性,就預示了他會謀殺那位模特兒,而那位模特兒也成為腐敗、專制政府的象徵。

臨近小說結尾時,那位模特兒成為神職人員。正如一些評論家所說,這部羅曼史的故事場景,也就是現代的羅馬,仍然與十多年前的羅馬共和國時期一樣,處於緊張的政治氛圍之中。富勒的身影,以及那些武力反抗教宗的革命者、法國及奧地利的革命者,都在作品中時隱時現。羅伯特·

---

[346] John Bigelow, Retrospections of an Active Life, vol. 1 (New York: Baker and Taylor, 1909), p. 122.

第五章　突顯自身文化主體地位的社會實踐介入邏輯

萊文（Robert S. Levine）指出，「霍桑不斷提醒讀者，法國軍隊強制性地占領了整個羅馬城」[347]。

這在羅馬狂歡節中表現得特別明顯：

法國步兵支隊站在他們架起的槍枝旁邊，分頭把守在那條通道的兩端，一端是教宗廣場，另一端是奧地利使館廣場，以及通道中間的安東尼立柱旁。只要這些鎖著的豹貓、羅馬居民，稍稍露出一點爪尖，軍刀就會閃亮，子彈就會呼嘯，當兵的就會真刀真槍地，衝進那些一直在互相投擲假糖和枯花的人群中間。（4:441）

《玉石雕像》考察了原罪和罪惡的複雜性，幾乎與霍桑其他作品一樣，不過這部小說的罪惡，是由現在和過去的政治張力引起的。霍桑擴展了他的敘事場景，不僅戲劇性地探討個人的道德困境，還探討一個政治原則的道德性。他試圖指導讀者，使用他在《富蘭克林・皮爾斯的一生》中所倡導的原則，即「比較現在與過去的相似性，抓住二者共同的原則」（23:293）。因此多納泰羅儘管是天真的、非政治的，可是透過與米利亞姆的接觸，成為一個代表性的政治代理人，一個反叛者，遵循一種他自己和讀者都不太理解的模糊動機。

在萊文看來，米利亞姆「是一位反天主教的革命者，甚至是西元1848年的殺手」，實行「可以被看作是一位共和派的革命者，暗殺設法奴役她的專橫天主教徒」[348]。這種解釋十分有說服力，特別是考慮到森西的資料，正如萊文的觀點一樣，當肯楊角色扮演教宗的首相羅西時，狂歡節變成「一種革命的儀式，為西元1848年新教的共和派革命重新搭建了舞

---

[347] Robert S. Levine, "'Antebellum Rome'in The Marble Faun," American Literary History 2.1 (1990): 25.

[348] Robert S. Levine, "'Antebellum Rome'in The Marble Faun," American Literary History 2.1 (1990), p. 26.

臺」[349]。在狂歡節上，肯楊被一群想像的人物包圍，一個巨型女人突然抽出「一支碩大的手槍，對準冷酷無情的雕塑家胸口」，扣動了「扳機」(4:446)。

雖然霍桑的羅曼史講述了西元1848年事件，但是其目的並不在此。他用米利亞姆的繪畫提醒我們，政治暴力仍然存在，神話、傳說和歷史中，都充滿著類似的暴力事件，並且許多女性也參與其中。例如，卡洛斯‧羅威 (John C. Rowe) 指出，米利亞姆對貝雅特里‧森西的認同，「不僅加強了義大利廢墟的氣氛，而且警告讀者，重複這種歷史衝動的危險性，不管是婦女權利還是共和革命，都會導致神聖莊嚴的權力欲望和循環復仇」[350]。大天使麥可屠殺魔鬼撒旦的繪畫也提醒我們，反對殺戮對男人是有利的。

身為一個天真的森林形象和野蠻的政治代理人，多納泰羅在許多方面與富勒在義大利的情人奧索利伯爵相像，但也好像是梭羅的原型，並認為梭羅就是「國家的謀殺者」[351]。梭羅是現代版山林和畜牧之神潘 (Pan)，喜歡演奏長笛，家裡以自然為主，養了不少動物，還收養很多孩子。在西元1840年代早期，他曾和霍桑一起乘船遊歷過康科德河，談論過「在他隱居的瓦爾登湖畔的松樹和印第安人遺址」(1:25)。

他還與愛默生一起去老宅後面結冰的河上滑過冰，並表演「狂熱的舞蹈和狂歡的跳躍」[352]。梭羅的這一面無疑與《湖濱散記》(Walden) 中所表現出來的是一致的，霍桑讀過這本書，並在西元1854年秋推薦給蒙克頓‧米倫斯 (17:277-280)。然而，梭羅在同一年的廢奴主義活動，為攻擊

---

[349] Ibid., p. 28.
[350] John C. Rowe, "Nathaniel Hawthorne and Transnationality," in Hawthorne and the Real, ed.Millicent Bell (Columbus: Ohio State University Press, 2005), p. 101.
[351] 最全面的論述參見 Edward Cronin Peple Jr. 西元1970年維吉尼亞大學未出版的博士論文「The Personal and Literary Relationship of Hawthorne and Thoreau」。
[352] Rose Hawthorne Lathrop, Memories of Hawthorne. (New York: AMS Press, 1969), p. 53.

波士頓法庭辯護，為謀殺志工的警察巴徹爾德辯護，表達了梭羅性格中憤怒和暴力的一面。

多納泰羅所經歷的轉變，在小說中早有預兆，米利亞姆注意到他看到那位模特兒出現就生氣，於是告訴其他人：「如果認真思索一下，你就會發現在我們這位朋友的氣質中，古怪地混雜著鬥牛犬或別的同樣凶猛的野獸品性，像他平素那樣溫文爾雅的人身上，是很難想像會有這種野蠻品性的。」(4:18) 第十八章之後，多納泰羅成為米利亞姆忠實的保護者，由於一時的憤怒，他把她的迫害者推下了塔爾珀伊亞岩石。敘事者告訴我們，這種行為「使他突然間變成了一個人，在他的體內發展成為一種智力，那是我們此前所了解的多納泰羅的天性中所不具備的」。以一種不太明顯的方式，霍桑暗示了這種行為的邪惡性。

「你做了什麼事啊？」米利亞姆驚慌失措地低語道。

怒火仍在多納泰羅的臉上泛光，現在又在他的眼中閃亮了。

「我做了理應對一個叛徒所做的事！」他答道，「我做了妳的目光要我做的事，在我把那個壞蛋按到懸崖上的時候，我曾經用我的眼睛問過妳」。(4:172)

米利亞姆並沒有否認她在謀殺中所產生的作用。「我們兩人一起殺死了那個壞蛋。」她又補充道，「這一行為將我們捆綁在一起，像盤成一圈的蟒蛇一樣永遠無法分開了！」敘事者解釋了那個連繫，重新強調這一撒旦的意象：

他們的行為——由多納泰羅親自動手，得到米利亞姆當場接受的罪行——如她所說，像一條巨蛇似的，把兩個人的靈魂無法拆解地連在一起，並以其可怕的收縮力扭成一個人。這要比婚姻的約束更緊密。在最初的時刻裡，這一結合十分緊密，彷彿他們新的和諧使所有其他的連繫全部消失，他們就此從人類的鏈條中解放出來了。一個新的天地，一條特殊的

法律單獨為他們創設。全世界都不能接近他們,他們是安全的。(4:174)

　　熟悉如何解釋《伊桑·布蘭德》(*Ethan Brand*) 中「不可饒恕的罪惡」,和《紅字》中海斯特所宣稱的,「我們所做的一切自有其神聖之處」的讀者會了解到,多納泰羅的智慧是存在道德缺陷的,特別是自從謀殺後仍然沒有感覺到自己有罪。

　　像海斯特一樣,米利亞姆設法為他們的罪惡辯護,可她安慰的話語聽起來不誠實:「當然,我們沒有犯罪。犧牲一條分文不值的卑鄙小人的生命,卻把另外兩條生命永遠牢固地結合在一起了。」(4:175) 讀者一定會懷疑這種說法,也一定會懷疑她後來在「幸運的墮落」中所設法表達的思想。

　　當她和肯楊站在坎帕尼亞平原上讚賞多納泰羅時,她大聲問道:「那罪行——他和我被拴到裡面了——會不會是在奇特的偽裝下的福分呢……那樁罪孽——亞當本人和他的全體族類都參與其中了——是不是注定的方式,按照這種方式,透過漫長的悽苦之路,我們就能得到比失去的、與生俱來的幸福還要高尚、還要明亮、還要深沉的幸福呢?」(4:434) 正確的回答是否定的。

　　米利亞姆所說的這種「理論」,許多小說評論家並沒有特別注意。然而,它與霍桑的政治是相悖的,霍桑並不相信所謂正義的暴力,雖然值得強調這種思想,以便讓魔道現形,至少讓那些持不同觀點的人能了解它,最終與霍桑的觀點殊途同歸。正如伊萬·卡頓所指出的「幸運墮落」的概念,「在小說的結尾,被霍桑筆下的美國人明確拒絕了,而敘事者則是含糊的」[353]。

　　當希爾達聽肯楊提出這一問題時,她「面帶恐懼的表情」連忙從他身邊躲開,並叫道:「這太可怕了!如果你真是這麼想的,我會為你哭泣的。

---

[353]　Evan Carton, The Marble Faun: Hawthorne's Transformations (New York: Twayne, 1992), p. 37.

第五章　突顯自身文化主體地位的社會實踐介入邏輯

難道你看不出，你的信條不僅對一切宗教感情甚至是道德法則，是多麼大的嘲弄嗎？你的信條是如何廢除和抹殺了，深刻地寫在我們中間的那些上天的律條？」(4:460-461) 希爾達相信自己的感覺，霍桑雖然批評她過於嚴厲，卻似乎認可她的反應，而肯楊則是完全認同她的，並將她視為自己的精神導師。

米利亞姆的「理論」，讓多納泰羅不為自己的行為感到內疚，霍桑並不支持這種理論，相反，他暗示謀殺讓多納泰羅更像他所殺害的、可惡的「模特兒」。在整部羅曼史中，模特兒的外表、性格和角色，都唯妙唯肖地集中體現在多納泰羅的身上[354]。例如：模特兒從寢陵中現身時，穿著一件羊皮短褲，看起來像一個「古代半人半獸的森林之神」；在伯格才花園狂野的「森林之舞」中，那個模特兒露面時是「一個穿著羊皮馬褲、全身毛茸茸的人，看上去就像是土氣的畜牧神潘本人，歡快的舞步也像潘」(4:87-88)。

像多納泰羅一樣，他也在米利亞姆面前活蹦亂跳，「簡直是在與多納泰羅的靈敏一較高低」，那個模特兒因此喚起了農牧神「動物般的憤怒」和仇恨 (4:89-90)。為了回應米利亞姆的眼神，多納泰羅謀殺這個極相似的人後，就把自己放在與那位模特兒曾經與米利亞姆所處的關係相同的位置了。那位模特兒追逐米利亞姆很明顯是犯了罪，也可能是政治謀殺，而多納泰羅做了同樣的事情，最後代替他在米利亞姆身邊的位置。

霍桑從沒有在細節上告知讀者，關於米利亞姆以前所犯的罪及其背後的動機。羅曼史一出版，讀者就對這種不確定性或者「迷霧」非常反感，在後來的重版中，霍桑增加了幾個段落假裝修改。布羅德赫德把這看成是作品最大的敗筆，並認為霍桑沒有能力成為一名作家：「這就是一位作家的作品，對於他來說，小說居然不交代基本動機，沒有轉換行為，也不做

---

[354] Ibid., pp. 103-104.

第一節　原諒與復仇

進一步的想像或者解釋。」[355] 然而，霍桑之所以沒有詳細闡述這些事情，是因為他希望將這些提升到一個超越歷史的層面。像他的其他小說一樣，他的主要興趣在於結果，而不是「基本動機」，當「轉換行為」是謀殺另一個時，其「基本動機」就不相關了。

像他的朋友奧沙利文一樣，霍桑對任何犯罪都反對死刑懲罰，並對那些親自充當劊子手的人深惡痛絕。奧沙利文在擔任紐約州立法委員時，在他的《廢除死刑懲罰的報告》中提出，正如羅伯特‧桑普森（Robert D. Sampson）所解釋的：

古代猶太人的馬賽克印記……可能適合古代「半野蠻的國家」，並不適於像美國這樣的文明民主國家。[356]

在這個問題上，霍桑與奧沙利文是一致的。奧沙利文提交給紐約州立法委員會的廢除死刑提案一直沒能通過，具有諷刺意味的是，強烈反對這一法案的居然是牧師。即使霍桑說過約翰‧布朗「最公正的莫過於對他處以絞刑」，但他接著解釋說，即使維吉尼亞州「有權」剝奪他的生命，卻「在未來的一小時裡，要是能慷慨地忘記布朗的罪惡，能忘記他莫大的愚蠢，對維吉尼亞州政府來說要好得多」(23:428)。

在霍桑的整個生涯裡，是新約（*New Testament*）而不是舊約（*Old Testament*），影響了他的罪惡觀，儘管他非常想報復厄帕姆。在內戰初期，他發現自己也像康科德人和新英格蘭人那樣，短時間陷入了戰爭狂熱。在《玉石雕像》中，他批評舊約的公正、鼓吹新約的原諒最有力的方式，就是影像研究。在第五章〈米利亞姆的畫室〉中，充滿了各種女人謀殺的畫像：雅埃爾將一根固定帳篷的椿子，插入正在熟睡的西西拉的太陽穴；朱迪斯殺害了赫羅弗尼斯；希羅底（Herodias）的女兒莎樂美（Salome），要

---

[355] Richard H. Brodhead, The School of Hawthorne (New York: Oxford University Press, 1986), p. 69.
[356] Robert D. Sampson, John L. O's ullivan and His Times (Kent, OH: Kent State University Press, 2003), pp. 97-98.

第五章　突顯自身文化主體地位的社會實踐介入邏輯

施洗者約翰（John the Baptist）的頭。

在這些畫中，前面兩個舊約中的女人參與了鎮壓政治反抗的活動，沒能維護其傳統的英雄形象。米利亞姆畫的雅埃爾的草圖，一開始把這個「狠心的猶太女人」表現為一個道地的女人，有著「可愛的身材，英雄一般高貴的美貌」。但是，「米利亞姆要麼是不滿意自己的作品，要麼是不喜歡這個可怕的故事，用鉛筆隨意新增了幾筆，立刻把那位女英雄改成低劣的謀殺者」(4:43)。類似的，在朱迪斯故事的草圖中，赫羅弗尼斯的頭以「狠毒的嬉笑和得意揚揚的怨恨」嘲笑朱迪斯，並讓她感到震驚。這種變化，正如敘事者所指出的，「其寓意在於婦女不管受到什麼動機的驅使，都應該從她內心出發，去為人類生活而奮鬥」(4:44)。雖然這個句子有些神祕，霍桑似乎是暗示，即使是殺害一個壓迫者，人（特別是女人）必須首先摧毀其人性，或者至少要泯滅其憐憫和同情心。

透過莎樂美和施洗者約翰的頭這兩幅草圖，霍桑在某種程度上澄清自身的觀點。在佛羅倫斯烏飛吉美術館中博納爾多盧尼的畫作裡，約翰的眼睛是閉著的。以這幅畫為基礎，米利亞姆的草圖「為那位聖徒的臉上，新增一種溫和與自責的神聖表情，他那哀傷和滿足的眼睛向上緊盯著那位少女，在那神奇目光的力量下，她的全部女性氣質當即覺醒，表現出愛和無限的懺悔」(4:44)。懺悔當然並不奇怪，但愛讓人奇怪。

與雅埃爾、朱迪斯和莎樂美的媽媽希羅底不同，莎樂美沒有意識到正義的復仇，而是感覺到一種新的基督教愛的精神。按照《馬可福音》(Gospel of Mark)，當耶穌知道施洗者約翰被謀殺後，既不生氣也沒有敵意，只是說：「你們都散了吧！去一個偏僻的地方休息一陣子。」眾人聽從了，他神奇地用五塊麵包和兩條魚餵養他們。

基督教愛和原諒的精神，在小說第三十四章和第三十五章中體現得淋漓盡致。在這兩章裡，肯楊安排米利亞姆和多納泰羅在教宗尤利烏斯雕像

第一節　原諒與復仇

旁的佩魯吉亞會面，教宗的雕像是為所有人賜福的象徵。作為理想統治者的偶像，那座雕像坐落在：

一把青銅椅子上，高居於地面之上，像是對當時經過他眼前的忙碌景象表示善意，又是權威的認可。他的右手高舉，向前伸展，如同正在將恩澤撒下，每一個人——青銅教宗的眷顧是如此廣闊、如此明智、如此安詳——都有希望感受到那恩澤悄然降臨到教宗最關切的需要者和哀傷者。那尊銅像不但有君臨一切的威嚴，也自有其生命和觀察力。一個富有想像力的參觀者不由得會認為，這一上天和人間權威的慈祥又令人敬畏的代表，若是有什麼公眾的緊急大變故需要他以姿態，甚或以為這種重大場面所需的預言，來干預、鼓勵和控制人們，他就可能從他的青銅座椅上站起身來。(4:313-314)

當仰望雕像時，多納泰羅感受到「賜福降臨到他的靈魂上了」，當米利亞姆向銅像鞠躬時，能感覺到它「慈祥又令人敬畏的影響」。透過這一番話，「儘管那是為一個羅馬教宗所鑄，一顆悽苦的心無論有何宗教信仰，仍然在那尊銅像中看到了一位父親的形象」(4:316)。霍桑讓這一「上天和人間權威的慈祥又令人敬畏的代表」擺脫了宗派正統性。

根據貝恩的觀察，在佩魯吉亞這一動人的場景處，霍桑一定有結束羅曼史的想法，但他又新增了十幾個章節。貝恩認為霍桑這麼做，是為了探討肯楊「以同情心參與多納泰羅的『罪惡』，並且懷疑它是否是『絕對意義上』的罪惡」[357]。她指出，模特兒是「一個狂人和罪惡的幽靈」，因為他「是一個活著的幻影，沒有真正謀害哪一個人的生命」[358]。

雖然霍桑是為了探討「罪惡」的寓意，可是那個模特兒，不管有沒有米利亞姆的論據，都不是一個鬼影或者幻影，而是一個人，都在他們的眼

---

[357] Nina Baym，The Shape of Hawthorne's Career (Ithaca: Cornell University Press, 1976), pp. 233-234.
[358] Ibid., p. 234.

第五章　突顯自身文化主體地位的社會實踐介入邏輯

前流下真實的血，也確實死了。使用「幽靈」這一術語來指代他，一定是象徵著霍桑回憶起了「我們歷史上最令人悲哀、最恥辱的往事」(6:79)，即反對魔鬼撒旦的戰爭和使用幽靈的證據，導致塞勒姆地區大量無辜平民的死亡。並且，霍桑再一次洞察到，世界上反對邪惡的戰爭很少有取得預期效果的，因此必須對《玉石雕像》有多重闡釋。

神話中反對邪惡的戰爭，以奎多的繪畫中大天使麥可和撒旦為代表，因此代表了人類行為中一種非現實的二元「模特兒」。

作為對比，吉奧瓦尼·索多瑪所繪的基督靠著柱子的畫面，展現出另一種英雄主義，很明顯霍桑是讚賞這種英雄主義的。當希爾達在羅馬藝術館尋求精神啟示失敗後，她回憶起在錫耶納的那幅畫中，這種「無法表達的動人」：

令人崇敬的偉大畫家，雖然將聖子畫成極度令人憐憫的形象，卻沒有讓他只充當一個被憐憫的對象。即便我們不甚了然，但他確是——因道地的奇蹟——因一種上天的威嚴和美麗，以及某種這些外表之下的品性所獲救了。他的樣子很像我們的救世主，被捆在那裡，因受刑而流血、暈厥得奄奄一息。旁邊看得見十字架，真切得如同他在上天，坐在榮光的座椅上！索多瑪在這幅無與倫比的繪畫裡面，比有史以來的任何神學家，都更好地協調了上天和人間的關係，將上帝與受難又憤怒的人性集於一身。(4:340)

我們從他的日記中知道，這種想像打動了霍桑，也打動了他的人物希爾達，他在寫《玉石雕像》時一定非常憤怒。眾所周知，他的女兒吳娜在這段時間染上了天花，病得很重，這讓霍桑也十分痛苦。索菲亞寫信給她的妹妹伊麗莎白解釋說：「我真的非常擔心他，他以前從不知道什麼叫痛苦……沃德夫人說，她從未在他的臉上看過這種表情，悲傷至極，只是沒有流淚——顯示出無盡的悲哀之美——看上去就好像一張死人的

臉。」[359] 在這段憂鬱的時間裡，慈悲而不是憤怒融入了他的作品。

詹妮‧弗朗肖（Jenny Franchot）提出，《玉石雕像》充滿了與羅馬天主教義相連繫的腐朽氣息。她寫道：「霍桑將羅馬想像成一個正慢慢被時間埋葬的巨大屍體，就像是聖濟會教堂公墓中散亂地堆放著一些僧侶的骨架，也像一些去性化的告解室和女修道院的內部。」[360] 對她來說，這部羅曼史從美學上來看是失敗的，由於缺乏表現力和活力，都是些傳統的反天主教的觀點。

這種觀點不無道理，但還有弗朗肖沒有發現的東西，那就是霍桑變化的意象在羅馬之外，特別是在佩魯賈有教宗尤利烏斯的雕像，在錫耶納有索多瑪斜靠著的耶穌繪畫，這些構成代表基督教英雄主義反對舊約復仇主張的有力證據。這些意象讓讀者感到寬慰、希望和重生，這也是霍桑的表達。完成小說大概 5 個月後，霍桑從英國寫信給蒂克納：「如果我寫過什麼好的作品，那就是這部羅曼史了。因為我從未如此被打動過，也沒有感到如此痛苦過。」(18:262)

第二節　建構「家園」的理想

換一個視角來看，霍桑的《玉石雕像》寫於他遠離故土的時期，且小說以藝術家肯楊邀請希爾達引領他回家結尾，小說中「家園」的概念多次出現且是隱喻性的：棲身之所、思念的家園、道德的家園和藝術家的天地，表達出作家建構「家園」的理想。從他早期的故事和短篇小說到最後一部羅曼史，霍桑一直不斷地探究「家園」的重要性和意義。

---

[359] T. Walter Herbert, Dearest Beloved: The Hawthornes and the Making of the Middle-Class Family (Berkeley: University of California Press, 1993), pp. 256-272.
[360] Jenny Franchot, Roads to Rome: The Antebellum Protestant Encounter with Catholicism (Berkeley:University of California Press, 1994), p. 353.

第五章　突顯自身文化主體地位的社會實踐介入邏輯

很明顯，霍桑的早期短篇小說探索的，是從歐洲遺留和傳統中掙脫出來的清教遺產，以及檢驗由此產生的、在美國新「家園」的人物形象。許多有關這一主題的學術著作，如弗雷德里克·紐伯里、麥可·科拉庫西奧、麥可·達維特等人的著作，其重心都在國家身分上。當然，這一關注點在霍桑並不明顯的「歷史性」資料中也有較強的體現。他的遊記，從西元1832年前往紐約和新英格蘭地區的短篇到《我們的老家》(*Our Old Home*)，都探討了國家身分問題和美國傳統。其他的作品如《古屋青苔》和〈海關〉，也都包含了更多關於個人對「家園」的探討。

〈海關〉拷問了霍桑與故鄉塞勒姆的關聯，敘述他在海關的經歷，梳理了先祖在政治上的輝煌，以及寫作《紅字》的緣起，不僅包括霍桑在政治上的掙扎，更多的是他心理上來自先祖的掙扎。最終，來自塞勒姆的不適、海關的經歷以及他自己祖先的罪惡，迫使他下決心擯棄「祖屋」，然後做一個「別處的公民」(1:44)。

尼拉·貝姆、華特·赫爾伯特及吉蓮·布朗等批評家，深入研究過「家園」一詞在美國20世紀中葉中產階級中的反響：對於20世紀中葉的美國人而言，「家園」已經成為一種世俗的宗教，也是生機勃勃的市場的庇護所；它用以界定家庭生活、性別角色和宗教價值觀，最終成為新的國家身分的試金石。在《最最親愛的：霍桑們和中產階級家庭的形成》一文中，赫爾伯特闡述了20世紀中葉美國「興起的家庭文化」的功能，證明霍桑和索菲亞都固守家庭理念，並且得出結論：霍桑等這些作家們，都在作品裡清晰地呈現出社會鬥爭和心理鬥爭。

作為旅居義大利和英國期間創作的作品，《玉石雕像》承載著赫爾伯特所描述的壓力印記：半是羅曼史，半是遊記。這部作品成為「家園」內涵的探索綱要：美國人身分、歐洲傳統、個人繼承的心理問題、家庭理念的牽引力，以及伴隨的性別身分問題都得到呈現。正如詹妮·弗朗肖所

第二節　建構「家園」的理想

說：「對於處於南北戰爭前的美國人而言，歐洲之旅是形成文化身分必要的文化活動。」[361]

弗朗肖推斷，在南北戰爭爆發前的美國，由於反天主教情緒的增強，美國遊客與羅馬（天主教）相遇，引發了他們的文化緊張情緒。天主教思想和等級結構，成為家庭觀念的異端，是對家庭崇拜的威脅。《我們的老家》探索了美國的歐洲傳統。對於霍桑而言，他的義大利之旅和義大利羅曼史也是這一主題的延續。「羅馬相遇」必然與家庭理想的神話交織在一起。

正如在海關的經歷，讓讀者強烈感受到作家的錯位感，在羅馬的經歷繼續挑戰了美國的「普遍繁榮」（4:3），再次顯示霍桑的錯位感。返回美國時，霍桑帶著焦慮和不安，這可以從西元1859年6月22日的日記旁白中得到證實。他在日記中寫道，不久就要回到康科德了，「在那裡可以愉快地稍事休息（如果那裡的確有快樂的話），並享受回家的感覺」（14:572）。

羅馬迫使霍桑面對沒有「家的安全感」的世界，並探究美國戰前的家庭觀。家以外的世界在佛洛伊德看來是暗恐的世界，字面意義是「無家可歸」。佛洛伊德把「暗恐」描述為「熟悉的、早已存在的……因壓抑而孤獨」的感覺[362]。這種家庭的安全感因為暗恐和世界的「非家」之感而削弱。霍桑日記多次提及羅馬的「非家感」（14:56）。他發現義大利的古老住宅都有普遍的敵意。「那裡所有的建築從沒有家庭舒適感這一概念，抑或我們賦予家這一概念的內涵。」他寫道（14:58）。

然而佛洛伊德強調的是「heimlich（canny）」一詞的模糊性。「canny」包含親密的意味，與它的反義詞「unheimlich（uncanny）」有相似處，都有

---

[361] Jenny Franchot, Roads to Rome: The Antebellum Protestant Encounter with Catholicism (Berkeley University of California Press, 1994), p. 16.

[362] Sigmund Freud, The Uncanny, vol. 17 of The Standard Edition of the Complete Psychological Works of Sigmund Freud, eds. James Strachey et al. (London: Hogarth, 1995), p. 241.

第五章　突顯自身文化主體地位的社會實踐介入邏輯

暗藏和看不見的含義[363]。最後，佛洛伊德指出，「不可捉摸（之物）曾經是可知的、熟知的」[364]。霍桑在羅馬的經歷也是如此。儘管羅馬「缺乏家的感覺」，我們發覺霍桑最終在羅馬有了奇特的家的歸屬感。實際上，西元 1859 年 5 月霍桑舉家準備離開羅馬的時候，霍桑記錄下他對這座城的感受：

……（我）再也不想看到這些事物，即使再也沒有一個地方像羅馬一樣，給我以強烈的感受，抑或是使我感覺到如此的親密和奇特的熟悉感。我對它的了解甚至超越了對自己出生地的了解，而且像是熟識已久。雖然我在這裡生活得不舒服，它的環境也讓我失去了活力，而且終日為它日常的煩瑣之物感到厭倦，但我仍然不能說討厭它，或許我對它還有著喜愛之情吧！（14:524）

佛洛伊德對「陌生」和「不陌生」同一性的探究讓讀者明白，異域也可以產生奇特的熟悉感，熟悉感也可以導致奇怪和恐懼的感覺。實際上，羅馬的氛圍在神祕和普通之間，令人不安地變動，破壞了作者的家庭安逸感，表達一種錯位感。慶幸的是，霍桑並沒有去探究這種陌生感：「不過對於這種滿懷疑問和令人痛苦的快樂而言，人生是如此地短暫，我不想再去回顧……」（14:524）他渴望回到美國家鄉的「現實」和「普遍繁榮」（4:3）中，不必再面對羅馬對美國情感和社會結構的挑戰，很明顯，他的恐懼和不適感正在醞釀。從 6 月 22 日的日記中，我們可以注意到這種情感變得非常明顯，雖然僅是附加說明。

既想擁抱家園，又害怕自己無能為力，霍桑正是在這種矛盾的情緒中完成了《玉石雕像》，因此小說表達挑戰家園安全觀的「世界非家」感覺的內容，像是一部敘述自己無根狀態的虛構作品。在小說中，霍桑強調人的

---

[363]　Ibid., pp. 224-225.
[364]　Ibid., p. 245.

第二節　建構「家園」的理想

價值結構和理想家園的人為性和波動性：

> 我們這位可愛的人，其性格中早已注入一切正確的觀念：一個朋友對我們而言，就是好與真的象徵。當他倒下之時，其結果恰似天地隨他坍塌，把支撐著我們信念的支柱砸得粉碎。無疑，我們也遍體鱗傷，神智迷亂，但還是掙扎著起來。我們狂亂四顧，發現原來天空並非當真坍塌了，而是我們自己身後的一個脆弱結構坍塌了⋯⋯因為它失去了基石。(4:328-329)

因為四位主角的理想家園被破壞了，米利亞姆和多納泰羅試圖重新建構和審視被肯楊和希爾達（抑或說是作者）避開的傳統人類家園。同時，這兩位流浪在外的美國藝術家，也經歷了霍桑自身經歷過的陌生感和神祕感，似乎徹底壓制了對美國家庭意識的挑戰。當霍桑準備回到美國，與自己的非家感覺抗爭時，肯楊和希爾達選擇回到美國，打算成為美國家庭生活的典範。

在《玉石雕像》的字裡行間，我們反覆聽到作者自己關於疏離感和對羅馬感到畏懼的聲音。霍桑透過自己的遊記，強調這座城市的「非家感」。「居住」在這座城市裡「完全沒有家的感覺」(4:73)。那裡的「房子都沒有吸引力，既沒有如畫的景緻，也沒有家庭感和社會感」(4:418)。從第三十六章開始，小說的展開開始接近霍桑的筆記。用長達三百字的冗長句子，作者抱怨羅馬在道德和實體上的衰落。這座被作者稱為「長期以來一直在崩壞的城市」，其「沉悶家庭生活氣氛似乎在放大和激增」，他宣稱這座城市不能給人家的感覺，不過比他的家鄉稍好。

當我們以這種心緒離開羅馬時，會驚奇地發現，我們自身已與這座永恆之城神祕地連繫在一起，並且逐漸與這座城市親近，好像它是我們更熟悉、更親密的家園，甚至超過我們的出生地。(4:326) 用佛洛伊德的術語

第五章　突顯自身文化主體地位的社會實踐介入邏輯

表達，羅馬就是「壓抑的反覆呈現」[365]。它是「永恆之城」，是西方文明的源頭，也是美國文明的基石。被描述為遙遠共和國的古老文明遺址，羅馬城因眾多帶給歷史深遠影響的君王們，被譽為美國「斯圖爾特共和國」的源頭。

羅馬共和國的過去似乎比「哥特時期」更近：「我們站在廣場上，或是說在卡庇托林山之巔，羅馬的恢宏史實彷彿就在眼前。」我們感到「與古典時期的親密」（4:164-165）。注視著卡庇托林山，他評論道：「形成當世建築物基石的古卡庇托林遺跡，理所當然地像許多建築物一樣，成為子孫後代選擇在其上繁衍生息的基石，直到世界的盡頭。」（14:183）在霍桑看來，包括美國民主在內的歷史，都建立在古羅馬文明的基石之上，羅馬文化是支撐美國「現實」和「普遍繁榮」（4:3）的基石。

敘事者曾多次提到羅馬地基的牢固性。藝術家們結伴穿行於城市之間，敘事者說：「依山而建的厚重磚石建築與羅馬一樣古老，看上去十分牢固，一如這世界的永恆。」（4:164）儘管看上去安全，可是牢固的地基並不能保證上面的建築就具有永恆性。「在羅馬的地基上，」敘事者說道，「無疑會有新蓋的建築，也有的會消失。」（4:164）羅馬的磚石建築只是基石，是家園建設的基礎。敘事者把這座城市視為「廢墟之淵」（4:155）。這個「廢墟之淵」是建立在前代文明的家庭結構碎片之上的，「因為羅馬大劇場、黃金屋、數不盡的神廟，以及凱撒和其他執政官的大廈，都為建設後世家園提供材料，且代價無法估量」（4:110）。

羅馬的磚石建築不能為這些文明提供安全的基石，是因為那些磚石建築本身就是幻影。霍桑反覆提醒我們城市下面的地下通道。它是沒有根基的。如果說羅馬有脆弱之處，就是那些暗恐的、壓抑的、隱藏在下面又看

---

[365] Sigmund Freud, The Uncanny, vol. 17 of The Standard Edition of the Complete Psychological Works of Sigmund Freud, eds. James Strachey et al. (London: Hogarth, 1995), p. 241.

第二節　建構「家園」的理想

不到的地方。在第三章〈地下的回憶〉中，我們跟隨小說的主角進入聖加里斯都迷宮般的陵寢，以及沿嘉布遣會修建的墓園，都與米利亞姆、肯楊和藝術家們，在第十八章所談論的那個深洞有密切的關係。

「那個裂縫，」米利亞姆說，「僅僅是在我們腳下的一個黑漆漆的洞口而已，是到處都有的。人類幸福所依託的最堅實物質，不過是覆在洞口的一層薄殼，其真實程度也就足以支撐起我們腳下的舞臺幻景。」（4:161-162）米利亞姆強調，我們的「現狀」存在於現實之中，卻如「舞臺布景般虛幻」。我們的組織、家園，每個地方都被隱匿於我們虛弱結構內的巨大裂縫所威脅。「羅馬的所有……都被那條地下裂縫吞噬了！」米利亞姆斷言（4:162）。這些表達讓讀者感受到，霍桑對羅馬和美國的不適，羅馬的無根基性，威脅著存在於「普遍繁榮」和「斯圖爾特共和國」的美國「現狀」中的家庭安全性[366]。

當米利亞姆談論著那些永遠存在於我們下方的裂縫時，希爾達堅信只要有安全與可靠的結構，就可以避免米利亞姆和肯楊所說的毀滅。她回應道：「要是真的有這種裂縫，只要用好的思想和行動架起橋梁，我們就都能安全渡過。」（4:162）希爾達是小說中美國家庭價值觀的代表。她是「現狀」、秩序和繁榮的擁護者，並成為他人道德和藝術的楷模，「這位可愛的人」思想中「都是正確的觀念」，「潛力無限」（4:328，264）。霍桑的隱喻表明，希爾達是道德和藝術繁榮的標竿。隨著小說的展開，她所代表的標準被推翻了，並最終證明她無法代表這些標準。

希爾達的美國遺產與這片「普遍繁榮」的土地的連繫，不斷塑造著她對家園的憧憬，即等級森嚴的父權制家庭，而霍桑在《玉石雕像》中表達的是非家的內涵。當羅馬廢墟對實體家庭和宗族家園都造成威脅時，希爾

---

[366] T. Walter. Herbert, Dearest Beloved: The Hawthornes and the Making of the Middle-Class Family (Berkeley and Los Angeles: University of California Press, 1993), p. 249.

第五章　突顯自身文化主體地位的社會實踐介入邏輯

達努力保持她美國宗族的完整性，始終堅持透過自己的遺產來自我界定。她是《紅字》中父權種族價值觀的合法繼承人，並一直強調，自己是「清教徒的女兒」(4:362)。希爾達堅持美國傳統，進一步表明她堅信家長式認識論：堅持客觀，崇尚真理。實際上，希爾達似乎是一個缺失母性的非自然人。她的遺產具有雙重性，既是清教徒的女兒，又是古代藝術大師的女兒。

希爾達及其價值結構屬於父權制，她是美國家庭觀建構的女性角色的典型化身。她就像是米利亞姆的模特兒，時而是「一位極柔順的女子，時而是浪漫的女英雄，時而是個村姑，不過都是做給人看的，完全就是人造的，為的是穿戴上絢麗的披巾和袍服，設計時裝用的」(4:41)。米利亞姆接著說道：「我不經意地挖苦起別人來了，像是以我這個人體活動模特兒來描述十之八九的婦女。最大的用處就是它能給我作伴。」(4:41-42)

實際上，希爾達似乎是女子的「典範」，並且符合羅曼史主體中的藝術和道德標準。就像《福谷傳奇》中的普里西拉，「她是典型的好女孩，好像是男人花了幾個世紀製作的」(3:122)。希爾達作為被男性操縱的角色，在小說結尾的嘉年華場景中也得到了表現。正如約翰・麥可 (John Michael) 指出的，肯楊遇見快樂的女士是「雕刻家傷感的奇異戲仿」[367]，是小說事件的重述。那是一位「不同尋常的女子」[368]，也是希爾達的化身。

瑪麗・拉索關於奇特女性的作品，令我們想到那些如同節日般快樂的女子，實際上是男子化裝而成的，就像下面的情形，「高大身材的女性，至少有七尺高，幾乎占據了三分之一街道的寬度」(4:445)，這種性別身分似乎合理地表現希爾達的位置。她「披上了」女性化的外衣，完全受父權制所掌控。身為美國女性楷模，即便是漂流海外的藝術家，希爾達仍是

---

[367] John Michael, "History and Romance, Sympathy and Uncertainty: The Moral of the Stones in Hawthorne's The Marble Faun," PMLA 103 (1988): 157.
[368] Ibid., p. 157.

第二節 建構「家園」的理想

家園的代表。米利亞姆說:「她的確有著小家庭主婦般的精確和次序。」(4:67) 希爾達堅持用她的藝術觀和先人的文化,打造自己的家園。

正如〈海關〉中的官員們,希爾達堅守並效忠她父系祖先建立的價值體系,並且很好地運用了她從前人藝術家那裡學到的東西。她是:

一個精緻的工具、一件得心應手的機械零件。藉此之助,某些已故的繪畫大師的精靈,在自己凡世的手辭別人世間數世紀後的今天,在其畫具也修飾成粉末之時,才第一次將其理想付諸實現。(4:59) 為了對老一輩的大師負責,傳播和展現他們的價值,希爾達女性的生育能力似乎被破壞了:

她放棄了取得獨創性成就的初衷,她對這些藝術家崇拜得五體投地,對他們教會她的一切感激不盡。在他們面前,她只感到自己卑微,只想對他們衷心敬畏,而不可能妄圖躋身於他們之列……她一切青春的希望和雄心,奇妙的想法……用她女性的思緒理解的偉大畫作已經消失了。(4:57)

很明顯,希爾達被反覆強調的純潔也與此相關。在對父系形式的崇拜中,希爾達否定自身的實體存在。

她嚴格遵守父系原則,成為一名價值仲裁者,限制代表可能性的範圍,以犧牲其他一切為代價,來權衡一個意義。她愛家、善於克制、遵守秩序,又能從表面混亂的無序中發現「真實」。只有她知道那些大師畫作的設計和真正價值,只有她在一群藝術家中,正確地從基多的大天使臉上,讀到魔鬼的臉。不過,在解釋基多的作品時,儘管有人認為她「從似乎是塗鴉的鉛筆痕裡解開這一設計」,實際上是她簡化了設計,限制了意義。僅僅將意義限制在幾筆劃痕上,她漠視一些痕跡中被置換結構的多樣性,而這些痕跡被敘事者稱為一種「試圖想要抹去的設計」(4:138-139)。她排除藝術價值的多樣性,建立了自己的藝術家園。

她的藝術評價與其狹隘的道德判斷完全一致。當米利亞姆提出貝雅特

第五章　突顯自身文化主體地位的社會實踐介入邏輯

里的「罪惡並沒有那麼嚴重，或許並沒有犯罪，但是最好的美德可能存在於環境之中」(4:66)，希爾達認為，這是對清教先祖所界定的罪惡和美德的冒犯。在她看來，貝雅特里的弒父違背了家庭倫理，違背了父輩的價值，是「極端、無法救贖之罪」(4:66)。

希爾達不僅對貝雅特里做出審判，而且對米利亞姆也進行了審判。在小說結尾，她變成肯楊道德感知的仲裁者。當肯楊試著解釋他們的這段經歷時，提及人類可能會改變天性，希爾達稱：「我不會改變你的道德！」並且當肯楊提及幸運的墮落時，希爾達的非難更加嚴重：

「噢，噓！」希爾達叫道，面帶恐懼的表情從他身邊躲開。這讓可憐的、愛思索的雕塑家傷心透頂。「這太可怕了，你若是真這樣想，我會為你哭的。你難道看不出，你的信條對一切宗教感情和道德法則，是多麼大的嘲弄嗎？你的信條是如何廢除和抹殺，深深地寫在我們中間的那些上天的律條？」(4:46)

她的判斷是由上古社會的價值所指引的，她的責備也讓肯楊停止了思考，只能將其判斷作為道德繁榮的標準來看。

米利亞姆則與希爾達完全相反。像貝雅特裡一樣，她渴望逃離和否認她的「父權制家園」。在小說的最後，我們知道那是個殷實之家，她具有「貴族」頭銜，她的家族有「很大的影響力」(4:430-431)。家族為她安排好的婚姻，將她牢牢地拴在那個父權制的結構之下，米利亞姆奮起反抗，因為她已了解到父權制家園的限制性。相應地，霍桑多次使用監禁類的詞語，來描述米利亞姆的境況。像《紅字》中的監獄一樣，《玉石雕像》中的父權制家園成了囚禁和奴役之地。「我的真實，」米利亞姆感嘆，「是什麼？是無法毀滅的過去⋯⋯是可怕的夢，我行走在其中，那堅固的石質材質證明，沒有辦法可以從其間逃脫。」(4:82) 米利亞姆的模特兒，也許是小說中最可怕的元素，即米利亞姆「父權制家園」的化身。死後他被證明是羅

第二節　建構「家園」的理想

馬天主教堂的奴役,而教堂是後來限制希爾達的父權制堡壘,這樣就強化了模特兒與父權制之間的關係。

米利亞姆渴望從暴力和父權制家園的束縛中解脫,這都體現在她的畫作中。與希爾達不同,米利亞姆並不膜拜古代大師。相反,她是位原創型的藝術家,正如她的聖經敘事中所顯示的,她要解構傳統的父權制敘事和藝術表現方式。就像貝雅特里的故事一樣,這些畫作「反覆表達出……女性充當了向男性復仇的角色」(4:44)。米利亞姆說,她們代表著「糾纏我的東西」(4:45)。

其他的畫作一開始都是些舒適的家庭場景,包括「家庭場景和公共場景,精緻又細膩,都是我們身邊發生的事情」(4:45)。後來的畫作「增加了一些不確定的東西,這使得世俗與人世天堂有著巨大區別」(4:45),其中的家園場景縈繞著擾亂「平凡生活」的幽靈。在每一幅素描裡,「形象都被描繪得支離破碎……大多是同一個形象……並且,每一個臉和形象都有一點米利亞姆的特點」(4:46)。米利亞姆的第一批素描,將自己和貝雅特里連繫在一起,並反覆隱晦地出現在「家庭場景和公共場景」中,就像她描述的存在於「人類幸福的堅實物質」之下的裂縫,代表著對父權制家族的「真實」和「普遍繁榮」持續不斷的威脅。她是反叛和毀滅的化身。

米利亞姆反抗父權制家族的主要表現,是她最終逃離家園,並參與了模特兒謀殺。當希爾達見到米利亞姆的模特兒被謀殺後,她拒絕了米利亞姆。米利亞姆的回應是:「她對我而言是女性的典範,當她拋棄我的時候,我覺得自己已經擺脫了所有束縛我性別身分的條條框框。她讓我自由了!我應該感激她。」(4:287)米利亞姆把自己與希爾達的別離看作自我解放,因為這讓她從父權制家族的限制,和搖擺不定的模範女性形象中解放出來。

從家族的束縛中解脫,這個沒有家也沒有名字(米利亞姆是個虛構的

第五章　突顯自身文化主體地位的社會實踐介入邏輯

名字）的女子，成為小說中另外一個非家幻覺的代表。在描述她的自畫像時，敘事者強調了她的非家幻覺。她是一位不會待在家裡的美女，所以她不會建立一個家庭：

這是一幅美女的畫像，那種美，一個人終其一生也只可能見過兩三次而已。那種美似乎能進入你的意識和記憶，之後就再也擺脫不掉，無論你是痛苦還是快樂，總令你魂牽夢縈。它把你的內心王國變成一塊已征服的領土，只是她不肯屈尊在那裡安身定居。（4:47-48）當希爾達目睹米利亞姆參與模特兒的謀殺時，她也經歷了暗恐：見證自身家族價值觀的毀滅。她第一次感受到羅馬的陌生，懷念故土的安全和友好。佛洛伊德說：「當之前某些想像中的東西在我們面前變為現實時，就容易並常常產生非家幻覺。」[369] 當希爾達參與謀殺案後，霍桑描述她的狀態：

令人沮喪的是，世間確實存在罪惡，（儘管很早之前我們就已經想像，自己承認了這讓人難過的事實），但直到發現我們所深深信賴和崇敬的引路人，或者我們所深愛著的朋友，也犯下罪惡這一事實，它才成為我們實際信念中的一部分。（4:328）

緊接著，霍桑又描述這位「可愛的人」墮落後帶來的影響，「就好像天空也坍塌了，支撐我們信念的柱子也轟然倒下」（4:328）。這正是希爾達的狀態，她那看似安全的、「普遍（道德）繁榮」的價值觀在廢墟中倒下了。

她最親愛的朋友，她的心曾是她最寶貴的財產，如今已不復存在，而且在這沉悶的虛空中，米利亞姆消失的期間，這實質、這事實、生活的完整性、努力的動機、成功的喜悅已經和她分開了。（4:206）希爾達用來建構自己世界的真實已成為廢墟，那是熟悉的、安逸的真實。現在，希爾達第一次感覺到羅馬的疏遠，渴望美國那種安全和「真實」，她第一次「開始

---

[369] Sigmund Freud, The Uncanny, vol. 17 of The Standard Edition of the Complete Psychological Works of Sigmund Freud, eds. James Strachey et al. (London: Hogarth, 1995), p. 244.

第二節　建構「家園」的理想

知道這離鄉之痛」：

> 她繪畫的想像力源自故土鄉村的鮮活場景，巨大的老榆樹，整潔、舒適的房屋分散在街邊寬敞的草地上，白色的會客室和她媽媽的房門……哦，沉悶的大街、宮殿、教堂和悶熱又塵土飛揚的羅馬的皇家雕像……她在這些破敗的宏偉景象前是如此地心痛，就像這一切是壓在她心上似的！她多麼渴望那故國的感覺，那些熟悉的感嘆，那些她熟知的面孔，和那些永遠不會發生奇怪事情的時光……(4:342)

或許最讓希爾達不安的，是一種熟悉的「非家」感覺，存在於她和米利亞姆之間的親密關係。多納泰羅的陳述也表明了希爾達和米利亞姆之間的關係。敘事者在小說全篇都暗示性地表達這兩位女主角的平行關係。在小說前半部分描述米利亞姆的詞句，也可以用來描繪謀殺案發生後的希爾達：

> 然而，讓我們相信米利亞姆可能是無罪的，只是屬於我們凡人最難以猜透的謎語中的一種命運。天意注定，每樁罪行都會造成許多無辜者的極度痛苦，連那唯一的罪人也難逃其劫。(4:93)

前面已多次把兩位女士與貝雅特里的畫像對比，米利亞姆與貝雅特里屬於平行關係，前者將後者的「惡」解釋成「可能是在那種環境下真正的美德」(4:66)。在見到米利亞姆和多納泰羅的「罪行」後，希爾達從貝雅特里和米利亞姆身上，看到她自己的痛苦：

> 現在，在畫架的對面掛著一面鏡子，其間映照出貝雅特里和希爾達的臉……恰巧希爾達看了鏡子一眼，這偶然的一瞥讓她看到所有這些形象。她猜想——這些也沒什麼好怕的——貝雅特里的臉也畫在了她的臉上……(4:205)

正如敘事者之前曾為米利亞姆辯護過，他也宣稱希爾達是無罪的。他考量了貝雅特里的罪，肯定米利亞姆的審判：「實際上，誰又能看那

第五章　突顯自身文化主體地位的社會實踐介入邏輯

張嘴——嘴唇張開著,就像哭泣的天真嬰兒——不會說貝雅特里無罪呢?」(4:205)言下之意是,貝雅特里的表情並不是了解到自己的罪,而是「意識到她父親的罪惡」(4:205),與米利亞姆一樣,是了解到父權制家族的錯誤。然而希爾達潛意識裡拒絕接受這種認知。她迅速「又緊張地搬動椅子,這樣她就看不到鏡子中的景象了」,而且「她的思緒不斷跳躍,卻找不到任何可以讓她舒服地依賴的東西」(4:205)。結果,她既拋棄了米利亞姆,又驅除了由貝雅特里和自己帶來的暗恐威脅。

現在,希爾達意識到存在於「人類幸福的堅實物質」(4:161)下面的裂縫,拚命地試著重建她曾經認為很簡單就能建構的橋。感覺到羅馬的「非家感」後,她開始追尋家園。當她轉向天主教堂尋求安慰時,敘事者提到了聖彼得大教堂:「倘若宗教也有實體的家,應該在這裡吧?」(4:351)在那一刻,也許希爾達第一次感覺到嚴苛父系一代的非自然性,因為她與天主教的連繫被描繪為對母親的找尋。想到聖彼得大教堂聖母所代表的意義,希爾達想,「為什麼沒有女性來傾聽女性祈禱者的心聲呢?像我一樣沒有母親的孩子,需要一位天上的聖母」(4:384)。

敘事者這樣描述希爾達在教堂裡跪拜的場景:「這不是天主教徒跪拜在一個盲目崇拜的神龕前,而是滿臉淚痕的孩子在尋求母親的安慰。」(4:332)甚至是她進去的、標示著不同語言的懺悔室,也表現出一種母性的安慰。希爾達選擇了英語懺悔:「這是合適的語言!如果她在神龕內聽到母語在召喚她的話……希爾達就會更加不可避免地順從地回答了。」(4:37)然而之前希爾達說過「古典大師並不能解放她」(4:334),她確實在尋找母性形象的行為,證明了這些陳述都是真的。她所找尋的母親,實際上是為了另一個父系結構的建構,聖母作為女性沒有罪惡的歷史和身分,是由羅馬天主教堂的父系結構所維繫的。她尋找一個矛盾、一位「聖母」,並且,毫無懸念地,「她始終未能找到那位她需要的聖母」(4:348)。

第二節　建構「家園」的理想

　　相似的是，儘管她幻想母親的聲音召喚她去懺悔，可是聽她懺悔的卻是一位牧師、「父親」。接著，這位牧師試著引導希爾達進入教堂，吩咐她說：「到這裡來，親愛的孩子，可憐的流浪者……到家裡來休息一下。」(4:362) 她拒絕改信天主教，在懺悔中講明她的經歷，屈從於父系家族權威的行為，都是回歸家園的表現。希爾達懺悔後，敘事者說，她「又是一個女孩了，是住在鴿巢附近的希爾達，不再是那個連她自己的鴿子都認不出的人」(4:358)。

　　她的經歷讓自己肯定的道德「微開」了「一道監獄之門」，讓她懷疑自己一直堅守的價值觀的安全性：

　　她自問：除了米利亞姆是有罪還是無辜這個單一的問題，就沒有其他情況需要考慮了嗎？比如，是否因為任何不值得的關係，而切斷了親密的友誼紐帶呢？

　　希爾達發現這一道德難題擺在她的良知面前，而且感到無論她站在哪一邊，另一邊就有冤枉的叫喊，這實在讓她痛苦。(4:385)「道德難題」的發現，再一次讓希爾達懷疑自己曾經接受的安全價值觀，當她去森西宮殿郵寄包裹給米利亞姆時，這種價值觀曾經帶她進入一個安全、舒適的家以外的世界——猶太人「貧民窟」。儘管「米利亞姆經過這一地區的邊緣，但是沒機會踏入」，她有機會去了解自己家園的排他性，看到家園牆外的廢墟，因為「它相鄰的地區自然也沾染上那些特點。大片烏黑可怕的住房，亂糟糟地搭建在舊時代的廢墟上」(4:388)。從她去森西宮殿來看，我們可以想像，希爾達也許從迷宮中出來了，並吸取了貝雅特里的教訓——「意識到父輩的罪惡」(4:205)。

　　只是希爾達並沒有吸取教訓。當她到達森西宮殿時，就像貝雅特里一樣，她也被囚禁了。希爾達解釋說，她被囚在「特利尼達·德·蒙特的聖心修道院」，「受到那些虔誠嬤嬤的好心照管，而監視她的是名親切的老

第五章　突顯自身文化主體地位的社會實踐介入邏輯

教士」(4:466)。在父權的管束之下，希爾達終於找到家的感覺。「如果不是一兩次令人煩心的回憶，又因為我是清教徒的女兒，我寧願永遠住在這裡。」她說。(4:466) 這次經歷永遠關閉了「監獄之門」，希爾達不再被道德難題的模糊界限所困擾。

當肯楊提到多納泰羅的尷尬地位，和可能的「幸運墮落」時，希爾達回應道：「難道看不出，你的信條對一切宗教感情和道德法則，是多麼大的嘲弄嗎？」(4:460) 她又一次用自己的信條做出判斷。就像米利亞姆一樣，多納泰羅與希爾達形成了鮮明的對比。與希爾達不同，這位年輕義大利人的家族史，產生了否定父系價值觀的作用。多納泰羅的家族譜系並「不是線型的」。「要上溯多納泰羅祖先的模糊起源，就像旅行家要達到尼羅河神祕的源頭一樣困難，」敘事者告訴我們，「遠遠超出確鑿而明顯的事實範圍之外，一位羅曼史作家卻可能步入一片古詩的天地，那裡久未開墾和涉足的沃土，會消失在幾近是蠻荒野地之中。」(4:231)

就像被掩埋的羅馬源頭，貝尼山的源頭也相當模糊了。多納泰羅的宗族證實是真實和寓言的混合：「他的祖先並不完全是人類……而是一個林間生物愛上了人間少女。」(4:233) 因為有這種模糊的背景，跟希爾達相比，他對模特兒被殺的反應完全不同，相反，這段經歷讓他從虛偽的人類軀體中解放出來。肯楊猜測，「在這些經歷之後，他會用自己新的視角來重構和審視這個世界」(4:284)。實際上，多納泰羅的確學會了如何重構這個世界，並把自己的世界觀碎片拼湊到一起，學會「為自己解讀每個片段」(4:306)。

由於藝術的敏感性，小說中的肯楊也非常激進，卻不會固守觀念。在小說開頭，他表達自己對希爾達思維方式的欣賞，隨著小說情節的發展，他越來越被她吸引。希爾達失蹤後，肯楊首次感到羅馬的「非家」感。就像目睹米利亞姆「墮落」的希爾達一樣，他發現缺失了什麼，那是他心愛

第二節　建構「家園」的理想

的人曾經待過的地方。他的世界成為一片廢墟，他似乎也意識到，建構家園的是「虛幻的物質」，是脆弱的：

或許就在這時候，肯楊才第一次覺察到，羅馬是座多麼憂鬱的城市，是壓在人身上多麼可怕的重量，內心的任何鬱悶都與灑遍古代帝國基地上廢墟的魔咒呼應了。事實上，他四處遊逛，在臥倒的立柱上絆倒，在墓園裡摸索，走進漆黑一團的地下寢宮，卻找不到來的路徑。在羅馬晴朗的天空下，這樣一路走下去可能是愉快的。不過，你到那些地方是懷著憂鬱的心情——若你去時心中就有廢墟，或者心中原有的虛無縹緲的幸福不復存在，成了一片空地——往昔羅馬的一切沉重的陰鬱，就會累積在古蹟之上，也會以成堆的大理石和花崗岩、土堆和磚塊，以及其他腐朽的材料把你壓垮。（4:409-410）

他去坎帕尼亞尋找希爾達，只發現米利亞姆和多納泰羅留下的雕像「碎片」。這尊維納斯雕像代表著變化後的希爾達，也代表著「可愛的人」墮落後脆弱、破敗的家園圖景。為了男性崇拜，希爾達放棄自己女性的外形，不同的是，這座雕像是一尊「傳神的⋯⋯女性形象」（4:424）。肯楊開始重新審視和重組這些碎片。實際上，米利亞姆和多納泰羅希望肯楊能重建無序的廢墟，重塑希爾達，但他沒能完成，無法認知另一種形態的希爾達。

「我在尋找希爾達，卻發現了一位大理石的女子！這種預示是好還是壞呢？」他說。（4:423）「恐怕他很難成為一名完美的藝術家，」敘事者說，「因為有比他的藝術更為親切的東西。」（4:424）那就是希爾達，原來的希爾達，他的藝術和道德家園的「脆弱結構」。對肯楊來說，「這座傳神的雕像似乎又跌落了，變成一堆毫無價值的碎片」（4:424）。肯揚的努力失敗了，但他拒絕現存價值之外的變化。

肯楊選擇了妥協，心甘情願被希爾達「馴化」，這解釋了小說結尾他

第五章　突顯自身文化主體地位的社會實踐介入邏輯

選擇的道路。回到柯爾索,他已經無法在「傳統而不真實」的羅馬嘉年華世界裡找到那一價值(4:436)。嘉年華顛覆了這個現實世界的父系認知論。正如傳統,它是瞬息萬變的,是新的——它包含著「遺傳的形式」和「現代的他者」(4:436)。這是一個「花許多世紀設計的神奇變化」的世界,是「人生的瘋狂和快樂之光」(4:437)。嘉年華代表了非家幻覺的「深邃智慧」。不過,正如肯楊之前拒絕雕像所蘊含的智慧一樣,他將嘉年華視為一個令人困惑的、無意義的歡樂迷宮,同時敘事者強調:「要是他能堅持自己的眼睛見到的場景,也許他仍然能發覺它的歡樂和宏大。」(4:438)約翰·麥可指出,對肯楊來說,嘉年華代表著「羅馬最典型的非家特徵」[370]。

像希爾達一樣,肯楊選擇漠視羅馬的非家感。當肯楊遇到嘉年華上的女子時,「儘管她發生了變化,仍然喚起了故事的主要內容……他沒能意識到自己在這場戲中的作用」[371]。如果藝術家可以正確認識自己,他就能意識到希爾達只是具有陽剛之氣的雌性人偶,他還能感受到自己未來的命運掌握在她的手上。在嘉年華敘事中,這個怪誕的女性模特兒給肯楊帶來了致命傷害。在《玉石雕像》的敘事中,他也同樣受到了打擊,最終喪失獨立和自我。屈服於他身邊的社會標準,他成為〈海關〉中霍桑描述的政府官員一樣的人。只有找回希爾達,肯楊才能重新獲得平衡。她仍然是他的中心力量,一個安全、馴化的家園投射。

後來,當希爾達用「道德體系」的家長式狹隘,來反駁肯楊提出的幸運的墮落時,肯楊回應道:

原諒我,希爾達……我從來都不相信這個。但是我的思緒越來越寬……天上沒有明星照亮,下面也沒有明燈指引我回家……哦,希爾達,請引領我回家。(4:460-461)

---

[370] John Michael, "History and Romance, Sympathy and Uncertainty: The Moral of the Stones in Hawthorne's The Marble Faun," PMLA 103 (1988): 157.

[371] Ibid., p. 157.

第二節　建構「家園」的理想

　　即將返回美國之際，肯楊也準備接受希爾達界定的狹隘世界。像希爾達一樣，肯楊沒能意識到自己所提倡的標準，只不過是「人類建構的脆弱結構」。他同樣也看到了這種結構易於崩塌，卻又用同樣的標準將這些碎片加以重構。

　　在小說的結尾，敘事者似乎想努力鎮壓這種非家幻覺。多納泰羅被囚禁起來，而米利亞姆也站在「一個深不可測的深淵的另一邊」(4:461)。她被希爾達和肯楊拋棄了，也被她的創造者拋棄了。同時，希爾達和肯楊也決定回美國結婚。希爾達是中世紀家庭信條的產物，她回到美國去強化那個造就她的機構，回到美國的家，成為中世紀父權制家族模式的中心形象，「在她丈夫的爐邊，她本人作為家庭中的聖徒，受到供奉和崇拜」(4:461)。最後，這對情侶決定在美國定居。

　　米利亞姆的放逐也許表明，霍桑想要去除縈繞在自己心靈深處的、羅馬的非家幻覺。然而，正如他的筆記所顯示的，不僅對於肯楊和希爾達，甚至對於霍桑自己，這都是一件難事。小說結尾，霍桑似乎將自己與他們進行對比：

　　他們決定返回自己的祖國，因為當我們在國外住得太久時，歲月就難免有一種寂寥感。在這種情況下，我們就把現實生活推遲，直到我們再次呼吸家鄉空氣的那一未來時刻。不過，一拖再拖之下，就沒有未來時刻了。或者，我們有朝一日返鄉之後，卻發現故里的空氣已然失去了其勃勃生氣，而且生活也將其現實移到我們注定只能充當臨時過客的地點。於是，在兩個國家之間，我們在哪一方都無最終安置自身不滿的骨骸之地。(4:461)

　　我們再一次感受到霍桑在日記裡明確表達過的不適感。美國正面臨著令人不安的、既狡黠又暗恐的跌落，此時霍桑也準備返回美國，所以他懷疑自己是否有能力回國安家。

225

第五章　突顯自身文化主體地位的社會實踐介入邏輯

　　在最後一章，敘事者警告讀者不要過於深究「故事的神祕性」，也不要「在正確的一面已經完全地展示在眼前後，還堅持只看掛毯錯誤的一面」，因為「任何關於人的行動和冒險的記敘——不管我們稱它為歷史，還是羅曼史——都是脆弱的手工藝品，租借比製作更容易」(4:445)。霍桑熟稔「羅曼史」和「歷史」的區別。如今，羅馬的經歷及其對美國情感、意識形態和社會結構的挑戰讓他明白，什麼是美國的「普遍繁榮」和「真實」(4:3)，這些都是編織羅曼史的結構。

　　假使像希爾達和肯楊一樣，霍桑試圖壓制羅馬帶來的非家幻覺和不舒適感，那麼這些思緒都會貫穿在他的作品表面。在他回到美國之後，這些現實變得更難忽視。在尤娜·霍桑（Una Hawthorne）患上了折磨她一生的「羅馬熱病」（瘧疾）後，他回到了處於內戰前夕和家族混亂的美國。在這些遭遇中，他面對著祖國和家庭的分裂，開始去書寫兩個國家的傳奇。西元 1862 年，在寫給安妮·菲爾茨的信中，索菲亞·霍桑證實了羅馬的暗恐帶給她丈夫的影響：「在羅馬的那些天的確讓他變得憂鬱，並且他覺得自己再也無法從中痊癒了。」[372]

---

[372]　T. Walter. Herbert, Dearest Beloved: The Hawthornes and the Making of the Middle-Class Family (Berkeley and Los Angeles: University of California Press, 1993), p. 275.

第六章

短篇及小品：藉助通俗趣味，拓展自身嚴肅藝術創作空間的文化策略

　　前面曾經提到過，敗落的貴族之家使霍桑從小養成了喜歡寧靜和穩定的個性。在被自己銷毀的第一部小說《范蕭》中，霍桑就表現出渴求寧靜和穩定的願望，特別是在面對充滿激情的活動時。對於霍桑來說，不受理智控制的強烈情感，對個人、社會和國家都是巨大的威脅。

　　崇拜傑克遜民主，特別是閱讀美國十七、十八世紀的歷史，讓霍桑建構起強烈的和平主義觀，並成為其政治觀的基礎。這種思想從他藝術錘鍊的短篇小說創作開始，就已經表現出來，在兒童文學中尤其明顯。除此之外，還蘊含著實用主義的政治和英雄主義的夢想。然而，19世紀上半葉的美國文學市場，完全被一群創作通俗趣味作品的女性流行作家所占領，要想在這種語境中生存下來，又不至於斷送自己的文學之夢，如何拓展自身嚴肅的藝術創作空間，選擇怎樣的創作策略就變得至關重要。

第一節　祖父之椅的歷史：和平主義的政治觀

　　《祖父之椅的整部歷史》(*Grandfather's Chair a History for Youth*)（以下簡稱《整部歷史》）是霍桑寫給孩子的一系列歷史小說，由三部分組成：《祖父之椅》(*Grandfather's Chair*)、《傑出的長者》、《自由之樹》，目前受

第六章　短篇及小品：藉助通俗趣味，拓展自身嚴肅藝術創作空間的文化策略

到較少關注，卻是一部思想深刻的政治作品，明確表達作者的和平主義思想及其對暴力的反對。由於要面對的是兒童讀者，霍桑放棄了慣有的諷刺，並賦予善良的敘事者——祖父，與作者等同的豐富想像力。祖父講述美國歷史上從麻薩諸塞灣殖民地的建立，到美國革命初期的主要事件時，批評了殖民者及其領袖，展現與傳統表達讚頌情感完全不同的政治傾向。小聽眾們也對此做出多種不同的回應，霍桑在他主要的羅曼史中，常常透過不同的闡釋者來呈現這些不同的觀點，並考慮一些有爭議性的問題。

四個孩子總是準時聚到祖父身邊來聽他講故事[373]。最成熟的孩子是勞倫斯，一個12歲的陽光、有思想的男孩，他總是認真聽故事，並對祖父所講故事中那些對印第安人、震顫派教徒、阿卡迪亞人，以及托利黨人實施的暴力，表達出成人所具有的沮喪。他9歲的弟弟查利是「一名勇敢、活潑、無法安寧的小傢伙」(6:11)，作為勞倫斯的陪襯，他喜歡聽戰爭故事，對犧牲者或失敗者沒有同情。例如，在聽完阿卡迪亞人被英國人趕出家園所遭受的痛苦後，查利喊道：「這是他們自己的過錯……他們為什麼不為保衛自己的國家、自己的出生地戰鬥呢？」(6:129) 至於說托利黨人，他希望他們都被「塗上柏油，在每一個人的身上黏上羽毛」(6:177)。

男孩們的堂妹、十歲的克拉拉，及其小妹妹、五歲的愛麗斯，很少像男孩子那樣表達意見，只是在祖父描述死亡和痛苦時感到悲傷，祖父也常常因為她們的緣故，避免講過於傷心的故事。例如，當克拉拉問在殖民地是否有奴隸時，祖父給出的是一個含糊的回答：

是的，黑人奴隸和白人……我們的祖先不僅從非洲帶來了黑奴，還從

---

[373] John W. Crowley, "Hawthorne's New England Epochs," ESQ: A Journal of the American Renaissance 25 (1979): 60.

第一節　祖父之椅的歷史：和平主義的政治觀

南美帶來印第安人，從愛爾蘭帶來白人。為了籌集橫渡大西洋的費用，這些人最後都被賣掉了，不是終身的，具有一定年限。那時候在報紙上兜售愛爾蘭女孩的廣告隨處可見。至於說黑人小孩，他們就像小動物一樣被送掉。（6:109）

查利和愛麗斯開玩笑，說她賣玩具就像是賣一個真實的小孩，而克拉拉對這種解釋沒有做出回應，這對今天的讀者來說當然是一種冒犯。很明顯霍桑認為，祖父的兒童聽眾會很好地對待這個故事，霍桑的讀者也會發現這很有趣。雖然祖父所講的波士頓大屠殺的故事，讓愛麗斯害怕地哭了，這也讓她成為關於戰爭話題的道德代理人。正當祖父在總結他所講的故事時，「小愛麗斯的痛哭」打斷了他，於是霍桑解釋道：

在他滿懷熱情地講故事時，忽視了讓敘事變得溫和些，目的是不讓這個不諳世事的孩童心靈受到驚嚇。自從祖父開始講這把椅子的歷史後，小愛麗斯就聽了許多關於戰爭的故事，但是……（6:170）西元 1840～1841 年，當霍桑在寫《祖父之椅》時，美國正在選舉威廉・亨利・哈里森將軍為國家總統。哈里森是在老西北地區與印第安人的戰鬥中贏得名聲的，並擔任過印第安納地區的州長，他於西元 1811 年在該地區的蒂珀卡努戰役中，擊敗特庫姆塞的軍隊。輝格黨選擇他當總統候選人，是因為他是一位戰鬥英雄，知名度高，還因為他在當前分裂問題，特別是奴隸制問題上，不為人知的立場。

輝格黨沒有製作黨派競選平臺，但精心策劃了著名的「小木屋和蘋果酒」競選活動，為哈里森和他的競選夥伴約翰・泰勒（John Tyler）拉票。競選活動包括音樂、巡遊、火把遊行、蘋果酒等，其著名的口號為「蒂珀卡努以及泰勒」。除了抓住民主黨候選人約翰・昆西・亞當斯（John Quincy Adams）在西元 1828 年總統大選中的醜聞，輝格黨人還把現任民主黨總統馬丁・范布倫諷刺為一位東部貴族中的勢利小人。雖然民主黨在麻薩諸塞

第六章　短篇及小品：藉助通俗趣味，拓展自身嚴肅藝術創作空間的文化策略

州州長競選中以一票的優勢獲勝，輝格黨卻在總統競選中勝出，這也導致霍桑失去了波士頓海關檢查員的職位，儘管那份工作他並不喜歡。

哈里森將軍和輝格黨煽動群眾的行為，為霍桑的《整部歷史》提供了政治背景，這部兒童故事集也強調戰鬥英雄虛假的名望人氣，以及群眾面對煽動的脆弱性。在書的第二部分《傑出的長者》中，祖父被一陣「由遠及近的喧囂聲」驚醒，喧囂聲「越來越大」：「鼓聲、橫笛聲、喇叭聲，夾雜著喊叫聲，都好像是一些孩子氣的聲音，從走過人行道傳來的沉重腳步聲來看，人數還不少。看著漆黑的窗外，祖父可以看見火把的亮光，也能看見柱頂上的街燈，在喧鬧聲中靜靜地矗立在那裡。」(6:86)

起初祖父以為這種喧鬧聲，是自己對殖民地過去的想像，但小勞倫斯告訴他：「這是波士頓的孩子們在遊行，慶祝過去蒂珀卡努的勝利……查利也跑出去參加了。」於是敘事者說道：「『啊，好！』祖父笑著說，『不同時代的孩子都差不多——總是仿效他們的父輩——總是喜歡模仿成人的行為。』」(6:87)

雖然霍桑對「老蒂珀卡努」的聲望並沒有發表任何意見，卻在整個對話中削減其所具有的榮耀。祖父和勞倫斯討論法國與印第安人戰爭期間，學校的孩子們模仿士兵們打雪仗的可能性，隨後祖父斷言：「是的，即使被認為是偉大的戰爭也只是遊戲，都被證明是荒謬的……這種打雪仗不也是一種合理的解決國家爭端的模式嗎？就像劍、刺刀、戰斧、子彈、砲彈等是戰爭的工具一樣。」(6:87-88) 在後來的作品中，霍桑繼續把戰爭歸納為不成熟的人和國家的活動。

祖父關於早期殖民者對待印第安人的解釋，不僅批評了聲名顯赫的哈里森將軍，也批評了印第安人的仇恨。祖父告知讀者：「英國人到達北美大約半個世紀以後，印第安人總體上是趨向和平及友好相處的。當他們或許能取得戰爭勝利時，他們也常常做出讓步。」(6:42) 他說，英國殖民者

第一節　祖父之椅的歷史：和平主義的政治觀

盜取了印第安人的土地，攻擊甚至屠殺他們，「實際上完全沒有必要這麼做」(6:43)，並「討論讓印第安人成為他們的奴隸，就好像是上帝注定要讓他們成為強而有力的白人的永久附屬品一樣」(6:47)。這種富有進攻性的宗教和種族主義觀點，在公眾中還占據著主要地位，霍桑十分清楚這一點。在一個以激進思想讓人震驚的段落裡，他讓祖父告訴孩子們：

我有時候懷疑，在我們的祖先中，是否不止一個人了解到印第安人是有思想、有感情、有不朽靈魂的種族。除了約翰·艾略特之外，其他所有的早期殖民者似乎都認為，印第安人是一個次等的種族，造物主只是讓他們擁有這樣一個美麗的國家，等白人需要了就替代他們來接管這個地方。(6:43)

這種對早期殖民者的批評態度，涉及一個富有爭議的當代政治話題：在傑克森清除印第安人的政策下及范布倫執政期間，美國政府把 7 萬印第安人從密西西比河以東的土地上趕走，只為了滿足白人對土地的要求。西元 1838 年 10 月 1 日，第一批被驅趕的切羅基人踏上西進的征程，這也被稱為著名的「血淚之途」。

跟隨這批切羅基人前行的緬因州記者記述道：「馬車都讓給老弱病殘坐……大部分人都騎著馬，還有許多人是步行 —— 那些上了年紀的婦女，很明顯是準備奔向黃泉，背負著沉重的負擔前行 —— 有時候碰到霜凍天，有時候碰到泥濘的街道，沒有鞋穿只能打著赤腳……我們從沿途的居民那裡了解到，凡是印第安人所停留過的地方，他們都要埋葬 14 ~ 15 個人。」[374]

一位純正的切羅基人記錄下他們穿越密西西比河時的情景：「如果有女人哭了，會引起傷心的痛哭，孩子們的哭聲也會引起許多男人哭起來。

---

[374] Samuel Carter III, Cherokee Sunset: A Nation Betrayed; A Narrative of Travail and Triumph, Persecution and Exile (New York: Doubleday, 1976), p. 258.

第六章　短篇及小品：藉助通俗趣味，拓展自身嚴肅藝術創作空間的文化策略

一旦朋友離去，許多人看上去都很悲傷，但他們不說什麼，只是低下頭，繼續向西前進。走了許多天，死的人也不少。」[375]

與這種苦難形成鮮明對比的是，西元 1838 年 12 月，范布倫總統向國會報告，「非常高興地告訴各位議員，印第安人的切羅基族人已經完全被驅逐到密西西比河以西的新家園去了，國會上一次會議所授權的措施，已經取得最滿意的結果」[376]。8 個月以前，愛默生就明確地警告過范布倫：「總統先生，倘若你在位時做些背信棄義的事，做些臭名昭彰的事，一定會失去總統寶座。這個國家的名聲，以及宗教及自由的美好象徵，也會受到世界的唾棄。」[377]

儘管霍桑敬仰傑克森總統，但他很明顯贊成愛默生的觀點，並反對那種觀念，即印第安人就該從他們的土地上被趕出去[378]。在《祖父之椅》中，他將清教徒牧師約翰・艾略特描繪成崇高的英雄形象，在印第安人中建學校、學習他們的語言、教會他們讀書祈禱，這些行為現在被塗抹上帝國主義的色彩，不過在霍桑眼裡是值得尊敬的。艾略特將聖經翻譯成印第安語，霍桑用了整整一個章節來討論這一成果。據說他完成翻譯任務之前，「艾略特先生已開始讓印第安人學會文明」，可是這個部落在飛利浦國王戰爭期間消失了 (6:50)。祖父講述了艾略特「既反對政治家的手腕，又反對勇士的野蠻行為」，持這種觀點的人堅持認為，「對待印第安人的唯一方法就是訴諸武力」(6:47)。而艾略特採取的方法是：

坐在一張大椅子上寫作，在宜人的夏天，敞開的窗扉微風陣陣。冬日裡，原木燃起的火焰讓屋子暖融融的，煙會透過石頭砌起來的煙囪飄向空

---

[375] Ibid., p. 259.
[376] Samuel Carter III, Cherokee Sunset: A Nation Betrayed; A Narrative of Travail and Triumph, Persecution and Exile (New York: Doubleday, 1976), p. 262.
[377] R. W. Emerson, Emerson's Antislavery Writings, eds. Len Gougeon and Joel Myerson (NewHaven, CT: Yale University Press, 1995), p. 3.
[378] Michael Colacurcio, " 'Red Man's Grave': Art and Destiny In Hawthorne's 'Main-street'," Nathaniel Hawthorne Review 31 (Fall 2005): 1-18.

中。每天早晨，鳥還未開始鳴唱時，這位傳教士的燈就已點亮。午夜時分，他疲憊的大腦還沒有休息。最後，斜靠在椅背上，他終於可以自豪地對自己說：「工作完成了！」(6:48)

身為一位作家，霍桑肯定非常欣賞艾略特的勤奮。霍桑寫道，艾略特「為人類的兄弟情誼所付出的無私熱情」，讓他超越了所有的清教徒，按照祖父的觀點，特別是比那些主張戰爭的人要高尚得多。當查利問起飛利浦國王戰爭時，祖父顯得有些不耐煩地答道：「我沒有時間談論戰爭。」當查利堅持問那時英國的主將是誰時，祖父回答道：「他們最著名的將領是班傑明‧徹奇，一位非常著名的勇士⋯⋯但我告訴你，查利，不管是徹奇上尉還是飛利浦國王戰爭中的其他將領和士兵，他們所取得的功績，與艾略特為印第安人所翻譯的聖經相比，都不及他的千分之一。」(6:50)

在《福谷傳奇》中，霍桑再次提到艾略特。在〈艾略特的布道壇〉這一章中，科弗代爾在石頭上做了一個夢，他看見了「那位印第安人的神聖使徒，陽光透過樹葉縫隙照在他身上，他周身放光，如同變形的基督發出微微可見的暈光」(3:119)。很明顯，艾略特代表了霍桑最崇敬的那種受人尊重的、敬業的知識分子，他是霍桑的政治榜樣。

霍桑離世前一年，在《我們的老家》中再次探討戰鬥榮耀這一話題。在參觀倫敦的雀兒喜醫院時，大廳中擺滿了「在世界各地的戰鬥勝利後所獲得的紀念品」，霍桑描述道：

事實上，任何一個民族最好不要得意於它曾經取得的軍事勝利，不僅因為它所引起的敵意易導致民族間的衝突，也因為這種思想會產生累積效應，會讓後代們仿效去透過戰爭獲取榮耀，從總體上說，獲取這種榮耀被證明是災難性的。我衷心地希望，每一件勝利紀念品都被打碎扔掉，每一個對英雄的回憶，或者紀念英雄的傳統，從盤古開天至今，都從人們的記憶中立刻消失掉，永遠不再存在。(5:257)

第六章 短篇及小品：藉助通俗趣味，拓展自身嚴肅藝術創作空間的文化策略

在《我們的老家》中，霍桑認為詩人值得世人銘記，是因為他們讓「過去的知識得到尊重，顯得崇高，也讓我們後人得以理解」。他宣稱，「並不是政治家，也不是戰鬥中的勇士，或者尚且在世的君主，而是那些被他們鄙視、用他們的殘羹冷炙所餵養著的詩人」(5:267)。因此，霍桑提出：「亨利五世的帽子和戰爭中使用的馬鞍，在阿贊庫爾就用壞了，現在掛在他的墳墓上方，成為值得紀念的物品，但它只對莎士比亞有用，對勝利者本人來說毫無意義。」(5:268)

霍桑在這篇晚期的非虛構作品中的解釋並不是諷刺，與 20 年前他表現祖父觀點時完全不同。雖然霍桑十分謙虛，並沒有將自己比作約翰‧艾略特或者莎士比亞，但他將他們視為對人類文明做出過傑出貢獻的人，他們是高高在上的政治領袖和勇士，甚至是領袖和勇士的複合體。

在《整部歷史》的第二部分，霍桑簡短地提及巫術恐懼，認為那是「我們歷史上最令人悲哀、最恥辱的時期」(6:79)，隨後就集中講述 17 世紀左右英國和法國在新世界的衝突事件，控訴了許多殖民地領袖的好戰行為。在講述故事過程中，祖父一直堅持和平主義觀。西元 1711 年科頓‧馬瑟（Cotton Mather）支持控制加拿大的企圖失敗後，英國派來了一支艦隊，「現在波士頓的大街上滿是戰爭的喧囂，從早到晚都是鼓聲、橫笛聲、武器的碰撞聲、孩子們的叫聲」。

招募結束後，一支由七千英國士兵和新英格蘭殖民者組成的艦隊起航出發，祖父認為這會變成一個悲劇，「幾週之後，大量的消息傳回來，有八九艘船在聖‧勞倫斯河沉沒了，一千多名溺亡的士兵屍體被沖到岸邊，充斥這條神聖河流的河岸邊」，以此來強調這次中途夭折的任務所造成的毫無意義的浪費。對這次軍事嘗試，祖父感嘆道：「新英格蘭傳統的道德和宗教品格，正處於丟失的危險之中。」勞倫斯也就此發話說：「如果我們的祖先能讓這個國家不參與到血腥的戰事中……會是一件多麼榮耀的事情

第一節　祖父之椅的歷史：和平主義的政治觀

啊！」「是的，」祖父回答說，「但從一開始，這些人就有一種強烈的好戰精神。他們似乎從未想過，該質疑戰爭的道德性和虔誠性。」(6:96) 很明顯，霍桑希望他兒童故事書的小讀者們提出這種質疑。

戰爭對那些不常出門的人的可怕影響，變成了霍桑關注的一個話題，它透過祖父講述的故事來體現。祖父講述了西元 1744 年的一次軍事遠征，麻薩諸塞州的新任州長威廉・雪利派士兵去攻擊駐紮在路易斯堡的法軍。路易斯堡是「新斯科舍附近，布雷頓角島上的一座要塞城市」(6:113)。雖然成功地包圍了城市，可是卻犧牲許多殖民地的士兵。

當勞倫斯問「我們國家控制路易斯堡獲得了什麼好處」時，他得到的答案是，英國議會送來大約 100 萬美元的金幣和銅幣，作為對殖民地的犒賞。祖父問：「這不是一種優厚的獎賞嗎？」勞倫斯回答道：「在路易斯堡犧牲的那些士兵，他們的年輕母親們可不會這麼想。」祖父也同意這種觀點，「每一次戰事成就，包含了無數肉體和道德上的罪惡，即使西班牙的整個金礦也不足以補償」(6:118)。作為事後的想法，他讓孩子們略做思考，這次圍城讓殖民者「為贏得美國革命勝利奠定基礎」。「按照這種觀點，」他繼續說道，「我們祖先的英勇是值得的。」(6:119) 這是一種缺乏說服力，也缺乏邏輯的思考。

霍桑的和平主義觀一直貫穿於《整部歷史》，即使殖民者改變了他們的宗教和事業。在第三部《自由之樹》中，談到早期清教徒領袖們所發動的殖民者反抗暴動時，他是表示質疑的。「哈欽森暴動」（西元 1841 年）描繪了西元 1765 年憤怒的殖民者，因為「印花稅法案」攻擊代理州長哈欽森住所的事件。

故事一開始，民眾聚眾鬧事就「變得越來越猛烈，好像要放火燒掉整個城市，要把國王的朋友燒死在他們的房子裡和家裡」(6:155)。哈欽森的女兒警告父親，暴民們「像一群瘋狂的老虎一樣」正往裡衝，但我們知

第六章　短篇及小品：藉助通俗趣味，拓展自身嚴肅藝術創作空間的文化策略

道，「代理州長是一位資深律師，他認為民眾不至於會做出違法的事，會在他自己的家裡攻擊他本人」(6:157)。然而他們衝進來了，像一群「憤怒的野獸」，也像「洶湧的洪水」，砸毀了桌椅、壁爐、圖書、照片和鏡子等。在故事的結尾，祖父告訴孩子們：「這是非常不正義的行為……但我們不能僅僅因為一眾群情激昂的暴徒，實施了駭人聽聞的暴力，就此否定人民事業的正義性。」(6:159) 然而，這種暴力的想像而非其正義性，充斥了整個故事。

接下來，祖父在講述波士頓大屠殺相關事件時，也出現類似的情形，從而引起勞倫斯的思考，「革命……並不像我想像的那樣，是一項有序而壯觀的運動。我不想再聽街上暴亂和混亂的故事，這些事情不值得人們去做，他們還有偉大的事業要去做」(6:171)。在《托利黨的永別》中，霍桑對那些被革命者替代的人表達明顯的同情，顯示了與《我的親戚，莫利紐克斯上校》中類似的價值觀。

當老主審法官奧利弗悲傷地離開州議事大廳時，殖民地的民眾都嘲笑蔑視他：「所有世襲的榮耀和頭銜都一去不復返了。居民們看到這位令人尊敬的老法官時都在嘲笑……『看那個老托利黨！』人們挖苦地喊道，『他正在看我們最後一眼呢！讓他那白色的假髮在我們中間再炫耀一個小時吧，我們會讓他披上一件塗滿柏油、沾滿羽毛的外套！』」(6:194)

那位老人傷心地哭了，這時霍桑表達他的思想：「『他們詛咒我——他們把各種罪惡都歸結到我頭上！』他一邊流著眼淚一邊想。『但是，如果他們能讀懂我的心，他們將會知道，我非常熱愛英格蘭。上帝保佑英格蘭，讓她重新回到我們仁慈國王的懷抱！也保佑那些貧窮的、誤入歧途的人們！』」(6:195) 霍桑在這裡所表達的同情，並不是要否定革命帶來的正面影響，而是要提醒讀者，那些反對革命的人，具有這種觀點和情感，是值得理解和尊敬的。

第二節　印第安人的歷史：種族主義觀

《整部歷史》不僅展現出霍桑和平主義的政治觀，更是他和平主義種族觀的表達。「英國保守黨的告別」是小說中最後一則故事，講述了自美國獨立後，保皇派的人被驅逐出波士頓的情景[379]。祖父為了讓孩子們意識到「這些人可憐的遭遇」，描述了「受國王任命的麻薩諸塞主法官」——彼得・奧利弗最後一次目睹家鄉，想像他將不得不離開家鄉的心酸畫面 (6:191)。

當奧利弗路過合眾院時，他看到「在建築物頂的炮塔上，有一尊鍍金的印第安人首領人像，擺出準備射箭的姿勢」(6:193)。這一景象將戰後被驅逐的奧利弗，與那些被排斥的大陸本土居民連繫在一起。而在戰前歷史學家的眼裡，身為民族本源的土著居民被取代，是具有爭議性的。這一過程產生了一個問題：「在霍桑重構的美國歷史中，英國的保守黨和美國土著居民之間有什麼關聯？」基於這一問題，下面將探討在霍桑書寫的新英格蘭歷史中，兩者的並置是如何建構美國白人的民族和種族身分的。

霍桑的政治觀令文學批評界爭論了數十年，最終的結論是：他關於奴隸制和婦女權利等社會問題的立場，具有矛盾性、諷刺性、妥協性、保守性等特徵。儘管學者們對奴隸制話題十分感興趣，然而《整部歷史》在這一話題上卻保持緘默。吉莉安・布朗（Gillian Brown）聲稱，霍桑想讓自己的兒童故事具有「幻想性而不是爭議性」，它探討了「學習歷史中的認同和想像活動，即我們所說的歷史情感體驗」，它是民族主義的基礎[380]。

---

[379] Roy H. Pearce, "Textual Introduction," in True Stories from History and Biography, vol. 6 of The Centenary Edition of the Works of Nathaniel Hawthorne, eds. William Charvat et al., 23 vols (Columbus: Ohio State University Press, 1962-1994), pp. 313-331.

[380] Gillian Brown, "Hawthorne's American History," in The Cambridge Companion to Nathaniel Hawthorne, ed. Richard H. Millington (New York: Cambridge University Press, 2004), p. 128.

第六章　短篇及小品：藉助通俗趣味，拓展自身嚴肅藝術創作空間的文化策略

因此，即便霍桑不斷挑選人物，可是作為主體的非裔美國人的缺失，表明「歷史的想像既具包容性又具排斥性」，並且「想像和情感可能是狹隘的……又具有選擇性」[381]。

布朗認為，在文字中移民是民族主義情感和想像的隱喻，其實「移走」可以更恰當地表達它的美國身分感。雖然霍桑的故事集並沒有討論美國的「黑奴制度」，但它認為印第安人的搬遷，是一個值得考慮的特殊民族現象。在這一過程中，《整部歷史》援引印第安人的形象來表達一種經驗，它的構想就是美國白人身分的本質。同樣的，《整部歷史》參與了戰前民族主義文學傳統的建構，其中印第安人扮演著重要角色，他們是「閾限中的形象……一度是政治上遭受排斥、象徵性的中心人物」，並構成「民族意義上的邊疆界限」[382]。換句話說，印第安人為諸如霍桑這樣的英美作家，其所表達的民族身分意識提供了材料，即使安格魯血統的美國人和本土美國人的真實歷史，對美國國民性的道德基礎提出質疑[383]。

霍桑筆下的印第安人，雖然被排除在他想像中的民族社區之外，卻是《整部歷史》「情感體驗」的一部分，是從情感上對美國白人身分的集中描述。因此，它可以被解讀為感傷的邊疆羅曼史傳統的一部分，在塑造現代種族類別方面有著重要作用，代表作家有蔡爾德和賽奇威克。這些關於種族衝突的虛幻敘事，採用的是同情和傷感的話語，區分了基於情感屬性的種族，即埃茲拉‧塔威爾（Ezra Tawil）所稱的「種族情感」，或者「不同種族的感覺對象和感覺方式都不同」的觀念[384]。

本質來說，邊疆羅曼史的感傷話語，使用印第安人形象來製造絕對

---

[381] Ibid., p. 124.

[382] Susan Scheckel, The Insistence of the Indian: Race and Nationalism in Nineteenth Century American Culture (Princeton: Princeton University Press, 1998), p. 9.

[383] Ibid., p. 7.

[384] Ezra Tawil, The Making of Racial Sentiment: Slavery and the Birth of the Frontier Romance (NewYork: Cambridge University Press, 2006), p. 2.

第二節　印第安人的歷史：種族主義觀

或本質的種族差異。它最終將「白人」視為「一個特別的、值得高度珍視的、情感豐富的種族」，因此，是唯一能保證中產階級家庭再生產和家庭感情的種族[385]。有一種觀點認為，邊疆傳奇對印第安人的描寫，為美國人思考奴隸制問題提供了語言。當塔威爾將它與「種族情感」連繫起來時，對霍桑來說，印第安人的遷徙問題不僅僅是一種踐踏或替代，奴隸制只是一種表現，或者隸屬於一種更大規模的歷史現象的驅逐。

運用感傷的種族邏輯為民族主義服務，霍桑認為最恰當的方式就是兒童文學。正如艾普勒（Karen Sánchez-Eppler）所言，霍桑在小說經典中所表達的內容，如新興的國家規範、中產階級家庭生活的形成，種族、階級和性別的具體建構以及公民責任等，都在他的兒童文學中得到了體現[386]。實際上，文學史家們證實，戰前的兒童文學事實上已是一項嚴肅的事業：既是一項偉大的、道德的事業，也是一種有利可圖的職業。為了建構美國獨特的民族文學，兒童文學也加入了培養模範公民的大潮。

在某種意義上，「英國保守黨的告別」及故事集中類似的故事目的在於，透過對布朗所謂「美國進步中的失敗者和受害者」這種情感的渲染，來教育孩子們成為一個美國人意味著什麼[387]。

雖然敘事似乎顛覆性地描述這些邊緣化的人物，卻透過將美國歷史本身，視為整個民族隨著時間的推移不斷更新，以此來弱化印第安人被驅逐的政策。如果奧利弗被驅逐這件事喚起許多人的敘事，希望透過明顯的種族差異，來消除對印第安人排斥的不公正所帶來的焦慮，它也緩和了這種

---

[385]　Ezra Tawil, The Making of Racial Sentiment: Slavery and the Birth of the Frontier Romance (NewYork: Cambridge University Press, 2006), p. 11.

[386]　Karen Sánchez-Eppler, "Hawthorne and the Writing of Childhood," in The Cambridge Companion to Nathaniel Hawthorne, ed. Richard H. Millington (New York: Cambridge UniversityPress, 2004), p. 143.

[387]　Gillian Brown, "Hawthorne's American History," in The Cambridge Companion to Nathaniel Hawthorne, ed. Richard H. Millington (New York: Cambridge University Press, 2004), p. 123.

連繫：與「印第安酋長形象」不同，奧利弗是白人。事實上，這本故事集都是些虛構的、被遺忘的，關於文化和種族兄弟情誼的故事，是一些被歷史忽視的關於種族變化和驅逐的故事。

根據這一邏輯，印第安人的驅逐只是美國眾多驅逐之一。從文字可以看出，一些白人，如法國的阿卡迪亞人和英國保守黨也遭到了驅逐。因此，在《整部歷史》中，霍桑描寫印第安人的困境，是為了引起讀者對他認為更值得同情之人的注意，這一手法無疑把「紅人」和「白人」做了區分。為了建構獨特的美國文學，霍桑同時也試圖培養年輕讀者合理的「美國」情感，培養與白人的連繫。

《整部歷史》主要敘述了慈祥的祖父，講述殖民地新英格蘭和居住在這片土地的人們的故事給四個孩子聽。該地區的土著只不過是無能為力和被動的觀察者，對殖民者的所作所為感到好奇。例如，當祖父講到阿貝拉夫人於西元1630年抵達並定居在波士頓，一個薩加莫爾印第安人和他的隨從「來觀看白人的舉措」(6:16)時，他只是用「模糊的身影」一詞來影射當地的部落。

類似的，當祖父敘述恩迪科特和「紅十字」的故事時，清教徒的裝備「閃閃發光，令那些從原始森林裡出來的野蠻印第安人看得目瞪口呆」(6:23)。鑒於印第安人的歷史邊緣地位，他們從樹林裡出來就張口凝視一樣，被清教徒的「勞動」「迷惑」了。當祖父講述約翰‧艾略特在西元1660年代改造內蒂克部落的努力時，孫子中最年長的勞倫斯聲稱，艾略特所有的努力都已經灰飛煙滅，只留下記載那個民族和語言的「遺跡」——印第安人聖經(6:49)。這就不足為奇了。

《整部歷史》將印第安人置於美國歷史早期，重新闡釋消失的印第安人的神祕文化：一個幻想的種族並不是因為安格魯血統的美國政策而消亡，而是因為時間本身的流逝。在《傑出的長者》中，霍桑把祖父的故事

第二節　印第安人的歷史：種族主義觀

描述為「消失的場景……定格在空中」，召喚這樣的場景，「在地球上再也聽不到的聲音，從無限和永恆中發出回聲」(6:121)。當然，許多批評家探討過「消失」一詞，認為它是討論印第安人驅逐的重要詞彙，是從文學上擦掉了戰前美國強硬的政治政策[388]。

談及 18 世紀英法殖民關係「消失的場景」時，霍桑又一次提及印第安人：「奇怪的是，在孤獨的湖畔，看到這些殖民者的堡壘深藏在叢林中。印第安人在尚普蘭湖上划著樺木舟，抬頭望著蒂康德羅加的高牆，石頭疊著石頭，威嚴地聳立著，上面飄著一面法國白旗。」(6:122)「孤獨」的印第安人在法國城堡「高聳的」城牆旁，似乎顯得微不足道，只能好奇地觀看。

正如敘事者所描述的，這些印第安人除被諸如祖父或霍桑這樣的詩人和歷史家所回憶起之外，只能在歐洲大軍向荒野開進時向後撤退，他們的「聲音在地球上再也聽不到了」。似乎和古時候一樣，霍桑的書寫表明，美國的印第安人最好被理解成是流逝的、不可挽回的遠古遺跡。《自由之樹》與前兩部的敘事邏輯一脈相承，霍桑把對波士頓茶葉事件中的殖民異議者，描述成「天黑前消失」的「一群印第安人」(6:143)。

《大街》對印第安人的描述，與這部故事集使用了相同的修辭，其歷史觀也在後來的兒童文學和小說中得以延續。霍桑透過框架策略，介紹一位飽受批評的講述者，向一個聽眾展示清教徒居住的塞勒姆全景，由此展現濃縮版的殖民地新英格蘭歷史。從原始的荒野開始，他的曲柄變成了時間的進程，展示者把美國「天定命運」的邏輯文字化了。

「看！從高懸的枝條間望過去，那邊已新踏出一條小徑，大體上從東往西，就像預言或預知一條未來的大街，將悄悄進入古老神聖森林的心

---

[388] Lucy Maddox, Removals: Nineteenth-Century American Literature and the Politics of Indian Affairs (New York: Oxford University Press, 1991).

第六章　短篇及小品：藉助通俗趣味，拓展自身嚴肅藝術創作空間的文化策略

臟。」(11:50) 就像「預言」一樣，新英格蘭堅定不移地發展，展示者要求讀者沿著「街景」觀察或「看」，正如所有這些術語所暗示的，已經是明顯的變化跡象：一條隱約的「東西向」路徑，就像美國從東海岸向太平洋不斷擴張一樣。

最終，這篇隨筆把印第安人描述成快速消失的「野生生物」，和在盎格魯──撒克遜進程之前很快完成撤退的「野蠻自然」，就像野花「枯萎消失，就像繁星在光亮中消失」(6:59)。正如展示者對場景所做的點評，他的森林「似乎在默默地、嚴肅地注視著，好像懷疑白人播撒在他周圍的陽光的範圍」。(6:53) 類似的，就像《整部歷史》中潛伏在森林中的印第安人，當清教徒砍伐樹木建立自己的居住地時，印第安人只是無助地站在一邊觀看和好奇。此時展示者設想，要建造一座「莊嚴的博物館，存列無數的地球和海洋珍品，一些印第安箭頭應該被珍視為消失種族的紀念碑」(6:51)，並將自己尊為唯一描述這陌生而又短暫的民族的歷史學家。[389]

與《大街》一樣，《整部歷史》透過抹去北美土著居民的存在，來消除戰前「印第安人問題」，並透過驅逐敘事喚起讀者對白人遭遇的關注。在霍桑看來，他們遭受了同樣悲慘的命運。當《傑出的長者》從「消失的場景」修辭，過渡到被驅趕者「平靜的談話」時，祖父並沒有敘述當地部落的經歷，而是講述了在法國和印第安人戰爭期間，法國的阿卡迪亞人於西元 1755 年被英國人驅離的故事。

事實上，祖父認為在所有當時的事件中，「沒有比阿卡迪亞人被驅逐的故事更有趣的了」(6:124)。接下來便催人淚下地敘述了「阿卡迪亞人流亡」的故事：大約 7,000 名阿卡迪亞人被迫從自己的家園被趕到「擁擠的船上」(6:125)，分散到國外，大約 1,000 人被置留在波士頓。霍桑在描述

---

[389] Michael Colacurcio, "'Red Man's Grave': Art and Destiny in Hawthorne's 'Main-street'," Nathaniel Hawthorne Review 31 (Fall 2005): 1-18.

第二節　印第安人的歷史：種族主義觀

阿卡迪亞人流亡的過程中，使用印第安人遷徙和反奴隸制運動的修辭，向我們展示白人所遭受的「血淚之路」或「中間通道」。

當讀到文字中那些倉促撤退的驅逐場景時，其意象就讓白人離家的場景富有了情感，這種強調白人苦難的描述就具有深一層的意義。例如，在文字中唯一一處涉及奴隸貿易的地方，克拉拉問祖父「那個年代」(6:109)是否有奴隸。「是的，黑奴和白人。」祖父說道，「我們的祖先不僅從非洲購買黑人，從南美購買印第安人，也從愛爾蘭購買白人……許多可愛的愛爾蘭小女孩在報紙上被刊登廣告待售，這是再正常不過的現象。」(6:109)

如果說「從南美購買印第安人」的現象，暗示奴隸制是另一種驅逐，那麼它透過展示奴隸制是一個普遍的現象，而不是針對某一個種族，減輕了因「從非洲購買黑人」引起的種族不公正。更為重要的是，祖父在回答克拉拉的問題時，堅持認為在美國歷史上，白人奴隸也是隨處可見的。

祖父透過強調看到報紙刊登待售愛爾蘭人是正常的現象，暗示愛爾蘭人的遭遇可能比非洲人還要慘。在他的表述中，愛爾蘭人與那些因為經濟窘迫而提供契約服務的人類相比，跟被贈予的「小貓」沒有什麼區別。

類似的，在《阿卡迪亞人的流浪》中，霍桑請求讀者同情他所認為的更近、代價更大的驅逐。祖父描述一位代表阿卡迪亞人境遇的金髮白人小女孩，希望能獲得聽眾更多的同情。起初，波士頓人對阿卡迪亞人的法式口音感到迷惑，他們情不自禁地觀察著這些流浪者的宗教習慣，並且注意到「他們胸口的十字架，這是清教徒的後裔所憎惡的」(6:126)。

在篤信清教的波士頓，祖父辨別出阿卡迪亞人信仰法國的天主教後，想知道波士頓居民心中是否有同情心，或者是否因為流浪者的他者性，簡單「排除了所有的同情」(6:126)。「哦，」敘事者強調阿卡迪亞人被迫骨肉分離，和面臨突然的一貧如洗時的絕望，悲嘆道：「在這裡有多少人傷心欲絕……這些流浪者和世界的紐帶似乎立刻被割斷了。」(6:126) 儘管阿

第六章　短篇及小品：藉助通俗趣味，拓展自身嚴肅藝術創作空間的文化策略

卡迪亞人和新英格蘭人「似乎」存在差異，「似乎」一詞意味著出現了疏離感，卻也暗示著，存在某種不可分割的「紐帶」，把流亡者與殖民地波士頓的「世界」捆綁在一起，與戰前的讀者情感有千絲萬縷的連繫。

雖然存在著差異，不過新英格蘭人很快顯示了與流浪者的「情感連繫」。即便這種情感連繫並不存在於所有人之中，卻鞏固了白人的種族身分[390]。阿卡迪亞人的「絕望」，迅速地在周圍人身上產生效果，首先是「剛從她們溫暖、安全的家中」走出來的婦女，然後是上學的孩子們，他們「出門觀看那些穿著奇裝異服的外國人」，卻因為他們的困境「同情而流淚」，還有「那些家財萬貫、高傲自大的商人，除創業的艱辛之外，很少會動情的」，「他們向這些孤苦無助的流浪者，分出一些奢侈的硬幣」（6:126-127）。

最終，當阿卡迪亞人從碼頭散去時，敘事者用「古怪、難以理解的語言」，告訴鎮上的人們他們的苦難，「人與人的兄弟情誼，足夠讓新英格蘭人理解這種語言」（6:127）。換句話說，英法殖民者享有跨越所有文化、語言和宗教差異，又富有同情心的「人與人的兄弟情誼」。儘管召喚「人與人的兄弟情誼」似乎暗示著普世的人類同情，實際上，在這裡發揮作用的，是一種透過種族情感來定義的白種人邏輯，一種「不是英美人」的「親情」和「親緣關係」，「而是白種人的，換句話說，發揮作用的不是語言、民族、宗教或階級，而是特定的種族」[391]。

阿卡迪亞人呼喊道，「世界上沒有比他們所遭受的痛苦還痛苦的事了」——四個孩子中的克拉拉也強調了這一觀點：「想到世界上整個民族都無家可歸……多麼可悲！」（6:128）敘事者用這種方式展示白種人情感，

---

[390]　Ezra Tawil, The Making of Racial Sentiment: Slavery and the Birth of the Frontier Romance (New York: Cambridge University Press, 2006), p. 22.

[391]　Ezra Tawil, The Making of Racial Sentiment: Slavery and the Birth of the Frontier Romance (New York: Cambridge University Press, 2006), p. 11.

第二節　印第安人的歷史：種族主義觀

從而減輕其他種族驅逐的苦難性，包括戰前的印第安人政策，以及參與非洲奴隸貿易的僑民等，他們是在為「整個民族」奉獻。

為了充分理解文字對白人種族情感的建構，我們有必要把《阿卡迪亞人的流亡》的同情認知，與《祖父之椅》中的〈印第安人的聖經〉進行比較。後一則故事讚揚了約翰・艾略特在同一代人試圖征服或消滅印第安人時，努力讓他們皈依基督教的行為[392]。一方面，即使阿卡迪亞人擁有「古怪的」法式腔調，但是新英格蘭人立刻理解他們的境況。另一方面，艾略特在「努力讓印第安人皈依前」，自己必須「學會他們的語言」（6:42）。敘事者將交流的困難視為「艱鉅的任務」：

但是，如果任務不是寫英文聖經，而是學習一門語言，完全不同於其他所有的語言——除印第安人自己之外，一種至今從未從他們的母親嘴裡學過的語言——這種語言從來沒有被記載下來，奇怪的詞語似乎很難由字母表達出來——倘若這項任務是，先學習新的語言，然後把聖經翻譯成這種語言……是什麼引導你從事這項艱鉅的任務？然而這正是使徒艾略特所做的事情。（6:45）

敘事者將這種語言描述成「奇怪的」、「難以表達的」，和其他所有語言完全不相通，為印第安人所獨有，其目的是強調艾略特所屬的種族，與北美土著居民是完全不同的。事實上，這篇故事沒有我們在阿卡迪亞故事中看到的那種血緣關係。然而，更重要的是，霍桑用「紅人」來描述阿卡迪亞人，不是透過文化或區域，而是透過種族的總和修辭來指稱阿爾岡昆人。在這一表述中，「紅人」說一種語言，白人說另一種語言。波士頓人「逐漸同情」阿卡迪亞人，象徵著白人之間共同的語言情感，即「（白）人和（白）人的兄弟情誼」（6:127）。

---

[392] Joshua David Bellin, "Apostle of Removal: Eliot in the Nineteenth-Century," New England Quarterly 69.1 (1996): 3-32.

第六章　短篇及小品：藉助通俗趣味，拓展自身嚴肅藝術創作空間的文化策略

在〈印第安人的聖經〉中，霍桑一直用印第安人的語言來展示印第安人的性格，這加強了種族情感的建構，也強化了白種人和紅種人的區別。當艾略特讓他的學生去大聲朗讀阿爾岡昆聖經時，敘事者告訴我們，少年印第安人的語言聽起來像「管樂，似乎森林裡樹葉在聽者的耳旁唱歌，似乎遙遠的湍流如雷貫耳。印第安人的語言便形成在這些聲音中」(6:46)。當課程結束後，艾略特會給學生「一個蘋果或一塊蛋糕，讓他去戶外玩，他們的天性如此」(6:47)。

對印第安人這種「自由天性」的浪漫描述，強調了種族二分性。當印第安學生在野外森林裡尋求自由時，艾略特希望盡可能「說服更多的人放棄他們自由散漫的習慣，像英國人一樣建立自己的房屋，定居下來」(6:44)。強調土著未能「耕種土地」，表達霍桑那個時代的殖民理由，這裡也暗示一種種族的變化。[393]敘事者對房子的固戀，反映戰前美國人對家庭種族構成的迷戀，意味著「印第安人性格」的自由，使其不同於樸素的衝動和家庭習慣，這被認為是白種人不可或缺的。[394]

既然印第安人的自由，是以缺少完整的家和家居情懷為代價的，那麼他們在霍桑感傷的歷史中，幾乎沒有一席之地。正如《祖父之椅》的前言中所說，他希望讓「背離的男人和女人的影子輪廓……塗抹上生活的色彩」，把「他們的形象與爐邊椅子的真實，和樸實的現實連繫起來」(6:5)。這與他在《一部棄稿中的章節》中對種族性格的評論如出一轍。在這則故事中，霍桑將白人性與家居連繫起來，而印第安人性與家居缺失相連繫：「特別有趣地發現，印第安人生活中那些固定的藝術，如他們的製造、農業、家居仍然處於胚胎中。正是因為缺乏這種知識，使得印第安種族那麼

---

[393] Larry J. Reynolds, Devils&Rebels: The Making of Hawthorne's Damned Politics (AnnArbor:The University of Michigan Press, 2010), pp. 34-39.
[394] Ezra Tawil, The Making of Racial Sentiment: Slavery and the Birth of the Frontier Romance (New York: Cambridge University Press, 2006), p. 22.

地黯淡與不真實，若是他們具備這樣的意識，他們就會博得文明人的同情。」(11:370-371)

霍桑在白人中產階級的意識形態中，懷抱著一種「平凡的現實」，體現在祖父坐在爐邊的椅子上。相反，他認為印第安人缺乏「固定的藝術」和「家庭的努力」。因此，他筆下的印第安人是不安穩的，如「影子般的」，無法博取人們的「同情」，因為他是透過同情與家居的紐帶來區分種族的。

當霍桑試圖讓印第安人也獲得生命的色彩時，我們一方面看到無名的、天性自然的印第安人，另一方面是祖父所介紹的「菲利普國王」。兩者都沒有體現出霍桑描繪其他歷史人物時，提及的那種「私人的、熟悉的」(6:5)家居生活模式。在「艾略特先生試圖皈依傲慢、野蠻的印第安人」中，「菲利普」是文字中唯一有名字的。他展現出印第安人骨髓中難以捉摸的、無法轉變的一面。

當然，他是「菲利普國王戰爭」中重要的代表者，這場戰爭發生於西元1675～1676年之間，是殖民者和土著全面衝突的體現。帶著霍桑那種情感的目的，祖父將那場戰爭描述成「巨大的痛苦」，艾略特感覺到「聽見雙方的殘殺，同胞間的憤怒，他似乎像一名父親對他們加以關愛⋯⋯在戰爭過程中，艾略特先生所教化的一小批印第安人逃得五零四散，或許永遠不會回到之前家居生活剛剛興起的時候」(6:50)。在這方面，霍桑透過艾略特的父親情懷來界定艾略特，維持著白人的權利和印第安人的依賴兩者間的種族階層，儘管親情的感覺在白人看來是十分重要的，「菲利普」卻不會回報這種感覺。

祖父不想再繼續這個話題，於是草草結束了「菲利普」的故事。他告訴查利：「一定要知道，這是印第安人所發起的攻擊白人最血腥的戰爭。最後，英國人把菲利普國王的頭顱掛在竹竿頂上。」(6:50)因此，菲利普的命運賦予祖父闡述的艾略特故事新的意義，艾略特盡其所能地說服印第

安人,放棄自身野蠻的生活習慣,然而沒有多大成效,艾略特這種看似慈愛的英雄壯舉注定要失敗。[395]

霍桑的「印第安人故事」還表達種族不相容的觀念,這也是《往事鉤沉》(西元 1835 年)的主題。敘事者說:「只要別人不先說出來,我就不能從印第安人的性格中,挖掘出那些浪漫、詩意、偉大或美妙的特色來,所以我無法進入美國小說中最具特色的領域。這點常常讓我引以為憾。的確,印第安人的故事讓我感到恐怖。」(10:428-429)霍桑描述旅客和遊客坐在新罕布夏州白山下的旅店壁爐旁,討論著印第安人的傳說,再一次呼喚種族情感去解釋敘事者對印第安人的冷漠。

霍桑的敘事者把「蒼白面孔的心」和「逝者的情懷」並置,發現兩者太「明顯」,以至於白人無法在心中引起「真正的共鳴」(10:428)。雖然敘事者承認,看不到印第安人性格中浪漫、詩意、偉大或美妙的特徵,卻又補充道,至少這些特徵可以被別人指出。別人能看到這些特徵,並且如果指給敘事者看,他也是能看到的,這暗示著霍桑在《整部歷史》中要表達的,是白種人的同情和理解能力,即使對印第安人性格的這種掌握不是直覺的,但也不是新英格蘭白種人和阿卡迪亞人之間直接的「兄弟情誼」。

最終,「印第安人聖經」不僅只是基督徒慈愛的故事,還是白人慈愛的故事,儘管兩個種族之間存在障礙,艾略特卻仍為印第安人做出努力。在某種程度上,霍桑對待艾略特的態度代表著一種戰前美國人的信念,即蘇珊·瑞恩(Susan Ryan)所說「白人的仁慈」,一種「中心正規化,它為美國人提供了理解、描述和建構種族和民族身分的方式」[396]。在她看來,「白人的仁慈」之所以發揮作用,部分是因為白人對美國種族關係強制的、集體的愧疚感,部分是因為作為戰前美國文化所依賴的種族等級的延伸。艾

---

[395] Lucy Maddox, Removals: Nineteenth-Century American Literature and the Politics of Indian Affairs (New York: Oxford University press, 1991), p. 114.

[396] Susan Ryan, The Grammar of Good Intentions (Ithaca: Cornell University Press, 2003), p. 5.

第二節　印第安人的歷史：種族主義觀

略特為印第安人付出的努力,就像新英格蘭人對阿卡迪亞人的同情,代表著一種天生的願望和行為的能力,這也是故事集的內涵。

當敘事回到現實時,勞倫斯「想到再也沒有印第安人閱讀聖經了」(6:47),為他們的命運流下了傷心的眼淚。這些眼淚象徵著白人的仁慈,然而這種闡釋的前提條件是印第安人的驅逐。

換言之,這種白人性理念之下,存在著瑞恩所說的「仁慈的暴力」,即白人自由的獲得是暴力威脅其他種族的合法性[397]。在霍桑的小說中,艾略特的仁慈獲得了價值,因為它反對清教徒對印第安人的政策。據此,祖父想像與艾略特持相反態度的人,「一個好戰的隊長……把他的手放在劍柄上」,並且聲稱「對付紅人唯一的辦法就是武力」(6:47)。甚至,勞倫斯調皮的弟弟查利說道,對於印第安人,他將「首先戰勝他們,然後讓他們歸順」(6:44)。祖父卻糾正了他:「嗯,查利,你道出了我們祖先的精神……可是艾略特先生擁有一個更好的精神。」(6:44)

祖父將這些暴力情感歸咎於17世紀的祖先,而19世紀美國狹隘的自由主義思想正源於此,祖父對查利的責備,要求我們去認同勞倫斯和艾略特所提出的「更好的精神」。正如瑞恩所言,這些觀念依賴於「建構一個仁慈的『我們』,在方便的時候,去除其糟粕,並經過消毒後重新吸收它們」[398]。清教徒拒絕履行他們種族的情感承諾,正如艾略特的例子表明,他們有種族能力這樣做,令戰前讀者更加確信他們國家的進步,同樣也肯定他們自己白人的慈愛性。

在《阿卡迪亞人的流亡》的最後,霍桑把這個觀點闡釋得淋漓盡致。在自我思考之際,祖父認為阿卡迪亞的故事非常適合當一個民族文學的主題:「我認為,倘若我是一名美國詩人,我會選擇阿卡迪亞作為詩歌的主

---

[397] Susan Ryan, The Grammar of Good Intentions (Ithaca: Cornell University Press, 2003), p. 26.
[398] Ibid., p. 40.

題。」(6:129) 當然，霍桑已經選擇阿卡迪亞人的流亡為主題，詳細地將他們的經歷與「美國性」連繫在一起，並且聲稱他們屬於「美國詩人」特殊的範圍。在此過程中，他融合種族、驅逐和民族身分等問題，把「美國人」界定為一種殖民經歷。與此同時，歐洲白種人發現自己在地理上和情感上，被迫與他們的宗主國分離，宗主國本應加強它們之間的種族紐帶，卻因為錯誤的政策導致美國獨立。

事實上，霍桑為他的殖民地新英格蘭人設想了類似的經歷，援引像波士頓大屠殺這樣的事件，作為可恥的血親背叛，在他看來，這導致了美國革命：

哦，現在遇到了危機！直到這個時候，英國和美國之間憤怒的情緒已平息。英國不得不伸出和平之手，並且意識到她誤解了她的權利，以後不會再做了。然後，兄弟之間古老的情誼又一次緊緊將他們連繫在一起，就像古時候一樣。(6:169)

因此，對霍桑來說，美國歷史是一個漫長的遷徙過程，其古老的「兄弟情誼」被遺忘或粉碎，最終服務於提高美國白人的內在種族能力，以同情他人的困境。

在西元1851年版的《阿卡迪亞人的流亡》中，霍桑在結尾新增了一句話，喚起人們對美國民族性格的理解。「因為祖父說過這些話，」他寫道，「美國最著名的詩人，透過他美麗的詩歌《福音》，已經獲得我們所有人的眼淚。」(6:129) 朗費羅（Henry Wadsworth Longfellow）的詩歌——《福音：阿卡迪亞人的流亡》(*Evangeline, A Tale of Acadie*)，在霍桑的故事6年之後出版，講述一名年輕的新娘在新婚之日遭到丈夫的唾棄後，流浪他鄉，以尋找真愛的故事，再現了阿卡迪亞人的遷徙。[399] 這篇詩歌的發表博得所有人的眼淚。霍桑不僅對朋友詩歌的能力滿懷敬意，也對他的白人讀者

---

[399] James Mellow, Nathaniel Hawthorne in his Times (Baltimore: John Hopkins University Press, 1980),

表示敬意。他提醒我們朗費羅是「美國詩人」，他想像著全國人都在一起哀悼阿卡迪亞人的命運。(23:247-248)

在霍桑敘述的流亡故事中，殖民者文化和種族的同胞英國人，卻充當著侵略者角色。從某種意義上說，這個替罪羊是敘事的必要結果，正如霍桑所承認的那樣，新英格蘭殖民者是這次事件的同謀：「西元 1755 年⋯⋯來自麻薩諸塞州的 3,000 名士兵，在溫斯勒將軍帶領下，戰勝了阿卡迪亞人」(6:124)

歷史學家約翰・麥克・法拉格（John Mack Faragher）令人信服地提出，新英格蘭人事實上是驅逐事件真正的驅動者，它最初由夏利州長提出，然後由殖民地的戰士實施，新英格蘭直接從中受益，透過驅逐解決土地問題[400]。然而在霍桑的版本中，驅逐是充滿鋼鐵一般意志的英法兩國戰士，為獲得爭執土地的殖民統治權而展開的，兩國之間摩擦讓「可憐無辜的阿卡迪亞人」時不時成為兩國的受害者。祖父解釋道，英國人最終控訴阿卡迪亞人提供供給品給法國人，並且做了一些其他的事，違背他們的中立性。

鑒於阿卡迪亞人對法國人的「友好情誼」，他認為這樣的控訴「可能是真實的」(6:124)。但是即使祖父承認他認為英格蘭人對阿卡迪亞人的抱怨是真實的，也依然不同意英國的殖民政策。他覺得對阿卡迪亞人的懲罰過於嚴重，指責英格蘭人的驅逐，告訴我們「他們決定將阿卡迪亞可憐的人，從他們本土國分離出去，遣送他們出國」(6:124)。即便新英格蘭殖民者是英國人，霍桑卻時間倒錯般地在他們身上展示美國民族身分，區別了服務於英國狹隘利益的英國軍隊，和那些居住在波士頓的、不喜歡離家的

---

pp. 285-286. Charles C. Calhoun, Longfellow: A Life Reconsidered (Boston: Beacon Press, 2004), pp. 180-181.

[400] John M. Faragaher, A Great and Noble Scheme: The Tragic Story of the Expulsion of the French Acadians from Their American Homeland (New York: W.W. Norton, 2006).

新英格蘭人的行為。這讓波士頓人在阿卡迪亞人到達碼頭時，展現出慈愛之心，即便他們的同胞迫使他們離開這片土地。

英國人的暴力襯托出殖民地美國人更加仁慈的白人性，霍桑又一次恢復了他們的種族特徵。例如，祖父想像，身為英國國王在新英格蘭的重要代理人，夏利州長在驅逐這件事之後吸取道德教訓，總結道：「窮人的家園也是神聖的，軍隊和國家都無權侵犯。它應該讓他感到，英國的勝利和增加的統治權，不能以一個阿卡迪亞村落的灰燼補償人類，也不能補償天堂。」(6:128)

換句話說，這個教訓重申了家庭聖潔性，祖父在最有家園氣息的壁爐旁講述故事，對家園的崇拜把夏利總督的「白人性」，與其他種族的主體性區別開來。至於英國軍隊，祖父向孩子們確保他們天性的善良：「在驅逐阿卡迪亞人的過程中，除了採取一些必要的措施，軍隊沒有犯下殘忍或令人憤怒的罪行。」(6:128)

我們再回到《英國保守黨的告別》這個故事，它宣稱的目的是傷感的，我們可以想像那些像奧利弗一樣正在永遠離開波士頓的人，想像他們傷心的感覺。在革命勝利之際，新英格蘭人將彼得・奧利弗從波士頓驅逐出去，和阿卡迪亞人一樣，保守黨人成為同情的目標。勞倫斯說道：「這些遭到流放的保守黨人的不幸，一定讓他們想起那些可憐的阿卡迪亞人。」(6:196)

本質上，霍桑透過設定保守黨人遭到驅逐（一次跟阿卡迪亞人類似的經歷）這一情節，並且允許他們實踐自身情感和種族的潛能，讓保守黨人調養生息。霍桑暗示，殖民的經歷已經使他們美國化了，儘管在戰爭中，他們與英國國王是一條戰線的，不過在感情上他們已和他疏遠了。最終，他們融入不了英國社會，就像阿卡迪亞人在被驅逐之後適應不了法國社會一樣，「雖然這是他們祖輩的土地，對他們來說卻是陌生的地方」(6:129)。

第二節　印第安人的歷史：種族主義觀

據此，敘事者透過告訴我們，像奧利弗這樣的人在他自己的國度，比在他所忠誠服務多年的新英格蘭更不受歡迎，而預測出被流放的新英格蘭人，必定遭受傲慢的英國人的侮辱。透過保守黨人忠誠的英國和他們背叛的美國對比，霍桑總結了保守黨人的悲劇在於，他們從未真正和他們有著千絲萬縷連繫的國家斷絕關係，而現在這個國家卻要驅逐他們。

與此同時，文字敘事堅持驅逐托利黨人的必要性，從修辭上驅逐這些忠誠的人，以便更有效地記住他們，同時清空他們的意義，只作為祖父同情他們立場的對象。當勞倫斯問「是不是沒有有能力、有口才的人，能取代喬治國王」時，祖父回答道：「有許多有智慧的人……可是他們的觀點欠妥，因此所說的很少值得被記住。」(6:177)

查利打斷了祖父的解釋，表達自己的願望，即「人民要嚴懲這些人」。但是祖父調解道：「你的願望是不正確的，查利……你一定不要認為，除了那些為美國自由而戰的人，就沒有正直與尊敬可言了。據我所知，不管是哪一派，這樣的品格比比皆是。」(6:177) 在「仁慈的暴力」這一刻，祖父保衛了保守黨人，提醒並阻止查利的暴力幻想，即使這種敵意似乎迎合祖父的同情心。

祖父仍堅持認為，這些人所說的話很少值得被記住，他用一種奇妙的言論「據我所知」，降低了他所捍衛的保守黨人的可信度。然而，他在滿懷同情地重構美國歷史時，將保守黨人遭到驅逐視為必然。祖父驚訝地「看到如此多的權威作家、演說家及戰士，紛紛站出來」維護殖民的權利時，宣稱「具有統治權的上帝」會對這些事件做一個判斷 (6:175)。

正是在這種語境下，我們回到奧利弗和「鍍了金的印第安人首領」(6:193) 這兩個人物上，回到「英國的保守黨人與美國的土著居民有什麼關聯」這個問題上。《整部歷史》將前「首席法官」與「印第安人首領」並置，把英國的驅逐看作另一種殖民的驅逐，這是國家命運的發展中不可避免的

第六章　短篇及小品：藉助通俗趣味，拓展自身嚴肅藝術創作空間的文化策略

置換。與此同時，祖父的歷史指出，這些事件是現代美國身分所造成的根本創傷。

祖父把奧利弗這類人稱作「可憐的保守黨人」，透露出令人愉悅的悲哀，這種情感加強他對美國人性格的情感建構，同時向讀者確保，這些被驅逐的白人的記憶將不會被遺忘。因此，在奧利弗走出這座城市時，他誤認為自己不會留下任何充滿愛意的回憶，除了一些挖苦諷刺的語言，也不會留下任何墓誌銘，對此他感到憂傷。《整部歷史》暗示了他沒有必要擔心。在某種程度上，祖父悲痛的敘事為諸如像奧利弗這樣的人的記憶鍍上一層色彩，讓他們成為受人同情的對象，他們將作為當代美國人的善舉而被銘記，就像矗立在政府大樓上的風標一樣，它預示著被剝奪權利的印第安人，服務於英國殖民的政體和後來的美國政體[401]。

總之，諸如奧利弗這樣的故事透過將美國歷史轉變成「印第安人故事」，也就是說把殖民經歷與驅逐事件並置，以此來消除民族罪惡感，而這種罪惡感起源於他們對那些大陸土著居民使用的暴力。最終，這本故事集採用印第安人形象和驅逐話語來作為本土素材，以此來創造獨特的民族文學。據此，整個文字體現了「美國化」的過程，想像性地內化了印第安人主題，既表達了繼續殖民統治土著印第安人的願望，又表達了逃脫殖民政體的反願望，驅使美國人迷戀那些土著美國人形象[402]。

作為「美國化」進程的一部分，霍桑的文字闡明一種國家主體性，即使它與歐洲白人保持著相同的種族身分，並且保留所有特權，但已明顯不同，只是歐洲殖民權力的「遷移」。在故事集的某個特定的時間點，敘事者告訴我們，祖父有時看著他的孫子們，「淚水模糊了他的眼睛。他幾

---

[401] Kristina Bross, " 'Come Over and Help Us': Reading Missionary Literature," Early American Literature 38.3 (2003): 395-400.

[402] David Anthony, "Class, Culture, and the Trouble with White Skin in Hawthorne's The House of the Seven Gables," The Yale Journal of Criticism 12.2 (1999): 249-268.

乎要後悔讓孩子去了解過去所發生的事情……他本希望他們可以一直快樂、年輕，並且圍繞在他椅子旁邊，不用質問椅子還有這樣的歷史故事」(6:51)。

祖父「幾乎」要後悔讓孩子們失去天真，當然最終結果並不是這樣，因為有必要讓孩子們了解美國歷史，讓他們流著眼淚了解到，白人被驅逐這一被長期忽視的歷史事實，而這正是霍桑的目的。對於祖父和霍桑來說，這都是一次快樂的文字體驗。「印第安人問題」僅僅是古老現象的一種表現，由此產生的令人悲憫的同情，讓他們把美國作為一個獨特的、仁慈的、白種人的國家寫進小說。

第三節　實用主義的政治和英雄主義的夢想

「我從來沒有寫過這麼好的兒童故事。」霍桑在西元 1853 年 3 月完成《坦格伍德故事集》(*Tanglewood Tales*) 之後如此坦言。這本書實際上是《獻給男孩女孩的傳奇故事》(*A Wonder-Book for Girls and Boys*) 的續集，後者在西元 1851 年出版後大受歡迎 (16:649)。也就在當時 4 個月之後，霍桑乘船赴歐洲承接美國駐利物浦海關領事的職務。這是新上任的民主黨總統富蘭克林・皮爾斯嘉獎他的、待遇優厚的政治任命。很顯然這也造就出他出版生涯的高峰，因為之後 7 年，他沒有再出版任何作品。

霍桑這本寫給孩子的故事集，追尋和重述了六個關於古希臘貴族的故事，故事內容主要是記敘一些貴族英雄，如何應對和殺死那些傳說中的邪惡敵人，包括怪獸、龍和巨人。霍桑想要透過運用一種現代的「浪漫的外衣」，來改編這些故事，從而使其更適合當代的美國兒童閱讀。

在霍桑看來，這些孩子不論閱讀多麼高深的故事，都具有不可低估

第六章　短篇及小品：藉助通俗趣味，拓展自身嚴肅藝術創作空間的文化策略

的、敏銳的想像力和感覺，所以他們正是唯一適合理解欣賞這些「不朽寓言」的讀者 (7:3)。霍桑曾對他的朋友理查・亨利・斯托達德宣稱，《坦格伍德故事集》「成品於卓越的文風，袪除了道德上的汙點」。這樣的自我評價，足可見這部作品帶給他的無上驕傲。(16:649)

霍桑對《坦格伍德故事集》持有極高的自信，其中關於暴力、善與惡的故事揭示了某種神祕。然而，如果考慮到霍桑的成人作品中瀰漫的、對於摩尼教的理想主義的懷疑，就沒有哪本書比《富蘭克林・皮爾斯的一生》（以下簡稱《一生》）表現得更加淋漓盡致了，這部作品是在西元1852年出版的競選傳記。

當年，富蘭克林・皮爾斯，這位昔日霍桑在鮑登學院的校友，成為民主黨總統競選中的黑馬，而霍桑也見證了他的朋友入主白宮，因此競選傳記和霍桑的寫作技巧一時聲名大噪。傳記讚揚了皮爾斯對美國的奉獻，同時宣揚妥協與寬容，自律與和平，相當程度上中止了在1850年代早期，越來越風行的美國政治和社會話語中的激進言詞[403]。在當時，甚至康科德的先驗論者也認為，奴隸制是暴力抵抗的原因。

在1850年代，霍桑在新英格蘭文學界變得越來越孤立，他堅持對道德改革運動持懷疑態度，尤其對改革者們傾向於用二元絕對真理的善惡觀感知世界，持有深深的懷疑。儘管新英格蘭已趨向採取戰爭手段，來回應南方維持和擴展奴隸制運作的堅定立場，霍桑依然堅持宣傳道德改革本身是有缺陷的、徒勞的。

就像他在《福谷傳奇》中寫道：「我們不知道將來的生活是什麼樣，唯一可以確定的是，我們本想達成的那些美好願景將難以實現。」(3:75) 在《一生》中，霍桑對干涉主義的假設，也持類似的懷疑主義觀點，並且反

---

[403] 參見 Larry J. Reynolds, Devils and Rebels: The Making of Hawthorne's Damned Politics (Ann Arbor: University of Michigan Press, 2008), p. 112.

第三節　實用主義的政治和英雄主義的夢想

對對奴隸制問題採取暴力行動。霍桑因為這種懷疑主義受到普遍的責難，例如西元 1852 年，一篇發表於美國《時代雜誌》(*Time*) 的關於《一生》的書評提到，「霍桑是一名毫無原則的撰寫讚辭之人，一個從事競選活動的騙子」。後來的學者也譴責霍桑的政治觀，大都指責他的懷疑主義是「一種否定的、逃避主義的策略」，一種掩飾「無所作為的藉口」和「一種不光彩的無為主義」。[404]

顯而易見，霍桑因為不支持反奴隸制運動，而在公共和私人生活中受到嘲笑和排擠，然後投筆於《坦格伍德故事集》，轉入神話小說流派。這種文學類型可以集中體現，他如何批判被正義化的反奴隸制運動，這種批判可以在《坦格伍德故事集》和他為皮爾斯撰寫的競選傳記中展現出來。

《坦格伍德故事集》中富有神話色彩的故事，顯然有別於霍桑慣常的小說模式，他在小說的開篇章節裡介紹道，這些故事並非他的創作，而是歸屬於一個杜撰出來的人物角色，一個愛幻想的大學生——尤斯塔斯·布萊特，從而引入這些故事。尤斯塔斯的性格與霍桑的冷峻性情構成了鮮明的對比。在接下來的幾年，更加冷峻的霍桑寫出大量的兒童文學作品，然而，從他的日常信件中可以得知，這樣的多產是出於金錢上的考慮，而不是文學動機的驅使。

在西元 1837 年的日記中，霍桑提到，兒童文學作品創作是一件「苦差事」(15:252)，他也並沒有期望這些作品能帶來什麼經濟上的收益。不過在寫《獻給男孩女孩的傳奇故事》和《坦格伍德故事集》時，他卻想讓自己透過一個創造出來的人物「尤斯塔斯·布萊特」，去追求比之前粗劣的青少年讀物更高的文學成就。出乎意料的是，這兩本書未能引起眾多學者的關注。為數不多的評論也大都集中批判《坦格伍德故事集》中的紕漏。例

---

[404] Jean F. Yellin「Hawthorne and the Slavery Question," A Historical Guide to Nathaniel Hawthorne, ed. Larry J. Reynolds (New York: Oxford University Press, 2001), p. 157.

第六章　短篇及小品：藉助通俗趣味，拓展自身嚴肅藝術創作空間的文化策略

如，尼娜·貝姆曾說道，該書「盡是粗鄙的思緒……錯誤的情感……拙劣的修辭」。

但身為唯一一位專門從事研究霍桑兒童文學作品寫作的作者——蘿拉·拉夫拉多（Laura Laffrado），認為《坦格伍德故事集》藝術創作上的缺陷，反映出作者由於個人生活中的不幸變動而導致「失望」，這些變動包括霍桑移居到康科德，以及其妹妹路易莎的不幸去世[405]。《坦格伍德故事集》無法充分體現霍桑成人作品中的獨創性、複雜性和深度。然而，在西元1853年春天，霍桑準備去海外赴任領事，這一任命為他贏得了矚目和尊敬。事實上，這也是在他人生關鍵時期的最後階段，為他贏得了重新考量其作品價值的機會。

想要釐清這些傳奇故事的獨特魅力，不能光考量其美學價值，而應該深入探討在西元1853年那樣的背景下，霍桑所賦予這些作品的文學、政治和心理意義。其經久魅力的原因之一，可能是這些重述的傳奇故事，為兒童文學界帶來創新精神。在19世紀中期的美國，兒童文學界依然被保守古板的現實主義傳統所主導，而這種傳統在當時的出版商和一些學者看來，給那些敏感且易受影響的青少年，提供了最合適不過的作品。在將近15年的時間裡，霍桑一直設法出版一些融合虛幻和現實，並富有想像力的作品來撼動兒童文學界，進而「徹底改革兒童文學中因循守舊的體制」（15:266）。《獻給男孩女孩的傳奇故事》和《坦格伍德故事集》的出版，一定程度上實現了霍桑顛覆兒童文學保守傳統的夙願。

《坦格伍德故事集》是霍桑兒童文學的創新傑作，同時也可以說是回應霍桑在西元1852年的政治活動。故事中呈現一些年輕無畏、採取暴力行動與不公正現象搏鬥的少年領袖形象。《坦格伍德故事集》似乎提供了

---

[405]　Laura Laffrado, Hawthorne's Literature for Children (Athens, GA: University of Georgia Press, 1992), p. 100.

第三節　實用主義的政治和英雄主義的夢想

一套與霍桑在其他成人作品，尤其是《一生》中，截然不同的行為準則。

雖然兩者都著重考量英雄主義的本質和道德領導，但是兒童故事集中詳述的，是勇敢的英雄人物甘於冒著巨大的風險，開展及時的行動，為消除不公堅決地奮鬥，而競選自傳中卻著意宣傳漸進主義和保守主義，美國兩黨在西元 1850 年代都認為，為維持美國現狀做出的妥協，才是務實政治的良方。霍桑這卷「古老的兒童故事」，透過刻劃勇於冒險與邪惡鬥爭的理想英雄人物形象，回應了《一生》中保守的實用主義政治。在霍桑看來，等著他們那個時代道德改革者們的，只能是陷入道德沼澤而難以掙脫的困境，而這是《坦格伍德故事集》中果敢的英雄領袖們所避免的。

《一生》和《坦格伍德故事集》之間的差異，加之霍桑對後者非比尋常的高度評價，尤其是競選自傳已經被批評家們，頻繁地用於考察霍桑的個人政治觀點，因此有理由對這兩部作品進行關聯性重估。伯克維奇認為，霍桑在《一生》中對激進派和批評家的無情批評不置可否。另一種觀點認為，《一生》拒絕採用更加激進的反對奴隸制立場，恰恰反映了霍桑面對道德律令所表露出的一種消極意志[406]。拉里·雷諾茲（Larry J. Reynolds）則認為，批評家們錯誤地建構霍桑的政治觀點，他們抨擊霍桑作品中道德分離的失敗，然而他們未能看到的是，「霍桑的政治觀根植於基督教的和平主義」[407]，這也解釋了霍桑面對魯莽激進的行為所採取的謹慎立場。

然而，雷諾茲也和許多評論家一樣，認為《一生》體現了霍桑的政治意識，其中「新術語的重申，奠定了霍桑政治觀點的核心，並且言明了更加微妙的小說中的『韻律和緣由』」[408]。喬納森·艾瑞克（Jonathan Arac）提出了或許是最有影響的一種解讀，認為《一生》宣傳一種進步的保守主

---

[406] Brenda Wineapple, "A Heap of Broken Fragments: Hawthorne and Politics," in Hawthorne Revisited, ed. David Scribner (Lenox, MA: Lenox Library Association, 2004), p. 123.

[407] Larry J. Reynolds, Devils & Rebels: The Making of Hawthorne's Damned Politics (Ann Arbor: The University of Michigan Press, 2010), p. xvi.

[408] Ibid., p. 190.

第六章　短篇及小品：藉助通俗趣味，拓展自身嚴肅藝術創作空間的文化策略

義，這種保守主義認為民族的持續發展，是透過政治無為實現的，這種政治無為最終會促使自然臻善，萬物和諧[409]。對於激進的廢奴主義者，霍桑也在傳記中指出：「在人類全部歷史中，從來沒有明證能夠說明，藉由人類的意志和智慧，可以採取方法達到完善道德改革的目的。」(23:352)

反之，他認為富蘭克林・皮爾斯是一位「具有真知灼見的政治家——他深愛自己的祖國，愛它本身固有的東西，他認為自己對於除舊布新有深刻的領會」(23:351)。艾瑞克認為，霍桑在傳記中明示的對於人類有意識行為的悲觀態度，也導致《紅字》、《房子》和《福谷傳奇》中的故事主角放棄英勇的改革舉措，最終選擇像皮爾斯一樣，「按照事情本來存在的樣子」接受「現實」[410]。

顯然，《一生》提供了理解霍桑政治意識的視角，這種政治意識為霍桑抵制 19 世紀中期，席捲新英格蘭的改革浪潮提供了支持。之後，霍桑也在寫給朋友布里奇的一封信中坦言，競選自傳包含他自己的「真實感想」(16:605)。西元 1863 年，霍桑再次接受皮爾斯的委託，為不大受歡迎的前總統題獻《我們的老家》(5:2-5)。

尼娜・貝姆在描述《一生》時，說這本書的直白體現在它——「未加調整，未加注釋，未加隱喻」[411]，這進一步彰顯這部作品帶來的作者的坦率形象。霍桑為這部傳記傾注了全部精力，西元 1852 年 7 月動筆，8 月 27 日即投交出版商。即使他不喜歡在夏季寫作，當他 6 月獲悉皮爾斯提名的消息時，第二天即發了一封信給這位候選人，信中說自己樂意為其撰寫競選傳記，隨後迅速投身於這項工作。（16:545-546）

霍桑與友人的信件和之後出版的《坦格伍德故事集》，也許會讓那些

---

[409] Jonathan Arac, The Emergence of American Literary Narrative 1820-1860 (Cambridge: HarvardUniversity Press, 2005), p. 151.

[410] Ibid., p. 33.

[411] Nina Baym, The Shape of Hawthorne's Career (Ithaca: Cornell University Press, 1976), p. 206.

第三節　實用主義的政治和英雄主義的夢想

堅信《一生》就是霍桑個人政治觀點的真實寫照之人變得猶疑。這些資料充分證明，霍桑和那位總統競選人在眾多問題上意見不一，比如對於1850年妥協法案中的一個重要法令──《逃亡奴隸法》，皮爾斯本人堅決支持。霍桑則在與友人的私下交流中鄭重表明，他對此「堅決反對」。

根據布倫達‧溫愛普的看法，霍桑在競選傳記中利用皮爾斯對這項爭議法令的支持，來論證皮爾斯是一位「國家統一的堅定擁護者，並且毫不動搖地支持為實現這項偉大事業，所必然要求做出的讓步」（16:456）。雷諾茲認為，霍桑反對奴隸制，並且具有分離主義的傾向──這一點可以從霍桑的妻子索菲婭，在西元1845年的一番言論中得到證實，她說丈夫「更樂見南方與北方分離，只有卸掉我們身上奴隸制的負累，他才感到自己擁有一個完整的國家」[412]。也許紐約時代雜誌未能洞見，霍桑宣傳競選活動背後的權宜之計。

正如許多批評家所指出的，霍桑支持皮爾斯競選總統有諸多理由，包括報復那些辭退他在塞勒姆海關職務的輝格黨人，加之他與皮爾斯長達30年的穩固友誼。西元1852年夏天，有批評者和貶損者聲稱，霍桑為皮爾斯撰寫傳記是出於謀職的本意，這一推測因遭到霍桑的妹妹路易莎和妻子索菲婭憤怒的否定，而被更加確定[413]。

霍桑本人否定了個人意圖，可是在皮爾斯尚未贏得競選之前，霍桑就已經屬意利物浦海關的領事職務──這份收益頗豐的職務，將任由新總統支配（16:605）。這份名利雙收的職務，也能夠慰藉霍桑當時持續高漲的出版熱情，自從西元1851年5月霍桑的第三個孩子出生後，這種出版熱情就愈加熱切，甚至他在寫作過程中，就在考慮銷售業績[414]了。霍桑催

---

[412] Larry J. Reynolds, Devils & Rebels: The Making of Hawthorne's Damned Politics (Ann Arbor: The University of Michigan Press, 2010), p. 152.

[413] Brenda Wineapple, Hawthorne: A Life (New York: Alfred A. Knopf, 2003), p. 260, p. 268.

[414] Brenda Wineapple, Hawthorne: A Life (New York: Alfred A. Knopf, 2003), p. 240.

第六章　短篇及小品：藉助通俗趣味，拓展自身嚴肅藝術創作空間的文化策略

促他的出版商——威廉·蒂克納加大宣傳《一生》的力度：「我認為你應當不遺餘力地加強廣告宣傳。」

在這位出版商尚未提出關於廣告的措辭和設計的計畫時，霍桑就在持續不斷地督促他「加大力度，不要放鬆」。霍桑總是對他說：「我們現在已經是政治活動家，你不能再把自己當作一般的出版商行事。」（16:588）霍桑指出，政治家和紳士的差別在於，從事政治活動的人，認為自己是一個為達到競選成功的目的運籌帷幄的角色，而不是一個尋常的、不關心競選宣傳的普通市民。

透過司各特·卡斯珀（Scott E. Casper）為傑克森總統撰寫的競選傳記，霍桑明瞭如何在《一生》中把玩政治遊戲[415]。隨著西元1850年妥協法案的頒布，日趨緊張的地區態勢得到了暫時的緩解。對一個有能力控制時局、進一步平息奴隸制衝突的總統的呼籲，在兩個黨派中支持度都日漸高漲，儘管這意味著要調節南方奴隸的利益[416]。霍桑在競選傳記中採取這樣一種策略：他將皮爾斯定位為一個高瞻遠矚的領導人，「一個明白除非撕毀憲法，否則單憑依靠人類的智慧和人為的努力，都無法推翻奴隸制的人」（23:350-351）。

霍桑筆下的皮爾斯，反對將廢奴主義視為一種「模糊的博愛理論」，聲援維護美國的「神聖現狀」，即便它不無缺陷。（23:292-293）《一生》明確表明了對社會改革的質疑。根據傳記中的思想，任何妄圖消除社會不公的改革努力，都會「遺留眾多弊端」（23:352），也必將抵消改革伊始的善意動機。與此相反，霍桑斷言，富蘭克林·皮爾斯已經被證明，有能力堅決抵抗諸如此類不完善的道德改革措施。

---

[415] Scott E. Casper, "The Two Lives of Franklin Pierce: Hawthorne, Political Culture, and theLiterary Market," American Literary History 5 (Summer 1993): 203-230.

[416] Roy Nichols and Jeannette Nichols, Election of 1852 in History of American Presidential Elections, 1789-1968, 4 vols. ed. Arthur M. Schlesinger, Jr. (New York: Chelsea House, 1971), pp. 921-1003.

因此，一種不干涉主義的承諾，成為《一生》中道德領導的要義，在其中一個引經據典卻鮮有人提及的片段中，霍桑指出，奴隸制是一種社會頑疾，因此從某種程度上說，「若非反奴隸制運動蔓延至今，社會發展就不會停滯不前」。

然而，除了這種觀點，「另外一種觀點或許是更加明智的觀點」，這種觀點認為，「神聖的天意並沒有將奴隸制留作一個遺留的、有待人類設計解決的社會弊病，在一個最合適的時候，以一種無法預料的方式，幾乎是最簡單、毫不費力的途徑，當它存在時的所有使命已完成，它就會宛如一個幻影自行消失」(23:352)。從這種替代性的觀點看，皮爾斯便顯出一個理想領導人的形象，因為他顯然沒有讓奴隸制運動，左右自己實現更加宏偉目標的決心。

1.《富蘭克林・皮爾斯的一生》和英雄主義的奉獻

除皮爾斯之外，霍桑還在傳記中花了大量筆墨刻劃皮爾斯的父親，一個更加引人注目的、富有傳奇色彩的英雄形象，在傳記中他的光輝幾乎蓋過自己的兒子。班傑明・皮爾斯將軍是美國獨立戰爭時期的老兵，一個依靠「粗茶淡飯、辛苦勞作和有限教育」(23:275) 白手起家的人。他在霍桑筆下被刻劃成一個美國亞當式的人物：他是一個士兵、一個農民、一個建功立業者。把他放在傳記開篇的章節裡，發揮了突出的宣傳效果。像他的兒子一樣，他具有道德約束力，同時又是一個「行動派」。被霍桑頻繁用來形容老皮爾斯的話是「堅持原則」。霍桑寫道：「無論在其公共生活、個人生活中還是獨立行事時，他總是展現這一作風。」(23:277)

評論家們也指出，霍桑透過深入探討皮爾斯的父親，是如何熱情投身

第六章 短篇及小品：藉助通俗趣味，拓展自身嚴肅藝術創作空間的文化策略

於美國獨立戰爭和建國偉業中，從而把小皮爾斯和革命連繫在一起[417]。霍桑寫道：「透過浮光掠影般地追溯班傑明・皮爾斯將軍的事蹟、性格和成長環境，我們便可得知，這同時也是他的兒子富蘭克林・皮爾斯人生的必要組成部分。小皮爾斯繼承了皮爾斯將軍的遺風，在這種光輝的照耀下成長。」(23:277)

父親光輝的英雄形象，與兒子沉默的克制形象形成強烈的反差。在刻劃老皮爾斯的革命英雄行為時，霍桑毫不吝嗇地盛讚他的愛國熱情。西元1775年，他剛風聞列克星敦和康科德的戰鬥時，就放下耕犁，拿起武器加入戰鬥。霍桑謹慎小心地把將軍的兒子塑造出愛好和平的形象，他繼承了父親道德約束的特質，但是卻將這種特質，沿用發展為一種政治妥協和非干涉主義的立場。

與他父親勇猛的男子氣概、「十足的鬥士」(23:276) 形象不同，富蘭克林・皮爾斯在傳記中初次出現時，幾乎有一種柔弱的女子氣息，是「一名有著一雙藍色的眼睛，淺色的捲髮，臉龐甜美的漂亮男孩」(23:279)。「他的父親是當時圈子裡最活躍、最熱心公益的人」(23:277)，而他的兒子甚至連尋常的表現欲都沒有，只有在「緊急的情況召喚他，而且沒有任何人可以代替他履行職責時」(23:289) 才開口。

霍桑稱讚皮爾斯不裝腔作勢的舉止，儘管他也指出，這種過於謙遜的作風，導致這位總統候選人在數年的公共事務中「並不引人注目」(23:293)。與一般競選文學中的人物特質不同，霍桑將皮爾斯的自制和緘默，解釋為並非出於膽怯，而是天性使然，沒有自我表現的癖好，然而這種癖好在其他競選議員身上則頗為典型。

霍桑指出，美國的革命是反抗不公和專制的光榮戰爭[418]。具有諷刺

---

[417] Richard J. Williamson, The Impact of Franklin Pierce on Nathaniel Hawthorne: Friendship, Politics, and the Literary Imagination (Lewiston: Edwin Mellen Press, 2007), p. 85.

[418] Richard Boyd, "The Politics of Exclusion: Hawthorne's Life of Franklin Pierce," The American Tran-

第三節　實用主義的政治和英雄主義的夢想

意味的是，富蘭克林・皮爾斯克制和謙遜的特質，在美國民族進程中留下了濃重的一筆。皮爾斯久經世故的自制，「將衝動和對他本人及他人衝動的調控能力綜合在一起」(23:238)，也體現了父親身上革命熱情轉化在行動上的道德發展。

他父親身上的革命熱情，在戰時產生了至關重要的作用，在新的時代背景下，已成為一種過時的趨向，從而使妥協和維持現狀變得尤為重要。在墨西哥戰爭後，他從父親身上繼承的、隨時準備戰鬥的特質，最終演變成一種超越父親的品格。「軍事戰鬥熱情已經深深扎根於他心中，他對此深感欣慰和滿足。」(23:347) 在這種遺傳的革命熱情中，皮爾斯從過去的成就中，發展出一種和平主義的虔誠，採取一種絕不妥協的立場保護美國免於分離。

利蘭・珀森指出，霍桑筆下的皮爾斯，有一種非凡的領袖氣質和悲憫的情懷。這些特質能夠極強地感染世人，「皮爾斯深諳世人之心，知道怎樣感染大眾」(23:313)。傳記中提到皮爾斯曾經暗中透過控制資金，來達到既定目標，而不是訴諸野蠻的武力手段和傳統的軍事力量，不管是人身的還是政治性的。鑒於皮爾斯的父親在戰爭中的勇猛表現，皮爾斯天生就富有卓越的意識，他深知「老一輩革命者冒著巨大風險所捍衛的聯邦價值」(23:277,284-285)。這位總統候選人對老一輩革命遺產的恭敬和虔誠，已經成為他處理地區危機的基礎。還有誰比這個「自幼受到革命事業的薰陶，忠於父親革命遺產，具有與生俱來的使命感的」(23:278) 兒子，更適合擔任美國的首席保護人呢？

然而，這種非比尋常的自律是有代價的，競選傳記把兒子當作較小版的父親來塑造，其修辭和情景對話中隱藏著一種悲傷的基調。例如，需要注意的是，傳記中頻繁提及死亡和垂死，以及一些真實的死亡事件，霍桑

---

scendental Quarterly 3.4 (December 1989): 340.

甚至略微提到皮爾斯本人的死亡，預言皮爾斯有一天將故於老家的新罕布夏州（23:314）。傳記中持續提到一系列的死亡事件來描繪一些情景，在這些境遇中不僅是字面上生命的消逝。皮爾斯學習法律時的成功案件，不只沒有公開得到認可，甚至沒有成文記載就銷聲匿跡了。他的部下既忠誠，也願意「誓死追隨」（23:306, 347）。

皮爾斯最出名的案件是一起謀殺案。作品中持續出現，並且通常是無端地對死亡的暗指，招致一種意氣消沉的暗流。這證實了理查‧布羅德赫德的觀點：一種「失落感」始終縈繞著霍桑，進行「脫離公共行為」的宣傳活動。布羅德赫德認為，儘管霍桑「未能提出一種切實可行的社會行為方案，他卻堅持認為，這種無能是全人類的失敗」。對霍桑而言，「政治參與在某種程度上是一種失敗，它以犧牲某個方面為代價，剝奪了自我世界中原本完整真實的某些方面」[419]。對主張妥協和非干涉的領導人而言，近乎苛刻的自律或許是必要的，然而這卻使霍桑筆下的皮爾斯，失去了一種完整的、至關重要的人性。

皮爾斯因此變成一個不完整的人，並成為美國偉大的、革命性自我的代表。

2.《坦格伍德故事集》和英雄事蹟的復活

《一生》出版後不久，霍桑就開始創作《坦格伍德故事集》，他並沒有把非干涉主義與和平主義作為故事集的道德準繩，而是把它當成一種可以在某些情況下，緩和人類苦難所適用的原則。身為忠誠的朋友，霍桑從來沒有放棄熱忱地支持皮爾斯，但是在故事集中，他重新考慮把社會分離性作為領導倫理的指導原則。即便霍桑美化了皮爾斯的自律和克制，可是在

---

[419] Richard Brodhead, "Hawthorne and the Fate of Politics," Essays in Literature 11 (Spring 1984): 95-103.

第三節　實用主義的政治和英雄主義的夢想

故事集中，他塑造出一系列熱血沸騰的勇士，讓他們與社會不公現象不屈不撓地抗爭，並用名望、財富和權力來嘉獎他們的英勇行為。

雖然這本故事集和之前的《獻給男孩女孩的傳奇故事》，都將英雄主義、自我犧牲和寬恕樹立為重要的美德，不過前者出其不意地背離了後者關於這類主題的常規處理，六個故事無一例外地刻劃英雄轉化為領袖的形象，或者著意渲染現實的領導人物和重大決定的制定。很明顯，西元1852年競選過後，霍桑開始重新考量非干涉主義的倫理。

舉例來說，在故事〈侏儒族〉中，霍桑諷刺了俾格米士兵「戰勝」強大的大力士海克力斯（Heracles）的故事。大力士殺死了他們的同盟者「巨人安泰俄斯」（Antaeus），憤怒的俾格米人發出「刺耳尖銳的笛聲」和「血戰」（7:232）誓言的形象，似乎對映了美國當局中嗜戰的政治領導人。俾格米人當時叫囂著「摧毀」大力士，因為「他是公眾的敵人，所有人都熱切地期待，能分享戰勝大力士的榮耀」（7:230）。

一個富有高漲演說熱情的部落人員宣稱：「要不惜一切代價地保存民族的榮光，只有給大力士致命性的反擊，才能創造我們民族的英雄，為祖先傳承到我們身上的光榮增光添彩。」（7:229）俾格米領袖將民族榮譽和一觸即發的戰火連繫在一起，這與《一生》中宣揚的政治智慧不甚一致。《一生》中所宣揚的美國總統的主要使命，是盡可能地維持美國現狀，甚至為此不得不做出妥協和讓步。讀者可以領略到霍桑在故事集中反覆地說教，並可能會對俾格米人的粗暴行為提出明確的譴責。儘管故事諷刺了他們的自信心和豪言壯語，但只是諷刺，並沒有直接的譴責。[420]

霍桑在《一生》中將政治演說描繪成固有的腐敗，正如邁克·吉爾摩（Michael T·Gilmore）所說，他因此把筆下的競選者刻劃成一個「行動而

---

[420] Carol Billman, " Nathaniel Hawthorne：'Revolutionizer'of Children's Literature?," Studies in American Fiction 10 (Spring 1982): 107-114.

第六章　短篇及小品：藉助通俗趣味，拓展自身嚴肅藝術創作空間的文化策略

少言的人」[421]。相比於《坦格伍德故事集》中滔滔不絕的俾格米領袖，皮爾斯並不擅長辭令。俾格米領袖「是一個有十足勇氣的戰士，儘管他使用任何武器的能力，都不如他的舌頭厲害」(7:228)。霍桑在傳記中鮮少提及皮爾斯的公眾演講，卻節選了一段可謂冗長的俾格米領袖的「高談闊論」：

　　高大威猛的俾格米人，你我共同見證了一場眼前的災難！這對於我們民族的權威是何等的侮辱？就在遠處，躺著安泰俄斯，我們偉大的朋友和兄弟，就在我們的領土上，他被一個凶殘的惡魔乘機攻擊將其殺害……你們，我親愛的同胞們，你們試想一下我們如何在世界上立足，我們將怎樣被公正的歷史裁定，我們又怎能忍受無以復加的、無法報仇雪恨的憤怒？(7:228)

毫無疑問，這樣的段落含沙射影地諷刺了美國當局的政治演說。甚至大力士海克力斯在嘲笑他那口袋般大小的敵人的誇張言詞時，也爆發了「迷亂和抽搐」(7:232)。然而，這個矮小的「演說者」還是憑藉嘴上功夫，成功地煽動俾格米人的熱情，並誘導大力士讓步。於是，後來的歷史便有了這樣的記載：「許多年前，英勇的俾格米人嚇跑了大力士海克力斯，為巨人安泰俄斯報了仇。」(7:233)

拋開歷史故事的神話色彩，聰明的兒童讀者會發現，事實上，不是俾格米人的盲勇，也不是他們的嗜戰宣言，而是海克力斯的慷慨帶來了和平的結局。正如《一生》中想像的「神聖天意」一樣，高貴的大力士有一股比侏儒勇士更聰明、更強大的力量，後者執著於討回公道，但力所不能及。海克力斯之所以屈從於俾格米人，是因為對他們不肯善罷甘休的戰爭勁頭，產生一種茫然的折服，被他們「無畏的勇氣」所「打動」(7:233)。

不過，俾格米人對他宣戰，大言不慚地叫囂要「站在同一高度」(7:

---

[421] Michael T. Gilmore, "Hawthorne and Politics (Again): Words and Deeds in the 1850s," in Hawthorne and the Real: Bicentennial Essays, ed. Millicent Bell (Columbus: Ohio State University Press, 2005), pp. 22-39.

第三節　實用主義的政治和英雄主義的夢想

232）時，受到了嘲笑。這裡的「嘲笑」似乎在確認霍桑的和平主義，及其對政治改革的譴責。然而，霍桑將海克力斯的寬容歸結為一種「兄弟情誼」。海克力斯將自己和狂妄自大的敵人放在一起，「就如一個英雄在設身處地為別人考慮」(7:233)。此外，雖然海克力斯以和平主義的方式對待俾格米人，可他本人並非是一個和平主義者，他輕易地激起安泰俄斯和他決一死戰的欲望。要是讀者試圖把海克力斯當成真正的英雄，他們一定會佩服他的英勇及其隨時準備戰鬥的騎士精神。

在創作《坦格伍德故事集》時，霍桑把《一生》中的政治觀點擱置一邊，同時也拋棄了19世紀中期兒童文學的創作傳統。當時，類似《鵝媽媽童謠》的神話故事和魔幻故事，受到了諸如美國教育學者塞繆爾・古德里奇（Samuel Griswold Goodrich）的譴責。在古德里奇看來，空想的故事是「怪異的、錯誤的、有害的」，會腐蝕孩子們的道德觀，以至「大部分讀到它們的兒童讀者，可能會產生犯罪行為」[422]。神話等虛幻故事因其虛構性和蘊含的暴力而飽受詬病。

教育專家們認為閱讀這樣的讀物，是一種嚴重浪費時間的行為。更嚴重的是，其中大肆渲染了邪惡和暴虐行為。著名的兒童文學作家和一些青少年雜誌的編輯，包括古德里奇和雅各・艾伯特，都青睞於直白簡單的素描刻劃，以及那些以尋常的主角為特徵的道德寓言。在這些寓言中，忠於戰前社會規約的人受到褒獎，而缺乏自我約束的人受到懲戒。宣揚節制與和平主義的說教故事，在19世紀中期的兒童文學創作中非常流行[423]。

古德里奇曾是霍桑早期的支持者之一，支持霍桑在他的雜誌《象徵》上發表作品。由於1830年代出版了皮特・帕里系列故事，霍桑非常熟悉

---

[422] Samuel Griswold Goodrich, Recollections of a Lifetime (New York: Miller Orton, and Mulligan, 1856), pp. 320-321.

[423] John C. Crandall, "Patriotism and Humanitarian Reform in Children's Literature, 1825-1860," American Quarterly 21 (Spring 1969): 3-22.

第六章　短篇及小品：藉助通俗趣味，拓展自身嚴肅藝術創作空間的文化策略

古德里奇派的兒童文學風格，它所包含的自制、約束及和平主義的價值觀，也完美地融入了《一生》所展現的倫理原則中。儘管如此，霍桑卻在開始為美國孩子們改編暴力、幻想神話時，拋棄了古德里奇學派所倡導的、探索敘事中的英雄理想主義。

在霍桑的成人作品中，暴力總是與愚昧、道德錯誤及墮落連繫在一起，《坦格伍德故事集》也不例外。它突顯和厚描了暴力行為，包括赤手空拳的打鬥、武力戰鬥、綁架、投毒、窒息、斬首和變形。在故事集中，並不總是由惡棍煽動暴力或從事野蠻行為。多數情況下，是英雄人物主動去尋找邪惡的敵人，並與他們進行暴力對決，而這樣的敵人只有靠武力才能征服。此外，故事集也常把主角的暴力行為，表現為英勇的男子氣概。例如，在拔出劍斬殺惡毒的女巫賽絲之前，尤利西斯站在「賽絲的宮殿」，「看起來比平常更加的剛毅和威嚴」(7:291)。

再如，在〈龍齒〉中，當勇敢的卡德摩斯對付一條惡龍時，他從惡龍的咽喉上一躍而下，「全力猛刺」，最終「一劍斃命，結束了戰鬥」——正如剛剛被肆虐掠奪過的殘跡，徒留下獵物「蠕動著牠龐大的肢幹，即使牠已經喪失哪怕傷害一個幼童的氣力」(7:258)。在〈牛頭人〉和〈傑森和金羊毛〉中，也充滿了對暴戾的男子氣概的溢美之詞，似乎這樣的暴行才成就了英雄，並鞏固他們身為統治者的地位。

在《一生》中，霍桑把保留革命前輩們的遺產當作終極美德，而《坦格伍德故事集》卻頌揚年輕的一輩，因為他們用暴力推翻了父輩的政治統治，特別是那些默許不公正和苦難，即被動地屈服於「存在的事物」，而顯現出腐敗的父輩。故事集的第一個故事〈牛頭人〉就是範例，年輕的主角提修斯反抗他安於現狀的父親——雅典王埃勾斯，因為國王完全「忠實地」臣服於和克里特島的邁諾斯國王簽訂的契約。契約規定，雅典每年需挑選14名年輕的雅典人，送給邁諾斯的寵物「牛頭人」，為其獻祭。

第三節　實用主義的政治和英雄主義的夢想

　　透過挑戰這份契約和發動反抗牛頭人的戰爭，提修斯建立了高於他軟弱父親的道德統治權威，並最終得到了統治權力。這樣的倫理原則滲透在霍桑於1850年代創作的三本作品中，尤其是《一生》，也就是：所謂「道德改革」必然會「遺留下罪惡和謬誤」(23:352)。然而在〈牛頭人〉中，霍桑卻把提修斯刻劃成一個救世主的形象，讓他取代並充入獻祭的雅典人中，從而使他得以發動戰爭，對抗每年吞食雅典同胞的怪物。

　　決定提修斯道德優勢的因素，是他決心與社會不公堅決對抗的意志，而他父親對邁諾斯國王的屈從，則縱容了這種社會罪惡的存在。正如提修斯自己所說：「你，我的父親，身為這些人民的國王，就應該遵照上天的旨意，為他們的幸福負責，你甚至應該奉獻對你自己而言最珍貴的東西，而不是給最窮困潦倒的子民帶來傷害。」(7:197) 提修斯堅持自己的行動原則，儘管邁諾斯國王得意於兩個國家數年前結束戰爭後，本國與埃勾斯簽訂的合法契約。

　　那14名年輕的雅典人作為維持持久和平的贖金，他們的囚禁和犧牲在提修斯的腦海中，形成一種模糊的罪惡意識——若是存在更高的法律，那它應該捍衛誰？霍桑改版的這一傳奇故事，運用與現實中廢奴主義者相同的邏輯。這些廢奴主義者聲稱，美國憲法和法律條文認可了奴隸制存在的無效性，因為它們違反了更高的法則——神聖的人權。提修斯的領導權不能容忍天意和自然意志所默許的社會不公。反之，在這則故事中，一位領袖要「順應天意」，必須保護所有的子民，即使這樣需要冒險和違反某種法則。這種思想主張很難與《一生》中的觀點達成一致——美國總統的明智之舉，是靜候奴隸制的陰暗面，有朝一日「如幻影般自動消失」(23:352)。

　　〈龍齒〉再次展示子女對父輩消極統治的反抗，故事講述了年輕人的變化——國王埃勾斯的三個兒子最終轉變為受人愛戴的領袖，徒留他們

第六章　短篇及小品：藉助通俗趣味，拓展自身嚴肅藝術創作空間的文化策略

悲痛欲絕的父親枯守著自己的王位。兒子們因妹妹歐羅巴被「一頭雪白的公牛擄走」而展開營救。儘管追尋無望，兄弟們還是踏上「朝聖」（7:243）之旅去尋找丟失的妹妹。霍桑的大部分作品都將改革呈現為一種無獲的徒勞。

然而在這則故事中，歐羅巴的哥哥們拋棄他們尊貴又無所作為的身分，投身於日常勞作，肩扛力挑，自力更生。漸漸地，他們放棄了搭救妹妹的想法。而當人們逐漸認可他們品格的高貴時，他們被賦予了權力，擁戴為王。到最後每一個兄弟都在新的疆域、在新的臣民擁護下得以安身立命。因此這個故事透過強調王子們的積極行動，與其父親安於現狀的對比，從而與《一生》中的主張背道而馳。

這並不是說霍桑在故事集中只描繪了暴力本身，相反，這些故事也展現不光彩的戰爭形象，是把英雄的品德與敵人的墮落結合在一起描繪的。就像提修斯殺死的惡魔牛頭人，就是一個「窮凶惡極的暴怒畜生」（7:208），它那「不可理喻的肆虐的狂怒」影射不加思考的原始衝動。這種原始衝動就是霍桑筆下刻劃的，「每一個人在遭遇險惡時，都會潛藏或者殘留下某種邪惡所導致的」孽果（7:207）。把凶殘的牛頭人養為寵物，可見邁諾斯國王已退化到那種原始狀態，無怪乎提修斯認為他是「比牛頭人還要讓人深惡痛絕的怪物」（7:202）。

在兩個故事中出現過的龍齒戰士，進一步證明了無意識的野蠻人惡行。這些暴戾的武裝戰士是「死亡的使者」（7:259），他們從播下的龍齒中湧現出來，組成一支「嗜血的隊伍」（7:360）。然而事實上，他們很容易被打敗，只消故事中的英雄朝他們中間丟一顆小石頭，就能挑起他們之間盲目而狂暴的互相報復。他們的野蠻暴力是盲目的，「互相揮著、砍著、怒刺著彼此，砍掉對方的手臂、頭顱和腿」（7:361）。這和故事中的英雄主角所領導的，有組織、有目的、有限的戰鬥形成了鮮明的對比。最後僅餘五

名龍齒戰士時，卡德摩斯國王結束了戰鬥，命令他們收劍入鞘，加入「誠實的勞作」。

為了避免道德缺失，霍桑在故事最後揭示這五個存活下來的龍齒戰士，終於「強烈地感到只有生活在和平中，與鄰為善，而不是互相殘殺，才能感到真正的愉悅和幸福。寓意昭然若揭，人類本應共同追求智慧與和平，正如這五個生性惡劣的戰士，改邪歸正之後所做到的那樣」(7:262)。一方面，「龍齒」鮮明地表達了和平高於戰爭的主旨；另一方面，卡德摩斯國王在戰爭最後所倡導的和睦，明顯比之前的暴力解決方式更加卓越。

最後一個故事〈傑森和金羊毛〉，在呈現年輕的主角轉變為受人愛戴的統治者這一主題時，發生了些許變化。故事的主角傑森意欲奪回篡位者珀利阿斯國王從其父親手中奪走的王權時，珀利阿斯國王向他索要傳說中的金羊毛作為放棄王權的代價。尋找金羊毛的征途中，傑森遇到了一名老嫗，請求他幫助自己渡過湍急的河流。當老婦人（由天后赫拉（Hera）裝扮的）察覺到傑森的猶豫時，她說：「除非你對一個老婦人施以援手，否則你不可能成為國王，國王是做什麼的？難道國王不就是救助貧弱的人於危難之中嗎？」(7:334)

這正是霍桑寄予西元1852年美國總統候選人的希望。當傑森想起一位智者曾告訴他，「力量最高貴的用途就是救助弱小」(7:334) 時，他最終同意提供幫助。傑森把老婦人背在身上，「沒有感到筋疲力盡，反而愈行愈感覺身上力量的彙集」(7:335)。這個場景闡釋了，當一個人投身於幫助別人的行動中時，他會變得更加強大，而不會有所損耗。作為回報，老婦人贈予他超自然的力量，幫助這名年輕人奪回原本屬於自己的王權。

3. 女性的介入和《坦格伍德故事集》

　　《坦格伍德故事集》打破了霍桑塑造女性傳統美德的常規。幾乎在霍桑所有的小說中，女性被動的「純潔」都被描繪成「真正的女性」美德[424]。霍桑筆下女性如比阿特麗絲、喬治亞娜、艾莉絲·潘欽，正是她們的柔順與服從，導致她們被悲慘地束縛於墮落的丈夫、父親或求婚者手中，這些人總能左右她們的人生。一些女性主義評論家認為，霍桑在故事集中刻劃的一些女性人物，實則是對女性被動地位和毫不動搖的父權制權威的批判。還有一些讀者認為，對霍桑而言，女性的美德本身就蘊含對父權的服從[425]。不論情況如何，霍桑還是在故事集中採用一個新的角度，刻劃了獨立、具有反抗精神的女性。

　　這樣的女性，對刻劃她們所忠貞的理想英雄人物的形象，也是不可或缺的，不像之前充斥在霍桑成人作品中飽受苦難的女性角色，〈牛頭人〉中的阿里阿德涅和〈傑森和金羊毛〉中的美狄亞，都勇於公然反抗父權制權威。她們拒絕服從的行為，促成故事中男主角的成就。這種模式引人注目：一方面，她們背離了霍桑筆下一貫的女性模式；另一方面，她們無所畏懼的行動，是對霍桑病態的安靜主義的超越。

　　霍桑改編了經典的牛頭人故事，例如，他刻意地拓展邁諾斯國王的女兒阿里阿德涅這一角色。在傳統的牛頭人傳說版本裡，提修斯靠一己之力戰勝了牛頭人。然而在霍桑的版本中，阿里阿德涅被塑造成一個危急關頭掌控全局的人，她違背父親的命令，卻譜寫了提修斯勝利的凱歌，是她巧

---

[424] Barbara Welter, "The Cult of True Womanhood: 1820-1860," American Quarterly 18 (Summer 1966): 151-174.

[425] Nina Baym,「Revisiting Hawthorne's Feminism," in Hawthorne and the Real: Bicentennial Essays. ed. Millicent Bell (Columbus, OH: Ohio State University Press, 2005), pp. 107-124. Judith Fetterley, "Women Beware Science: 'Die Birthmark'," in The Resisting Reader (Bloomington, IN: Indiana University Press, 1978), pp. 22-33.

妙地籌劃提修斯的逃離，贈予他彰顯男子氣概的寶劍，引領他到牛頭人的獸穴。

最關鍵的是，她自始至終統籌了他的情感。雖然有反抗父親的行為，但阿里阿德涅以她的優雅、溫柔和同情，樹立戰前美國女性純潔的典範。她是如此地純潔，以至於在牛頭人死後，她沒有和提修斯一起離開，而是選擇陪伴在戰敗的父親身邊。臨行告別時，她說了這樣一番話表明自己的孝心：

我的父親已經老了，只有我愛著他。雖然你們認為他鐵石心腸，但是失去我會讓他心碎。起初他可能會生氣，卻很快就會寬恕他唯一的女兒。而且，漸漸地，他會高興起來，我肯定再也不會有年輕的雅典人，成為彌諾陶洛斯的口中物了！我拯救了你，提修斯，既是為了我父親，也是為了你。（7:210）

顯然，正是阿里阿德涅的反抗，讓她那曾經偏離正道，錯誤地寵溺牛頭人的父親，有機會去補救自己的過錯，而她也履行了身為子女的義務。此外，若沒有她的干涉，提修斯和他的十三位雅典同胞必死無疑，阿里阿德涅也因此彰顯出更高尚的正義。在阿里阿德涅身上，女性的美德不是溫順服從，而是能依據自己堅定的是非道德標準去行事。這樣的刻劃在霍桑以往的作品中絕無僅有。霍桑毫不遲疑地肯定這位女主角自發的反抗行為。這種行為不僅拯救了她誤入歧途的父親，也給志在制服牛頭人的提修斯，提供感情和物質上的幫助。

〈傑森和金羊毛〉再次複製這種類型的女性形象。在這個故事中，英雄主角的行動一直依賴於美狄亞公主的幫助。美狄亞是擁有珍貴金羊毛的國王的女兒。她是一位女巫，傑森的訴求為她提供了機會，施展法力對抗可怕的敵人，這些敵人包括一頭噴火的公牛、一群龍牙戰士以及最後出現的龍。每次傑森遭遇這些來勢洶洶的凶狠怪獸時，唯有美狄亞的現身才能

275

第六章　短篇及小品：藉助通俗趣味，拓展自身嚴肅藝術創作空間的文化策略

令他化險為夷，取得最後的勝利。與阿里阿德涅公正的、女神似的形象相比，美狄亞則是一名黑暗鬥士。儘管有時候美狄亞不在場，傑森也依然能夠自己發現「毒蛇的窺探」(7:363)。

故事中從來沒有暗諷美狄亞反抗父親的異心，或者抨擊她使用法力的話語。自我實現的女性角色在霍桑的小說中並不多見，卻使故事的寓意更加深厚，作者否定了競選傳記中被奉為圭臬的非干涉主義。透過肯定女性為追求社會正義所發揮的決定性和正面作用，霍桑否定了那種假想：社會的罪惡不是「天意」遺留給「人類的謀略去補救的」(23:352)。取而代之的是，霍桑表達了人類為戰勝邪惡所付出的努力，從而超越那種狹隘的妄想。

4. 兩種意識形態的調和：〈路邊雅舍〉那麼，我們怎樣才能解釋，霍桑在故事集中背離自己慣常的模型和原則呢？有人可能會說，身為通達一般文學形式的大家，霍桑自然可以人為地在《一生》和《坦格伍德故事集》的創作中揮灑自如，甚至可以把這兩部作品，當成有利可圖的、粗製濫造的文學作品，而其中的內容可以根據形式或者需求，而不是作者的文學理念進行相應調整。根據霍桑自己對待這部故事集的態度，以及他所處的那個時代的客觀現實，筆者認為，《坦格伍德故事集》只是提供了一個幻想的空間給霍桑，在這個空間裡，想像出那些能夠正當地號召行動的條件，包括他的家人和朋友們越來越認可的，以暴力行動來回應那個時代裡的苦難和不公。

這部獻給青少年的文學作品，意在培養寶貴的文化價值觀念。因此霍桑著意於對少年讀者灌輸這樣的觀念：一位有能力的領導者，應該採取果敢的行動對抗社會腐敗、暴政和苦難。因為這些年輕的讀者終有一天會取代他們那不善其事的長者。霍桑實際上給出的建議是：社會的不公能夠而且應該透過人類有意識的行為來補救。

第三節　實用主義的政治和英雄主義的夢想

這些神祕的歷險故事的力量，在於使讀者陷入遠離現實的冒險事件中，在其中的魔幻背景和超能力的英雄主角之間流連忘返。在霍桑看來，故事集中少許的暴力事件，是人類之間的惡鬥造成的。事實上，故事中的人類英雄總是對虛構出來的怪獸發起攻擊：噴火的公牛、六臂的巨人、龍以及「龍人」。所有這些怪獸都或多或少地呈現出，作者潛意識中勾畫的一些不真實的、帶有諷喻人物形象的夢幻特徵。同時，故事集描繪可供仿效的勇猛英雄人物形象，為霍桑的創作開闢新的領域。在他創設的故事場景中，與接受事物「原本存在的樣子」相比，戰爭是可取的。

或許，《坦格伍德故事集》就是霍桑在內戰時期個人經歷的預演。他或許發現自己曾經執著的和平穩定，只是一個權宜之計。雖然他始終反對廢奴主義者的煽動行為，也為戰爭的破壞性感到遺憾，但內戰爆發後，他卻支持戰爭。批評家已經強調過，霍桑在 1850 年代早期曾抵制廢奴運動，到了西元 1860 年，霍桑也承認南北雙方的維繫狀態是「不自然的」(18:335)。他進而宣布，「為南方人感到遺憾，為我們中的大部分人感到遺憾」，然而，「既然事情已經發展到現在這個地步，看來唯有贏得勝利，才能在下一代建立起真正的統一國家，除此之外別無他法」(23:442)。正如雷諾茲指出的，霍桑「實際上如此強烈地反對奴隸制，以至於感到唯有廢除奴隸制，才能與南方建立起和平」[426]。

從《坦格伍德故事集》的序言〈路邊雅舍〉可以看出，霍桑對故事集中空想的行動主義，與其他作品中的保守主義之間的緊張關係了然於心。在〈路邊雅舍〉中，霍桑將自己的身分融入兩個角色之中：一個是聲稱的創作者，來自伯克郡的年輕大學生——尤斯塔斯·布萊特；另一個是愛諷刺的、像倦怠的霍桑一樣的、上了年紀的成名作家。這位成功的作家只是這名年輕大學生的作品編輯。

---

[426] Larry J. Reynolds, Devils & Rebels: The Making of Hawthorne's Damned Politics (Ann Arbor: The University of Michigan Press, 2010), p. 239.

第六章　短篇及小品：藉助通俗趣味，拓展自身嚴肅藝術創作空間的文化策略

　　既悲觀又懷疑，霍桑在〈路邊雅舍〉中表達對布萊特浪漫情懷的欣賞，同時又覺得他天真無知。其中是布萊特而不是霍桑做了這樣的推理：他認為黃金時代源於《坦格伍德故事集》，而且這些故事能將世界「帶回純真年代」(7:179)。這大概是他們翹首以待的。對於這種不切實際的幻想，霍桑借年長者的作家之口給予回應：「我讓這個年輕人盡情地說，只要他想說，我很高興看到他在人生中朝氣蓬勃的時期，對自己和自身的表現有如此的自信，若干年之後，時間會告訴他真相，關於一切的真相。」(7:179-180) 這個場景實際上是對布萊特浪漫主義的批評。霍桑在《坦格伍德故事集》中，肯定自我犧牲的英雄主義的同時，既承認又否認了故事中的干涉主義原則。

　　霍桑在對故事集中的一些事物命名時，也體現出這種雙重性。「路邊雅舍」這個題目暗指西元1852年霍桑遷居的康科德莊園的位置，他在那裡完成了《一生》和《坦格伍德故事集》。起初這處住宅的名字是「半山腰」，霍桑後來將它重新命名為「路邊雅舍」。霍桑宣稱的「路邊雅舍」「兼有一種寓意性和描寫性的性質」(16:548)。

　　這個新名字一方面指稱這處殖民莊園的位置，毗鄰一條逃亡路線，即西元1775年英國的中堅分子在康科德的血戰中，戰敗後返回波士頓時採用的路線。另一方面，它的「寓意性」則源於聖經寓言中，將「路邊雅舍」與失敗、遺失及責難連繫在一起，「一個播種者外出播種，當他播種時，有一些落到了路邊雅舍，這些種子隨即被踏平，還有一些被空中的飛鳥啄食」[427]。

　　從福音意義上說，分離、幻滅、逃離戰場、被動地等待天意來解決社會不公等不作為，是無法得到救贖的。作為對比，霍桑筆下年輕的敘事者布萊特，取名於一個傳說中由羅馬士兵轉化成的基督教殉道者。他和故事

---

[427] Luke 8：5

第三節　實用主義的政治和英雄主義的夢想

集中的英雄一樣，寧可面對死亡，也不願放棄自己的理想。被賦予這樣一個名字——「路邊雅舍」，可見自以為是又幻滅的霍桑，對敘事者布萊特寄予相當高的期望。

當作者在序言中宣稱，「這部傳奇故事內在的全部價值，不能完全歸於一個人的品格」(7:180) 時，他顯然不是指布萊特，而是指作者自己完全投身於這些「不朽的寓言」中的能力，和這些故事喚起的、他的「純真年代」。故事集作為一部富有創新性的兒童文學作品，讓霍桑在自己創造的故事世界裡，宣傳了這樣的主張：唯有追求更加美好的社會，才可能改善現實的磨難和不公。美國的孩子們總有一天會意識到，在他們生存的這個世界，改革只是一種「朦朧的博愛理論」(23:292)，是毫無成效的，即便這種觀點現在只是針對他們的長輩而言。

在霍桑的成人作品中，霍桑一直堅信，那些專制主義者的社會改革計畫，將不可避免地失敗，那些熱心改革的人會因為對自身信條的過度自信，而失去道德權威。他們不容妥協的追求，無法讓他們如願，最終只能證明他們狹隘的眼界。然而，在《坦格伍德故事集》中，霍桑也認為，行之有效的社會改革，實則是道德行為和完整的人類體驗不可或缺的一部分。《一生》中強調的維持先烈們成就的主張，可能導致當下一代放棄自己的英勇、正直和抵制現實改革計畫中，不可避免的不足之處的勇氣。

霍桑給孩子們這樣的提示：在一個理想的國度裡，這樣的犧牲和隱忍是不可取的。霍桑樹立的志向，不僅僅是讓民主黨的朋友贏得競選，或者為自己謀得利益豐厚的領事職務，也不僅僅是倡導維持美國現狀。《坦格伍德故事集》最終並非否認皮爾斯的非干涉主義的政治理想，而是作為一種補充，為一個神話中的夢想接力。在那個夢想中，將有一位領導有方的領導人重建博愛之邦。

第六章　短篇及小品：藉助通俗趣味，拓展自身嚴肅藝術創作空間的文化策略

第七章

象徵資本的敘述控制：文學市場策略

在 19 世紀中葉的美國文壇，「文學本身」是在與市場文學的對立中發展起來的。霍桑出版《紅字》的西元 1851 年前後，剛好是各式各樣商業化「文學」占據市場的時刻，以至於在西元 1852 年，霍桑憤怒地把這些占據文學市場的作家，稱為「一群胡寫亂畫的女流之輩」，抨擊她們「毒害」讀者的審美品味。在《紅字》與《房子》獲得一些市場成功之際，絕大部分讀者仍喜歡其他類型的敘述作品。

霍桑在解釋自己的過激言論時，暗示自己絕對不會模仿這些「通俗作家」的創作格調，與這些作家競爭文學市場，正如批評家貝爾（Millicent Bell）所說，「他實際上很難完全拒絕這樣的誘惑」。[428] 這樣，「競爭讀者」就成為霍桑自然的創作動機，而實際上 19 世紀中葉的「文學分級、讀者分層」，一直是美國文學界「熱議的」話題。[429]

值得慶幸的是，當時著名的批評家和出版商詹姆斯·菲爾德，多年以來試圖在全國市場上打造新英格蘭文學。到西元 1852 年，他的努力初見成效：霍桑的《紅字》開始成為一種文化符號，引導全國的文學潮流，並使霍桑本人也可以透過出版這樣的作品「以文為生」。[430] 從創作理念來

---

[428] Millicent Bell, Hawthorne and the Historical Romance of New England (Princeton: PrincetonUniversity Press, 1971), p. 32.

[429] Sacvan Bercovitch and Myra Jehlen (eds.), The Cambridge History of American Literature, vol. 2, Prose Writing, 1820-1865 (New York: Cambridge University Press, 1995), p. 669.

[430] Millicent Bell, Hawthorne and the Historical Romance of New England (Princeton: PrincetonUniversity Press, 1971), pp. 699-700.

第七章　象徵資本的敘述控制：文學市場策略

看，菲爾德所主導的 19 世紀中葉美國經典文學認為，創作「應該遠離市場，弘揚感召力與藝術素養，而反對目的性」[431]。儘管如此，他們還得與文學市場進行競爭，占有他們期望的讀者群。霍桑非常幸運地成為菲爾德「商業打造美國本土作品」的操作對象。從這個意義上講，霍桑是「被生產出來的」。[432]

在《霍桑流派》(The School of Hawthorne) 中，布勞德赫德 (Richard H‧Broadhead) 曾探討過霍桑作品與文學機構操作的關係，認為霍桑創作產生於「文學藝術機構的連鎖關係中」。[433]當然，霍桑被文學藝術機構「操作」，雖然不能完全表明其作品具有明顯的經濟意圖，但至少可以反映霍桑作品的政治或文化動機。

有諸多批評家曾關注霍桑作品，與西元 1850 年代「通俗文學市場」的相互關係。1970 年代末，蘇珊娜曾撰寫過一部經典性的女性主義著作，分析了南北戰爭前，美國文化中女性「期待視野」的形成，並認為這一階段女性作家與普通讀者「最典型的文學期待視野」，在相當程度上「鑄造了五名作家的小說創作：庫伯、霍桑、豪威爾斯、詹姆斯、華頓」。[434]吉莫爾更進一步研究，同時期的女性作家與男性羅曼史作家的創作互動關係，得出的結論是：「倘若沒有女性作家的創作模式，那男性作家就不可能形成自己的創作職業個性。」[435] 還有批評家，如茲包瑞 (Ronald J. Zboray) 也探討過南北戰爭前出版工業、教育機構、大眾閱讀趣味、書商書販操作的

---

[431]　Michael T. Gilmore, "The Book Marketplace," in The American Novel, ed. Emory Elliot (Cambridge: Cambridge University Press, 1985), p. 70.
[432]　方成：《霍桑與美國浪漫傳奇研究》，陝西人民出版社，西元 1999 年，第 142 頁。
[433]　Richard H. Broadhead, The School of Hawthorne (New York: Oxford University Press, 1986), p. 48.
[434]　Mary S. Schriber, Gender and the Writer's Imagination: From Cooper to Wharton (Lexington:University Press of Kentucky, 1978), p. ii.
[435]　Millicent Bell, Hawthorne and the Historical Romance of New England (Princeton: PrincetonUniversity Press, 1971), p. 70.

影響等方面，對當時美國文學創作的塑形作用。[436]

　　瑪麗（Mary P. Hiatt）則更加直接地說：「事實上，男性從女性暢銷作家那裡，感覺到一種強烈的經濟壓力……有些男性作家甚至決定分享這塊餡餅，竭力依靠創作『羅曼史』吸引女性作家的讀者群。」[437] 要理解這些，我們必須回到西元1850年代美國的女性小說和文學市場中。

第一節　1850年代美國的女性小說和文學市場

　　要了解1850年代的美國文學，首先要了解的是馬西森的經典之作──《美國的文藝復興：愛默生和惠特曼時代的藝術和表現》（西元1941年）。在馬西森眼裡，美國文藝復興時期的文學巨匠們，特指愛默生、霍桑、梅爾維爾、梭羅和惠特曼（Walt Whitman）。單單「西元1850～1855年這6年」就見證了以下作品的誕生：《代表性的人》（*Representative Men*）（西元1850年），《紅字》（西元1850年），《帶有七個尖角閣的房子》（西元1851年），《白鯨記》（*Moby-Dick*）（西元1851年），《皮埃爾》（*Pierre; or, The Ambiguities*）（西元1852年），《湖濱散記》（西元1854年）以及《草葉集》（*Leaves of Grass*）（西元1855年）。他繼續寫道：「搜遍整個美國文學史，你可能也找不到一組書目，與它們充滿活力的想像相媲美。」

　　在《美國的文藝復興》出版的前一年，帕蒂的《女性的五十年代》問世，主要討論美國內戰前的文學作品，愛默生、霍桑、梅爾維爾、梭羅和惠特曼在帕蒂所論述的1850年代美國文學中，只占據了一個從屬位置。在她看來，更重要的作家是：蘇珊・沃納（Susan Warner）、安娜・沃

---

[436] Ronald J. Zboray, A Fictive People: Ante-bellum Economic Development and the American Reading Public (New York: Oxford University Press, 1993), pp. 1-3.

[437] Mary P. Hiatt, Style and the "Scribbling Women"：An Empirical Analysis of the 19th Century American Fiction (Westport: Greenwood Publishing House Inc., 1993), p. 131.

第七章　象徵資本的敘述控制：文學市場策略

納（Anna Bartlett Warner）、蒂莫西・謝伊・丁梅斯代爾、芬妮・費恩、卡洛琳・李・亨茲、索斯沃斯夫人、安・索菲亞・史蒂芬斯、亨利・華茲華思・朗費羅、西爾維納斯・小科布、伊克・馬弗爾、格雷斯・格林伍德和芬妮・弗雷斯特等。

與馬西森相比，帕蒂更重視那些作品廣為流傳，且在商業上更為成功的作家。那時，梅爾維爾已經失去了他在 1840 年代剛剛獲得的讀者，梭羅和惠特曼也只有很小的讀者群，而霍桑的作品離暢銷書還差得遠。同樣值得注意的是，馬西森認可的作家們都是男性，而帕蒂認可的則多為女性。

馬西森在序言裡承認，他「對作家的選擇」可能有些「隨意」，沒有一位作家的作品，能與朗費羅的《海華沙之歌》（The Song of Hiawatha）（西元 1855 年）、丁梅斯代爾的《酒吧十夜》（西元 1854 年）以及威利斯（Sara Payson Willis）的《芬妮作品集中的蕨葉》（Fern Leaves from Fanny's Portfolio）（西元 1853 年）一樣流行。奇怪的是，馬西森的序言沒有提及西元 1850 年代最有名的暢銷書，即斯托夫人（Harriet Elizabeth Beecher Stowe）的《湯姆叔叔的小屋》，這本書在馬西森的書裡僅被提到一次 —— 它的暢銷程度遠高於愛默生。馬西森在序言中寫道：

西元 1850 年代最流行的「女性」文學作品，依然為社會學家和適合我們口味的歷史學家，提供了肥沃的研究土壤。但我同意梭羅所說：「首先要讀最好的作品，否則你可能就沒有機會讀它們了。」在接下來的這個世紀裡，連續幾代的普通讀者將決定，並且最終似乎是同意我的選擇：內戰前地位最重要的作家，正是此書中的這五位。

馬西森定位傑出作家的標準相當有意思。「最好的」作家明顯是最重要的，是那些「地位最重要的」，可是這一形象所隱含的力量，可能與事實不太符合，至少就市場銷量而言，馬西森看重的這五位作家，就 1850

第一節　1850 年代美國的女性小說和文學市場

年代的作品銷量方面，絕對不是最重要的。如果像馬西森所言，將這五位作家並置是因為他們有「一個共同點」，那就是他們為「提升民主之可能所做出的貢獻」，那麼對暢銷作家避而不談，就顯得有些悖論了。

再者，馬西森相當矛盾地聲稱，流行作家不夠偉大是因為他們僅僅反映了大眾「趣味」，但也正是「幾代的普通讀者」的趣味，奠定了他對經典的劃分。假使讀者的趣味是劃分標準的話，那麼我們就很難理解，為什麼作品在當時的流行程度，成為文學地位低下的指數。

儘管帕蒂的關注點不同，但她對美國 1850 年代流行作家的貶低，與馬西森是一致的。她書名中的「女性」二字主要是一個貶義形容詞，如她所說，和「激昂、焦慮、暴怒、愚昧、生育、感性、矯飾、豔俗、好鬥、搞笑」是同義詞。馬西森稱她為「符合我們品味的史學家」，帕蒂認為自己的品味的確有趣但是低階。

無論馬西森和帕蒂對 19 世紀中期的文學標準有何種分歧，最終似乎還是馬西森成了執牛耳者。《女性的五十年代》早就不再出版，而《美國的文藝復興》卻從西元 1941 年開始一版再版，自始至終受到青睞。馬西森為 1850 年代文學取的名字「美國的文藝復興」仍沿用至今，他的標準到現在相當程度上還是美國文學的標準，儘管近些年對它稍做修正。

馬西森的影響是可以理解的，因為他極其出色地闡釋了這五位作家，這些作家們所創作出的文學「現代主義」：複雜、反諷、常常自我反省、關心國家政治問題、質疑美國身分、帝國主義以及帝國主義的濫用等。這些自西元 1941 年以來，尤其是在學術圈裡，已被認為是至關重要且富有價值的。除了《湯姆叔叔的小屋》以外，1850 年代的女性小說絕少觸及政治問題和自我反省的糾葛。

當然，關注同時代不那麼流行甚至無名的作家是無可厚非的。例如，我們可能不會棄艾米莉・狄金生（Emily Elizabeth Dickinson）於不顧，因

第七章　象徵資本的敘述控制：文學市場策略

為她的作品在她死後才漸為人知。不過抑制一大批流行文學，來突出這五位男性作家的「地位」，也可能阻礙我們認識 1850 年代美國文學中最關鍵的事實。那時大部分讀者是女性，她們根本不在乎梅爾維爾和惠特曼，她們對霍桑的熱情從商業角度看也顯得非常冷淡。

最成功的作家，尤其是小說家，同樣多是女性，只是現在幾乎被遺忘了。後來一些批評家已經開始了這項重要任務：重新發現「被遺忘」的女性作家，比如安·道格拉斯的《美國文化中的女性》（西元 1977 年），尼娜·貝姆的《女性小說》(*Woman's Fiction: A Guide to Novels by and about Women in America, 1820-1870*)（西元 1978 年），瑪麗·凱利的《私人女性，公共舞臺》（西元 1984 年），和簡·湯普金斯 (Jane Tompkins) 的《轟動性的設計》(*Sensational Designs: The Cultural Work of American Fiction, 1790-1860*)（西元 1985 年）。負責任的文學史，且不論是否帶有女性主義色彩，都不應忽略她們的貢獻。

重新發現的重點，並不是為了決定哪類作家「更好」。確實，針對 19 世紀中期美國文學標準的大討論，促使我們更多關注政治和性別偏見，以及那些常常不可言說的意識形態假設，這往往潛在地決定了文學「價值」。有些人斷言某些作家或作品「不錯」，那讀者會問：它們哪裡「不錯」？這倒並不是說要更多地關注 1850 年代的流行文學，從而使其替代現在的標準。關鍵是要了解到，在 1850 年代同時存在著兩種文學傳統，要知道它們之間的關聯。

所有這些作家，不論男女、流行或非流行，都在同一個文學市場上競爭，他們也意識到這種競爭的存在，他們創作的文字中也明顯體現了這一點。事實上，馬西森壓制「50 年代女性作家」的衝動，可以追本溯源到他奉為經典的作家們那裡。已被女性作家和女性讀者創造的市場力量威脅的男性作家，自然試圖邊緣化她們，貶低她們，認為她們的作品沒有太多價值。

第一節　1850年代美國的女性小說和文學市場

我們也應該了解到,儘管男性和女性作家有明顯的不同之處,卻也有不少相似的地方。首先,不管是戶外還是室內都為19世紀的作家們提供了避難所,現在看來,19世紀對當時的作家而言,是一個日漸複雜、漸不可控、無法理解的世紀。正是從這個意義上說,1850年代的這兩種文學傳統,與我們現在所說的「浪漫主義」知識分子運動接合在一起。要理解當時的任何一種傳統,我們都必須回到當時它們生成的語境中:1850年代日益擴張的文學市場。

1. 1850年代的文學市場

到1840年代,美國圖書出版業已經控制了大城市的主要公司,較有名的是費城的凱里書屋、紐約的哈珀書屋等。資本的湧入、生產和經銷的高效,都為國內讀者提供一個越來越廣闊的圖書市場。到1840年代末,兩個新企業開始挑戰凱里和哈珀的霸權地位。西元1840年,喬治‧帕特南成為紐約約翰威立(John Wiley & Sons, Inc.)的合夥人。西元1847年,他開始獨自出版,嘗試發行一整套卡萊爾、歐文和庫珀作品集,結果大獲成功。

詹姆斯‧菲爾茲將波士頓的威廉‧蒂克納出版社,發展成新英格蘭最大的文學出版社,他們出版了丁尼生(Alfred, Lord Tennyson)、朗費羅、霍爾姆斯和惠蒂爾的作品,到西元1850年,經他們出版的新英格蘭作家名單上還要加上霍桑,因為《紅字》也是由蒂克納和菲爾茲出版的。與此同時,受到相當成功的文學雜誌影響,比如費城的《格雷漢姆雜誌》和《戈迪女士的書》,一大批主要由女性組成的大眾讀者群也在成長壯大。至1840年代末,雜誌作家可能已成為最有特色的美國文學人物,而雜誌讀者的品味,也在逐漸決定美國文學最具代表性的風格。

第七章　象徵資本的敘述控制：文學市場策略

對1850年代的美國文學雜誌來說，並不全是繁榮。西元1857年的大恐慌讓大量新興企業破產，這十年快要結束的時候，內戰的前奏不僅抬高了墨水和紙張的價格，也讓北方雜誌失去許多南方讀者。確實，1850年代見證了1840年代幾本最有影響力的雜誌的消亡，包括《格雷漢姆雜誌》、奧沙利文的《美國雜誌和民主評論》，以及莫里斯和威利斯的《紐約之鏡》。

1840年代幾本頗有影響力的文學期刊中，只有《戈迪女士的書》將其影響延續到1850年代。一項西元1852年新發表的郵政規定，減少了雜誌費率並第一次允許出版商而非雜誌訂閱者支付郵資，這創造出一個更好的商業環境，新興流行雜誌很快替代了那些日漸衰落的雜誌。

例如，西元1850年，紐約的哈珀書屋發行了《哈珀月刊》，主要重印英國雜誌中的文章和連載小說，包括狄更斯（Charles Dickens）的《荒涼山莊》（*Bleak House*）和《小杜麗》（*Little Dorrit*）、薩克萊（William Makepeace Thackeray）的《紐可謨一家》和《維吉尼亞人》（*The Virginians*）等。儘管雜誌內容也包括一些美國作品，比如卡洛琳‧奇思布拉夫、梅爾維爾、伊麗莎白‧菲爾普斯和露絲‧特里等人的短篇小說，但其重點仍是重印英國文學作品，這也使他們獲得豐厚回報。該雜誌發行的前六個月裡，發行量從7,500冊飆升至50,000冊，到西元1860年，其發行量已達到200,000冊。

批評者們可能會質疑哈珀書屋是否愛國，卻幾乎不能否認它在商業上的成功。西元1853年，部分原因也是挑戰哈珀書屋，喬治‧帕特南成立了《帕特南月刊》，他們致力於出版美國作家的作品，供稿作家包括朗費羅、庫珀、洛威爾、梭羅和梅爾維爾等人。梅爾維爾為該雜誌貢獻了大量故事，以及一本連載小說《以色列陶工》。帕特南出版了許多現在已經成為經典的作品，值得注意的是，這一策略在當時並不成功，發行量從西元

第一節　1850年代美國的女性小說和文學市場

1853年的2,000份逐步下降，最終帕特南在西元1855年將雜誌賣給另外一位出版商。雜誌在兩年後的大恐慌中停刊，內戰後又重新創辦。

大恐慌這一年，同樣見證了一份影響持久的文學雜誌的誕生：由摩西・菲利普斯創辦、詹姆斯・洛威爾擔任主編的《大西洋月刊》(The Atlantic Monthly)。西元1859年菲利普斯去世後，蒂克納和菲爾茲買下該雜誌，西元1861年菲爾茲代替洛威爾成為主編。《大西洋月刊》迅速成為新英格蘭作家的根據地，其中不少人以前常為帕特南供稿。該雜誌第一期收錄了包括愛默生、朗費羅、霍爾姆斯、洛威爾、約翰・洛斯、羅普・莫特利、露絲・瑪麗以及斯托等人的文章，新英格蘭作家的影響力依然持久，這有時會讓其他地區的作家甚為惱怒。

再者，洛威爾強烈的反奴隸制立場，也疏遠了潛在的南方讀者。不過這份新雜誌還是勉強撐了下來，內戰之後，豪威爾斯擔任雜誌主編，從此這本雜誌的影響力日益擴大。但在1850年代，它還算不上是一份流行文學雜誌，而是由薩拉・黑爾擔任主編並主打雕版流行插圖、家庭建議、感傷小說與詩歌的《戈迪女士的書》更為流行，它及其費城模仿者《皮特森夫人雜誌》對「女性」市場的爭奪十分激烈。同樣的市場也被紐約法蘭克・萊斯利的《插畫報紙》所蠶食，這是一份出版新聞和輕文學的週刊雜誌，由亨利・卡特於西元1855年成立。到西元1858年，萊斯利聲稱其發行量已達到100,000冊，到西元1860年，其發行量已超過了160,000冊。

但在1850年代最轟動、最壯觀的成功當屬《紐約文匯》(The New York Ledger)，該雜誌由一位富有創業精神的愛爾蘭裔紐約人羅伯特・邦納 (Robert Edwin Bonner) 編輯出版。西元1850年時，邦納還是一名印刷工，他將微薄的積蓄投資到《商人文匯和統計紀錄》上，並逐漸將其發展成一份文學週刊。例如：西元1853年他開始出版莉迪亞・西戈尼的詩歌；西元1855年，他大幅改變雜誌的風格，去掉了商業特徵，將雜誌改名為《紐

第七章　象徵資本的敘述控制：文學市場策略

約文匯》，並僱了剛剛出名的芬妮·費恩，付給她每週高達一百美元的佣金，並為她在雜誌上常設專欄。

邦納透過花巨資做廣告來推銷自己的雜誌，還在某些雜誌和報紙上，刊登連載小說的前幾章，當連載小說正吊著讀者胃口的時候，《紐約文匯》才獨家刊登剩餘部分。最重要的是，他花高價留住了那些流行作家。芬妮透過為《紐約文匯》撰稿，一年賺了5,000美元，索斯沃斯女士在西元1857年成為《紐約文匯》的專職作家時，每年至少也能賺那麼多。邦納透過為埃弗雷特的寵物計畫「弗農山莊」捐款一萬美元，從他那裡設法獲得為期一年的週刊專欄，儘管此人之前幾乎不為金錢所動。

埃弗雷特、布萊恩特、朗費羅和丁尼生為《紐約文匯》增添了文化氛圍，可它的主打招牌依然是刊載流行小說，尤其是索斯沃斯和小科布的作品。後者於西元1856年與《紐約文匯》簽約，為它寫了大概130部連載小說，最有名的是西元1859年的流行小說《莫斯科的製槍人》。邦納的推銷策略大獲成功，到西元1860年，《紐約文匯》的發行量已達到400,000冊，這個數字是當時美國任何一本文學雜誌都無法企及的。

美國圖書出版業進入「暢銷書時代」的故事，開始於西元1850年，那時一位不知名的作家將她的小說手稿投到帕特南手中，這位作家名為蘇珊·沃納。她身為紐約律師的父親在西元1837年的大恐慌中傾家蕩產，支撐家庭的重擔落到了沃納和她妹妹身上，生計所迫，她開始了文學創作。她的小說曾被多家紐約出版商拒稿，哈珀書屋斥之為「一片胡說」，即便帕特南也不是一開始就看中了它。

不過帕特南將手稿帶回家讓他的母親閱讀，看她是否認為這部小說值得出版。讀了沃納的小說之後，她感動地流下眼淚，說道：「喬治，哪怕你不再出版其他小說，也一定要出版這一部。」之後她又說道：「上帝會讓它暢銷的。」沃納的小說在12月以伊麗莎白·威瑟里爾的筆名出版，帕特

第一節　1850年代美國的女性小說和文學市場

南夫人的預言很快就被證實。《廣闊世界》(*The Wide, Wide World*) 講述了孤兒埃倫‧蒙哥馬利透過不斷努力最終成功的故事。該書在接下來的兩年間再版了 13 次，銷量超過之前任何一位美國作家的作品，最終在美國的銷量超過 50 萬冊，在英國同樣大獲成功。

《廣闊世界》的成功為美國圖書出版業開創出非凡的十年。西元 1851 年，斯托夫人開始在華盛頓的《國家時代》雜誌上連載《湯姆叔叔的小屋》。大量讀者被這部小說深深吸引，來自波士頓的約翰‧朱厄特與斯托夫人簽訂一份圖書出版合約。這本書在西元 1852 年的三月以兩卷本問世，銷量十分可觀：前三週就賣出了 20,000 冊，前三個月賣出 75,000 冊，出版一年就賣出 305,000 冊。截至西元 1857 年，《湯姆叔叔的小屋》已賣出 500,000 冊，並且一直以每週 1,000 冊的銷量賣出。

在 1850 年代，沒有其他美國作家能與斯托夫人的成功相媲美，但有幾位相對接近。薩拉‧威利斯的隨筆集《芬妮作品集中的蕨葉》(西元 1853 年) 在第一年賣出 70,000 冊。一部兒童隨筆集以及《芬妮作品集中的蕨葉》的續集，分別於西元 1853 年和西元 1854 年出版，這三本書在英國和美國的總銷量已超過 180,000 冊。同年，瑪利亞‧卡明斯 (Maria Susanna Cummins) 的《點燈人》(*The Lamplighter*) 創造了另一個奇蹟，它在八週內就賣出 40,000 冊，第一年賣出 70,000 冊。其他女性作家，比如奧古斯塔‧威爾森、索斯沃斯、安‧史蒂芬很快都加入了暢銷作家的行列。

不過，並非所有 1850 年代的暢銷作家都是女性。1850 年代繼《湯姆叔叔的小屋》之後，最流行的是《酒吧十夜》(西元 1854 年)，這是一部有關禁酒的故事，由費城作家兼雜誌編輯丁梅斯代爾創作。米切爾以馬弗爾的筆名出版一部感傷隨筆集《一個單身漢的空想》(西元 1850 年)，第一年就賣出 14,000 冊，在接下來的幾十年中持續大賣。在西元 1855 年，惠特曼的《草葉集》幾乎無人閱讀，而朗費羅的《海華沙之歌》第一個月就賣了

第七章　象徵資本的敘述控制：文學市場策略

11,000 冊，前五個月的銷量達到 30,000 冊，到西元 1860 年，這本書還一直以每年 2,000 冊的數量賣出。

只是，絕大多數成功作家都是女性，絕大多數讀者也是女性，正是她們促使丁梅斯代爾、米切爾和朗費羅等人的作品大賣。例如，西元 1852 年時，馬弗爾的《一個單身漢的空想》被住在艾摩斯特市的艾蜜莉‧迪金森如飢似渴地讀著，她在十年後才談到惠特曼：「我從未讀過他的書，但有人說他的作品難登大雅之堂。」朗費羅是透過將詩歌打磨到符合大量女性讀者的品味，才得以暢銷的。因此，1850 年代圖書銷量可觀成長，還得歸功於身為讀者和作者的女性。當時的美國流行作品中最有趣的，當屬女性作家為女性讀者創作的小說了。

2. 女性小說

1850 年代美國女性小說的暢銷，是前所未有的。沃納於西元 1850 年出版的《廣闊世界》，為女性作家和男性出版商釋放的資訊，就像西元 1821 年庫柏（James Fenimore Cooper）《間諜》（*The Spy*）的大賣那樣。新釋放的資訊更為準確，它不僅能夠辨識出一個特定的主題，同樣也確證了一個特定讀者群。再者，像《廣闊世界》、《湯姆叔叔的小屋》和《點燈人》的銷量，遠非庫柏的小說在其最暢銷的時候所能比的。但是，1850 年代的女性作家能取得如此巨大的商業成功，其原因就像 1930、1940 年代的女性作家們一樣，都深深受到了「家庭崇拜」或者「真正女性崇拜」的影響。

雖然女性作家如此成功，她們卻從未對外宣稱或承認過自己有任何雄心壯志，1850 年代所有流行的女作家都否認自己有什麼抱負。畢竟大眾認為女性應待在家裡而不是在市場上競爭，而她們在商業上的成功以傳統觀點來看是「非女性的」，但是有幾個原因可以讓她們免受指責。

第一節　1850年代美國的女性小說和文學市場

　　首先，她們寫作是為了供養家庭或小孩，通常是在丈夫或父親去世或破產之後，因此她們不是有意與男性競爭，而只是為了履行「女性的」義務。其次，她們也不是為了出人頭地才功成名就，許多人甚至堅稱，自己在書中寫的是真實的個人經歷。不少人為了保護自己的隱私以及「女性的」微妙情感，而採用筆名或者匿名出版的方式。最後，如果女性就應該待在家裡，家庭 —— 女性的家庭生活 —— 正是這些作家們最重要的主題，她們在小說中所宣揚的價值，幾乎都是「女性的」和「家庭的」。《湯姆叔叔的小屋》可能是女性作家不牽涉政治題材的例外之作，可是從這部小說的題目直到最後一幕結束，斯托也正是在家庭的偽裝下處理政治問題的。

　　這些女性作家不管是在公開場合還是在她們的小說中，都以不同方式向人們展示，自己與同時代人對女性正確位置的看法是一致的。可能也正是她們對雄心壯志和男性統治的沉默，才保證了她們得以在理應由男性參與競爭的市場上獲得成功。畢竟，圖書市場的主要消費族群還是女性。對她們而言，家庭的定義就是這個世界，而這個世界只有其他女性才能完全熟悉和認同，這就促成了1830～1840年代「女性雜誌」的流行。所以說「家庭崇拜」只是或者主要從商業角度限制著，那些使用這一主題的作家們。它迫使作家們根據自己的經驗創作，尤其要迎合讀者的經驗。

　　美國1850年代女性小說的創作數量會如此驚人，不只是因為某幾本暢銷書的銷量巨大，也因為越來越多的女性創作出暢銷作品，有時候是一系列暢銷作品。從沃納的《廣闊世界》（西元1850年）到索斯沃斯夫人的《克里夫頓的詛咒》（西元1852年）、《藏起來的手》（西元1859年），威爾森的《比烏拉》（西元1859年），以及她在西元1860年之後創作的流行作品《聖埃爾默》（西元1867年），出版商在該書出版四個月後，就聲稱已賣出一百萬本。總體而言，仔細分析以下三位作家和作品，也許更能說明問

第七章　象徵資本的敘述控制：文學市場策略

題：沃納的《廣闊世界》、卡明斯的《點燈人》、費恩的《露絲．霍爾》(*Ruth Hall*)。

蘇珊．沃納（西元 1819～1885 年），與惠特曼、梅爾維爾、喬治．伊略特、約翰．拉斯金生於同一年。她的父親亨利．沃納是一位成功的紐約律師。蘇珊在近乎奢華中被撫養長大，由她的父親和私人教師為其講授各個學科的知識。當蘇珊的母親在西元 1827 年去世時，亨利未婚的妹妹「芬妮姑姑」操持起這個家庭的所有事務。

蘇珊的妹妹安娜也在 1850 年代轉向小說創作，她日後回憶道，蘇珊有「一種倔強的性情，不受影響的意志，對權力無法自拔的專橫和熱愛」，但蘇珊從 12 歲起就開始記錄的私人日記中顯示出，她同樣有一種強大的自我懷疑感，有一種對可能與己無關之事物過多投入的愧疚。在 1820～1830 年代，一個菁英階級的年輕女性，如若對外暴露出自己「不受影響的意志」和「對權力的熱愛」，那她在社會上幾乎不會有立足之地。

西元 1837 年春天，蘇珊 17 歲的時候，沃納一家失去了優越的生活條件。投資失敗迫使亨利賣掉大部分財產，包括位於紐約的房子。之後一家人搬到康思迪圖森島上的一座農莊裡，這座農莊靠近西點，位於哈德遜河附近。他們原想在此地建一座鄉下別墅，卻處於債臺高築和幾乎孤立無援的境地。

蘇珊在她西元 1839 年的日記裡寫道：「我們已經很長時間都看不到人來人往的熱鬧場面了。」不管她曾經為未來接受過何種教育，現在都一片渺茫了。再者，她父親為挽救岌岌可危的處境而做的後續投資，更加惡化了他們的處境，蘇珊也只能透過大量閱讀獲得精神上的慰藉。可是她們後來的日子越來越拮据，多次受到房東令其捲鋪蓋走人的威脅，有段時間他們甚至連家具都沒有。最終，女兒們不得不為父親的失敗做些補救。

西元 1846 年末，安娜設計並售出一套名為「自然歷史」的遊戲紙牌來

第一節　1850年代美國的女性小說和文學市場

貼補家用，芬妮姑姑對蘇珊說：「我相信如果妳盡力的話，定能寫出一部小說。」後來安娜寫道：「她是否說過『會有人買』，這我不確定，但這當然就是她想說的意思。」前面已經講述過，這一迫切期待的結果，就是署名為伊麗莎白‧威瑟里爾的《廣闊世界》終於創作完成，並被人出版且大賣。蘇珊之後於西元1852年出版了《魁奇》(*Queechy*)，它的流行度與上一部作品差不多，接著是安娜的《美元和美分》(*Dollars and Cents*)，署名為艾米‧洛斯羅普。

伊麗莎白和艾米最終分工或合作出版了21部小說，以及一系列提供家庭建議與宗教指示的書籍。但這種狂熱的文學活動並未使這個家庭富裕起來，蘇珊和安娜賺來的錢，都拿去支付父親的債務和訴訟支出了，對現金的需求迫使姊妹們賣了小說的版權，而不是靜等小說出售後可以得到的版稅。從西元1851年開始，蘇珊和安娜就在供養她們的家庭，在西元1853年的六個月間，蘇珊單靠尚未賣出版權的《廣闊世界》就賺了4,500美元。

當然，《廣闊世界》也同樣為蘇珊帶來了聲譽，然而她卻要花九牛二虎之力讓自己繼續躲藏在筆名下。當一位男性編輯發現了她的身分，問她是否要將其公諸於世時，蘇珊回覆道：「起先我就沒想讓所有人都知道我的名字，即使現在已無法控制這一點，我也絕不想看到它印在紙上。」她解釋說：「個人榮譽對我而言，是一件不值得為之付出努力的事情。」同一年的晚些時候，她在日記中更明確地解釋要保護隱私的原因，「聲譽目前絕不是一個女人的天堂」。

不管如何掩飾，威瑟里爾的真名很快就被公開，但沃納依舊離群索居。她仍對女人不可踰越的限制範圍保持忠誠，甚至還盡量降低自己對這些暢銷書的貢獻度。在多蘿西婭‧迪克斯向沃納讚美《廣闊世界》之後，沃納在西元1852年寫給她的信中說，「我不值得妳的表揚——不管以何

第七章　象徵資本的敘述控制：文學市場策略

種方式」，「妳說『上帝祝福我』所取得的成績──這樣說欠妥，應該是『感謝祂給我的一切』，在名利這一點上，我不應得到任何獎賞」。這種自謙是1850年代美國暢銷女性作家的常態，自謙和對女性在社會中所扮演角色的限制，同樣是沃納第一部也是最暢銷的一部小說的核心。

《廣闊世界》明顯地探討女性在社會上的無力感，甚至揭示利用和維持這種無力的殘暴根源。小說開頭，十歲的埃倫知曉自己就要與無權無勢的母親分離。她的父親蒙哥馬利上校因為某些隱蔽的商業交易而傾家蕩產，就像沃納的父親那樣。他必須從紐約搬到歐洲，打著照顧妻子的幌子，他要求她必須一起前往歐洲。然而，他堅持說負擔不起埃倫在歐洲的開支，所以埃倫必須與自己同父異母的妹妹福瓊·愛默生同住在鄉下。

這個開頭暗示了一種饒有趣味的隱蔽關係。好像母親的病是因父親失敗的金融交易而起的，或者好像甚至是他故意設計了這一切，以切斷母女之間的親密連繫。不管是哪種情況，他的殘暴和不近人情都是顯而易見的：他幾乎從不在家裡陪妻子和女兒；不肯給錢讓妻子為埃倫買一份離別禮物。當埃倫最終要去她姑姑家時，父親不讓母親喚醒她，從而阻止了她們離別前最後相處的機會。

埃倫相當清楚蒙哥馬利上校的卑鄙吝嗇，讀者也可以在文字中看到，她與母親分開時的憂傷因「父親殘暴無理的對待，和自己的義憤填膺而愈發加劇」。儘管如此，她還是搬去和福瓊姑姑同住了。她和母親別無選擇，她們都是男性的財產。

故事的其餘部分，講述了埃倫是如何被她父親指定的幾個監護人傷害的。在去福瓊姑姑家的路上，與她同行的那個勢利家庭無禮地羞辱了她。即便福瓊姑姑為她提供食物和住處，卻不給她一點點愛，她還以瑣碎地折磨埃倫為樂。比如，把埃倫白色的長襪染成灰棕色，將埃倫母親寄給她的信藏起來等。不過埃倫還是從其他熱心人那裡獲得了溫暖的友情和支持：

第一節　1850年代美國的女性小說和文學市場

為福瓊姑姑工作但受過良好教育的農民愛麗絲・漢弗萊，和她身為牧師的哥哥約翰等。

當蒙哥馬利夫人去世的消息從大洋彼岸傳回來的時候，是愛麗絲和約翰撫慰著悲傷的埃倫，他們還讓埃倫接受福瓊姑姑根本沒當回事的文化教育。當愛麗絲告訴埃倫，她像埃倫的母親一樣也正要死去時，埃倫搬到她家與其同住以方便照料，在愛麗絲去世之後，還替她照顧她的父親和哥哥。這一情節上的安排看起來相當合理，因為一年前當她們得知蒙哥馬利上校在大海中不知所蹤時，愛麗絲和約翰已對外宣稱，將埃倫當作自己的「小妹妹」，但不幸的是，這種收養並不符合法律的規定。在這部小說中，法律上的關係與那些基於愛和群體感情的關係，有著嚴格的區別。

在漢弗萊家過了一年之後，埃倫發現福瓊姑姑私藏一封她父親臨死前寫的信，信上說她母親來自一個名為林德賽的富裕家族，這一家住在愛丁堡，他們表示願意收養埃倫，並且他已將埃倫交由他們監管。所以埃倫去了蘇格蘭，成為她另外一名監護人的財產。她的舅舅林德賽為了讓她忘記美國和漢弗萊一家，讓她叫自己「父親」，把她改名為埃倫・林德賽。他按照自己的條件釋放愛意，而這些條件，至少可以這樣說，是埃倫必須做到的。

埃倫到愛丁堡時只有14歲，透過舅舅讓她改名這件事，讀者可以在她與監護人舅舅的關係中，察覺到19世紀婚姻的形成條件。「當林德賽先生將她抱在胸口的時候」，讀者知道「埃倫感覺自己好像是屬於他的東西……在他的一整套行為舉止中，愛與權威是混在一起的」。當埃倫反思她在蘇格蘭的生活時，「她覺得生活是令人無法理解的愉悅，她情不自禁地十分享受這種生活，但對她來說，自己好像被困在一張網裡，沒辦法獲得自由」。

由此可以看出，埃倫作為一個被寵壞的財產這一場景，顯得十分明

第七章　象徵資本的敘述控制：文學市場策略

顯。怪不得許多讀者帶著同情讀完這部小說，沒有一位歷史學家可以忽視，帕特南夫人的眼淚所具有的深刻社會意義，以及這部小說驚人的銷量。

小說的結尾，約翰‧漢弗萊出現在林德賽家裡，以自己人格的力量讓林德賽一家留下深刻的印象，還與埃倫重新建立了關係。這一簡短並相當敷衍的結尾，並沒讓埃倫的處境改善多少。讀者可能假設，埃倫最終回到美國嫁給約翰，不過婚姻對她的困境來說，不像是個完美的解決方案。埃倫早先比較過林德賽先生和約翰兩人給予她的愛，約翰不僅「有一種更高層次的和善」，同樣也有「更高層次的權威」。她對自由概念的形成，最可能是基於這樣的假設：在任何情況下，她都必須被人管轄，被人擁有。值得注意的是，這種假設必然也控制著蘇珊‧沃納，和她絕大部分讀者的生活。

《廣闊世界》常被貶斥為感傷或情節誇張之作，至少現代讀者持這種觀點。根據韋伯詞典的解釋，「情節誇張」是指文學作品「感傷，暴力並且過分情感化」，這一標籤同樣適用於人物在道德層面過分簡化，和主要由道德完人或惡毒的禽獸構成的小說中。「感傷」是一個常用來貶低《廣闊世界》和其他美國女性小說的詞。把這個詞放在相應語境下理解，那麼韋伯詞典對它最貼切的解釋，應該是「與理智相比，更易受感情影響，受情感驅動而不是實際或功利目的」，所以從這個意義上來說，1850年代美國許多流行女性作家，都可以被稱為「感傷」。

但現代主義的品味標準，已讓「感傷」成為貶義詞，而非一個描述性的術語。經過20世紀，「感傷」被灌輸成一個帶有不真誠和不現實意義的詞語。唯一真實的感情，要麼未被表達出來，要麼就被淡化了。因此「感傷」文學的感情，不是虛假的就是過度的。或者以上觀念就是一直以來被灌輸給讀者的。

那麼為何《廣闊世界》現在常被貶斥為「感傷」或「情節誇張」呢？已經

第一節　1850年代美國的女性小說和文學市場

沒什麼能比埃倫對她自己的自由所受限制的理解更「真實」了，沃納故事的魅力大多來源於她對鄉村習俗和家庭規矩的「真實」了解。再者，和夏綠蒂・勃朗特（Charlotte Brontë）於西元1847年出版的《簡・愛》（*Jane Eyre*）相比，《廣闊世界》也沒有那麼誇張的情節。在埃倫的世界裡，沒有哥德式的神祕故事，並且那些聲稱要擁有她的人，也不是情節劇裡的惡人。

就林德賽先生和福瓊姑姑而言，他們的表現已經相當不錯了，他們比勃朗特筆下的里德一家要好得多，並且埃倫也不像簡・愛那樣總是找不到朋友。現代讀者常抱怨說，埃倫動不動就哭，雖然哭的情節確實不少，但哭是她唯一能表達自己不幸福的管道，並且她很快就學會了私下哭泣。與狄更斯相比，沃納的小說也沒那麼令人沮喪。

對現代讀者而言，《廣闊世界》最深層次的問題，就是埃倫對自己處境受到限制之後的反應：為基督教所宣揚的歸順而放棄反抗。小說一開始就談到，「她的熱情本能上是強大的，卻未被教育十分完美地管束起來」。隨著小說的發展，埃倫慢慢學會控制這些熱情。「親愛的，記住，」當她母親跟她解釋她們即將分別時說道，「是誰將悲傷帶給了我們。雖然我們必須悲傷，卻不能反抗。」她不是指蒙哥馬利上校而是指上帝。

埃倫的導師愛麗絲、約翰以及其他人，反覆地跟她強調，要在自己的悲傷中感受到上帝的愛。她應當從人世間的情感中抽離出來——與母親、愛麗絲和約翰分別——這樣才能感受到基督至高無上的愛。簡單來說，她必須學會歸順，而對現代讀者而言，這種對歸順的宣揚讓人覺得極其討厭。對當代女權主義批評家而言，這樣的小說好像在鼓勵女性一起製造對她們自己的臣服。

其他讀者認為不管沃納想給我們什麼樣的資訊，不過她確實展示一個有關埃倫處境的突兀，且具有潛在顛覆性的場面。埃倫的導師們也反覆警

第七章　象徵資本的敘述控制：文學市場策略

告她這種顛覆性「現實主義」的啟示，而沃納什麼提示也沒有給，他們的警告具有諷刺意義。「親愛的埃倫，照顧好自己，」愛麗絲提醒她說，「不要懷疑魔鬼，妳不能變得更壞，即使糟糕的事情到來，也要盡可能地忽視它們，盡妳所能忘記看到的東西。」這正是埃倫所學會的，她的自我抹殺被當成了不起的成就展示給讀者。

那些喜歡梅爾維爾的小說《白鯨記》中，像亞哈那樣反抗的人只會被激怒，可是這些讀者不在《佩科特人》裡遠航，並不情願承擔他們喜歡的後果。沃納和她熱心的讀者十分懂得自己航行的條件，反對他們的和解，反對他們尋找受限條件下可能的愉悅，有一種很隨便就屈尊的感覺。

《廣闊世界》當然有它的缺陷，尤其是在情節方面。例如，一位「老紳士」在紐約和埃倫成為朋友，並為她的母親送了很多禮物，這位紳士的身分引誘讀者想一探究竟，卻終未得到答案。而那些強烈反對沃納對埃倫處境之反應的人，至少應該注意到，沃納完全理解這一處境的限度。他們還應注意到，當埃倫和母親在離別前一起購物時，母親送給她的禮物。首先，埃倫從花樣繁多的《聖經》版本中選了一本。小說中寫到：「她從沒見過這麼多的《聖經》。她從各式各樣的類型和裝訂樣式中，獲得了極大的滿足，很顯然，她全都喜歡。」

奇怪的是，沃納在此提出一種精神消費主義，以此當成消除女性作為男性財產這一地位的解決方法，但將眾多《聖經》的展示描述為「很多誘人的東西」，這肯定是讓人難堪的，可是這一不和諧的音符並未持續下去。埃倫母親給她的《聖經》，最終是用來幫助她的，就像某個陌生人給她的讚美詩，和約翰給她的那本《天路歷程》（*The Pilgrim's Progress*）一樣，是用來學會基督教歸順的紀律，以及享受它所帶來的滿足感的。

同樣意味深長的是，從書中所得到的經驗教訓，和蒙哥馬利夫人再次精心挑選為女兒準備的第二份禮物：一張布滿鋼筆、墨水、紙張和信封的

書桌。《廣闊世界》一書中充滿了對虛構危險的警告，沃納也對此書被稱為「小說」而困擾，她更喜歡把它叫做「故事」。並且，書中許多重要的關係，是由讀書和寫作維持下去的，埃倫監護人的殘忍，就體現在經常干涉這些關係上。因此，福瓊姑姑私藏她即將死去的父親寄給她的信，她的舅舅林德賽從埃倫那裡奪過《天路歷程》，並把它藏了起來。相反，愛麗絲和約翰鼓勵埃倫在文學方面的發展。

實際上，當十歲的埃倫在聖誕節家庭聚會上，第一次和約翰交談時，她就請求他給自己一本書看看。小說快結尾時，約翰對林德賽一家的成功干涉，就展現在讓身在美國的自己獲得與埃倫書信連繫的權利。閱讀和寫作、書本與通訊，可能算不上對女人是男人的財產這一法律體系的有力回應。但讀者應記得，沃納在她十二歲的時候就開始寫日記，在她父親身無分文的時候，她將更多的時間轉向讀書，並且寫作最終將她的家庭從貧困中拯救出來。

讀者還應記得《廣闊世界》一書在 19 世紀的美國，有過極其驚人的銷量。如若對一個群體共有感受之說明的閱讀和寫作，能超越或至少幫助彌補法律規約的束縛，那麼沃納的小說著實表明這一群體相當廣泛──並且至少在它的範圍之內，具有潛在的巨大能量。

如果要給《廣闊世界》貼上「感傷」和「情節誇張」的標籤，可能顯得不太合適，但若將這些標籤貼在西元 1854 年出版的《點燈人》上，可能就恰當了。這部小說是卡明斯第一部也是最流行的一部，正是它讓霍桑在西元 1855 年寫給出版商蒂克納的一封信中，抒發了他最有名的一段宣言：「當今美國完全被一群他媽的胡寫亂畫的女人所控制。要是公眾趣味被這些垃圾所占據，我就沒有成功的機會──即使成功了，我也會感到羞愧。類似像《點燈人》這樣很難說是好還是壞的作品──壞也沒有壞在哪裡，好也說不上好──竟能夠以 10 萬冊的發行量多次重印，其奧祕究竟在哪裡？」

第七章　象徵資本的敘述控制：文學市場策略

在霍桑憤怒的背後，讀者也能體會到一種明顯的嫉妒。在同一封信中，他表示自己從西元 1837 年以來出版的所有書的版權費，加上自己康科德的地皮錢，估計總共也就值 5,000 美元。到西元 1854 年，靠《點燈人》的銷量就讓卡明斯賺了 7,000 美元。不管「奧祕」是什麼，霍桑無法理解，到西元 1855 年，霍桑出任利物浦領事兩年之後，他至少已經暫時放棄寫小說了。

瑪利亞·卡明斯（西元 1827～1866 年），不像大部分 1850 年代美國的流行女作家那樣，因為經濟需求才寫作。她父親大衛·卡明斯的祖輩，可以追溯到殖民地時期的伊布斯維奇，他是一名成功的律師，最終出任麻薩諸塞州諾菲爾克郡民訴法院的大法官。卡明斯生在塞勒姆，是大衛第三任妻子米赫塔布林·卡明斯所生的四個孩子裡最大的。他們一家先搬到春田，之後又搬到一個位於多爾切斯特的、更舒適的地方。在這裡，終身未婚的卡明斯一直住到她 39 歲英年早逝為止。

大衛為他的女兒提供良好的家庭教育，之後又把她送到麻薩諸塞州雷克斯的楊恩學校。這所學校由查爾斯·賽奇維克夫人負責管理，她是著名作家凱薩琳娜·賽奇維克的嫂子，凱薩琳娜就住在附近並且經常到訪學校。

卡明斯的所有作品均匿名出版。跟沃納類似，她小心謹慎地將自己的個人隱私與公開的聲譽分離。在多爾切斯特，與其說她是個文學名人，倒不如說是一位對統一教會恪盡職守的模範公民。但無論如何，她還是持續寫作：《點燈人》之後是西元 1857 年出版的《梅布林·沃恩》，接著是西元 1860 年出版的《艾爾·弗雷迪思》，和西元 1864 年出版的《擔憂的心》。

卡明斯對她出版商的價值，從他們慢慢付給她越來越多的版稅中可見一斑。波士頓的出版商朱厄特，同樣也是《湯姆叔叔的小屋》的出版商，為卡明斯前兩部作品支付了百分之十的版稅。可為了促銷斯托夫人和卡明

第一節　1850 年代美國的女性小說和文學市場

斯的暢銷書，他盲目地擴張，傷害了自己的生意，最終在西元 1857 年的大恐慌中破產。卡明斯將《艾爾・弗雷迪思》的書稿交給蒂克納和菲爾茲出版，這家出版商給她百分之十五的版稅。為了爭奪出版《擔憂的心》，最終迪爾頓答應給她百分之三十的版稅。當然，《點燈人》之後出版的小說中，沒有一部能與其取得的轟動和成功相媲美，這種成功也是讓霍桑困惑之「奧祕」的最明顯特徵。

《點燈人》開篇介紹了八歲的女主角格蒂，她是一名住在波士頓的貧窮孤兒。在她三歲的時候，母親去世，她被交給一個叫南・格蘭特的狠心女人照管，並與格蘭特生活至今，而格蘭特卻從未告訴過她關於她母親的身分，甚至連她的姓氏也未曾提起。格蒂的處境讓人聯想到，和那位沒有同情心的福瓊姑姑一起生活的埃倫。

不過《點燈人》確實在許多方面都要歸功於《廣闊世界》，但不管是開篇還是之後的情節，卡明斯的小說確實比沃納的更誇張。因為格蒂不小心撒了一桶牛奶，就被「辱罵，毆打，連晚飯吃的一點麵包屑都被剝奪，並且一整晚被關在黑暗的閣樓裡」。一位名字具有特殊意義的老人——楚門・弗林特，也是小說標題裡的點燈人，與格蒂交了朋友，並送給她一隻小貓。當發現這隻小貓的時候，格蘭特將牠扔進一罐煮沸的水裡讓其痛苦地死去，格蒂憤怒地反抗後被趕出家門。

之後，格蒂被點燈人收留，他說自己只能給她這些：「能給的不多……只有一個家——是的，一個家。這對她這樣一個無家可歸的人來說，是非常重要的東西。」格蒂同樣和楚門的鄰居——沙利文夫人、她的兒子威利，以及一位年輕而富有的盲人艾蜜莉・葛拉漢成為朋友。伴隨著這些「家庭」的影響，她茁壯成長起來。

發生在格蒂身上的故事有一部分和埃倫的相似，那就是她也學會了基督教的容忍，學會壓制「不受管束、輕易就被激怒的本性」。「誰能幸福

第七章　象徵資本的敘述控制：文學市場策略

呢？」她問艾蜜莉。「我的孩子，只有那些學會歸順……」艾蜜莉回答道，「那些能在極其惡劣的環境中，看到慈父之手的人才能幸福。」可格蒂之成長更真實的意義還在別處。「我不夠好，」她向艾蜜莉抱怨道，「我真的很壞！」「但妳能變好，」艾蜜莉寬慰她說，「之後每個人都會愛妳。」艾蜜莉的寬慰有力地概括了《點燈人》這個故事的核心：格蒂的好，確實為她帶來了愛和欽佩。

當她的「楚門叔叔」中風時，她悉心呵護，這幾乎為她贏得了普遍好評。在楚門去世之後，艾蜜莉成為她的監護人。在葛拉漢家，格特魯德（這是格蒂現在的名字）被管家欺負，但她壓抑住自己憤怒的情緒，讓管家有「一種刺人的感覺」，她向管家「展示出優越和高貴」。格特魯德從未故意展示這種高貴，雖然她從未向艾蜜莉提及管家欺辱自己，不過艾蜜莉最終知曉了這一切。可以說，艾蜜莉的被保護人透過自我抹除式的沉默，創造出一種更為完美的自我昇華效果。與此同時，威利‧沙利文動身前往印度，希望能夠發一筆大財 —— 並不是為他自己，而是為了供養他的母親和祖父庫珀先生。已經14歲的格特魯德答應在威利不在的時候，替他照看沙利文夫人和庫珀先生。

四年後，格特魯德離開葛拉漢位於郊區的避暑山莊，去波士頓履行她答應威利的諾言，並透過教書養活自己。艾蜜莉的父親反對並堅持說，格特魯德現在歸他管，但格特魯德違背了他的意願 —— 當然並不是由於一意孤行而是出於義務。「我看到了妳所做的犧牲，」對格特魯德充滿敬意的艾蜜莉說道，「這是一個女人所能得到的、最高貴和最重要的品格之一。」

對格特魯德來說，她的境遇與埃倫的不一樣，因此「女性的」自我犧牲就以一種更直接的方式，轉換成個人的力量，甚至是自主和自由，這種轉換的妙處就在於，它從不是有意為之。在波士頓，格特魯德悉心照料庫

第一節　1850年代美國的女性小說和文學市場

珀先生和沙利文夫人，直到他們去世，她甚至將奇蹟般再次出現在小說中的南‧格蘭特，也供養到去世為止。如艾蜜莉所預言的那樣，格特魯德越好，別人就越喜愛和敬佩她。

行文至此還不到《點燈人》小說的一半，格特魯德成長故事裡的所有矛盾，幾乎已經被解決了。她已經學會去控制年少時的反叛，並透過自我犧牲式的仁慈，洗淨自己早年的貧窮和無名的身世。小說的剩餘部分與之前的總結有所衝突。小說有狄更斯小說的情節：一位名叫巴蒂‧佩斯的怪異老女人身著奇裝異服，措辭令人難忘，一個名為菲利普斯先生的隱祕拜倫式陌生人，好像總是被憂愁和悔恨所折磨，在旅途中一直跟隨著格特魯德和艾蜜莉。

小說中的部分情節還跟簡‧奧斯汀（Jane Austen）的小說相仿：在一場三角戀中，一個無所事事的年輕男人，將自己的注意力放在名叫凱蒂‧雷的年輕女人身上，他覺得這樣就能使格特魯德心生嫉妒。小說中還有大量和凱薩琳‧西奇威克，以及其他1830～1840年代美國女作家的小說中相似的主題：不嚴肅的時尚生活與家庭中固有美德的對比。

經歷過所有這些，格特魯德成功地生存下來。她回到葛拉漢家照看艾蜜莉。在哈德遜河一艘著火的汽輪上，她冒著生命危險救下一位無所事事的時尚女子，格特魯德本以為她是自己的情敵，以為她也愛上了已從印度回來的威利‧沙利文。她還知道菲利普斯先生正是菲利普‧艾默利——他既是艾蜜莉曾經的愛人，也是格特魯德的生父！當然她還知道了威利其實一直都愛著她。幾年前在阿拉伯沙漠中，菲利普‧艾默利從貝都因人手裡被救出來後，威力就對他說過：

在令人厭倦和愚蠢的時尚界，在珠光寶氣的財富中，在一群無聊之輩的敬意裡，能令我心滿意足的、昇華自己靈魂的、鼓舞我鬥志的，莫過於有一個祥和而幸福的家庭，它被自信、愛意和情感交融的精神所縈繞，時

第七章　象徵資本的敘述控制：文學市場策略

間永遠無法讓它消失，永恆只會讓它更加安寧和堅固。

最終，在鄉下一處埋葬著威利家人和點燈人的墓地裡，格特魯德和威利私訂終身。小說結尾他們結了婚，艾蜜莉和菲利普‧艾默利也結了婚。菲利普現在也擺脫之前的那種拜倫式憂鬱。小說最後一頁寫道：「藉著永恆信念的力量，他最終把握住永恆的生活。」

儘管《點燈人》很明顯是一部類似於大雜燴小說，尤其在楚門‧弗林特、南‧格蘭特和威利‧沙利文的家人去世之後，但它吸引同時代讀者的原因也十分明顯。小說讚揚了家庭的美德，也正是威利所說的「祥和而幸福的家庭」，在這一點上，它比《廣闊世界》更誇張和始終如一。

而且它還一直將歸順和自我奉獻，轉化為無意識的勝利。格特魯德無意在生活中取勝，也從未讓別人關注自己的美德或者遭受的不公正對待，可不管是讀者還是書中的角色，都好像被動地成為一個個嘆服的旁觀者，被多次灌輸她行為的高尚。這種高尚並不複雜。前文已經交代過，卡明斯在小說的後半部分，大量借用了簡‧奧斯丁小說中時常出現的浪漫誤解，不過格特魯德從來不會犯錯。並且，她也不像沃納的埃倫‧蒙哥馬利，因為格特魯德的高尚總是有所回報的。

對許多讀者來說，《點燈人》表達出來的意思，一定是既明確又令人慰藉的。家庭生活並不是被圈養在家裡，而是從無聊地追逐時尚的奢靡中解放出來。自我奉獻和對義務克盡己職，並不會使人走向痛苦，反而會引領人們得到幸福，包括世俗的幸福。這些感覺和讀者在《廣闊世界》中，從頭到尾所感到的那種世俗限制大相逕庭。換句話說，在《點燈人》裡，《廣闊世界》所傳遞的基督式自我奉獻都被世俗化了。如果說埃倫‧蒙哥馬利的故事是在將班揚（John Bunyan）的基督式苦行，換成女性角色重演一遍，那麼格特魯德的故事，則更像在預示女性將經歷一場霍瑞修‧愛爾傑（Horatio Alger）作品中，主角從貧窮到富有的過程。

第一節　1850年代美國的女性小說和文學市場

　　當然，從更深層次來說，這兩本書最有趣的地方，在於它們的相似之處。跟許多19世紀的小說相仿，這兩本書都講述了孤兒的故事，卻又沒有狄更斯、勃朗特姊妹或者梅爾維爾的《雷德本》(Redburn) 和《白鯨記》等作品中，孤兒一直有的異化和內疚感。埃倫以及格特魯德很快就學會壓抑心裡的反社會情緒，並找到了理想的替代家庭。沒有一個人因自己的處境責怪社會，所以孤兒的身分與其說是一種象徵，不如說只是某一個體不幸的境遇。當得到別人的愛時，她們並不抵制，並且她們也確實都得到了。愛正是對她們「女性」美德和隱忍的最佳回報。

　　在這兩部小說中，愛也完全融入了家庭，與家庭關係完全對等，所有真正的關係都成為家庭關係——理想中的代父母和代子女間的，或者理想中的代兄弟姊妹間的——並且區分父母與孩子、兄弟姊妹，或者他們之間所存在的那種與性有關的，或者說「浪漫的」關係是相當困難的。格特魯德進入的這個收養家庭，包括她的「叔叔」楚門、沙利文夫人（充當她的母親）、威利（充當她的哥哥），以及艾蜜莉・葛拉漢（充當她年長的姊姊）。但這些關係並不穩定。

　　楚門中風之後，書中寫道，「情況完全變了」，這位對小格蒂來說「既當父親又當母親」的「強壯男人」，現在「像個孩子一樣虛弱」，而格蒂「雖是孩子的身軀，卻像成熟的女人一般」變成了他的母親。當艾蜜莉也漸漸依靠格特魯德的時候，她們之間的關係同樣發生了變化。當格特魯德慢慢變成艾蜜莉的母親時，小說中神祕的菲利普斯先生的出現，又加劇了這種關係上的混亂。他的年齡無法確定，他對格特魯德熱心的關注，讓人以為他是她的追求者。之後讀者才知道，原來他是格特魯德的父親，也是艾蜜莉曾經的愛人。

　　即使當讀者知道原來菲利普・艾默利還是艾蜜莉的繼兄，他們兩人像兄妹一樣被撫養長大的時候，也絲毫沒有削弱《點燈人》這部小說中，其

第七章　象徵資本的敘述控制：文學市場策略

隱含的家庭羅曼史帶給讀者的怪異感。好像格特魯德和艾蜜莉跟這種父親／兄弟／追求者的關係，是某種更深層次關係的替代，這一暗示在小說結尾又一次得到強化：當格特魯德對小說中許多人物都表現出「母親」般的美德之後，她和她的「哥哥」威利成婚了。

《廣闊世界》中象徵性的家庭關係，並不像《點燈人》那樣複雜，不過它在深層次上的隱含意義同樣明顯。愛麗絲和約翰·漢弗萊將埃倫收養為自己的「小妹妹」。當愛麗絲意識到自己即將死去的時候，她對埃倫說：「妳一定要過來替代我的位置，幫我照顧這些我即將離之而去的人。」讀者也不會感到吃驚地發現這一重任，就像書中結尾強烈暗示的那樣，將促使埃倫最終和她的「哥哥」約翰結婚。

事實上，約翰和愛麗絲之間的關係，一直就更像情人之間的愛情，而不是兄妹之間的感情。當約翰離家去神學院學習的時候，愛麗絲像一個羅曼蒂克式的女主角一樣，苦苦地思念著他，當約翰聽到她的病情及時趕回家中時，兩人激情相擁。他問道：「愛麗絲，妳幸福嗎？」她答道：「很幸福，這就是我想要的一切。親愛的約翰，親親我。」「當他吻過她，」小說的敘事者繼續說道，「她感到他的眼淚一直流在她的面頰上，她把手放在他的臉上，替他抹去淚水，然後親吻他，再次將她的頭貼在他的胸前。」在擁抱中，愛麗絲死去了，這一強烈的場景也暗示著，若是埃倫要替代愛麗絲的位置，那對她來說可能意味著什麼。

我們不願承認在《廣闊世界》和《點燈人》中，有一種祕密的亂倫主題。重要的是，我們應該意識到，如果將家庭和家庭關係占主導的世界作為小說的主題，而不是由男性力量包括性力量作為主題，那麼這種類似亂倫的關係，不管如何被取代和攪亂，都有可能成為這種安排下不可避免的結果。

而悖論是，倘若一個家庭或理想的替代家庭，脫離性這個領域而被展

第一節　1850年代美國的女性小說和文學市場

示成逃脫性的避難所，那麼性關係及其等價物，就只能在家庭成員之間發生了。不管怎樣，我們也應該注意到，親密關係和性吸引幾乎沒有出現在這些作品中，尤其在《點燈人》裡。隨著美德變成一種典範，關係成了給人看的東西，這些關係並非基於私人間的親密，而是基於公開場合下對正確行為的展示和欣賞。這種行為並不直接與權力掛鉤，而是間接透過「家庭崇拜」特徵的影響發揮作用：一個完美母親的影響。

在這兩部小說中，這一影響最具激情的畫面，可能就是沙利文夫人的夢了。就在她去世之前，夢到自己來到大洋彼岸，幫助不在身邊的威利擺脫花花世界裡的各種性誘惑。她對格特魯德說：

當我們升到空中時，我已成年的兒子又像個孩子一樣，回到我懷抱著他的手臂裡，在我的胸口上還是這個一模一樣的、長著輕柔捲髮的小腦袋，像個嬰兒似的依偎在我的胸口。我們一起飛過大洋和陸地，不曾停下，直到我們降落在一片軟軟的、綠油油的草地上。在綠樹蔭下，我想我看到了親愛的格蒂，然後飛過去將我的小寶貝放在她的身邊，當我醒來，便叫了妳的名字。

格蒂與她「兄長」的婚姻，與其說是一種對性禁忌移位的反叛，不如說是倒退回一種理想的童年，她既可以成為一個讓人讚賞的妹妹，也可以成為一個令人欽佩的母親。威利後來吐露心聲，因為「對純潔的心靈和時刻關注自己的母親的回憶」，因為「想到格蒂和善的靈魂一直在我人生道路上徘徊，因我的糾結而傷悲，因我的成功而喜悅」，他才為了格蒂最終抵制住誘惑，保持處男之身。言下之意是，即便在精神世界裡，美德也是一種模範，人與人之間的關係是展示給人看的。

在《點燈人》的開篇，小格蒂好奇地望著窗外，看著楚門‧弗林特沿著街道點起街燈。小說結尾時，格特魯德和威利一起望著另一扇窗的外面，這是他們新家的窗子，透過它，他們看到點燈人點燃了街道的煤氣

309

第七章　象徵資本的敘述控制：文學市場策略

燈，照亮了高效現代化的波士頓。「親愛的楚門叔叔，」格特魯德嘆息道，「威利，他的燈還一直在天堂裡閃閃發光，它散發的光芒還沒從地球上消失。」

西元 1855 年，在霍桑向威廉・蒂克納抱怨「這版本都數不清的《點燈人》，和其他那些說不上好也說不上壞的書」之後，他又寫了另外一封信給他的出版商，說這些被他「抨擊」過的「女作家們」也有一個例外。「我最近在讀《露絲・霍爾》，」他寫道，「不得不說，我相當喜歡這部小說。這女人像中了魔一樣寫這部小說……你能跟我談談有關芬妮・費恩的事情嗎？如果你以後見到她，我希望你跟她說，我有多麼佩服她。」

儘管很少有同時代的男性作家，願意佩服一個「像中了魔一樣」的女作家，不過明顯的是，《露絲・霍爾》（西元 1854 年）這部小說，和《廣闊世界》、《點燈人》完全不同。作者本人的生活也和沃納與卡明斯的不同：到西元 1855 年她已經結了兩次婚，第二次婚姻也以離婚收場，到西元 1856 年她還與詹姆斯・帕頓結第三次婚。但至少這位名叫薩拉・佩森・威利斯・埃爾德雷奇・法林頓・帕頓（西元 1811～1872 年）的作家，其職業生涯中有個很重要的一點，和沃納以及其他 1850 年代的美國女作家非常相似。她到自己年紀不小（40 歲）的時候，才正式成為一名作家，而且是在極大的經濟壓力之下。

西元 1811 年，薩拉生於緬因州的波特蘭，是家裡九個孩子中的第五個。他們一家很快就搬到了波士頓，薩拉的父親納撒尼爾・威利斯（Nathaniel Willis）是波士頓帕克街一家教堂的執事。西元 1816 年，他創立了一份宗教週刊《記錄者》。西元 1827 年，他又創立一份自己將編輯三十年的兒童週刊《少年伴侶》。他的三個兒子，最有名的是納撒尼爾・帕克・威利斯（Nathaniel Parker Willis），也追隨他的步伐進入雜誌界。

當薩拉還是個 12 歲的小女孩時，她就幫助父親編輯過《少年伴侶》，

第一節　1850年代美國的女性小說和文學市場

當然她不會被允許成為一名作家。不過她確實受到了良好的教育，參加許多學習機構，比如凱薩琳・比徹的哈特福特女校。那時的哈利耶特・比徹在她姊姊的學校裡，既是學生也是老師，後來她回憶道，薩拉・威利斯是一名「半神半傻、嘻嘻哈哈的小巫女」。薩拉18歲時回到波士頓，8年後也就是西元1837年大恐慌期間，她與查爾斯・埃爾德雷奇結婚。

表面上這段婚姻頗為幸福，他們一共生下三個孩子，但到1840年代中期，幸福逐漸消失了。西元1844年，薩拉的母親去世，後來薩拉回憶正是母親影響了她走向文學之路。西元1845年，薩拉的大女兒瑪麗去世。西元1846年，查爾斯也隨後離世，那些欠了他債務的人，什麼東西都沒留給他的遺孀和兩個無助的孩子，薩拉只能從她的父親和公婆那裡得到少得可憐的救助。

西元1849年，被逼無奈之下，她不得不與一位叫塞繆爾・法林頓的鰥夫結婚，開始她不幸的第二段婚姻。兩年後，他們就離了婚。她第一任丈夫的父母接手照看她還活著的女兒格蕾絲，可條件是薩拉不能跟她有任何接觸，而她的父親和埃爾德雷奇一家，以她的分居為藉口拒絕幫助薩拉。薩拉本想透過教書養活自己，努力通過波士頓教師資格考試，卻根本找不到一份教職，之後她就只能靠縫紉養活自己了，但從未在一週賺到75美分以上。

就在這段時間，薩拉開始從事寫作以謀得生計。西元1851年6月，她以筆名在波士頓《橄欖枝》上發表第一篇作品，很快她就能在《橄欖枝》和波士頓的《真正的旗幟》上，一週發表五至十篇文章，但收入加在一起只有6美元。9月，她開始以芬妮・費恩為筆名發表文章。薩拉還曾向她的兄長納撒尼爾尋求幫助，他卻拒絕讓她為《家庭雜誌》供稿，並嘲笑薩拉的作品，後來還不讓他的編輯詹姆斯・帕頓，重印她在其他雜誌上發表的文章，帕頓憤而辭職。與此同時，在西元1852年，另外一位紐約雜誌

第七章　象徵資本的敘述控制：文學市場策略

出版商奧利弗・戴爾，請薩拉為他的《音樂世界和時代》提供稿件，稿費是她在波士頓時拿到的兩倍。

不管哥哥對她有多大的敵意，芬妮・費恩這個名字終究漸漸流行起來。到西元1853年，紐約出版商詹姆斯・德比以《芬妮作品集中的蕨葉》為名，將她在報紙上發表的作品結集出版，這部作品的大獲成功，前文已經描述過。處理《芬妮作品集中的蕨葉》的方式，同樣表現出薩拉靈活的商業頭腦。當出版商讓她在一次性給付1,000美元稿酬，和每本10美分的版稅之間選擇時，她選擇了後者。結果就是，她在不到一年時間裡就賺得接近10,000美元，之後她又從《為芬妮的小朋友準備的小蕨葉》（西元1853年）和《蕨葉》（西元1854年）續集中賺了更多。西元1853年夏天，她已經有足夠的錢搬到紐約，而且還將她的女兒格蕾絲接到身邊。

西元1856年，她嫁給了比自己小11歲的詹姆斯・帕頓，他們的婚前協議保證了薩拉可以掌管自己的財產和收入。同年，她成為專為羅伯特・邦納的《紐約文匯》供稿的專欄作家，她一直忠心耿耿地為這本雜誌供稿到西元1872年，直到自己死於癌症為止。邦納最開始報的價格，是每週寫一篇專欄文章給她25美元，而她的報價是100美元，這個價格被邦納廣為宣傳。到1850年代中期，之前的薩拉・威利斯搖身一變成為朋友和丈夫眼中的芬妮・費恩。身為一名雜誌撰稿人，芬妮・費恩為一名有時感性，但更多的時候是雄辯、幽默且略帶諷刺的作家，並且是一位聞名全國的知名女士。靠寫作賺來的錢，起初能讓她在布魯克林買一幢舒適的房子，後來又讓她得以搬到曼哈頓。

西元1854年，儘管芬妮已是一位暢銷作家了，不過某種程度上，她最終成名在年末出版的《露絲・霍爾》所激起的醜聞中。因為認為有筆名可以保護自己，所以芬妮在第一部小說中，將社會和家庭如何不公正地對待自己，幾乎沒有掩飾地寫了進去。小說中有一位父親「海辛斯・埃利

第一節　1850 年代美國的女性小說和文學市場

特」相當容易被認出，他就是《歐文雜誌》的主編。《露絲·霍爾》作者的真實身分在該書出版後，很快就被披露出來，她也被不少人批評為「沒有女人味的」粗俗和復仇心切。

雖然身分被公開令人難堪，這一醜聞卻令該書的銷量大增，很快就賣出了 70,000 冊，而對只因自己的家庭不肯出手相助，才被迫從事寫作的芬妮而言，這一銷量只會讓她更加高興。沃納和卡明斯以筆名或匿名方式所宣揚的基督式歸順，和「有女人味的」自我奉獻，都不是威利斯執事的女兒作品中的中心情節，《露絲·霍爾》講述一個女人沒有屈服而是戰勝了自己的處境，從而獲得經濟和心理自主權的故事——即便這一切還是為了履行自己身為一個母親的義務。

該書以露絲·埃利特與哈利·霍爾的新婚之夜開篇。露絲在 18 歲的時候就結婚了，而薩拉·威利斯 26 歲的時候才結婚，那時露絲剛從寄宿學校回來，從母親去世之後，她就被送往這間寄宿學校。露絲高興地以為終於可以離開「她父親的房子了」，然後焦慮地想著「自己這顆渴望得到愛的心，是否能夠最終找到安息之所」。也就是說，她並不是去追求自由，而只是想要尋求一個更可靠的依託，以此來得到她幼時從未得到的「愛」。即使哈利給了她這種愛，但她的擔心還是有根據的。

剛結婚時，跟夫妻兩個住在一起的公婆，不停地羞辱和折磨露絲。他們兩人的第一個女兒黛西出生之後，露絲和哈利搬到鄉下，霍爾醫生和他的太太也搬到附近來住，這對公婆繼續折磨著他們的媳婦。後來黛西因喉炎去世，霍爾醫生對一名鄰居說起露絲的悲傷：「現在可以證明，她沒有將自身的困境神聖化。想方設法地逃避上帝所賜予的東西是徒勞的。」這聽起來非常像愛麗絲在埃倫母親去世之後給她的建議，但在《露絲·霍爾》中，那些人說這些話，主要是出於以自我為中心的虛偽。

八年後，露絲和霍爾帶著他們的兩個女兒凱蒂和內蒂，住在一家海濱

第七章　象徵資本的敘述控制：文學市場策略

旅館。哈利因傷寒熱死在這裡，露絲真正的麻煩開始了。雖然霍爾和埃利特兩家都有錢，可以支援她，可他們給露絲的錢少得可憐，連最基本的溫飽都難以保證，露絲和她的孩子們住在城裡一間破敗的公寓裡，僅靠一點麵包和牛奶過活。露絲每天都要縫紉到很晚，以養活自己和女兒。露絲富有的堂兄米利特一家覺得，她的窮困讓自己蒙羞，以至於跟露絲說，不要讓凱蒂和內蒂在公開場合說她們是自己的親戚。當露絲想要到米利特擔任董事的學校申請教職時，他也投了反對票。最後，霍爾夫人還把凱蒂從露絲身邊帶走，凱蒂和她奶奶在一起的生活，讓人想起了埃倫和福瓊姑姑在一起的日子。

芬妮在她為《露絲·霍爾》寫的序言中堅稱，沒有「靠給自己的故事冠以『小說』一名」，來使作品顯得崇高。「書中沒有複雜的情節，」她解釋道，「沒有令人嘖嘖稱奇的情節發展，沒有千鈞一髮之際的逃脫。」所有這些都是明擺著的真實。比方說，不像《點燈人》，《露絲·霍爾》中沒有誘人的祕密和驚人的發現，結尾也沒有朋友或親人失聯之後的重逢。對露絲麻煩的記敘可能顯得太戲劇化，而書中幾乎沒有迫害露絲的人，所犯下的那些瑣碎的下流之舉。

因此這些迫害者們與其說是惡棍，不如說是戲劇中的小丑；書中處理這些人物的語氣，與其說像戲劇，不如說像諷刺作品。例如，露絲的哥哥哈辛斯在哈利的靈前，只關心露絲不迷人的外表。「應該有人跟她說，」哈辛斯評論道，「她的頭髮分得不均勻，需要好好梳一梳了。」而作者描寫埃利特先生對她女兒，絲毫沒有愛意的吝嗇和小氣，主要是用來諷刺那些虛偽的人，對他們而言，宗教只是用來維持「正確的」信條，和「基督教的」名譽。

《露絲·霍爾》的前半部分可以說是感傷的，儘管這一稱呼也扭曲了文字真正想要傳達的意義。小說以簡短的章節敘事，許多章節的長度也不

第一節　1850 年代美國的女性小說和文學市場

過一頁多一點。下文將透過變換不同的場景，稍帶敘事評論或解釋性的連繫，來加以分析這部小說加。敘事者確實會時不時地帶著優美、飽滿的「感傷」語言進入文字。

像是露絲新婚不久，在霍爾家裡默默地忍受無言的痛苦時，敘事者說道：「哦，愛情！你那柔軟的韁繩竟能這般束縛靈魂，禁錮喉舌。你那高舉的警示的手指，竟能讓劇烈跳動的脈搏和心房冷靜下來，將反叛的熱淚悄無聲息地送回原處。」然而在下一段，敘事者的語氣從深情一下子變成了控訴：「哦！如果我們得以揭示每一位妻子心中的祕密，那我們能在裡面找到多少位烈士，墳墓在她們從未抱怨過的嘴唇上，貼上了永遠不會裂開的沉默封印。」即便第二段的語言同樣「感傷」，然而此時的效果是透過揭露真實境況，以仿擬「女性的」歸順所壓抑的部分。

在小黛西出生時還有一段狂喜般的敘述：「把快樂給妳，露絲！這是為妳的女性心靈創造的又一個宣洩之處。這是一面鏡子，妳的笑容和淚水將得到映照；這是一張白紙，上帝准許妳在上面寫想寫的東西；這是一顆隨著妳的心臟一起跳動的心臟，妳的愛會得到回報。」很快我們就知道，「露絲壓根就沒想這些，因為她躺在枕頭上，面色慘白，一動不動」。她因生產帶來的劇痛昏了過去。芬妮並沒有忽視成為母親的「快樂」，不過通覽《露絲‧霍爾》全書可以發現，常規的感傷語言被一種對實際處境的諷刺感，巧妙地平衡和修飾過去。

小黛西去世八年後，露絲在她的房間裡對著逝去女兒珍貴的遺物痛哭：一隻小鞋和一束黛西的金髮 —— 當然，後者讓人想起《湯姆叔叔的小屋》裡有名的場景：垂死之際的小伊娃，將自己好多束金髮留給那些她將離之而去的人。小凱蒂‧霍爾打斷了母親感傷的白日夢。「黛西在天堂裡，」她說道，「媽媽，妳為什麼哭呢？難道妳不想讓上帝替妳照看她嗎？」然後她說道：「媽媽，我願意死去，也讓妳像愛黛西的頭髮那樣愛我

第七章　象徵資本的敘述控制：文學市場策略

的頭髮。」這句話讓露絲從自我沉浸的白日夢裡驚醒。意識到自己過多地沉浸在感傷中，並感受到它潛在的危險之後，露絲剪下一束凱蒂的棕髮，把它放在黛西的旁邊。之後，芬妮畫龍點睛般地讓凱蒂把自己的一隻鞋子給了母親。這是一個「感傷的」時刻，可以肯定的是，這種傷感是完全符合人情的，而且帶著幽默。

最終，露絲既不是用「女性的」自我犧牲，也不是用感傷的自我沉浸，來回應她的困境。相反，她靠自己的力量，在不屬於她的文學市場上參與競爭，並且成功了。她並沒有明顯地了解到使自己陷入困境的外部條件，可是一系列越來越多的超現實場面和插入其中的故事，表現出她對這個問題越來越多的理解——她對一直以來被告知可以依靠的「愛」——幻滅了。

書中有一個喜劇情節，講述女房東斯凱蒂夫人，和她那一直想逃到加利福尼亞卻又怕老婆的丈夫的故事。這些人物源自狄更斯的小說，故事的結尾卻強化了一個非狄更斯小說的特點。斯凱蒂先生最終逃到了加利福尼亞，我們也十分同情他，他還寫信回來說，他在加利福尼亞過得不好，想要一些路費回家，之後同情和價值瞬間顛倒。「從她的口袋中掏出錢包，裡面裝滿了自己誠實賺來的辛苦錢」，斯凱蒂夫人「把錢包搖得叮噹響，她從自己的眼睛中看到一個幻影，然後從她緊咬的牙縫裡，如一千條蛇般地蹦出了『絕對不給』這四個字」。

露絲還和凱蒂參觀了一家精神病院。「在這裡，」敘事者告訴讀者，「有脆弱的妻子，對她們來說愛情是呼吸——是存在——她們被世界和丈夫遺忘，為了服侍丈夫而凋零了自己的青春，精神失常——這只有在當她的愛超過他的耐心時才會發生。」露絲看到一個女人在隔間裡被鐵鏈綁著，她的丈夫離開了，根據法律規定，孩子也歸丈夫撫養。露絲還看到了自己曾經的朋友瑪麗·利昂，她在丈夫和丈夫好友（精神病院的管理人）

第一節　1850年代美國的女性小說和文學市場

的共謀下被關了進來。

瑪麗留了一張紙條給她，上面寫道：「露絲，我沒瘋，沒有，沒有——但我會瘋的。看在上帝之愛的份上，親愛的露絲，帶我走吧！」露絲看到，她最後一句話是：「我想一個人待著。」到西元1854年，探訪精神病院往往是英美傷感小說的主要情節之一，但小說之所以安排這次探訪，並不是為了讓讀者沉溺於感傷中，而是為了描寫一幅超現實畫面，展現女性被男性力量和「愛情」的補充敘事所囚禁。

不管怎樣，露絲開始轉向為報紙寫作，她最終的成功占據了《露絲·霍爾》最後幾章內容，書中詳細描寫露絲成功之後，親戚們所受到的羞辱，他們曾試圖將「弗洛依（露絲的筆名）」的成功歸功於自己，這些企圖最終都沒得逞。露絲一個叫米利特的堂兄，寫信向他父母抱怨道：「要是早知道她能這麼有名，我怎麼會要求她的女兒在街上碰到我時，不要叫我『約翰叔叔』呢？」

露絲的哥哥哈辛斯曾竭盡全力地阻止她取得成功，但像之前說過的那樣，小說重點並不是為了強調他有多麼壞，而是為了加強諷刺效果——對美國文學雜誌墮落的諷刺。例如，哈辛斯的助理編輯賀拉斯·蓋茲，他記得哈辛斯堅持讓《歐文雜誌》只對《湯姆叔叔的小屋》表示不慍不火的關注，「以免激怒南方的雜誌訂閱者」。不管怎樣，露絲確實勝利了：她的第一部作品集《生活隨筆》（即《費恩離開了》）讓她賺了不少錢，還得以讓她把凱蒂從霍爾家拯救出來，一起搬到紐約，舒適而獨立地生活。本書的重點放在獨立上：傳統作品中的「幸福婚姻」，在《露絲·霍爾》裡沒有任何地位。

這些成功之所以能擺脫「沒有女人味的」自我中心主義的指責，是因為露絲不是為了她自己，而是為了孩子。她在寫作和出版市場中，在屬於男性的遊戲裡，打敗了數個男性壓迫者，是為了養活內蒂，並獲得凱蒂的

第七章　象徵資本的敘述控制：文學市場策略

撫養權。「『弗洛依』寫作時，」書中寫道，「只想著給孩子吃的麵包。」而且，公開譴責露絲沒有受到公正對待的不是她自己，而是她的編輯朋友約翰・華特。

露絲從未鼓吹過自己的成就。當她為小內蒂朗讀一篇自己寫的故事時，女兒問道：「媽媽，長大之後，我也要寫書，好嗎？」「上帝不允許，」露絲答道，也是對自己說，「沒有一個幸福的女人會寫作。『弗洛依』是從哈利的墓地裡蹦出來的。」就算露絲有著明顯的抱負，也是為了履行自己身為妻子和母親的義務。當記者請求露絲提供一幅她的半身像給一位年輕女士放在客廳時，露絲回信說：「不，不……最好把這個為『弗洛依』準備的神龕，讓給一個不像我那樣認為抱負這種東西是如此空洞的作家。」相反，她將自己的經歷灌注於另外一封信上，為自己在道德上的影響力表達感謝。

不過，露絲・霍爾在經濟上和心理上，都明顯對自己的工作感到驕傲。當內蒂表達她不肯原諒祖母時，露絲的回答既傳遞了恰當的基督教資訊，又表達了自己含蓄的意見。「她對自己的懲罰比其他人對她的懲罰其實更嚴厲，」露絲解釋道，「她可以讓我們都愛戴她，讓她的晚年過得幸福。可是現在，除非她悔過，否則將悲慘地生活著，無人照看地死去，因為沒人喜歡她現在的脾氣。」人類的報復是沒有必要的，因為顯然上帝此時此刻正在報復著惡人，讀者在書中也從未看到霍爾夫人，或任何一個迫害過露絲的人悔過。

在那個露絲決定向報紙投稿的早晨，她意識到自己將面臨漫長和困難的鬥爭。「驕傲，」她對自己說，「必須睡去！」「可是，」她繼續想，看著她熟睡的孩子，「我會成功的。她們將為自己的母親感到驕傲。」「驕傲」換句話說，不會永遠睡去，它只會為了日後的完美而暫時延遲。在小說倒數第二章裡，約翰・華特展示一張一百股的銀行股票給露絲，這是她

用《生活隨筆》收入的節餘部分做的第一筆投資。「現在承認吧！」他鼓動說，「妳相當自豪。」露絲謙虛地沉默著，內蒂卻插嘴說：「我們為她感到驕傲⋯⋯如果她自己不驕傲的話。」

要說清楚芬妮在文學上影響了其他哪些作家，可並不容易。讀者可能在 20 世紀作家桃樂茜・帕克的作品中，找到芬妮的反諷和幽默，但芬妮的作品中沒有帕克的自我毀滅。《露絲・霍爾》對簡短場景和反諷的對比，而不是作者說明的運用，以及她對感傷語言的仿擬，在史蒂芬・克萊恩的作品中都能找到相同點，克萊恩也是以替報紙撰寫文章，開始自己文學生涯的。讀者也許還可以在《露絲・霍爾》和凱特・蕭邦（Kate Chopin）的《覺醒》（*The Awakening*）（西元 1899 年）中找到相似之處，後者也描寫了女性的處境，也以反諷的方式記錄號召「女性」歸順的意識形態。《露絲・霍爾》是一部奇書，儘管書中依然明確地堅持著「家庭崇拜」，但它在 1850 年代女性暢銷作品中仍屬另類。

3. 衝突與連繫

男人在戶外，而女人在家裡：我們可能會以這種方式，區分 1850 年代美國文學的男性和女性傳統。這種簡單的分割看起來相當吸引人，背後卻隱藏著一個更為複雜和混亂的現實。例如，我們可以從文學類型以及其他許多正當的視角，來理解女性流行小說與男性經典作品的區別。早就引起人們注意的是，內戰前的美國小說家如庫珀、坡、霍桑和梅爾維爾，在 20 世紀的時候就被奉為經典，他們都是男性──哥德小說傳統對他們的影響，比對同時代英國作家的影響更深。所以我們可以做出以下區分：美國男性作家的哥德傳統與美國女性作家開創的家庭傳統。

這一觀點所潛伏的第一重複雜就是，英國的哥德小說首先是由安・拉

第七章　象徵資本的敘述控制：文學市場策略

德克利夫（Ann Radcliffe）在1790年代使之流行起來的，主要採用了女性作家的創作方式，經常把一位敏感的主角（常為女性），放到一個有鬼魂出沒的場域（常為一座令人害怕的、由男性控制的大廈或古堡）。所以美國「男性」經典的主要成分，是源於英國女性小說傳統。而且，在1850年代早期的美國女性小說中，幾乎沒有哥德傳統的出現，這一缺失確實挺有趣。

在《閣樓上的瘋女人》（*The Madwoman in the Attic*）（西元1979年）中，桑德拉・吉爾伯特（Sandra Gilbert）和蘇珊・古巴爾（Susan Gubar）開啟了19世紀文學中具有顛覆性的女性作家傳統，尤其是英國女性。小說的標題讓人想起夏洛特・勃朗特《簡愛》中的伯莎・羅徹斯特，她的瘋狂間接或無意識地表達出，簡愛對家庭生活和男性統治的反抗。也就是說，勃朗特巧妙地利用了女性小說：難道哥德式的恐懼，不能作為一種顛覆性的女性力量的仲介嗎？這一力量潛伏在順從的自我克制之下，潛伏在「家庭崇拜」之下。

然而，多數美國女性作家對這一問題的回答是：不能。像沃納、卡明斯和費恩等美國暢銷女作家們，很少或幾乎沒有利用過哥德傳統，即使西元1847年即《廣闊世界》出版的前三年，在英國和美國出版的《簡愛》，也只不過是將哥德傳統服務於女性教育小說，這也使女性教育小說成為美國最流行的小說形式。

我們可以從夏洛特・勃朗特的例子中推測出，沃納、卡明斯和費恩偏離這一形式的理由。沃納將自己的作品叫做「故事」而不是「小說」。對沃納和卡明斯這些基督教作家而言，「小說」是不道德而且危險的，哥德小說比其他形式的小說，更能透露出危險的徵兆。在簡愛和埃倫或格特魯德之間，也有明顯的不同之處。勃朗特的女主角在自作主張與順從之間徘徊，而沃納和卡明斯的女主角們則直接歸順，甚至消除所有自我的影子。

第一節　1850 年代美國的女性小說和文學市場

在後者的作品中，一個瘋女人沒有象徵意義。

最後，哥德小說中的神祕和祕密，與埃倫和格特魯德想要透過完全依靠在公眾面前的表演與公眾讚賞，來實現的典範力量也是相對立的。《露絲・霍爾》中的情節——露絲參觀「精神院」，女人們的瘋狂是由丈夫帶來的——這與哥德小說的傳統就極為相像了。確實，露絲被困在醫院的朋友瑪麗・利昂，在臨死前寫下「我沒瘋，露絲，沒有，沒有——但我會瘋的」的故事，要早於夏綠蒂・柏金斯・吉爾曼的哥德女性主義作品《黃色壁紙》（*The Yellow Wallpaper*）（西元 1892 年）。

但這並非《露絲・霍爾》的典型情節，也跟露絲故事的意義沒有多大關聯。即使芬妮自己也只對社會批評更感興趣，而不是為了引起人們的恐慌，當露絲身為作者「弗洛依」，得到了真正的權力和自主時，她也沒想讓瘋女人有做人的權力，或者打算拜訪她們。哥德小說的顛覆性力量，跟版稅和股票幾乎沒有關係。

因此，1850 年代早期最流行的三部美國家庭小說，沒有利用家庭和哥德形式的潛在關聯。這一事實將她們與坡和霍桑的哥德傳統，以及桑德拉和蘇珊的顛覆性女性傳統都分開了。不過哥德和家庭小說在嚴格和一般意義上的區分，仍然模稜兩可。畢竟，這兩種類型最主要的象徵背景就是一所房子。在家庭小說中，有一個「家」，它受到和藹可親的女性力量的保護和影響。而在哥德小說中，背景的聯想就完全不同了——它並不和藹可親而是被鬼魂纏繞，還有一種神祕的威脅——只是其背景依然是一所房子。

美國內戰前，這兩種類型同時占據著顯著地位，並產生一種共同的不穩定或模稜兩可。要知道一個人物是安全還是危險，是被家庭影響保護，還是被哥德式恐怖威脅，讀者就必須要判斷，自己處在一間什麼樣的房子中，讀的是一本什麼樣的小說。讀者還要判斷誰在統領一切：母親還是怪物？

第七章　象徵資本的敘述控制：文學市場策略

在美國，至少在庫珀、坡、霍桑和梅爾維爾等作家的經典作品中，英國哥德小說已經被明顯修正過了。鑒於美國本土沒有什麼古堡，所以只好用對荒野的恐懼來替代。然而，這並不是說男性作家的哥德小說像 19 世紀美國小說的「荒野」那樣，是一種受限的、神祕的和內在的空間。同樣，在男性美國作家的手中，哥德小說的性別暗示也被倒置了。在所謂傳統美國哥德小說中，敏感的主角往往是男性，並非女性；他所面對的恐慌也非男性的殘暴，而是女性的誘惑，或是男性對女性進行性幻想的內疚。

因此在霍桑的《年輕的布朗大爺》（西元 1835 年）中，布朗結婚不久後就去森林中參加巫師在安息日舉辦的儀式，魔鬼的罪惡清單主要包括性罪惡（誘惑、謀殺丈夫、未婚年輕女性的墮胎等），布朗最後的反感源於發現自己的妻子費斯，居然也出現在半夜的儀式上。同樣，坡的故事裡也充滿了敏感的男主角，他們被無辜卻令人有些害怕的女人所困擾：貝拉尼斯、莫羅拉、李吉亞和曼德琳·厄舍爾。

確實，《亞瑟家的沒落》（*The Fall of the House of Usher*）（西元 1839 年）中最核心的部分，就是女性的「影響」，不管在字面還是象徵意義上，都勝過了男性統治。在瑪德琳拜訪她患有緊張性精神症的哥哥之後，這座聳立著充滿男性力量的大廈中間，出現一條「裂縫」，露出一個「血紅的月亮」，之後所有這些都崩塌散落到「一個又深又溼的湖中」。在 19 世紀美國哥德小說中，母親或者說兒子對母親畏懼和愧疚的幻影，就是一個怪物。

以上所述意在說明，美國哥德小說裡那些象徵性的鬧鬼房子，和家庭小說中的家庭實際上是一體兩面，或者存在一種映像關係。在這兩者中，內在空間的象徵意義充滿了女性的影響，主要區別是哥德小說裡這種令人恐懼的影響，在家庭小說中是善意的，所以從一種模式轉移到另外一種模式，靠的是重新定義房子的核心意義。這種重新定義正是霍桑《房子》的結尾之核心。

第一節　1850年代美國的女性小說和文學市場

　　起初，題目中的這間房子貌似屬於相當傳統的哥德風格，象徵著男性力量和對這一力量的男性詛咒。小說結尾，當潘欽法官去世之後，這些都以「理性」哥德小說的方式解釋清楚了：對潘欽一家男性的「莫爾詛咒」，僅僅是一種遺傳性的中風傾向。但潘欽法官的去世，以更根本的方式將這間房子的意義改變了。突然，由艾莉絲・潘欽從義大利帶回來的花種在屋頂盛開──極有暗示意義，就在前兩個尖角閣之間的夾角處綻放著。之後，菲比全身披著「寧靜而自然的陽光」回來了，從男性到女性、從哥德到家庭，這兩項象徵性的轉換也就此完成。

　　我們可以說《房子》的結尾是對《亞瑟家的沒落》的結尾，進行了一次家庭小說的重新修正。內戰後，我們知道美國文學中的「羅曼史」傳統，讓步給了「現實主義」傳統。但是，我們可以說，沃納、卡明斯和費恩是這一發展的先驅者，因為她們沒有用哥德傳統來解釋女性生活的家庭現實。這一描述至少對卡明斯而言是正確的。不管《點燈人》一開始是如何的現實主義，它也很快讓位給了幻想。不過《廣闊世界》和《露絲・霍爾》在不同程度上，都相當「現實主義」。

　　斯托夫人的許多作品，尤其是她在1860年代的許多新英格蘭小說，都是後來美國現實主義小說的先驅，這也不令人感到奇怪。斯托夫人是《大西洋月刊》的供稿人，而後來在1880年代領軍美國現實主義運動的豪威爾斯，也是從1860年代的《大西洋月刊》上起步的。

　　然而，在《湯姆叔叔的小屋》最後一個場景中，斯托夫人確實利用了家庭小說中的哥德情節，或者更為準確地說，試驗了將哥德和家庭小說結合在一起的可能。她借用了一些「羅曼史」成分，而這明顯有它顛覆性的目的。當勒格雷在沼澤地裡搜索凱西和艾美琳的時候，她們躲在勒格雷家閣樓上的一間據說是鬧鬼的房間裡。晚上，凱西披著床單去樓下拜訪勒格雷，以此來延續他對閣樓房間的恐懼。最終，這兩個女人逃脫了。儘管躲

第七章　象徵資本的敘述控制：文學市場策略

在閣樓上的凱西，讓人感覺斯托夫人很可能借用了勃朗特筆下的瘋女人伯薩·羅徹斯特這一形象，可是兩者產生的效果貌似完全不同，因為凱西只是裝成一個鬼罷了。

勃朗特筆下那種真實的心理哥德情節，到了斯托夫人這裡好像成了哥德式騙局，這與華盛頓·歐文（Washington Irving）的《沉睡谷傳奇》（*The Legend of Sleepy Hollow*）（西元 1820 年）類似。就像布羅姆·伯恩斯假裝一個無頭的騎馬人，以恐嚇伊夏伯德·克萊恩，從而贏得塔賽爾的芳心那樣，凱西也透過裝鬼來恐嚇勒格雷，然後與艾美琳一起逃跑。

換一個角度來看，凱西的偽裝揭示出家庭歸順和女性影響之教條下，真正的反抗力量。勒格雷是凱西的「擁有者，她的暴君和折磨者，即便如此，這個極其暴力的男人還是不能與強大的女性影響保持一致的連繫，而這一力量也不能極大地影響到他」。因此，勒格雷一面壓迫凱西，一面又懼怕她。當「影響」成為「令人毛骨悚然的恐懼」之緣由時，連小伊娃也短暫卻真實地變成了瑪德琳·亞瑟的翻版。當勒格雷抓住伊娃給湯姆叔叔的一束頭髮時，頭髮暗示性地纏繞在他的手指上，「好像在灼燒著他」。

前文講過他母親曾將一束頭髮附在她的遺書上，她「即將死去，但祝福和原諒他」。之後就是勒格雷的噩夢，夢中母親蒙著面紗靠近，他感到「頭髮纏繞著他的手指，之後……繞在他的脖子上」。我們還知道，凱西與艾美琳藏身的那個閣樓，是多年前勒格雷拘禁、折磨並殺死一個女奴隸的地方，這個女奴隸應是他曾經的情婦。所以，儘管凱西的偽裝可能是個騙局，但勒格雷內疚的反應卻是相當真實的。實際上，凱西像一個復仇天使一樣，為所有那些曾被勒格雷害死的女性報了仇，而她裝鬼也最終加速了他的死亡。

在 1850 年代文學市場的語境中，對女性作家和男性作家傳統的區分，要比家庭和哥德傳統的一般區別還要模糊。不過有一件事是確定無疑

的：坡、霍桑和梅爾維爾作品的銷量，絕對比不上沃納、斯托夫人、卡明斯和費恩。可是銷量本身並不會自己形成傳統。例如，我們應該注意那些分別代表男性和女性寫作傳統的作品，通常出現在同一本或相似的雜誌上，它們也往往由相同的出版商發行。

在《帕特南月刊》於西元 1853 年成立，到其西元 1855 年被賣出的這段時間裡，它出版了大量現在已經被奉為經典作家的作品，包括庫珀、梭羅和梅爾維爾。但喬治・帕默・帕特南同樣於西元 1850 年出版了沃納的《廣闊世界》。西元 1857 年在波士頓成立的《大西洋月刊》，也出版了一系列帕特南曾經出版過的作品，出版商蒂克納和菲爾茲於西元 1859 年收購《大西洋月刊》，這家出版商從西元 1850 年出版《紅字》之後，就一直是霍桑的出版商。像坡一樣，霍桑也將自己之前的大量作品以禮品書的形式出版，或者在女性雜誌上發表過。

同樣，《大西洋月刊》成立時，它以斯托夫人為主要供稿人而自豪，西元 1857 年約翰・朱厄特破產後，斯托夫人轉去蒂克納＆菲爾茲公司。詹姆斯・菲爾茲將霍桑和斯托夫人都視為自己的朋友。費恩像索斯沃斯夫人一樣，只在羅伯特・邦納的《紐約文匯》上發表文章，它旨在將自己打造成一份流行雜誌。邦納也付給愛德華・埃弗雷特、布賴恩特、朗費羅和丁尼生等人高價稿費，讓他們在自己的雜誌上發表作品。其實，大多數閱讀霍桑和梅爾維爾的讀者（或者說其中的一部分人），也是閱讀沃納和卡明斯的那批人。

我們也應該注意到，如果在男性和女性作家「傳統」中，有什麼緊張或敵對關係存在的話，那這種關係主要存在於其中一方。像霍桑和梅爾維爾等作家，幾乎不會讓流行女性作家們產生職業上的緊張感，這也不足為奇，畢竟，用現在的話說，這些男作家幾乎不占什麼市場占有率——至少和沃納、斯托夫人、卡明斯和費恩等女作家相比。這些女作家所關注的

第七章　象徵資本的敘述控制：文學市場策略

男作家，是那些與她們同時代的流行作家，主要是英國人，最有名的就是查爾斯・狄更斯。

很顯然，霍桑和梅爾維爾被前者所說的「一群胡寫亂畫的女人」威脅著。也正是在 1850 年代早期那些女作家崛起的時候，霍桑和梅爾維爾發現了自己的潛力，在這些暢銷作家創造或揭示的語境下，他們也開始發揮出自己全部的能量。這些男作家在 1850 年代借用她們小說中的一些主題，也從她們那裡挖到了一些讀者，即便他們有時顛覆或滑稽地模仿這些小說中的傳統與價值觀。而到這十年快結束的時候，這些男作家已經幾乎放棄寫小說了。

其實還有一種我們也許會稱為反家庭的美國文學傳統，這一傳統在 20 世紀已經經典化的「美國文學」中是廣泛存在的。例如，我們會想到馬克・吐溫或海明威（Ernest Hemingway），哈克・費恩和尼克・亞當斯一直在逃離由女性主導的家庭，和斯托夫人理想化的女性「影響」。可是霍桑並沒有透過反抗家庭來回應女性作家的競爭，恰恰相反，《房子》不論是背景還是標題都非常家庭化，它的作者也在他的第二部羅曼史中有意嘗試 —— 逃離他所說的《紅字》中的「晦暗」。

顯而易見，他在盡力迎合女性讀者，這一招也取得了顯著成效。在她的丈夫為她大聲朗讀這個故事之後 —— 這也說明了霍桑有多麼關注讀者的反應 —— 索菲亞・霍桑表揚故事的結尾，給她一種「其樂融融的家庭之愛和滿足感」。對《拉帕齊尼醫生的女兒》（*Rappaccini's Daughter*）和《紅字》的作者而言，《房子》中的菲比・潘欽是一個全新的女主角，而這類女主角又在《福谷傳奇》和《玉石雕像》中，以普里西拉和希爾達的形象再次出現。普里西拉自我奉獻似的歸順，暗示出霍桑對主角有一種反諷的態度，但對當時的許多讀者（包括 20 世紀的部分讀者）而言，他們並未在普里西拉身上讀出什麼反諷，他們認為她是小說中毋庸置疑的道德模範。

第一節　1850年代美國的女性小說和文學市場

但無論從哪方面解讀菲比、希爾達和她們的家庭理想，肯定都極為困難。在《玉石雕像》的結尾，當男主角肯楊向希爾達說出，自己推測罪行可能帶來的好處之後，希爾達覺得這種想法十分「恐怖」，肯楊對她說道：「原諒我，希爾達！」「我從沒真的相信它⋯⋯哦，希爾達，帶我回家吧！」

將梅爾維爾歸為美國文學傳統中，反家庭的那類作家還是可信的。畢竟《雷德本》（西元1849年）、《白色的夾克》(White-Jacket)（西元1850年）和《白鯨記》（西元1851年）完全避開了女性和家庭，而《皮埃爾》(Pierre; or, The Ambiguities)（西元1852年）則是眾多作品中對家庭主題的全面攻擊。然而，《皮埃爾》最開始正是為了吸引它想疏遠的那部分人群。梅爾維爾在西元1852年寫給索菲亞・霍桑的一封信中說，《白鯨記》之後的這部小說將是「一桶鄉村牛奶」，他向英國出版商保證道，《皮埃爾》將「比以往你出版的任何一部我的作品，都更為了暢銷而創作」。

當然，最終這一預測是錯的，結果也完全相反。然而，《皮埃爾》並沒有馬上結束其作者的寫作生涯，在梅爾維爾身為作家的最後階段，其作品中也暗示出他與家庭的複雜關係。雖然《皮埃爾》受到了猛烈的抨擊，銷量慘淡，帕特南依然在西元1852年邀請梅爾維爾為他最新出版的月刊撰稿，於是西元1853年末，《錄事巴特比》(Bartleby, the Scrivener)面世了。西元1853～1856年間，梅爾維爾還將5篇故事以及連載小說《以色列陶工》在《帕特南月刊》刊出，8篇故事刊載於《哈珀月刊》。當他在《我和我的煙囪》及《蘋果樹桌子》等故事中採用家庭主題時，他在作品中流露出的激進，已經比在《皮埃爾》裡少得多了。值得指出的是，對梅爾維爾的許多雜誌故事有深遠影響的，是更為流行、更熱愛家庭的狄更斯，他的作品《荒涼山莊》於西元1852～1853年間在《哈珀月刊》上連載。

我們不應將沒有經典化的男性作家作品中對家庭的考慮，歸因於他們

第七章　象徵資本的敘述控制：文學市場策略

想要賺錢，或者打擊女性作家和讀者的價值。要論對家庭的絕對真誠，不管從價值還是從細節上來說，沒有一部能與梭羅的《湖濱散記》相媲美。同樣，當哈克・費恩和尼克・亞當斯逃脫文明世界之後，他們最終還是在密西西比河的筏子上或雙心河的岸邊，安置了自己的「家庭」。在許多美國文學經典作品中，那些以為自己在逃離家庭或感情的男人，通常只是為了逃離女性，從而沉浸在自己想像的家庭和感情中罷了。

在亞哈追尋白鯨的過程中，幾乎沒什麼家庭可言，但在此書結尾有兩個關鍵之處，有一種可以稱為家庭或感傷的價值觀，從亞哈自殺式的偏執狂裡迸發出來。首先，亞哈請皮普一起保護他的木屋，即他的家庭，就像《點燈人》中的楚門叔叔收留被拋棄的格蒂一樣。第二處，就在追捕開始前，亞哈直視斯達巴克「人眼」中的「魔幻玻璃」，他看到了「一片綠地」、「明亮的爐火」、「我的妻子和小孩」。斯達巴克勸說他放棄追捕。這些家庭衝動很快就被他壓制下去。不像斯托夫人筆下的喬治・哈里斯，亞哈不會被女性化或家庭化。不過這些是獲得真正權力的時刻，他們不會嘲笑自己產生的情感。

當然，讀者也絕不會將《白鯨記》和《廣闊世界》或《湯姆叔叔的小屋》混為一談，此書中活在戶外的男人與待在家裡的女人，其區別還是十分明顯的。可是要用這種標準簡單嚴格地區分1850年代的美國文學，就不是那麼穩妥了。文學的現實更為複雜。即使亞哈像佩列特船長所說「也有他的人性存在」，以實瑪利在小說結尾獲救了，救他的是「先前碰到的『拉吉號』，船長正在為尋找丟失的孩子而到處東奔西闖。他們沒找到自己的孩子，卻找到了我──另一個失去依靠的孤兒」。

總之，文學市場是客觀存在的，大眾的閱讀興趣何在，只能靠作家自己去感悟，如何滿足大眾的期待視野，與作家的創作策略緊密連繫。其中，作家的身分建構就顯得至關重要，它也是一種複雜的市場建構。

第二節　作家身分：一種複雜的市場建構

　　索菲亞・皮博迪在《古巴日記》中，展現了曾在家中所寫的、關於自己在一個古巴咖啡種植園裡日常生活的一系列信件。西元 1833 年，她到那裡靜養。她這樣描述，在美麗月光的烘托與渲染之下，古巴是一個非常浪漫的國度。在與國王薩爾多瓦（他曾是一位非洲國王，現在卻是非洲種植園中的一個奴隸）有關「昔日的王國和臣民」的對話中寫道：

　　那極其壯麗的夜晚時光，超越了我在古巴所經歷的一切。氛圍是如此地柔和，猶如從空而落且布滿羽毛的鴿子一般，那樣柔和，那樣輕盈，瀰漫著絲絲的茉莉花般的咖啡花香和月光璀璨映人，直接望去，在腦海中給人一種刺眼的疼痛，猶如直接被耀眼的太陽光照射一樣……這是你可以察覺到的，猶如一種智慧的存在，每一個物體就像空中灑落的珍珠和鑽石一樣飄落，那樣明亮，那樣迷人。即使是宮廷中最普通的東西，在這種月光的映照下，它的美麗壯觀也紛紛顯現。此刻，在美麗而又柔和的月光環繞下，猶如身處一個巨大的斗篷之中，不斷散發著耀眼的光芒。

　　月光「脫離實體而存在的那種精神」，與咖啡和花的芳香相融合，將現實的存在變為一種想像，將簡單的事物轉變為一種財富與富有，一種宏偉與壯觀，更是一種美麗的存在，同時也將奴隸變為國王。索菲亞從姊姊伊麗莎白・皮博迪早期關於「將奴隸制從思想中脫離出來」的信件中得到啟示，她將奴隸制經濟神祕化，將隱藏在政治話語背後的主人與奴隸之間的動態權力關係掩飾起來，將奴隸制的勞動和艱辛，以及它的政治經濟意義相分離，猶如咖啡一樣，轉變為一種獨特又別緻的生動圖景。索菲亞那月光照耀的夜晚，依賴於奴隸制經濟的發展，儘管它模糊不清。[438]

---

[438] Claire Badaracco, "The Night-blooming Cereus: A Letter from the 'Cuba Journal' 1833-1835 of Sophia Peabody Hawthorne, With a Check List of Her Autograph Materials in AmericanInstitutions," Bulletin of Research in the Humanities SI (1978): 56-73.

第七章　象徵資本的敘述控制：文學市場策略

在〈海關〉中創造霍桑羅曼史的「神奇的月光」(1:36)，與索菲亞的月光照耀的夜晚具有很大的相似性。同時也將家庭生活中的日常事務「精神化」(1:35)，將它們轉變為一種「智慧的存在」(1:35) 和「雪的意象」(1:26)。透過將真實的存在轉變為一種想像，霍桑的月光將普通的生活美化，並把它傳送到羅曼史的文學領域之中。就像索菲亞對古巴的描述，霍桑對羅曼史的構想，是把一種實體經濟轉變為一種象徵性的經濟。

為了將自己的羅曼史與商業貿易市場相分離，霍桑竭力掩飾實體經濟與象徵性經濟之間的密切連繫，但他意識到，這兩者之間的密切連繫是無法掩飾的：他堅持「煤火」是產生月光效應的「一個重要而又基礎性的影響因素」(1:36)，他反覆地將紅字描述為「一塊破布或者碎屑」(1:31)，從而強調它與1850年代作家行業的原材料之間的相互關係，那時的紙張是再造的棉纖維 (1:25)。以「精美的紅色細布」做就，周圍用「金絲線」精心繡成的字母，象徵著霍桑在美學以及經濟方面的藝術特徵：這種奇巧別緻的製作，不僅為他贏得文化以及商業方面的資本，還使他獲得了極高的文學聲譽，更成為他謀生的一個重要工具 (1:31)。

類似的，為了在日益商品化和專業化的文學市場中，保持文學聲望，霍桑試圖將自己作者身分的經濟神祕化。透過早期小說的模糊性與晦澀性，以及沉默寡言的作家形象塑造，就像梅瑞狄斯‧麥吉爾 (Meredith L. McGill) 所說的，霍桑試圖將自己的作者身分，置於自由的文化市場之中。然而猶如梅瑞狄斯所展現的，這種將自己脫離於市場文化的行為，本身就是一種市場策略。「霍桑後期作品的成功」為自己「重建與閱讀大眾之間的連繫」，以及挽救與恢復小說的地位，提供了一種重要的方法。[439] 透過疏遠文學市場，來為自己贏得一席之地。他不斷控制著文學市場，卻極

---

[439] Meredith L. McGill, "The Problem of Hawthorne's Popularity," in Reciprocal Influences: Literary Production, Distribution, and Consumption in America, eds. Steven Fink and Susan S. Williams (Columbus: Ohio State University Press, 1999), pp. 41-44.

第二節　作家身分：一種複雜的市場建構

力掩飾著自己與文學市場之間的商業關係。

一些評論家開始把霍桑小說中所體現的作家自我身分建構，與作者身分的經濟現實區分開來，這裡要重點討論的是，在霍桑所理解和定位的文學市場中，奴隸制經濟是如何運轉的。[440]就像瑪麗·皮博迪所指出的，即使霍桑從未寫過類似索菲亞書寫奴隸制的小說《古巴日記》，但他確實將真實的作家自我形象以及他的羅曼史，與文化市場相連繫，也知道自己會不可避免地與奴隸制經濟相互連繫或者相互交融。

他想像自己不僅可以從索菲亞的《古巴日記》裡獲得靈感，「創造出許多故事」（15:28），而且還可以透過參與政治工作，來維持自己的作者身分，這也讓他在歷史上與奴隸貿易相關的著名商業港口相連繫，如波士頓、塞勒姆及利物浦。當自己的工作已無利可圖時，他開始編輯與校訂以奴隸制和商業為主題的文學作品：《非洲巡洋艦日誌》（西元1845年，以下簡稱《日誌》）和《論年長的達特穆爾囚犯》（西元1846年）。[441]

重新定位霍桑的事業，將它與曾經工作的商業貿易港口以及為謀生而編輯的早期作品相連繫，可以得出這樣的結論：在經濟上，霍桑將自己投身於與奴隸制經濟相關的商品市場環境之中，建構與這種奴隸制經濟相關的作者身分和羅曼史理論。霍桑早期的職業生涯，尤其是他編輯的作品《日誌》，使他在奴隸制及其貿易這一主題上看到了自己的專業利益。

為了重構霍桑的作者身分經濟學，及其與奴隸制的商業連繫，有必要認清身為藝術家的霍桑，與為市場寫作的霍桑之間的區別，以及他羅曼史的典範地位與曾經編輯過的作品，所體現的商業貿易作用之間的對立。將霍桑的作者身分解讀為一種複雜的市場建構，既可以了解到它與商業貿易

---

[440] 參見 Michael T. Gilmore, American Romanticism and the Marketplace (Chicago: University. of ChicagoPress, 1985).

[441] Browne, Benjamin F. The United States Magazine and Democratic Review 18-19 (January 1846-September 1846): pp. 97-111, pp. 200-212, pp. 360-368, pp. 457-465, pp. 141-148, pp. 209-217.

第七章　象徵資本的敘述控制：文學市場策略

之間的連繫，又可將其神祕化，這就要求我們去探尋他的商業貿易與作家的職業，以及曾編輯的作品與自己富有想像力的作品之間的密切連繫。

與其透過霍桑自己宣稱的「政治上被砍頭」(1:42) 來解讀霍桑的羅曼史，還不如關注他在奴隸貿易中的商業利益，將注意力從霍桑關於奴隸制的政治立場，轉移到他的商業網路與奴隸制相互交織的經濟參與度上，並將《紅字》與他之前編輯過的與奴隸貿易相關的作品，而不是後來在《富蘭克林·皮爾斯的一生》（西元 1852 年）和《主要關於戰事》（西元 1862 年）中對奴隸制的評論連繫起來，共同展現霍桑的作家身分和他的羅曼史，是如何透過奴隸制經濟來表達和闡述的。[442] 閱讀下面的術語就會發現，霍桑已變成一個被廣泛關注的中心，即他作品中的貿易是如何與戰前奴隸的運輸連繫在一起的。

1.《非洲巡洋艦日誌》：圖書製造業的新篇章

為了探尋奴隸制經濟在霍桑經典作品《紅字》中的重要作用，有必要重提在霍桑的文學生涯中不太重要的《非洲巡洋艦日誌》（西元 1845 年）。西元 1980 年，帕特里克·卡喬（Patrick Brancaccio）發表文章呼籲，應該把這個當作「一種重要的傳記和文化資料進行重新評估，然而這部《日誌》很少得到評論家們的關注」[443]。在認同霍桑的編輯工作（他自己所宣稱的「圖書製造業」）與想像性創作工作的區別時，評論家們往往忽略了這篇《日誌》對霍桑的作者身分，以及羅曼史的形成所發揮的重要作用。

阿林·透納（Arlin Turner）曾提過：「在老宅，霍桑曾經編輯與校訂

---

[442] 有許多學者闡釋過霍桑羅曼史與奴隸制的關係，參見 Jean Fagan Yellin, Jay Grossman, Mara L.Dukats, Caroline Woidat, Jane Cocalis, Deborah L. Madsen, Laura Hanft Korobkin, Walter Benn Michaels, Shawn Michelle Smith, David Anthony, Jonathan Arac, Eric Cheyfitz 等學者的論述。

[443] Patrick Brancaccio, " 'The Black Man's Paradise': Hawthorne's Editing of the Journal of an African Cruiser," The New England Quarterly 53 (1980): 23-41.

第二節　作家身分：一種複雜的市場建構

過兩部作品,《非洲巡洋艦日誌》以及《論年長的達特穆爾囚犯》,他也許覺得這項工作是一件苦差事,但他對朋友的慷慨表示歡迎。」他不僅認可了霍桑的自我抹黑,將編輯看成一種計件工作,而且忽略了他經濟上的窘迫,把拚命工作賺錢視為一種基於友情的禮物經濟。[444] 霍桑的編輯校訂工作被定位於圖書製造業市場中,或者包含其中,從而變成了一種資助,這並沒有挑戰霍桑身為經典作家身分的核心。

下面對《日誌》的解讀是為了打破這種分歧,從而展現霍桑的作者身分及其藝術商業基礎。《日誌》並不是表現了霍桑的編輯工作與作者身分之間的矛盾性,而是揭示了霍桑是如何從一位編輯獲得作家身分的。

西元1840年代中期,霍桑出版了《重講一遍的故事》(*Twice-Told Tales*),這之前他沒有獲得任何文學聲望,經濟上也十分窘迫,於是編輯與校訂了這兩部作品:霍雷肖‧布里奇的《日誌》,與班傑明‧弗雷德里克‧布朗的《論年長的達特穆爾囚犯》。這兩部作品都以霍桑作為編輯獨立發表,都是關於奴隸制及其貿易的內容。布里奇的《日誌》描述了海軍巡洋艦管理的奴隸貿易,以及美國在非洲西海岸的商業利益。

布朗的作品則描述他身為一名掠奪者,在西元1812年戰爭期間,掠奪加勒比海和南美洲的經歷,以及身為一名囚犯在巴貝多和達特穆爾的痛苦歷程。[445] 這兩部作品在一些地方的傳播,對霍桑身為經典作家權威的確立至關重要:《日誌》是威利&帕特南出版社的「美國文學作品文庫」之一,屬於試圖打造的美國文學經典系列。《論年長的達特穆爾囚犯》西元1846年1月至9月間在《民主評論》上連載,霍桑經常為這家雜誌撰稿。

埃弗特‧戴金克於西元1845年4月在這本雜誌上發表文章,讚揚霍

---

[444] Arlin Turner, Nathaniel Hawthorne: A Biography (New York: Oxford University Press, 1980), p. 155.

[445] Alan R. Booth, "The United States African Squadron 1843-1861," in Boston University Papers in African History, vol. 1, ed. Jeffrey Butler (Boston: Boston University Press, 1964), pp. 79-118.

第七章　象徵資本的敘述控制：文學市場策略

桑的寫作才能與天賦，他是 1840 年代霍桑作品的主要出版商和支持者，同時也是威利 & 帕特南出版社「美國文學作品文庫」的締造者。[446] 這兩部作品不僅為霍桑賺得了一定的收入，使其財政狀況趨於穩定，也讓他成為塞勒姆海關的檢測員，更為重要的是，在沒有創作出許多屬於自己作品的那段時間，這些編輯與校訂的作品維持了他在文學領域中的名譽。

另外，《日誌》之所以令人關注，還在於霍桑與布里奇之間「長久而未間斷的連繫」，以及它在「美國文學作品文庫」中所占據的舉足輕重的地位。[447] 不論在經濟上還是形式上，《日誌》對霍桑的作者身分至關重要：不僅讓他的經濟財政狀況趨於穩定，具有一定的償還能力，還為他贏得更廣泛的名譽與聲望，同時也為他的作者身分與羅曼史的塑造，提供了良好的場所。

這本《日誌》也展現並促進霍桑的作家寫作策略。在《雪的意象》序言中，霍桑在給布里奇的信件中說：「如果說有一個人對此刻的作家身分負責的話，這個人就是你自己。」（11:4）布里奇是霍桑鮑登學院的同班同學，不僅向出版商擔保承擔一切的損失，確保霍桑的小說《重講一遍的故事》順利出版，並且還在奧古斯塔報紙上發表評論，幫助霍桑開始自己的文學事業。與此同時，他還在 1840 年代借錢給霍桑，努力幫助霍桑爭得一份政府裡的工作。

這本《日誌》也成為布里奇援助霍桑的財政狀況，及其寫作事業的另一種方式：透過編輯工作，霍桑不僅贏得了 125 美元的報酬，同時也獲得一定比例的出版利潤。[448] 霍桑在這本書上的主要收穫是金錢，他也表達

---

[446] Ezra Greenspan, "Evert Duyckinck and the History of Wiley and Putnam's Library of American-Books, 1845-1847," *American Literature* 64 (1992): 677-693.

[447] John J. McDonald, "The Old Manse and Its Mosses: The Inception and Development of MossesFrom an Old Manse," *Texas Studies in Literature and Language* 16 (1974): 77-108.

[448] Horatio Bridge, *Personal Recollections of Nathaniel Hawthorne* (New York: Harper and Brothers Publishers, 1893), pp. 87-88.

了以文學寫作的形式，來獲取經濟利益的想法，他告訴布里奇：「我很樂意與你一起在文學的海洋裡揚帆啟航。」（15:683）

霍桑引用了一個史詩般冒險故事的經典意象，迴避了布里奇的遠洋航行所具有的軍工屬性。霍桑後來寫道：「我的職業經驗極容易讓這件事成功……為了讓它變得時尚，我的名字將會作為編輯出現，它自身的優點可以解決剩下的問題。」（16:26）把自己的編輯經驗，尤其是作家的時尚名字借給布里奇，對布里奇來說，霍桑扮演的是贊助人而不是債務人的角色。

儘管霍桑試圖以文學贊助的形式，而不是經濟交易的形式來設計《日誌》，但是霍桑十分清楚自己的利益動機。「若是沒有估算錯誤的話，」他寫信給布里奇，「這將是我們最好的計畫，既關乎你的榮譽，也關乎我的利益，讓《日誌》獨立出版，而不是發表在某篇雜誌上，會讓你立刻成為一名獨立的作家。」（16:26）雖然霍桑在寫給布里奇的信件中，將作家與編輯的目標區分得相當清楚——前者追求榮譽與名望，後者則是追求經濟利益，可無論是文字的生產，還是與自己小說之間的關係上，他都在不斷地摺疊這兩個位置。在這篇文字中，編輯則成為霍桑建構作者身分的一種成功模式。

《日誌》中複雜交織的人物，反映出霍桑透過布里奇思考自己創作的方式：「我自己對《日誌》的分享與工作的內容，是如此融合在一起，以至於我都無法定義它是什麼。」（16:86）在《日誌》序言的結尾，敘事者評論道：「他微笑著尋找自我，如此簡單又毫不費力，在這些書的眾多作者中尋求一個屬於自己的頭銜！」（16:89）「用較少的勞動」是對編輯工作的「修訂與增補」，而不是「對藝術性原則的重新組合。」（16：V）用很少的努力來獲取作家的頭銜，布里奇成為霍桑作家幻想的一種「對映」。

此外，在展現作家作為缺少「文學實踐」的業餘愛好者的形象，以及對他「謙遜而又自負」（16：V）的工作性質沒有太高的要求時，作家將自

第七章　象徵資本的敘述控制：文學市場策略

己從文學作家身上的束縛與責任之中解脫出來：「他認為……自己的工作沒有特別高的要求，就像是畫一堆雜亂的草圖那麼簡單，他覺得自己沒有必要去講述所有的東西……只要講準確即可。照這樣看，講述這段航海史，大膽一點也無可厚非。」(16: VI) 消除了想像力創作的艱辛及其道德責任，霍桑將自己設想成一名成功的作家。

事實上，正是透過編輯《日誌》，或者「創作另外一本與《日誌》類似的圖書」，霍桑想像自己將會在1840年代取得事業上的成功。他寫道：「要是我將透過寫作來自食其力，那麼肯定會是一件苦差事，不過與商業活動相比，想像力創作也許並不是那麼令人討厭。」(16:105) 利用布里奇的期刊以及《日誌》中的人物，霍桑給自己授予了作家身分。

正如編輯和作者在《日誌》裡成為互補的生產方式一樣，在霍桑創作的作品中，這兩者也相互交織在一起。在編輯這本《日誌》的同時，霍桑也在準備創作第二部短篇小說集《古屋青苔》(西元1846年)。這兩部作品與他給戴金克的書信緊密相連，並且他們準備安排這兩部作品作為「美國文學作品文庫」出版。如何成為一名「獨立的」作家，霍桑提出了寶貴的意見給布里奇，也成為他自己的思考，就是如何在一個日益猖獗的盜版出版語境下，透過寫作來更好地謀生。

在寫給布里奇的同一封信中，霍桑忠告他如何打磨《日誌》以便於出版，同時也抱怨自己的作品，「小冊子以及盜版體系的存在，打破了所有的常規性文學標準，因此有時被迫為了一些蠅頭微利就去努力工作」(16:27)。在1840年代競爭日益激烈的文學市場中，為雜誌期刊寫一些短篇作品毫無利潤可言，並被猖獗的文學剽竊所困擾，霍桑決定採用書的形式來出版《日誌》，和發表自己的短篇小說。[449]

---

[449] William Charvat, Literary Publishing in America (Philadelphia: University of Pennsylvania Press, 1959), p. 8.

此外，透過把自己定位為兩部作品的編輯，霍桑與這個行業日益強大的力量結合在一起，以控制作者作品的再生產。由於不能為《古屋青苔》增添新的故事，霍桑將《日誌》視為自己富有想像力作品的一種替代，在《古屋青苔》的序言中說道：「這些年一直在編輯朋友的《非洲巡洋艦日誌》，除此之外，沒有做任何事情。」(10:34) 霍桑提供《日誌》給戴金克，以代替《古屋青苔》的創作：「身為一名作家，我沒有任何東西可以提供給你，但是在過去的幾週時間裡，我一直被僱傭為這本《日誌》的編輯，它主要是我朋友在最近一次非洲西海岸的旅行中創作的。」

相比於自己的作品，霍桑更加期待這本《日誌》「具有很大的發行量」(16:82,87)。霍桑再次把編輯當成創作的一種經濟可行的模式，然而當他在《古屋青苔》的序言中，再次提及編輯與創作之間的區別時寫道，編輯是一項可以創造發行量的「簡單的工作」，而創作則是一項具有專利權的艱難工作。文字的形式決定了它們的關係：就像《日誌》是「雜亂的札記」一樣 (16:VI)，《古屋青苔》則被描述成「斷斷續續的札記」，既沒有「深層性的目標」，也無法為「文學聲譽提供一種堅實的基礎」(10:34)。

在《古屋青苔》中，身為「一名作家」，霍桑是失敗的，「在與人隔絕的生活中，期望追尋的那種知識的黃金寶庫，始終沒有出現」(10:34)。相反，他將《古屋青苔》看成一個編輯的集子，由「閒置的雜草與凋零的花朵」，混合著「很久之前產生的古老又早已褪色的物質構成」(10:34)。我們發現原來幫《古屋青苔》作序的隱居的作家，與替《日誌》作序的「塗鴉遊客」(16: VI) 相似，他們都是修改並循環使用自己以前作品的編輯。雖然無法在古宅裡找到那種「知識的黃金寶庫」，霍桑卻在「圖書製造業」的主題之下，在非洲黃金海岸的奴隸貿易，和其他商品貿易中找到了黃金，把以前的短篇作品編輯成行動式單行本，這也是一種建構作家身分的成功方法。

第七章　象徵資本的敘述控制：文學市場策略

倘若《日誌》為霍桑的創作提供一個模型，那麼這也為他理解自己參與其中的、渾濁的市場產權關係提供了語境。這本《日誌》詳細地描述了奴隸貿易、奴隸運輸，以及非洲西海岸一帶的商業貿易。透過描述商船與奴隸販賣；解釋奴隸價格伴隨著殖民地產品價格漲跌的經濟制度；揭露美國商船淪為販奴船；以及詳細描述在非洲棚屋內到處可見的新英格蘭產品，《日誌》展現出奴隸制在當時處於商業世界的核心地位，與美國市場經濟的連繫也十分緊密。[450]

下面這段描述令人印象深刻：「不管怎樣，這是一個相當有趣的道德問題，無論是新英格蘭還是舊英格蘭，無論在多大程度上宣稱，自己可以脫離黑奴貿易的罪行與憎惡，他們都分享著黑奴貿易所帶來的利潤，並為它的經營提供基本援助。」(16:112) 這種思考是霍桑矛盾的道德立場在文字中的典型體現，它提出了新英格蘭在奴隸貿易中的道德地位問題，公開揭露新英格蘭透過分享奴隸貿易的利潤以及支持它的運輸，來參與奴隸的國際貿易。

對奴隸制經濟是如何滲透市場關係中的各個方面，這種揭露只是強化了霍桑的理解。他了解這些，一方面是因為他曾經在波士頓（西元1839～1841年）以及塞勒姆（西元1846～1849年）港口工作過；另一方面來自他家族的航海史：他的祖先大部分是海員，霍桑家族的部分財產是透過「航海探險得來的，包括與紐芬蘭島、英格蘭及西印度群島等地的碼頭、倉庫及貨運貿易」[451]。霍桑的父親曾是一位海員，到過加勒比海地區、南美洲以及東印度群島；他的叔叔威廉·曼寧對《論年長的達特穆爾囚犯》中，那艘「嬉笑號」私掠船頗感興趣。[452] 塞勒姆港口也有一段相當漫

---

[450] George E. Brooks, Yankee Traders, Old Coasters and African Middlemen: A History of American Legitimate Trade with West Africa in the Nineteenth Century (Boston: Boston University Press, 1970).

[451] Luther S. Luedtke, Nathaniel Hawthorne and the Romance of the Orient (Bloomington: IndianaUniversity Press, 1989), p. 19.

[452] Margaret B. Moore, The Salem World of Nathaniel Hawthorne (Columbia: University of Missouri-

第二節　作家身分：一種複雜的市場建構

長的奴隸貿易史，尤其以 1780 年代的奴隸貿易最為活躍。像喬治·布魯克（George E. Brooks）所指出的那樣，即使 19 世紀中期與西非之間的合法貿易，「也不能撇開奴隸貿易單獨討論」，因為「這兩種貿易實際上處於一種共生與共棲的關係，相互交織於 19 世紀上半期西非商業的進程之中」[453]。

霍桑在塞勒姆海關寫的信件，暗示了塞勒姆港口合法與非法貿易之間的相互關係：「斯特靈號縱帆船星期四就停進了這個港口，今天早上起航。報告上說自己是船長，從波士頓前往班格爾，但是周圍的環境卻讓人懷疑，因為從最初裝船的貨物可以看出，它來自西印度群島。」(16:223) 因此，在《關於戰事》中，霍桑將「五月花號」描述為一艘奴隸船，把奴隸貿易看作美國民族工業的核心：「在它的首航中，將一群朝聖者送到了普利茅斯。在隨後的航行，運送了大批奴隸給南部。」(23:420) 他不斷重述市場之間的「怪誕」關係，這也是《日誌》中所表達的。

在展現所有的貿易是如何在同一系統中流通的同時，《日誌》模糊了商業與犯罪之間的界線。它指出，海員、奴隸以及海盜都在一個經濟體系中運行：「我經常思考。」《日誌》中的敘事者說：「如果真正講述一艘軍艦上海員的隱祕歷史，那必將充滿強烈的浪漫與傳奇色彩，伴隨震撼人心的事件而變化，又常常因愈加致命的犯罪而變得更加黑暗……船板上的許多惡棍都過著十分奢侈的生活，許多海員已變成奴隸商人或者海盜。」(16:6) 將自己視為船員布里奇，透過將布里奇的個人歷史轉變為羅曼史，霍桑開始意識到他的作家身分，也看到了他參與這項交易的藝術。對於霍桑來說，就像《日誌》首次闡述的一樣，創作與海盜緊密連繫，而羅曼史

　　　Press, 1998), p. 81, pp. 188-189.
[453] George E. Brooks, Yankee Traders, Old Coasters and African Middlemen: A History of American Legitimate Trade with West Africa in the Nineteenth Century (Boston: Boston University Press, 1970), p. 4, p. 105.

第七章　象徵資本的敘述控制：文學市場策略

與這種貿易的副產品密切相關。

書中有一個章節是關於瑪麗・卡弗的歷史，一艘塞勒姆船上的船員被謀殺，資金被非洲土著掠奪，它強調了霍桑羅曼史的物質基礎。專注於保護美國的貿易，而不是阻止奴隸商人的行為，布里奇的艦隊向許多小貝雷碧附近海岸的城鎮開火，作為對瑪麗・卡弗攻擊的一種懲罰。這種報復性的行為卻被辯護為一種正直的行為：「這是一種具有絕對必然性的例證，美國艦隊在沿海的長期貿易，將會從此刻的戰鬥與破壞性的行為中，獲得極大的好處。」(16:84)這段可怕的插曲被諷刺性地敘述為「一次相當愉快的消遣」(16:85)：「很可能，我們中有相當一部分人，從未經歷比今天更愉快的活動了，當我們漫步時，一隻手拿著步槍，一隻手拿著火把，就這樣毀滅了至今為止一個民族所擁有的家園。」(16:83)燒毀一座伊甸園式的村莊，被描述得十分浪漫：

但是當一個人拿起劍進行復仇時，他不應該被這些微小的顧慮所困惑。天意，要是可以預測的話，會找到解決這些問題的正確方法。總而言之，當黑人族長強壯黝黑的兒子們，攙扶著他們衰老的長輩回家時，一起的還有漂亮的妻子，背上揹著皮膚光滑、黝黑的孩子。那些在後面蹣跚而行的族人，一定會有淒涼的哀號。因為沒有祖先遺留下的大樹，它的葉子因大火而枯萎凋零，將孤寂的枝幹伸向那三枝柳條所居的餘燼之處。(16:83-84)

將手拿步槍與火把的男人，變為「手握刀劍的復仇者」，這篇文章改變了攻擊者的道德處境，用正義的長袍來包裝這場戰爭的商業原因。而且，將這場戰爭的破壞性描述為一種摧殘的毀滅，而不是血腥的場面，實則將戰爭傳奇化，並將它看成是天意可以挽回的事情。然而這篇文章浪漫化的種族主義，以及對天意道德化的運用，都預示著霍桑後來在《一生》與《關於戰事》中對奴隸制的相關評論，同時也例證了霍桑將商業戰爭的

現實轉變為羅曼史的重要方法 (23:352)。

讀完報紙上對這個章節的相關評論，霍桑在給布里奇的信件中建議道：「我認為射殺這些黑人確實是一個很有問題的行為，總體來說，我相當開心，這麼多天你沒有得到任何獵物……一方面來說，這些戰爭事實的發生是非常幸運的，因為它為《日誌》的編輯提供了素材，可是我不應該這樣想，畢竟那是否是你把自己投入這些危險行為的目標中，並且充分利用了它們？」(16:26) 霍桑的種族主義將非洲人變成「黑人」，把人類變成「獵物」，確保了他們的商業利益，它為霍桑因自己的利益而投入戰爭提供一個視角。對霍桑來說，羅曼史變成一種幸運的副產品，那是由奴隸貿易激發的衝突所衍生的。

事實上，身為《日誌》的編輯，霍桑從非洲貿易以及殖民與商業活動中所產生的物質獲取利潤。他將非洲奴隸制和殖民主義的原始材料、布里奇對「奴隸貿易和歐洲不同國家以及沿海的殖民者」(16: VI) 等，轉變為一種期望會有更高發行量的羅曼史。「噢，那將是一本十分優秀的書！」他對布里奇呼喊道 (16:27)。他在雜誌的序言中寫道：「與世界上其他大部分地區相比，對於塗鴉的遊客來說，非洲的西海岸將是一塊更加新鮮而又富饒的土地。」(16: VI) 霍桑主要熱衷於普通意義上的旅行文學，尤其是利比亞地區。此外，在建議布里奇如何創作《日誌》時，他特別強調作家身為表演者的重要角色：

不論你是描寫還是敘述，我建議你不要過分地專注那些毫不掩蓋的事實。否則你手上現有的資料就會非常稀少，結果將是對自由的無限渴望，與你努力獲得的成果相比，你將喪失追尋更高層次真相與事實的機會。讓你的想像變成自由的通行證，不要僅因為它們無法展現在你的眼前，就去忽略與遺漏那些沒有高度的碰觸。倘若它們確實沒有發生，至少應該都與你相關，這是所有愉快旅行者的祕密所在 (15:686-687)。

第七章　象徵資本的敘述控制：文學市場策略

　　就像海員必須去「遠航一樣，否則就無法賺到理想的利潤」(16:115)，為了更好地利用自己的素材，霍桑建議布里奇要讓想像自由飛翔。這段敘述也概括了霍桑後來在自己小說的序言中，以及創作布里奇的文章時，所提及的羅曼史理論：「他給予我很多的自由與許可，因此我改變了文章的風格，這看起來是十分必要的，並且發展了他未能發展的文章思想，還增加一些臨時的感傷性修飾話語，同時也避免干預他的事實素材，或者改變他所觀察的文章要旨，所以作品在我手中並沒變得與事實不同。」(16:82) 霍桑將《日誌》的編輯當成書寫羅曼史的模式：用修飾過的事實去描繪真正的真實。

　　《日誌》表明，羅曼史是一種更自由的編輯形式：它是將其他人所有的東西轉變為藝術的通行證。《日誌》將羅曼史作家的藝術，看成一種具有特權的盜版行為：羅曼史作家就像胡亂塗鴉的遊客或者愉快的旅行者，獨占非洲的誘惑力，並將人類生活中的流血殺戮以及貿易，修飾成國內受歡迎的多愁善感卻又駭人聽聞的形象；為了從「豐富的主題」中獲得利益，羅曼史作家是穿行於其他人財產與所有權之間的編輯或者商人。在序言中，霍桑將羅曼史作家本身界限的「傳統性優勢與特權」當成一種犯罪，即使他也為它的不合理性而辯護 (3:3)。

　　在《房子》的序言中，透過宣稱自己所占有的大部分土地是沒有明確的主人，來保護自己免受「文學犯罪」(2:1,3) 的波及。在《玉石雕像》中，將自己描述為擁有罪惡之手的強盜，透過「一種無法辯護的自由」來偷竊其他藝術家的構思 (3:4)。把市場描述為一種「黑色」的領域且與奴隸相關聯，並將羅曼史作家的藝術建構視為一種偷竊，霍桑就連繫起自己的藝術與市場中受玷汙的智慧財產權。

　　此外，從以下情形來看：編輯索菲亞日記的計畫；在《紅字》中充當測量員皮尤的手稿編輯；在《房子》中重塑歷史人物潘欽法官；在《福谷

第二節　作家身分：一種複雜的市場建構

傳奇》中描述自己在布魯克農場的經歷；在《玉石雕像》中大量編輯以前日記中的片段；以及把以前創作的短篇小說，重新編輯成書出版《重講一遍的故事》、《古屋青苔》以及《雪的意象》等，霍桑的創作依賴的是《日誌》中，首次成功使用的圖書製造業的模式。[454]

因此，透過編輯《日誌》，霍桑既出版了一本可以販賣的書，又找到一個成為一名成功作家的途徑。《日誌》不僅為霍桑提供直接的金錢收益，還為他贏得了最初向布里奇承諾的、獲取「相當高的文學聲響」的附帶收益（15:687）。身為編輯，霍桑取代了布里奇的作家身分：《日誌》的扉頁上寫著「編輯，美國海軍官員，納撒尼爾・霍桑」。與霍桑早期發表短篇小說時一樣，這時候的布里奇是匿名的。評論家們也將這本書歸於霍桑：他們將它視為「霍桑的《非洲巡洋艦日誌》」；《時代精神》能找到零星的相關資訊，僅僅列出這本書是「由納撒尼爾・霍桑寫成的」；《紐約鏡刊》評論這本書是「由霍桑改寫的」。

在將自己時尚作家之名借給布里奇的同時，作為回報，霍桑也收穫了知名度與關注度。《漂泊者》寫道：「從書中所讀內容以及所了解的這位編輯的能力，我們可以判斷這本書獨具特色，必將引起讀者的濃厚興趣。」《南部和西部雜誌》評論：「布里奇的作品由納撒尼爾・霍桑編輯，編輯者是最優秀的原創散文家之一。」《日誌》的積極評論者戴金克宣稱：「在相當長的一段時間裡，沒有任何一部美國圖書受到如此高的關注。」由此可以看出，霍桑後來曾自嘲是「最不出名的美國作家」（9:3）這一說法並不真實。

在《紅字》為霍桑牢固地建立起作家聲譽之後，霍桑曾經表達過希望遠離「圖書製造業」這一成功職業，其實這種願望早有預示，他在編輯

---

[454] James C. Keil, "Reading, Writing, and Recycling: Literary Archaeology and the Shape of Hawthorne's Career," The New England Quarterly 65 (1992): 238-264.

第七章　象徵資本的敘述控制：文學市場策略

《日誌》時曾私下表達，不願意因編輯《日誌》而受到好評。正如麥吉爾所說，霍桑早期模糊性身分的建構，部分與他試圖隱藏「自己參與大眾文化以及女性化書寫相關，像電子雜誌、禮品書、兒童圖書及女性週刊等」[455]。同樣，霍桑對於以編輯身分出版《日誌》的矛盾心理，更多的是因為他擔心自己的商業角色，可能會貶低他的作家聲望，而不是如他所說的，希望布里奇會因為作品贏得所有榮譽。

西元1845年5月2日，他寫信給布里奇：「他們好像用我的名字作為編輯，這違背了我的初衷，也讓我惱火。並不是說我不願意把你介紹給公眾⋯⋯而是希望你能獲得這部作品的所有榮譽，你應該獨占所有的榮譽，或許我應負全部的過錯。」在這裡，霍桑走過一條微妙的界線，在他看來羞愧的是沒有把布里奇介紹成作者，而是自己占有了那個角色。他一直堅信布里奇應該獲得作家的「榮譽與聲望」，而且是「所有的榮譽與聲望」，自己應該「承擔」所有的錯誤，從而化解了緊張局面。

霍桑的解釋從金融上看，包含著對立的兩個方面：一方面是透過編輯獲得的金融「信用」，即經濟收益；另一方面是他創作中出現的錯誤，可能導致的潛在債務。在同一天給戴金克的信件中，他也強調了在公眾面前身為編輯的矛盾心理：「如果這本書不以我的名字出現在公眾面前，我會更加高興，不是因為身為編輯被熟知而感到十分愧疚，而是希望這本書的作者可以享有全部的榮譽。然而它應該就像你與弗利先生所認為的那樣，這是最好的。它完全有必要嗎？或者就是它本身，但是我卻十分抱歉。」霍桑一直以來堅持給予這本書的「作者」全部的榮譽，掩飾著他被命名為編輯的不安。

這封信強調了給予作者全部榮譽的重要性，即使它因展現出版商是如

---

[455] Meredith L. McGill, "The Problem of Hawthorne's Popularity," in Reciprocal Influences: Literary Production, Distribution, and Consumption in America, eds. Steven Fink and Susan S. Williams (Columbus: Ohio State University Press, 1999), p41.

第二節　作家身分：一種複雜的市場建構

何控制作者身分而被大加稱讚：對於戴金克與弗利用他的名字來發行的決定，霍桑很快就屈從了。當霍桑詢問他名字的運用是否重要之時，就已經知道了答案：最初是他向布利奇建議使用一個公眾熟悉的作家名字，當告訴布里奇，戴金克「希望他的美國系列叢書由某些流行的名字引領」時，霍桑就意識到，《日誌》會如何利用他的作者名字進行貿易。(16:89,92,94) 雖然霍桑擔心《日誌》的編輯身分會貶低他的作者身分，不過《日誌》作為美國文學作品文庫的第一部出版作品，讓他在文化空間聲名遠播。

由埃弗特‧戴金克擔任編輯，美國文學作品文庫（西元 1845～1847 年）試圖透過發表美國作家的作品，來鼓勵本土作家創作，因為這比重印國外的版本要便宜得多。《民主評論》寫道：「面對著流行理論，只有那些既有娛樂性，又非常實用的圖書才能暢銷。」弗利 & 帕特南出版社「已開始出版一套文庫，既雅觀又具有極高的鑑賞力，價格實惠，聲稱主要以文學價值為基礎，最重要的是，包含了本地作家的作品」。

這種圖書出版的品味——「高雅、可讀性強」以及「典雅的」風格——強調文學價值，讓讀者「再次享受到『書只是書』的奢華樂趣」。先於詹姆斯‧菲爾德出版公司在 1850 年代用精緻的皮革來包裝圖書，戴金克系列圖書已開始將美國作家，從圖書商品貿易者轉向文化菁英。在首批出版的系列圖書的扉頁上流傳，霍桑的名聲從文庫所賦予的認知和特權中日益提升。[456]

此外，作為美國文庫同一系列出版的《古屋青苔》，進一步加強了霍桑的作者身分與編輯身分相互促進。《日誌》封底的廣告上，印有美國文學作品文庫的書單，還印有「在準備之中」的《古屋青苔》字樣，「一本由納撒尼爾‧霍桑編輯的新書」(16: XII)。在相同的地方流傳——美國文

---

[456] 參見 Richard Brodhead, The School of Hawthorne (New York: Oxford University Press, 1986), pp. 48-66.

第七章　象徵資本的敘述控制：文學市場策略

學作品文庫和《民主評論》，後者既發表了霍桑的短篇小說，又刊載了長篇《日誌》節選，還釋出戴金克關於霍桑創作的正面評論，霍桑編輯的作品及其創作的、富有想像力的作品，共同造就了他的作家榮譽。因此，從《日誌》的生產與流通來看，有必要將霍桑的經典作品與他的商業化作品結合起來閱讀。

倘若霍桑的自畫像，是一位在充滿苔蘚的古老莊園中的隱世作家，而不是參與奴隸貿易的編輯，這對於理解霍桑的作家身分十分重要的話，那麼《日誌》就闡明了霍桑的早期事業，在奴隸主題和奴隸資本上成功投資的方式，其目的是累積文化資本，也是建構作者身分。就像霍桑在《古屋青苔》中作為一名隱退的藝術家形象，與他在書房中編輯《日誌》相矛盾一樣，《日誌》也強調了霍桑羅曼史的物質基礎，以及他經典作家聲譽的商業基礎。隨著《紅字》的發表以及作家身分的成功建構，霍桑不再有時間去編輯其他人的作品：對編輯《日誌》第二版的興趣逐漸消退；西元1853年，又因其他的委任，拒絕為一個聲名狼藉的奴隸商人卡諾船長編輯回憶錄（16:638）。

然而，儘管《紅字》的出版與發表造就了霍桑作為一名經典作家的形象，這也與他的圖書製造業具有很大的相同點。儘管在〈海關〉中霍桑希望自己的創作和羅曼史與商業領域區分開來，但就和《日誌》所展現的一樣，它們仍與市場及有爭議性的奴隸運輸緊密連繫在一起。

2. 海員與奴隸：〈海關〉中的霍桑

隨著《紅字》的出版，正如戴金克所說：「霍桑名噪一時，獲得明顯的成功。」[457] 儘管他突然成為一名成功的作家，但像尼娜·貝姆聲稱的那

---

[457]　Evert A. Duyckinck and George L. Duyckinck, Cyclopaedia of American Literature (Charleston, SC.: Nabu Press, 2010), p. 504.

第二節　作家身分：一種複雜的市場建構

樣，他「偉大而又漫長的早期生活經歷」，掩飾了因《紅字》的成功發表而獲得的意外成功。[458] 把《紅字》作為早期生涯的結束，以及圖書製造業的另外一部分，而不是他主要階段的開始，霍桑在〈海關〉的作家身分，是對他在《日誌》的編輯角色的一種延伸。霍桑不僅陳述「自己是一名真正的編輯」，也是檢驗員皮尤的手稿中「一點點內容」(1:4) 的編輯，以及一位被「砍頭」的檢查員的遺稿編輯，而且序言也提到，小說就是編輯的故事集這種原始概念。

而且他還描述了如何創作檢驗員皮尤的文字，作為對編輯布里奇《日誌》的回應：就像編輯《日誌》一樣，霍桑將自己的創作與編輯「皮尤的手稿」相混合，允許自己具有「特權」，他只需要「梗概的真實性」(1:33)。皮尤「授權」霍桑的小說不必受到嚴格的限制 (1:32)。像布里奇一樣，皮尤提供了「故事的基礎」，不要求著作權，也不分享利潤，他說：「去做吧，所有的利益都是你自己的！」(1:33) 與向布里奇說的一樣，霍桑重申了對皮尤的債務問題，不過這次不是文學贊助，而是一種「子女般的責任」(1:33)。正因為如此，霍桑把自己在文字中的商業興趣，轉換成為父系的繼承。

雖然〈海關〉的主旨是建構霍桑的作家身分，遠離市場，成為一名「死裡逃生後的紳士作家」(1:44)，然而前言的編輯形式，強調了作家身分的商業連繫。在整個〈海關〉中，霍桑可以藉助「青苔」來區分隱世藝術家和稅收檢測員兩種不同的身分，但是他仍然使用《日誌》的商業術語，來描述自己的創作和藝術。實際上，它來自海關中的商業文件，而不是老宅中的知識財富。霍桑正是透過老宅中的知識財富，發現如何將「文字……變為黃金」(1:37) 的。

《日誌》時常出現在《紅字》和〈海關〉中。在這兩部作品中，霍桑使

---

[458] Nina Baym, The Shape of Hawthorne's Career (Ithaca: Cornell University Press, 1976), p. 8.

第七章　象徵資本的敘述控制：文學市場策略

用《日誌》中關於奴隸和犯罪的術語描述了市場。〈海關〉還延續《日誌》以海洋、商業文化的特定術語來描述市場。即使「貿易日趨衰落」(1:6)，經常有來自非洲和南美的貨船，裝載著獸皮或其他貨物在塞勒姆港口停靠，在這裡貨物常常「被走私上岸」(1:15)，「聰明的辦事員」在他們主人的船上運送這些「冒險性」物品時，會享受交通運輸的體驗過程，「猶如小狼喝血一樣的快感」。

透過列舉塞勒姆西非貿易的主要商人的名字，如金博爾、平格里、亨特、厄普頓等 (1:44)，〈海關〉強調了《日誌》所宣稱的「從塞勒姆去非洲海岸的船舶，要比美國其他任何一個港口的船舶都要多」(16:110) 的事實，這也象徵著塞勒姆在更廣泛的奴隸貿易領域中擴張。[459] 在《紅字》以及霍桑的其他羅曼史中，「黑色」變成市場經濟的一種象徵，將人們轉變為財產和可疑的商品運輸。[460]

臉「被煙燻得烏黑」的齊靈沃斯，在丁梅斯代爾身上實施自己的「黑色藝術」，並誘使海斯特陷入「靈魂的毀滅」(1:77)。

霍桑的「黑女人」海斯特站在市場的公眾前，正是那些被一條「鎖鏈」(1:80) 束縛的公眾，將「滾燙的烙印」(1:51) 烙在她額前。從這些來看，霍桑正是把創作和藝術視為在與奴隸制緊密連繫的市場經濟中運行。海斯特「用自己的鮮血所標記的」(1:177) 那本「黑人的圖書」代表著圖書貿易，是作為契約和束縛，而不是特權領域。在書信中，霍桑將自己參與的生意描繪成魔鬼的交易，認為《紅字》作者的特徵不屬於一名隱居的藝術家，而屬於一個商品化的對象，他必須把自己的靈魂出賣給交易。[461]

---

[459] Joseph B. Hoyt, Salem's West Africa Trade 1835-1863 and Captain Victor Francis Debaker, Essex Institute Historical Collections 102 (1966): 37-73.

[460] 參見 Walter B. Michaels, "Romance and Real Estate," in The American Renaissance Reconsidered. eds. Walter Benn Michaels and Donald Pease (Baltimore: Johns Hopkins University Press, 1985).

[461] Michael Newbury, Figuring Authorship in Antebellum America (Stanford: Stanford University Press, 1997), p. 84.

第二節　作家身分：一種複雜的市場建構

　　霍桑對被市場經濟所奴役並深陷其中感到焦慮，這種焦慮是透過與海事或者商業貿易相連繫的兩個身分來調解的：海員和奴隸。像奴隸一樣，作家在市場中是可以被交易的財產。然而像海員一樣，作家可以在奴隸貿易中參與商品交易，以便獲取利潤。在擔任稅收檢驗員時，霍桑宣稱已放棄所有的藝術抱負，他是用船舶運輸的商業術語，來描述自己的作家身分的：

　　我不再追尋或者介意自己的名字印在書籍封面上廣為流傳了，我微笑著思忖，如今已經另有時尚。海關的標記用黑色油墨印在辣椒口袋、燃料籃子、香菸盒子，以及各式各樣必須繳納關稅的商品包裹之上，以證明這些貨物已付過進口稅金，正常通過了海關。我的知名度由這樣奇怪的聲譽之舟載著，就此傳播到此前從未企及，而我希望今後再也不要去的那些地方。（1:27）

　　在這裡，霍桑的文學及商業資本在同一體系中流通：他這位作家的名字，「在書籍封面上廣為流傳」，就像他的名字被標記在商品上一樣，被印刷在作品上了。霍桑對市場運作的矛盾心理，是由商業流通的幻想，加上一種阻止他的名字流傳的願望來表示的。正如編輯《日誌》一樣，他「微笑」著發現，即使只關注它的商業流行性，他的名字也非常容易獲得認可。正是在他發現自己缺乏文學聲望之後，也正是在發現《紅字》之前，這篇文章開始設想霍桑的創作在商業上的成功了。然而，它也表達了被市場奴役的擔憂。他透過「黑色」的象徵和奴隸的隱喻，來調解自己的文學商品化。他的名字被印成了黑色的鉛字，意味著普遍化的市場，尤其是奴隸制貿易。

　　那些被印刷上霍桑名字的商品，如胡椒、胭脂與香菸等，都是來自塞勒姆與非洲、東印度群島、南美洲以及加勒比海地區。此外，透過將自己變成一種由船運輸的商品，霍桑將自己描繪成不經過仲介流通的人類財

第七章　象徵資本的敘述控制：文學市場策略

產。這篇文章所缺少的仲介，是海關中標記霍桑名字的蓋印員，而不是霍桑自己。它把霍桑在海關中貨物商人的真正身分轉，換成他所扮演的比喻角色——奴隸。霍桑將海斯特描述為市場的奴隸，把自己的創作描述為一種蓋印——紅字就像一個「熾熱的烙鐵」烙在他胸口上的印記——這就強調了霍桑將創作建構成一種商品化的對象。

霍桑與〈海關〉中那些水手的聯盟，就清楚表達出他試圖改變這種身分的方式。就像在《日誌》中占用布里奇的身分一樣，也與他的「故鄉」（1:8）塞勒姆港口相連繫，與那些世代相傳的「出海謀生的」（1:11）海員相連繫，還把那些具備「堅強特質的人們」（1:10）與自己的品格交融在一起。透過把自己與船員、塞勒姆獲得巨大利潤的過去相連繫，霍桑斷言這些控制了市場，同時聲稱其他地方奴役著他。

像船員一樣，霍桑從塞勒姆的商業中獲取利潤。惋惜塞勒姆當今「日益衰落的貿易」，霍桑回顧過去，那時「塞勒姆本身」（1:6）還是一個可以把閒散的寫作轉變為獲得利潤的港口。位於海關處的商業文件仍然記錄著「塞勒姆港口過去貿易的相關資料」（1:28），以及「關於她奢華商品的紀念物」（1:29）。在市場的陰霾之中，霍桑發現了在古宅裡隱藏的珍寶：紅字。霍桑將自己的藝術描繪成一種有利可圖的商業副產品。他並沒有讓自己脫離市場交易，而是為了成功成為一名作家，充分利用了自己的商業關係。

然而，與《日誌》一樣，《紅字》展現了海員與奴隸貿易緊密連繫的非法貿易。在小說結尾的市場場景中，海斯特試圖透過乘坐輪船與丁梅斯代爾及珠兒共同逃離，輪船上的海員們不僅被描繪成「黑色」，還與「犯罪」相關聯：他們是「外表粗野的亡命之徒，臉龐黝黑」（1:232），登上了一艘從西班牙前往英國布里斯托爾的「可疑的巡遊艦」（1:215）。反覆描述這艘船商業的「可疑性」，及其與布里斯托爾之間的連繫（布里斯托爾是18世紀英國主要的奴隸貿易港口之一），還有從像塞勒姆這種港口所從事的合

第二節　作家身分：一種複雜的市場建構

法與不合法的商業貿易之間，其無法甄別的差別可以推斷出，這艘船可能不是私掠船，而是一艘販奴船。

海員們戴著「寬簷棕櫚葉帽子」，腰帶上的「粗金充當釦子」，上面插著長刀或者短劍，肆無忌憚地違背準則，公然在「差役的鼻子底下抽菸」(1:232)。他們象徵著暴力，也象徵著在英格蘭、新英格蘭及加勒比海地區，這之間進行的非法奴隸制貿易中的利潤。敘事者評論道「當年的海員幾乎與現在的海盜無異」(1:233)，再次印證了《日誌》中所描述的，所有的海員都曾是奴隸或者海盜。正如《日誌》清晰展現的一樣，合法與不合法的貿易是相互共生的：進入國際貿易就意味著參與奴隸貿易。此外，西元1820年規定，奴隸貿易就是海盜行為，這進一步混淆了兩種活動。[462]

霍桑並沒有否認黝黑的海員與可疑的非法交易之間的關係，而是認可對「那些浪跡海洋的人……可以網開一面」(1:233)。與海員一樣，羅曼史作家可以「毫無顧慮地違反共同約束人們的行為法則」(1:232)。霍桑將這種犯罪的貿易，視為自由與利益的空間。此外，他還為海員的罪行辯護，認為他們屬於不同的法律範圍：他們在海上表現出「令人絕望的行為」，如果他們願意的話，「在著陸後立即變成一個正直又虔誠的人」(1:232)。類似的，在透過海員及其非法貿易來調和創作的過程中，霍桑揭示了他創作中複雜的市場關係，只是偏離了它們的全部內涵。就像海員的利益必須證明其罪惡一樣，霍桑在他的羅曼史中宣稱自己所有權的同時，也在為這種所有權找藉口。

霍桑明確指出，即使最終設想自己的創作遠離市場，他仍然堅持使用暴力形式，來維持市場經濟和自己的創作。在〈海關〉最後，霍桑回歸文學生活，這樣做，想像性地消除了商業世界：海關變成了一個「夢」，「那

---

[462] Alan R. Booth, "The United States African Squadron 1843-1861」in Boston University Papers in African History, vol. 1, ed. Jeffrey Butler (Boston: Boston University Press, 1964), p. 82.

第七章　象徵資本的敘述控制：文學市場策略

些從事非法交易的人」變成了「影子」，塞勒姆港口隱沒在霧中（1:44）。

在聲稱商業領域「已不再是他生活中的現實時」（1:44），霍桑神祕化對市場的掌控。他把自己想像成「其他地方的公民」（1:44），由「成功的思想」而不是輪船運送。他不再是市場的奴隸（1:45）。然而，在〈海關〉的結尾，他試圖從奴隸制市場中離開，這只是一種想像中的計畫，而不是真正的逃離。他的創作所延伸的商業連繫，仍可以從他的羅曼史中被解讀出來：不僅透過海斯特站在公眾面前的開闊場景，也透過他藝術化身的人物「珠兒」來展現。

霍桑透過珠兒這個人物來展現他的羅曼史，強調他的藝術商業基礎，及其與奴隸制之間的緊密連繫。猶如「充滿生命活力的紅字一樣」（1:102），珠兒也被視為霍桑羅曼史的一種象徵。像羅曼史一樣，她具有某種「神祕的冷漠與不確定性」（1:92），她「憂鬱和狂野的怪癖」（1:90）代表著特權，那是「一種衝破法律的自由」（1:134）。珠兒的「黑色」主要體現在她擁有「一雙黑色的眼睛」（1:92）及其「深度的色彩」（1:90），這不僅使她與海斯特的罪惡衝動相連繫，還與這種貿易罪犯相關聯。

珠兒總是與大海連繫在一起：她被描述為一陣海風、一隻海鳥或一條美人魚（1:178），是一個比任何新英格蘭商人都「更多次出海冒險」的貿易販子（1:177）。此外，透過她昂貴而華麗的衣裙、她的名字以及對她作為「一隻狂野的、長滿豐滿白色羽毛的熱帶鳥」的描述（1:111），珠兒被視為一種商品，與加勒比海連繫在一起。她的名字可以與航海方面的縱帆船相連繫，這艘船的名字就是珍珠號。西元1848年，珍珠號試圖解救來自華盛頓的76名逃跑的奴隸，卻（正好）被塞勒姆號汽船逮個正著。

由此可以看出，珍珠代表的是奴隸這種財產。[463] 最後，珍珠與布里

---

[463] Richard C. Rohrs, "Antislavery Politics and the Pearl Incident of 1848," Historian 56 (1994): 711-724.

第二節　作家身分：一種複雜的市場建構

斯托爾號船長也有連繫：船長的衣服繡著「金絲線的花邊」，周圍「金色的鏈子環繞著」（1:233），這些都意味著他從可疑的貿易中獲得利潤，這種關係進一步將珠兒與海外貿易連繫起來。

在一個場景中，船主想要親吻珠兒，卻無法追到她，於是把自己的金色鏈子拋向她，「立刻就纏在自己的脖子與手腕上，快樂而巧妙，再望去，那金色的鏈子已經成為她的一部分，很難想像，沒有金色的鏈子，她會是什麼樣子」（1:245）。與紅字有「金色刺繡……的痕跡」不同（1:31），珠兒的金色鏈子象徵著將商品轉化為藝術，轉化為以羅曼史寫作為中心的財富追求。珠兒的「快樂而巧妙」把金鍊所俘獲的機制自然化了，與之類似，霍桑的勞動也美化了構成他藝術的商品。

透過珠兒這個形象的塑造，霍桑同時闡釋了他的藝術依賴於與奴隸制相關的物質經濟，也揭示了羅曼史作家將這種關係神祕化過程中所發揮的作用。然而，霍桑將其藝術的黃金意象編織成的美感和利潤，仍然嵌入商業經濟的市場關係中，並與奴隸貿易連繫在一起。珠兒的項鍊可能是金色而不是鐵質的，但是她仍與市場相連繫。

透過霍桑編輯的作品來重新回顧他的事業，並置於環大西洋的海事或者商業之中，可以清晰地看到奴隸貿易是如何建構霍桑的作者身分及其藝術的。這種對霍桑創作的重新審視，不僅為理解他的羅曼史提供了新的方法，而且揭示了戰前作家的嵌入度，即使那些在政治上與奴隸制最沒有連繫的人仍被市場經濟所滲透。[464]

像解讀他的創作一樣，用與奴隸制相關的商業術語來思考他的藝術性，霍桑令人信服地闡釋了多樣化及調節關係的市場。透過把珠兒轉變成一個有繼承權的淑女，或把胡亂塗鴉的作家轉變為紳士，霍桑最終試圖神

---

[464] Len Gougeon and Joel Myerson (eds.), Emerson's Antislavery Writings, (New Haven: Yale University Press, 1995), p. 42.

祕化他的藝術及其創作對商業的依賴性。這些都體現在他的羅曼史中，也體現在他的商業文字和經典文字之間的關係中。

重新建構霍桑羅曼史的物質基礎，需要依賴從波士頓海關出口的煤炭，以及與古巴和非洲緊密連繫的神奇月光，還有他早期生涯中關於奴隸制的商業投資，這些都彰顯了催生霍桑作家身分的複雜市場關係。正是透過編輯工作，霍桑才可以成功地建構自己的作者身分，並將羅曼史變為「黃金」。

第三節　羅曼史：文學市場策略

西元 1850 年初，霍桑將完成的《紅字》手稿交給出版公司時，還擬了一個副標題「一部羅曼史」。霍桑的這一「羅曼史」標籤，為以後的美國文學闡釋留下一個意味深長的課題：1940、1950 年代，評論家們把霍桑的羅曼史體裁，視為美國文學的本質和傳統；1960、1970 年代，批評家們開始反思，對羅曼史中心論提出質疑；1980、1990 年代，理論界爆發了關於羅曼史體裁與美國文學重新定位的論戰；1990 年代後期至新世紀，關於霍桑羅曼史的觀念，仍然承載著沉重的美國主流意識形態符碼，諸如多元文化主義、全球化及「元政治」、「後政治」、「文化政治」等理論建構。[465]

儘管美國批評界廣泛深入地探索這一話題，但還存在著有待進一步探討的問題，如羅曼史的復興與美國 19 世紀中葉前後「文學職業化」過程。透過梳理文獻，結合相關歷史文化史料及原作的文字細讀，筆者發現《紅字》的羅曼史標籤不僅是一種「外在敘事策略」[466]，還是霍桑在經濟困境

---

[465]　Donald E. Pease, "Hawthorne in the Custom-House: The Metapolitics, Postpolitics, and Politics in The Scarlet Letter," Boundary 2, 32.1 (2005): 53-70.
[466]　潘志明：羅曼史：《〈紅字〉的外在敘事策略》，《外國文學評論》西元 2006 年第 4 期。

第三節　羅曼史：文學市場策略

面前，為了改變現狀，迎合當時的文學市場，平衡「藝術」與「養家活口」之間的矛盾，所採取的文學市場策略。

1. 經濟困境：霍桑選擇羅曼史的內在動因

霍桑創作生涯的前期，是從西元 1830 年左右至西元 1849 年下半年，這期間他一直熱衷於短篇小說、小品文及兒童文學創作。在結束自己 12 年的「孤獨歲月」後，對霍桑來說，生存的途徑有兩條：寫作和擔任公職。在發現職業寫作不能為生活提供足夠的支持後，他曾「希望就任公職，領取俸祿，不必靠賣文為生」[467]。幸運的是，他得到了朋友不遺餘力的幫助：西元 1837 年，布里奇和皮爾斯曾設法讓霍桑就任撰史官，結果未成；西元 1839 年，費盡周折，他才保住波士頓海關鹽煤檢測官的職位，但工作不到一年；奧沙利文曾極力為他謀取塞勒姆郵政局長一職，毫無結果，「幸任職位」一直沒有到來。

從西元 1840 年起，霍桑就不斷地陷入經濟危機。他在西元 1843 年 3 月 31 日的日記中寫道：「我們嘗到了貧困帶來的諸多不便，還有欠帳、囊空如洗帶來的羞愧……這讓人煩惱。」[468] 西元 1845 年 10 月，他甚至向布里奇借了 150 美元度日。這段時間，3 個孩子的相繼降生讓他的經濟狀況更加糟糕。西元 1846 年 4 月，在幾乎「因飢餓而斃命」[469] 之際，他獲得了政府的職位——海關檢測官，經濟窘境暫時得到了緩解。然而好景不長，西元 1849 年 6 月他被解職。這期間累積的厄運讓霍桑幾乎處於絕望的境地，好在妻子的賢慧和幾位友人出手相助，才讓其壓力得以減輕。

---

[467] Randall Stewart, Nathaniel Hawthorne: A Biography (New Haven: Yale University Press, 1948), p. 78.
[468] Ibid., p. 69.
[469] Ibid., p. 79.

第七章　象徵資本的敘述控制：文學市場策略

早些時候，霍桑就夢想成為兒童作家，他曾一度認為，兒童讀物的大量出版，會輕而易舉地讓他走上致富之路。他的《祖父之椅》(Grandfather's Chair，西元 1840 年)、《獻給男孩女孩的傳奇故事》(A Wonder-Book for Boys and Girls，西元 1851 年) 雖被列入兒童讀物經典，受到普遍地歡迎，然而兒童讀物暢銷，名氣穩步上升，並未讓他的經濟狀況好轉。從某種程度上說，他是一位「成功」的失敗者。霍桑曾感嘆：「還有像我這樣在獲得公眾最微薄認可的過程中，感到如此艱難漫長的嗎？我曾遠離生活，著魔般將自己禁閉起來，在荊棘叢中，慢慢地突破束縛，長成幼苗，最後長成大樹，漸至聲名鵲起。」[470]

這段話象徵性地描述了霍桑在當時文學市場的遭遇。坡 (Edgar Ellen Poe，西元 1809～1849 年) 的評語似乎一語中的：「有一種天才深受少數人的欽佩，卻得不到公眾的欣賞，霍桑就是一個絕妙的例子。」他直言相告：「修修手中的筆吧……步出古屋，殺掉阿爾科特先生，吊死《日晷》編輯，將《日晷》編輯手頭所有單號期的《北美評論》，通通扔給窗外的豬玀。」[471] 即使坡的觀點前後有些相悖，不過他看到了霍桑前期作品問題之所在：霍桑不被公眾欣賞，原因在於他不了解當時的文學市場，因此他應該做出改變。

坡的意見並非少數，在貝爾斯 (Henry A. Beers) 看來，「霍桑的短篇屬於隱士類作品，是作者內心深處對生活的想像，是一種內省，與現實相距甚遠」[472]。伊根 (Ken Jr. Egan) 也認為，在作品中「霍桑坦白地承認自己虛構事實，卻依靠這種不貞的行為作為獲取財富的手段，注定會失敗」[473]。這兩種觀點再一次從內容和形式上，總結了霍桑失敗的原因。

---

[470] Ibid., p. 56.
[471] Randall Stewart, Nathaniel Hawthorne: A Biography (New Haven: Yale University Press, 1948), p. 72.
[472] Henry A. Beers, Initial Studies in American Letters (New York: The Chatuqua Press, 1895), p. 120.
[473] Ken Jr. Egan, "The Adulteress in the Marketplace: Hawthorne and The Scarlet Letter," Studies in the

第三節　羅曼史：文學市場策略

要想獲得真正的成功，霍桑只有調整自己的寫作策略，讓作品的形式和內容符合公眾的消費口味，進而獲得市場的認可。

也許是了解到這一點，霍桑在西元 1850 年 3 月 16 日《紅字》出版之際，放棄了早前慣用的副標題「一部小說（a novel）」，將其改為「一部羅曼史（a romance）」。這是一種策略的改變，他在後期作品中都堅持這樣的基調：在《紅字》中，它是一塊介於現實和想像之間的「中間地帶」(1:32)；在《房子》中，它能使作家「獲得在主題和形式上的自由」(2:1)；在《福谷傳奇》中，它「遠離交通要道的舞臺」(3:1)；在《玉石雕像》中，它「具有詩或神話的空間」(4:1)。

作為一種古老的敘述文學樣式，羅曼史起源於早期歐洲文學，興盛於政教合一的中世紀，傳承且流行於文藝復興至 19 世紀初，數百年的歐美文化血脈中。英國小說批評家里弗，研究了從史詩到羅曼史再到小說的演化過程，認為「小說是當前現實生活及其世態的敘事」，而羅曼史則是「關於從未發生或將來也不可能發生的故事」。司各特也曾將後者定義為「以散文或詩歌形式虛構的敘事藝術，其敘述焦點是超自然或非同尋常的事件」。兩者觀點等同，即小說關注寫實，而羅曼史強調虛構。

霍桑時代的羅曼史基本沿襲英國文學批評的定義，但據考證，自《威弗萊》（*Waverley*）出版之後，大西洋兩岸的羅曼史創作熱情，「在西元 1833 年之後就基本逐漸消退」[474]。

霍桑為什麼突然逆歷史潮流而為，選擇羅曼史這一古老的文學樣式，作為其長篇的文學正規化令人尋味。毫無疑問，改變生活窘境、尋求最大的經濟效益，是其改變創作策略的根本動因。事實證明，霍桑的這一策略大獲成功，《紅字》一出版就大受歡迎，不僅成為他創作生涯的分水嶺，

Novel 27.1 (1995): 26-41.
[474] G. Harrison Orians, "The Romance Ferment after Waverly," *American Literature* 3.4 (1932): 408-431.

第七章　象徵資本的敘述控制：文學市場策略

更成為他個人經濟狀況的分水嶺。後來他完全擺脫經濟困境，過上體面的生活，也與這一策略的成功有著千絲萬縷的連繫。當然，名利雙收更主要的原因在於，作者所使用的羅曼史策略，迎合了當時文學市場中讀者的期待視野。

2. 文學市場：霍桑選擇羅曼史的外在因素

在19世紀中葉的美國文壇，文學本身是在與市場文學的對立中發展而來的。[475] 在坡看來，當時的文學存在著「高雅文學」與「通俗文學」之分，兩者之間相互對立。梅爾維爾曾對此做過生動的描述：

> 對於《雷德本》，我並不期望它能被廣泛接受。它勉強可以說得上與娛樂有一定關係。至於說另外一本書《白色的夾克》，在有些地區肯定會受到攻擊。依靠它們獲得名聲可能是指望不上了，當然如果可以，那再好不過。它們是兩類性質完全不同的工作，我為錢而寫作，不得不這麼做，因為要生存……要是不考慮經濟效益，就個人而言，我強烈渴望去寫那種被普遍認為是「失敗」的作品。[476]

由此看出，在19世紀中葉的美國文壇中，文學與效益、藝術與物質、審美與實用相互對立，這對職業作家而言是相當艱難的。梅爾維爾的觀點表明，他的寫作有兩種不同的目的，或為錢，或為藝術。為了盡快獲得可觀的經濟效益，就不得不屈服於當時的「大眾期待視野」，不得不屈服於當時的市場。更為重要的是，這段話代表著作家人性的分裂，身為一名作家，他必須保持靈與肉的統一，卻又不得不生活在兩個世界：一個金錢的世界，一個藝術的世界。

這種現實也印證了雷諾茲（David S. Reynolds）的研究：內戰前通俗

---

[475]　方成：《霍桑與美國浪漫傳奇研究》，陝西人民出版社，西元1999年，第41頁。
[476]　Brion Davis, Antebellum American Culture (PA: Penn State University Press., 1979), p. 213.

第三節　羅曼史：文學市場策略

文學主要分為兩類，第一類是顛覆性作品，多為一些刺激感官的、駭人聽聞的故事，其中有不少極具破壞力的女性形象描寫；與之相反，在通俗文學中也出現了另一類作品，雷諾茲稱之為正統文學，人物形象也以女性居多，故事以傷感內容為主，不同的是，這些女性形象大多是一些恪守婦道的家庭女性，表露出傳統的家庭理念。如果說第一類作品迎合了一些期刊讀者的獵奇心理，那麼第二類作品則獲得了不少中產階級讀者，尤其是家庭婦女的青睞，適應了她們依照傳統的家庭理念，擁有一個溫暖家庭的需求。[477]

霍桑對當時占據通俗文學市場的女作家，曾有過自己的評價。西元1855年1月19日，霍桑在給出版商的信中說：「當今美國完全被一群他媽的胡寫亂畫的女人所控制。要是大眾趣味被這些垃圾所占據，我就沒有成功的機會──即使成功了，我也會感到羞愧。」(16:304) 霍桑憤怒地把這些占據文學市場的作家，稱為「一群胡寫亂畫的女人」，抨擊她們的作品為「垃圾」，會毒害讀者的審美品味。在《紅字》獲得成功之後，霍桑曾暗示自己絕對不會模仿這些通俗作家的創作格調，與她們競爭文學市場。

但正如貝爾（Millicent Bell）所說：「他實際上很難完全拒絕這樣的誘惑。」[478] 事實上，這一階段女性作家與普通讀者「最典型的文學期待視野」，在相當程度上「鑄造了庫伯、霍桑……這些小說家的創作」[479]，「如果沒有女性作家的創作模式，男性作家就不可能形成自己的創作職業個性」[480]。因此，「男性從女性暢銷作家那裡，感覺到一種強烈的經濟壓

---

[477] David S. Reynolds, Beneath the American Renaissance: The Subversive Imagination in the Age of Emerson and Melville (New York: Alfred A. Knopf, 1988).

[478] Millicent Bell, Hawthorne and the Historical Romance of New England (Princeton: PrincetonUniversity Press, 1971), p. 32.

[479] Mary Suzanne Schriber, Gender and the Writer's Imagination: From Cooper to Wharton (Lexington:University Press of Kentucky, 1978), p. ii.

[480] Millicent Bell, Hawthorne and the Historical Romance of New England (Princeton: Princeton University Press, 1971), p. 70.

第七章　象徵資本的敘述控制：文學市場策略

力……有些男性作家甚至決定分享這塊餡餅，竭力依靠創作『羅曼史』吸引女性作家的讀者群」[481]。

事實也確實如此，在現實的創作過程中，霍桑非常關注讀者對自己的看法。在〈海關〉中，霍桑就希望「與讀者建立某種真實關係」，甚至期望透過「中間地帶」所建立起來的「期待視野」，直接與讀者進行資訊交流。西元 1850 年 1 月 15 日，霍桑在寫給菲爾茲的信中說：「《紅字》還有三章待寫……或許你不會喜歡這本書，或者認為它不會受到讀者的歡迎……《紅字》的主題寫起來相當棘手，不過在我看來，我處理這一主題的方式，應該不會在這一問題上引起讀者的反感。」(16:305)

該信表明，霍桑非常在意該書是否會「受到讀者的歡迎」，擔心其棘手的主題會引起讀者的反感。由此可以推斷，霍桑主要關注的是讀者因素。在西元 1850 年 1 月 20 日的日記中，霍桑也有類似的表達：

這個故事緊貼著它的主旨，僅僅是把同一嚴肅思想的不同方面，呈現於讀者眼前，而未能產生其他變化，它會讓許多人覺得乏味，還會讓一些讀者覺得噁心。書的命運如何，全繫於這一機會，是否安全呢？獵人替槍枝進彈上膛，往往裝一顆大彈，再塞幾粒鉛彈。我仿效獵人的明智之舉，主張將一篇長故事和六篇短故事放在一起，這樣在我最大、最終的鉛彈，未能直接命中大眾口味的時候，那些短篇，單個也好，加在一起也罷，或許能給我補救的機會。(16:307)

在此，霍桑關心的是他的長故事能否命中大眾的口味，獲得讀者的認可。西元 1851 年，在《房子》動筆之前，霍桑向布里奇透露，他意欲「在這部作品中對魔鬼做些特別的描寫」，因為他對自己能否在不失去大眾支持的情況下，連出兩本「溫和」的書心存疑竇，並強調「大眾對我寫作的

---

[481] Mary P. Hiatt, Style and the "Scribbling Women": An Empirical Analysis of the 19th Century American Fiction (Westport: Greenwood Publishing House, Inc., 1993), p. 131.

第三節　羅曼史：文學市場策略

需求愈多，我的寫作就愈簡單」[482]。

　　特別是在《福谷傳奇》的前言中，霍桑強調他並不是要解釋某種理論，而是「要搭建一座舞臺，向讀者演示他的經歷，並把它作為一種交流方式來展示自身的觀察」(3:2)。他以戲劇性表演的修辭鼓動讀者參與，這種修辭讓敘述的每一個元素，都披上神祕的面紗，即便有時候他可能十分清楚地表達了某一內容，卻又似乎在極力隱藏其意義。霍桑這種打造神祕的卓越技巧，實際上是「一種控制讀者的方法」，這種「神祕修辭」也是霍桑羅曼史的「典型特徵之一」[483]。透過這種策略，霍桑能夠讓讀者「直接參與」，又透過有意建構的「距離」，能讓讀者始終都有一種新鮮感。[484]

　　正是由於關注讀者，迎合了公眾的期待視野，霍桑才成為市場的寵兒，徹底改變了前期經濟困頓的狀況。然而，這只是問題的一個方面，不然像費恩這類女性作家，在美國文學的長河中，也會像霍桑一樣流芳百世。其實，真正的藝術應該是最能感染讀者的作品，霍桑深知這一點。可以大膽假設，霍桑應該是在一個更隱祕或更詭異的層面上，藝術地完成了對讀者的控制，他選擇的方式是「中間地帶」。

3. 中間地帶：「藝術」與「養家活口」之間的平衡

　　在美國文學史中，霍桑是第一個公開宣稱自己不是小說家，而是羅曼史作家的人，這一自我文學定位，以追求創作自由為目標，在《房子》的前言中被闡釋得最為充分：

　　當作者把他的作品稱為羅曼史時，幾乎不用說，他是想在方式和素材

---

[482] Randall Stewart, Nathaniel Hawthorne: A Biography (New Haven: Yale University Press, 1948), p. 25.
[483] Gordon Hutner, Secrets and Sympathy: Forms of Disclosure in Hawthorne's Novels (Athens:University of Georgia Press, 1988), pp. 1-4.
[484] Richard H. Broadhead, The School of Hawthorne (New York: Oxford University Press, 1986), p. 73.

第七章　象徵資本的敘述控制：文學市場策略

上為自己爭取一定的自由。如果他承認自己是在寫小說，那麼他就會覺得沒有權利去爭取這種自由。據稱，後者的目標是非常細緻的真實性，它不僅要忠實於有可能發生的事情，還要忠實於人類經驗而又極可能發生的事情。作為藝術，前者……在相當程度上也享有相當的權利，在某種情況下，透過作者自己的選擇或創造，展示人類心靈的真相。（2:1）

這段話在表達想像自由的同時，更明確強調文學的藝術向度，正如吉爾默（Michael T. Gilmore）所認為的那樣，霍桑的羅曼史觀念是建立在「遠離市場，提倡藝術審美，反對為經濟利益而寫作」[485]的基礎之上。伯克維奇也持同樣的觀點，就為市場寫作而言，霍桑的態度是「反的」，他不斷地宣稱自己的創作是羅曼史，目的是超越小說的「盈利性」，拯救「文學」或者保持「文學的真」[486]。

霍桑的新英格蘭三部曲，都呼喚一種「中間地帶」，從而獲得想像的自由，反對小說的逼真性。在《福谷傳奇》的前言中，霍桑表示，作者「並不否認，偶爾會利用腦海中對布魯克農莊的記憶，是希望讓筆下所虛構的描述顯得更加真切」。其目的無外乎有兩個，一是讓讀者將其作品的虛構與現實區分開來，二是表明他創作這類作品需要有「想像的自由」。另外，他還期望透過羅曼史，「搭建起一個遠離交通要道的舞臺，讓想像的人物在舞臺上自由表演，但對他們的暴露又不至於太過分」（3:1-2）。有所「暴露」卻「不至於太過分」，這就是霍桑一直堅持的敘事策略。

西元 1856 年 3 月 18 日，霍桑在給妻子索菲亞的信中寫道，他認為格林伍德過分地暴露個人隱私，違反了道德規範：「感謝上帝，妳從沒有像那個女人那樣，將自己的隱私暴露給公眾……在我看來，這種做法對於女

---

[485] Michael T. Gilmore, "The Book Marketplace," in The Columbia History of the American Novel, ed. Emory Elliot (New York: Columbia University Press, 1991), p. 70.

[486] Sacvan Bercovitch and Myra Hehlen (eds.), Ideology and Classic American Literature (New York: Cambridge University Press, 1986), p. 697.

性來說大失尊嚴,就好像赤身裸體地走在大街上,這對她們的影響是十分惡劣的。」[487] 霍桑這一自我判斷僅僅在十多天之後,就發生了根本性的轉變:

> 記憶中我曾責罵過女作家,可是自從讀了《露絲・霍爾》之後,我必須承認自己曾經非常喜歡這部作品。女人寫作時似乎心裡有一個魔鬼在驅使著她們創作,女作家們只有像這樣寫作才值得閱讀⋯⋯當她們不再顧及優雅,赤條條地將自己暴露給公眾時,正如她們一貫所做的那樣,那麼她們的作品肯定會有個性和價值。你能告知一些芬妮・費恩的情況嗎?若是能見到她,請讓她知道我是多麼敬仰她。[488]

一方面,他抨擊文學市場中這些女性作家「違背道德規範,過分暴露隱私,在大庭廣眾之下渲染個人祕密、家庭瑣事爭吵、醫學奇聞」[489]。另一方面,他讚揚這些作家能夠「不再顧及優雅」,甚至承認自己非常「敬仰她」。費恩的作品與當時的女性作家毫無二致,霍桑唯獨「敬仰」她,欣賞她的文學天賦,並認為正是因為這種完全的暴露,使得她的作品有「個性和價值」。

當然,如果讀一讀費恩的作品,這種矛盾所隱含的意義就不難理解了。《露絲・霍爾》是一部描寫家庭事務的流行小說,講述了同名女主角為生活而奮鬥的故事。她渴望成為一名合格的母親和妻子,為了孩子和自己的生存,只有拿起筆寫作。現實中的霍桑與費恩有類似的經歷,他渴望成為好父親、好丈夫,把寫作「當成一種職業」、一種謀生的手段,費恩自然就成為他「敬仰」的對象。

---

[487] Roy Harvey Pearce (ed.), Hawthorne Centenary Essays, XVII (Columbus: Ohio State University Press, 1964), pp. 456-457.
[488] Ibid., pp. 307-308.
[489] James D. Wallace, "Hawthorne and the Scribbling Women Reconsidered," American Literature 62.2 (1990): 201-222.

第七章　象徵資本的敘述控制：文學市場策略

　　霍桑對這些女性作家的批評，很明顯具有一個前提，即高雅藝術與美德相連繫，而低俗藝術與道德敗壞相連繫，高雅藝術應該迴避女性作家那種過於暴露的傾向。為了調和隱藏與美德、暴露與道德敗壞之間的矛盾，霍桑選擇了「中間地帶」。一方面，屈服於女性作家所建構的大眾期待視野，霍桑不得不違背文人的端莊得體，暴露非道德的家庭性醜聞及性幻想。另一方面，受現實道德原則的限制，他又不得不為自己有失體面的行為，披戴一層道德的面紗，使用盡可能的手段掩蓋其道德越軌。

　　其原因不難理解。一方面，與其他通俗作家的創作語境一樣，霍桑寫作於美國資本主義的社會歷史轉型階段：從原始累積到市場經濟興起。這種轉型無論對「嚴肅作家」還是「通俗作家」，都暗含一種創作轉折，特別是在生存層面。先前生於富有家庭或接受捐贈求生的作家，一下子被拖入必須依靠創作來生存的困境中。隨著資本主義社會秩序的逐漸確立，當時美國的作家若是不為市場寫作，就有喪失生存方式的危險。另一方面，不管霍桑所宣稱的羅曼史與小說、虛構與真實、文學與經濟有多麼的不同，他與同時代的女性作家在文學市場上，享有同樣的社會經濟環境，這一事實是無法改變的。

　　因此，為了保證創作的市場效益，霍桑就必須在「藝術」和「養家活口」之間，找到某種微妙的平衡。追求藝術又不違背自己的心靈與良心，為了餬口而屈就大眾審美的「期待視野」，推銷自我去追逐最大可能的經濟收益，又不斷送自己長期以來的藝術追求。霍桑在極其痛苦之中，選擇了「藝術」與「文學市場」的中間路線。市場這隻無形之手，驅使霍桑超越藝術與經濟的界限，驅使霍桑的寫作在明顯的暴露和有意的隱藏之間搖擺，從而建構起他的「羅曼史」體裁。換句話說，羅曼史是霍桑為應對當時的通俗文學市場，迎合大眾審美的「期待視野」，平衡「藝術」與「養家活口」之間的矛盾，所採取的文學市場策略。

參考文獻

- Acuna, Rodolfo. Occupied America: The Chicano's Struggle Toward Liberation. San Francisco: Canfield, 1972.
- Alvis, John E. Nathaniel Hawthorne as Political Philosopher: Revolutionary Principles Domesticated and Personalized. New Brunswick: Transaction Publishers, 2014.
- Ammidon, Philip R. "Hawthorne's Lsst Sketch, " New England Magazine and Bay State Monthly 4 (June 1886): 516-526.
- Anderson, B. Imagined Communities: Reflections on the Origin and Spread of Nationalism. London: Verso, 2006.
- Annals of the Massachusetts Charitable Mechanics Association, 1795-1892. Boston: Press of Rochwell and Churchill, 1892.
- Anthony, David. "Class, Culture, and the Trouble with White Skin in Hawthorne's The House of the Seven Gables, " The Yale Journal of Criticism 12.2 (1999): 249-268.
- Aptheker, Herbert. Nat Turner's Slaver Rebellion: Together with the Ful Text of the SoCalled "Confessions" of Nat Turner Made in Prison in 1831. New York: Humanities, 1966.
- Arac, Jonathan. "The Politics of the Scarlet Letter, " in Ideology and Classic American Literature, ed. Sacvan Bercovitch and Myra Jehlen. New York: Cambridge University Press, 1986.

參考文獻

- Arac, Jonathan. The Emergence of American Literary Narrative 1820-1860. Cambridge: Harvard University Press, 2005.
- Aries, Philippe. "The Family and the City, " in Changing Images of the Family. eds Virginia Tufte and Barbara Myerhoff. New York, CT: Yale University Press, 1979.
- Aries, Philippe. Centuries of Childhood: A Social History of Family Life. trans. Robert Baldick. New York: Vintage, 1962.
- Aristotle. Nicomachean Ethics. trans. C. D. C. Reeve. Indianapolis: Hackett Publishing Company, 2014.
- Aristotle. The Politics. trans. Benjamin Jowett. New York: Modern Library, 1943.
- Avery, Gillian. Behold the Child: American Children and Their Books, 1621-1922. Baltimore: Johns Hopkins University Press, 1994.
- Badaracco, Claire. "Sophia Peabody Hawthorne's Cuba Journal: Volume Three, 31 October 1834-15 March 1835, " Essex Institute Historical Collections 118(1982): 280-315.
- Badaracco, Claire. "The Night-blooming Cereus: A Letter from the 'Cuba Journal' 1833-1835 of Sophia Peabody Hawthorne, With a Check List of Her Autograph Materials in American Institutions, " Bulletin of Research in the Humanities SI(1978): 56-73.
- Barrows, Edward M. The Great Commodore: The Exploits of Matthew Calbraith Perry. Indianapolis: The Bobbs-Merrill Co., 1935.
- Baudrillard, J. The Illusion of the End. Cambridge: Polity Press, 1994.
- Baym, Nina. "Hawthorne's Gothic Discards: Fanshawe and 'Alice Doane',

" Nathaniel Hawthorne Journal 4 (1974): 105-115.

- Baym, Nina. "Hawthorne's Holgrave: The Failure of the Artist Hero, " JEGP 69 (1970): 548- 598.
- Baym, Nina. "Revisiting Hawthornes Feminism, " in Hawthorne and the Real: Bicentennial Essays. ed. Millicent Bell. Columbus, OH: Ohio State University Press, 2005.
- Baym, Nina. The Shape of Hawthorne's Career. Ithaca: Cornell University Press, 1976.
- Beck, U. and Beck-Gernsheim, E. The Normal Chaos of Love. Cambridge: Polity Press, 1995.
- Beecher, Catherine. Letters on Health and Human Happiness. New York, 1856.
- Beers, Henry A. Initial Studies in American Letters. New York: The Chatuqua Press, 1895.
- Bell, Michael D. "Conditions of Literary Vocation, " in The Cambridge History of American Literature, 1820-1865. vol. 2, ed. Sacvan Bercovitch. New York: Cambridge University Press, 1995.
- Bell, Michael D. Hawthorne and the Historical Romance of New England. Princeton, NJ: Princeton University Press, 1971.
- Bellin, Joshua D. "Apostle of Removal: Eliot in the Nineteenth-Century, " New England Quarterly 69.1(1996): 3-32.
- Benjamin, Walter. "Theses on the Philosophy of History, " in The Political Unconscious: Narrative as a Socially Symbolic Act. Ithaca, NY: Cornell University Press, 1981.

參考文獻

- Bennett, Norman R. and George E. Brooks(eds.), New England Merchants in Africa. Boston: Boston University Press, 1965.
- Bentley, Nancy. "Slaves and Fauns: Hawthorne and the Uses of Primitivism, " ELH 57(1990) : 901-937.
- Bercovitch, Sacvan and Myra Jehlen(eds.), The Cambridge History of American Literature, vol. 2, Prose Writing, 1820-1865. New York: Cambridge University Press, 1995.
- Bercovitch, Sacvan and Myra Jehlen(eds.), Ideology and Classic American Literature. New York: Routledge, 1986.
- Bercovitch, Sacvan. "Hawthorne's A-Morality of Compromise, " Representations 24 (1988): 1.
- Bercovitch, Sacvan. The Rites of Assent: Transformation in the Symbolic Construction of America. New York: Routledge, 1993.
- Bercovitch, Sacvan. The Office of "The Scarlet Letter". Baltimore: Johns Hopkins University Press, 1991.
- Bergland, Renée. The National Uncanny: Indian Ghosts and American Subjects. Hanover, MA: University Press of New England, 2000.
- Berlin, Isaiah. Freedom and Its Betrayal: Six Enemies of Human Liberty. ed. Henry Hardy. Princeton: Princeton University Press, 2014.
- Bigelow, John. Retrospections of an Active Life, vol. 1. New York: Baker and Taylor, 1909.
- Billman, Carol. "Nathaniel Hawthorne: 'Revolutionizer' of Children's Literature?, "Studies in American Fiction 10 (Spring 1982): 107-114.

- Blair, Sara. Henry James and the Writing of Race and Nation. Cambridge: Harvard University Press, 1996.
- Booth, Alan R. "The United States African Squadron 1843-1861, " in Boston University Papers in African History. Vol. 1, ed. Jeffrey Butler. Boston: Boston University Press, 1964.
- Bourdieu, Pierre. Distinction: A Social Critique of the Judgement of Taste. Cambridge: Harvard University Press, 1984.
- Brancaccio, Patrick. " 'The Black Man's Paradise': Hawthorne's Editing of the Journal of an African Cruiser, " New England Quarterly 53 (March 1980): 23-41.
- Brand, Dana. The Spectator and the City in Nineteenth-Century American Literature. New York: Press Syndicate of the University of Cambridge, 1991.
- Bridge, Horatio. Journal of an African Cruiser, ed. Nathaniel Hawthorne. New York: Wiley and Putnam, 1845.
- Bridge, Horatio. Personal Recollections of Nathaniel Hawthorne. New York: Harper and Brothers Publishers, 1893.
- Brodhead, Richard. "Hawthorne and the Fate of Politics, " Essays in Literature 11 (Spring 1984): 95-103.
- Brodhead, Richard. "Veiled Ladies: Toward a History of Antebellum Entertainment, " in Cultures of Letters. Chicago and London: University of Chicago Press, 1993.
- Brodhead, Richard. The School of Hawthorne. New York: Oxford University Press, 1986.

參考文獻

- Brooks, George E. Yankee Traders, Old Coasters and African Middlemen: A History of American Legitimate Trade with West Africa in the Nineteenth Century. Boston: Boston Univ. Press, 1970.

- Bross, Kristina. " 'Come Over and Help Us': Reading Missionary Literature, " Early American Literature 38.3 (2003): 395-400.

- Brown, Gillian. "Hawthorne's American History, " and "Hawthorne and Children in the Nineteenth Century: Daughters, Flowers, Stories, " in A Historical Guide to Nathaniel Hawthorne, ed. Larry Reynolds. Oxford: Oxford University Press, 2001.

- Brown, Gillian. Domestic Individualism: Imagining Self in Nineteenth-Century America. Berkeley: University of California Press, 1990.

- Browne, Benjamin F. "Papers of an Old Dartmoor Prisoner, " ed. Nathaniel Hawthorne, The United States Magazine and Democratic Review 18-19 (January 1846-September 1846), 31-39, 97-111, 200-212, 360-368, 457-465, 141-148, 209-217.

- Buell, Lawrence. New England Literary Culture: From Revolution through Renaissance. Cambridge: Harvard University Press, 1986.

- Bumas, E. Shaskan. "Fictions of Panopticon: Prison, Utopia, and the Out-Penitent in the Works of Nathaniel Hawthorne, " American Literature 73.1(March 2001): 121-145.

- Cain, William E. "Prospects for Change, " in The Blithedale Romance, by Nathaniel Hawthorne, ed. William E. Cain. Boston: St. Martin's, Bedford, 1996.

- Cantwell, Robert. Nathaniel Hawthorne: The American Years. New York: Rinehart, 1948.

- Carlyle, Thomas. "Signs of the Times, "in Critical and Miscellaneous Essays, vol. 11. New York: Hurd and Houghton, 1876.
- Carter III, Samuel. Cherokee Sunset: A Nation Betrayed; A Narrative of Travail and Triumph, Persecution and Exile. New York: Doubleday, 1976.
- Carton, Evan. The Marble Faun: Hawthorne's Transformations. New York: Twayne, 1992.
- Carton, Evan. The Rhetoric of American Romance: Dialectic and Identity in Emerson, Dickinson, Poe, and Hawthorne. Baltimore: Johns Hopkins University Press, 1985.
- Casper, Scott E. "The Two Lives of Franklin Pierce: Hawthorne, Political Culture, and the Literary Market, "American Literary History 5 (Summer 1993): 203-230.
- Casper, Scott E. Constructing American Lives: Biography and Culture in Nineteenth Century America. Chapel Hill: University of North Carolina Press, 1999.
- Charvat, William. Literary Publishing in America. Philadelphia: University of Pennsylvania Press, 1959.
- Chesebrough, David(ed.), "God Ordained This War, "in Sermons on the SectionalCrisis, 1830-1865. Columbia, SC: University of South Carolina Press, 1991.
- Childs, Matt D. " 'A Black French General Arrived to Conquer the Island': Images of the Haitian Revolution in Cuba's 1812 Aponte Rebellion, " in The Impact of the Haitian Revolution in the Atlantic World. ed. David P. Geggus. Columbia: University of South Carolina Press, 2001.

參考文獻

- Clark, Robert. History and Myth in American Fiction, 1823-1852. New York: St. Martin's Press, 1985.

- Coale, Samuel Chase. Mesmerism and Hawthorne: Medium of American Romance. Tuscaloosa, AL: University of Alabama Press, 1998.

- Colacurcio, Michael. " 'Red Man's Grave': Art and Destiny in Hawthorne's 'Main Street', " Nathaniel Hawthorne Review 31 (Fall 2005): 1-18.

- Colacurcio, Michael. "Nobody's Protest Novel: Art and Politics in The Blithedale Romance, " Nathaniel Hawthorne Review 34.1 & 2 (2008): 1-39.

- Colacurcio, Michael. The Province of Piety: Moral History in Hawthorne's Early Tales. Durham, NC: Duke University Press, 1995.

- Collins, Helen. "The Nature and Power of Hawthorne's Women as Seen Through A Wonder Book and Tanglewood Tales, " Nassau Review(1976): 16-28.

- Cooper, J. F. The American Democrat, and Other Political Writings, ed. Bradley J. Birzer and John Wilson. Washington, DC: Regnery, 2000.

- Corwin, Edward S. The "Higher Law" Background of American Constitutional Law. Indianapolis: Liberty Fund Inc., 2008.

- Courser, G. Thomas. " 'The Old Manse, ' Walden, and the Hawthorne Thoreau Relationship, " ESQ: A Journal of the American Renaissance 21 (1975)：11-20.

- Crandall, John C. "Patriotism and Humanitarian Reform in Children's Literature, 1825-1860, " American Quarterly 21 (Spring 1969): 3-22.

- Crew, Frederick C. "A New Reading of The Blithedale Romance," American Literature, 24 (May 1957): 149-169.
- Crew, Frederick C. The Sins of the Fathers: Hawthorne's Psychological Themes. New York: Oxford University Press, 1966.
- Crowley, John W. "Hawthorne's New England Epochs," ESQ: A Journal of the American Renaissance 25 (1979): 59-70.
- Crowley, Joseph Donald (ed.), Hawthorne: The Critical Heritage. London: Routledge & Kegan Paul Limited, 1970.
- Darnton, Robert. Mesmerism and the End of the Enlightenment in France. Cambridge: Harvard University Press, 1968.
- Davidson, Cathy N. "Photographs of the Dead: Sherman, Daguerre, Hawthorne," South Atlantic Quarterly 89.4 (Fall 1990): 696.
- Davis, Brion. Antebellum American Culture. PA: Penn State University Press, 1979.
- Davis, Clark. Hawthorne's Shyness: Ethics, Politics, and the Question of Engagement. Baltimore: Johns Hopkins University Press, 2005.
- Dayan, Joan. Haiti, History, and the Gods. Berkeley: University of California Press, 1995.
- Demos, John. "The Antislavery Movement and the Problem of Violent 'Means'," New England Quarterly 37 (December 1964): 501-526.
- Derrida, Jacques. "Structure, Sign and Play in the Discourse of the Human Sciences," in Writing and Difference, trans. Alan Bass. Chicago: Chicago University Press, 1978.
- Derrida, Jacques. Of Grammatology trans. Gayatri Chakravorty Spivak.

Baltimore: Johns Hopkins University Press, 1997.

- Dicey, Edward. Six Months in the Federal States (1863). reprinted as Spectator of America, ed. Herbert Mitgang. Athens: University of Georgia Press, 1989.

- Dippie, Brian. The Vanishing American: White Attitudes and U.S. Indian Policy. Middletown, CT: Wesleyan University Press, 1982.

- Donohue, Agnes McNeill. Hawthorne: Calvin's Ironic Stepchild. Kent, OH: Kent State University Press, 1985.

- Drayton, William. The South Vindicated from the Treason and Fanaticism of the Northern Abolitionists. New York: Negro Universities Press, 1969.

- Earle, Jonathan H. Jacksonian Antislavery and the Politics of Free Soil, 1824-1854. Chapel Hill: University of North Carolina Press, 2004.

- Egan, Ken Jr. "The Adulteress in the Marketplace: Hawthorne and The Scarlet Letter, " Studies in the Novel 27.1 (1995): 26-41.

- Elbert, Monika M. "Hester's Maternity: Stigma or Weapon?, " ESQ: A Journal of the American Renaissance 36.3 (1990): 175-207.

- Elizabeth Palmer Peabody to Horace Mann, 3 March 1838, in The Letters of Elizabeth Palmer Peabody: American Renaissance Woman. ed. Bruce Ronda. Middleton: Wesleyan University Press, 1984.

- Ellis, William. The Theory of the American Romance: An Ideology in American Intellectual History. Ann Arbor: UMI Research Press, 1989.

- Emerson, R. W. "Hymn: Sung at the Completion of the Concord Monument, April 19, 1836, " in Collected Poems and Translations. New York: Library of America, 1994.

- Emerson, R. W. Emerson's Antislavery Writings, eds. Len Gougeon and Joel Myerson. New Haven, CT: Yale University Press, 1995.

- Faragher, John M. A Great and Noble Scheme: The Tragic Story of the Expulsion of the French Acadians from Their American Homeland. New York: W.W. Norton, 2006.

- Felperin, Howard. " 'Cultural poetics' versus 'cultural materialism': the Two New Historicisms in Renaissance Studies, " in Uses of History, eds. Francis Barker et al. Manchester and New York: Manchester University press, 1991.

- Fern, Fanny [Sara Payson Parton], "The Women of 1867, " in her Ruth Hall and Other Writings. ed. Joyce W. Warren. New York: Rutgers University Press, 1986.

- Fetterley, Judith. "Women Beware Science: 'Die Birthmark, '" in The Resisting Reader. Bloomington, IN: Indiana University Press, 1978.

- Flores, Ralph. "Underground Allegory: The Deadly Living Letter in Hawthorne's The Scarlet Letter, " Criticism 29 (1987): 338.

- Foucault, Michel. "What is Enlightenment?, " in The Foucault Reader, ed. P. Rabinow Harmondsworth. UK: Penguin, 1984.

- Foucault, Michel. Discipline and Punish: the Birth of the Prison. New York: Vintage Books, 1995.

- Foucault, Michel. Power/Knowledge: Selected Interviews and Other Writings, 1972-1977. trans. Colin Gordon, et al. New York: Pantheon, 1980.

- Foucault, Michel. The History of Sexuality, Volume 1: An Introduction. trans. Robert Hurley. New York: Vintage, 1980.

- Franchot, Jenny. Roads to Rome: The Antebellum Protestant Encounter with Catholicism. Berkeley: University of California Press, 1994.

- Freud, Sigmund. The Psychopathology of Everyday Life(1901).ed. James Strachey. trans. Alan Tyson. New York: Norton, 1966.

- Freud, Sigmund. The Uncanny. vol. 17 of The Standard Edition of the Complete Psychological Works of Sigmund Freud. eds. James Strachey, et al. London: Hogarth, 1995.

- Fuller, Margaret. Margaret Fuller's New York Journalism: A Biographical Essay and Key Writings. ed. Catherine C. Mitchell. Knoxville: University of Tennessee Press, 1995.

- Gallagher, S. V. Z. "A Domestic Reading of The House of the Seven Gables, "Studies in the Novel 1 (1989): 1-13.

- Gara, Larry. The Presidency of Franklin Pierce. Lawrence, KS: University Press of Kansas, 1991.

- Garrison, W. L. "The Dangers of the Nation, " (1832), reprinted in Selections from the Writing's and Speeches of William Lloyd Garrison(1852, reprint) New York: Negro Universities Press, 1968.

- Giddens, A. The Consequences of Modernity. Cambridge: Polity Press, 2012.

- Gilmore, Michael T. "Hawthorne and Politics (Again): Words and Deeds in the 1850s, " in Hawthorne and the Real: Bicentennial Essays. ed. Millicent Bell. Columbus: Ohio State University Press, 2005.

- Gilmore, Michael T. American Romanticism and the Marketplace. Chicago: University of Chicago Press, 1985.

- Gilmore, Michael T. "The Book Marketplace, " in The Columbia History of the American Novel. ed. Emory Elliot. New York: Columbia University Press, 1991.

- Ginsberg, Lesley. " 'The Willing Captive': Narrative Seduction and the Ideology of Love in Hawthorne's A Wonder Book for Boys and Girls, " American Literature 65.2 (1993): 255-273.

- Goddu, Teresa A. "Letters Turned to Gold: Hawthorne, Authorship, and Slavery, " Studies in American Fiction 29 (Spring 2001): 49-76.

- Gollin, Rita K. " 'Again a Literary Man': Vocation and the Scarlet Letter, " in Critical Essays on Hawthorne's "The Scarlet Letter". Boston: G. K. Hall, 1988.

- Goodenough, Elizabeth. "Grandfather's Chair: Hawthorne's 'Deeper History' of New England, " The Lion and the Unicorn 15.1 (June 1991): 27-42.

- Goodrich, Samuel Griswold. Recollections of a Lifetime. New York: Miller, Orton, and Mulligan, 1856.

- Gougeon, Len. and Joel Myerson, ed. Emerson's Antislavery Writings. New Haven: Yale University Press, 1995.

- Gramsci, Antonio. Selections from the Prison Notebooks of Antonio Gramsci, ed. and trans. Quintin Hoare and Geoffrey Nowell Smith. New York: International Publishers, 1971.

- Greenspan, Ezra. "Evert Duyckinck and the History of Wiley and Putnam's Library of American Books, 1845-1847, " American Literature 64 (1992): 677-693.

參考文獻

- Griffith, Clark. "Substance and Shadow: Language and Meaning in The House of the Seven Gables, " Modern Philology(February, 1954) : 187-195.

- Grossman, Jay. " 'A' is for Abolition? Race, Authorship, The Scarlet Letter, " Textual Practice 7 (Spring 1993): 13-30.

- Hall, Stuart. "Notes on Deconstructing 'the Popular', " in People's History and Socialist Theory. ed. Raphael Samuel. London: Routledge and Kegan Paul, 1981.

- Handlin, Lilian. George Bancroft: The Intellectual as Democrat. New York：Haper and Row, 1984.

- Harriet Beecher Stowe's letter to the editor, "Editor's Table, " Godey's 26(January 1843): 58.

- Hawthorne to George William Curtis, 14 July 1852. The Letters, 1843-1853. eds. Thomas Woodson, L. Neal Smith and Norman Holmes Pearson. Columbus: Ohio State University Press, 1984.

- Hawthorne, Julian. Nathaniel Hawthorne and His Wife: A Biography, 2 vols. Boston: Houghton Mifflin, 1884.

- Hawthorne, Nathaniel. "Phrenology, " The American Magazine of Useful and Entertaining Knowledge 2(March 1836): 337.

- Hawthorne, Nathaniel. "The Science of Noses, " The American Magazine of Useful and Entertaining Knowledge 2(March 1836): 268.

- Hawthorne, Nathaniel. The Centenary Edition of the Works of Nathaniel Hawthorne, eds. William Charvat et al. Clumbus: Ohio State University Press, 1962.

- Hawthorne, Nathaniel. The Scarlet Letter, in The Scarlet Letter: An Authoritative Text; Backgrounds and Sources; Criticism, eds. Sculley Bradley, et al. New York and London: W. W. Norton & Company, 1978.
- Hawthorne, S. P. " 'The Cuba Journal' of Sophea Peabody Hawthorne, " ed. Claire Badaracco. Unpublished Dissertation, Rutgers University, 1978.
- Hegel, G. W. F. The Phenomenology of Spirit. trans. J. B. Baillie. New York: Digireads.com Publishing, 2009.
- Hegel, G. W. F. The Philosophy of History. trans. J. Sibree, M.A. Kitchener: Batoche Books, 2001.
- Heinl, Robert Debs Jr. and Nancy Gordon Heinl. Written in Blood: The Story of the Haitian People, 1492-1971. Boston: Houghton Mifflin, 1978.
- Herbert, T. Walter. Dearest Beloved: The Hawthornes and the Making of the Middle-Class Family. Berkeley and Los Angeles: University of California Press, 1993.
- Hiatt, Mary P. Style and the "Scribbling Women": An Empirical Analysis of the 19th Century American Fiction. Westport: Greenwood Publishing House, Inc., 1993.
- Howard, Leon. "Hawthorne's Fiction, " Nineteenth-Century Fiction 7.4 (1953): 237-250.
- Howard, Warren S. American Slavers and the Federal Law 1837-1862. Berkeley: University of California Press, 1963.
- Howells, William Dean. My Literary Passions. New York: New York Press, 1895.

參考文獻

- Hoyt, Joseph B. "Salem's West Africa Trade 1835-1863 and Captain Victor Francis Debaker, " Essex Institute Historical Collections 102 (1966): 37-73.

- Hutner, Gordon. Secrets and Sympathy: Forms of Disclosure in Hawthorne's Novels. Athens: University of Georgia Press, 1988.

- Jacobson, Oscar B. Kiowa Indian Art(1929), quoted in Oliver LaFarge et al., Introduction to American Indian Art(1931). Glorieta, NM: Rio Grande Press, 1970.

- James, C. L. R. The Black Jacobins: Toussaint L'Ouverture and the San Domingo Revolution, 2nd ed. New York: Random House, 1963.

- James, Henry. Hawthorne. New York: Collier-Macmillan, 1966.

- Johannsen, Robert W. To the Halls of the Montezumas: The Mexican War in the American Imagination. New York: Oxford University Press, 1985.

- Jones, Buford. " 'The Hall of Fantasy' and the Early Hawthorne Thoreau Relationship, " PMLA 83 (1968): 1429-1438.

- Kazin, Alfred. God and the American Writer. New York: Alfred A. Knopf Publisher, 1997.

- Keil, James C. "Reading, Writing, and Recycling: Literary Archaeology and the Shape of Hawthorne's Career, " The New England Quarterly 65 (1992): 238-264.

- Kerrigan, W. "What was Donne Doing?, " South Central Review 4(1987): 2-15.

- Laffrado, Laura. Hawthorne's Literature for Children. Athens, GA: University of Georgia Press, 1992.

- Lang, Amy S. "Class and the Strategies of Sympathy, " in The Culture of Sentiment: Race, Gender, and Sentimentality in Nineteenth-Century America. ed. Shirley Samuels. New York: Oxford University Press, 1992.
- Lathrop, Rose Hawthorne. Memories of Hawthorne. New York: AMS Press, 1969.
- Levine, Lawrence. Highbrow/Lowbrow: The Emergence of Cultural Hierarchy in America. Cambridge: Harvard University Press, 1988.
- Levine, Robert S. " 'Antebellum Rome' in The Marble Faun, " American Literary History 2.1 (1990): 25.
- Levine, Robert S. Conspiracy and Romance: Studies in Brockden Brown, Cooper, Hawthorne, and Melville. New York: Cambridge University Press, 1989.
- Lott, Eric. Love and Theft: Blackface Minstrelsy and the American Working Class. New York and London: Oxford University Press, 1993.
- Lowell, James R. The Biglow Papers, First Series: A Critical Edition. ed. Thomas Wortham. DeKalb: Northern Illinois University Press, 1977.
- Lubbers, Klaus. Born for the Shade: Stereotypes of the Native American in United States Literature and the Visual Arts, 1776-1894. Atlanta: Rodopi, 1994.
- Luedtke, Luther S. Nathaniel Hawthorne and the Romance of the Orient. Bloomington: Indiana University Press, 1989.
- MacDonald, William. Documentary Source Book of American History, 1606-1913. Princeton: Macmillan, 1920.

參考文獻

- MacLeod, Anne Scott. A Moral Tale: Children's Fiction and American Culture, 1820-1860. Hamden, CT: Archon, 1975.

- Maddox, Lucy. Removals: Nineteenth-Century American Literature and the Politics of Indian Affairs. New York: Oxford University Press, 1991.

- Madsen, Deborah L. " 'A' for Abolition: Hawthorne's Bond-Servant and the Shadow of Slavery, " Journal of American Studies 25(1991)：255-259.

- Martin, Terence. Nathaniel Hawthorne, New York, 1965.

- Matthiessen, F. O. American Renaissance: Art and Expression in the Age of Emerson and Whitman. New York: Oxford University Press, 1941.

- Mayer, Henry. All on Fire: William Lloyd Garrison and the Abolition of Slavery. New York: St. Martin's Press, 1998.

- McDonald, John J. "The Old Manse and Its Mosses: The Inception and Development of Mosses From an Old Manse, " Texas Studies in Literature and Language 16 (1974)：77-108.

- McGaw, Judith A. Most Wonderful Machine: Mechanization and Social Change in Berkshire Paper Making, 1801-1885. Princeton: Princeton University Press, 1987.

- McGill, Meredith L. "The Problem of Hawthorne's Popularity, " in Reciprocal Influences: Literary Production, Distribution, and Consumption in America. eds. Steven Fink and Susan S. Williams. Columbus: Ohio State University Press, 1999.

- McPherson, Hugo. Hawthorne as Myth- Maker. Toronto: University of Toronto Press, 1969.

- McWilliams, Carey. North from Mexico: The Spanish-Speaking People of the United States. New York: Greenwood, 1948.
- Mellow, James R. Nathaniel Hawthorne in His Times. Baltimore: Johns Hopkins University Press, 1998.
- Melville, Herman. "Hawthorne and His Mosses, by a Virginian Spending July in Vermont, " in Nathaniel Hawthorne, Critical Assessments ed. Brian Harding. Mountfield, East Sussex: Helm, n.d., 1850.
- Michael, John. "History and Romance, Sympathy and Uncertainty The Moral of the Stones in Hawthorne's The Marble Faun, " PMLA 103 (1988): 157.
- Michaels, Walter B. "Romance and Real Estate, " The American Renaissance
- Reconsidered. eds. Walter Benn Michaels and Donald Pease. Baltimore: Johns Hopkins University Press, 1985.
- Milder, Robert. "The Scarlet Letter and Its Discontents, " Nathaniel Hawthorne Review 22 (Spring 1996): 9-25.
- Miller, Edwin Haviland. Salem Is My Dwelling Place: A Life of Nathaniel Hawthorne. Iowa City: University of Iowa Press, 1991.
- Mills, Nicolaus. American and English Fiction in the Nineteenth Century: An Anti Genre Critique and Comparison. Bloomington, London: Indiana University Press, 1973.
- Mitchell, Thomas R. Hawthorne's Fuller Mystery. Amherst: University of Massachusetts Press, 1998.

- Montrose, Louis. "Professing the Renaissance: The Poetics and Politics of Culture, "in The New Historicism. ed. H. Aram Veeser. New York: Routledge, 1989.

- Moore, Margaret B. The Salem World of Nathaniel Hawthorne. Columbia: University of Missouri Press, 1998.

- Morrison, Toni. "Behind the Making of the Black Book, " Black World(February. 1974): 86-90.

- Morrison, Toni. Playing in the Dark: Whiteness and the Literary Imagination. Cambridge: Harvard University Press, 1990.

- Mukerji, Chandra and Michael Schudson. "Rethinking Popular Culture, " in Rethinking Popular Culture: Contemporary Perspectives in Cultural Studies, eds. Mukerji and Schudson. Berkeley: University of California Press, 1991.

- Newberry, Frederick. Hawthorne's Divided Loyalties: England and America in His Works. Rutherford, NJ: Associated University Presses, 1987.

- Newbury, Michael. Figuring Authorship in Antebellum America. Stanford: Stanford University Press, 1997.

- Nichols, Roy and Jeannette Nichols. Election of 1852 in History of American Presidential Elections, 1789-1968, 4 vols. ed. Arthur M. Schlesinger, Jr. New York: Chelsea House, 1971.

- Nichols, Roy Franklin. Franklin Pierce: Young Hickory of the Granite Hills. Philadelphia: University of Penn. Press, 1958.

- Nichols, T. L. Forty Years of American Life, 1821-1861. New York: Stackpole, 1937.

- Norton, Mary Beth. In the Devil's Snare: The Salem Witchcraft Crisis of 1692. New York: Vintage, 2002.

- Ohmann, Richard. English in America: A Radical View of the Profession. Hanover, NH: Wesleyan University Press, 1996.

- Orians, G. Harrison. "The Romance Ferment after Waverly, " American Literature 3.4 (1932): 408-431.

- Orians, Harrison. "The Romance Ferment after Waverly, " American Literature 3 (1931/1932): 431.

- Pacheco, Derek. " 'Disorders of the Circulating Medium': Hawthorne's Early Children's Literature, " Emerson Society Quarterly 53.3 (2007): 282-319.

- Parker, Theodore. "A Sermon of War, " in Theodore Parker: American Transcendentalist; A Critical Essay and a Collection of His Writings. ed. Robert E. Collins. Metuchen, NJ: Scarecrow, 1973.

- Pearce, Roy Harvey. "Introduction to Fanshawe" in vol. 3 of The Centenary Edition of the Works of Nathaniel Hawthorne. eds. William Charvat et al. 23 vols. Columbus: Ohio State University Press, 1962-1994.

- Pearce, Roy Harvey. "Textual Introduction, " in True Stories from History and Biography, vol. 6 of The Centenary Edition of the Works of Nathaniel Hawthorne, eds. William Charvat et al., 23 vols. Columbus: Ohio State University Press, 1962-1994.

- Pearce, Roy Harvey.(ed.).Hawthorne Centenary Essays, XVII. Columbus: Ohio State University Press, 1964.

參考文獻

- Pease, Donald E. "Hawthorne in the Custom-House: The Metapolitics, Postpolitics, and Politics in The Scarlet Letter, " Boundary 2, 32.1(2005): 53-70.

- Pease, William H. and Jane H. Pease, "Antislavery Ambivalence: Immediatism, Expediency, Race, " American Quarterly 17 (Winter 1965): 682-695.

- Peple, Edward C. Jr. The Personal and Literary Relationship of Hawthorne and Thoreau, Unpublished Dissertation, Virginia University, 1970.

- Person, Leland S. The Cambridge Introduction to Nathaniel Hawthorne. New York: Cambridge University Press, 2007.

- Person, Leland S. "A Man for the Whole Country: Marketing Manhood in the Pierce Biography, " Nathaniel Hawthorne Review 35.1 (Spring 2009): 1-22.

- Person, Leland S. "The Dark Labyrinth of the Mind: Hawthorne, Hester, and the Ironies of Racial Mothering, " Studies in American Fiction 29 (Spring 2001): 49-76.

- Person, Leland S. Aesthetic Headaches: Women and a Masculine Poetics in Poe, Melville & Hawthorne. Athens: University of Georgia Press, 1988.

- Pfister, Joel. "A Garden in the Machine: Reading a Mid-Nineteenth Century Two Cylinder Parlor Stove as Cultural Text, " in American Artifacts: Essays in Material Culture. eds. Jules David Prown and Kenneth Haltman. East Lansing: Michigan State University Press, 2000.

- Pfister, Joel. "Afterword, " in Hawthorne, A Wonder-Book for Girls and Boys, illustrations by Walter Crane, introduction by Ola D'Aulaire, afterword by Joel Pfister. New York: Oxford University Press, 1996.

- Pfister, Joel. "Complicity Critiques, " American Literature History 12 (Fall 2000) : 610-632.

- Pfister, Joel. "On Conceptualizing the Cultural History of Emotional and Psychological Life in America, " in. Inverting the Psychological: Toward a Cultural History of Emotional Life in America. eds. Jole Pfister and Nancy Schnog. New Haven, CT: Yale University Press, 1997.

- Pfister, Joel. The Production of Personal Life: Class, Gender, and the Psychological in Hawthorne's Fiction. Stanford: Stanford University Press, 1991.

- Poe, Edgar Allen. The Complete Works of Edgar Allan Poe, vol.xv, ed. James A. Harrison. New York: AMS Press, 1965.

- Popkin, Jeremy D. "Facing Racial Revolution: Captivity Narratives and identity in the Saint-Domingue Insurrection, " Eighteenth-Century Studies 36.4 (2003): 511-533.

- Potter, David J. The Impending Crisis, 1848-1861. New York: Harper and Row, 1976.

- Ratner, Lorman. Powder Keg: Northern Opposition to the Antislavery Movement, 1831-1840. New York: Basic, 1968.

- Reed, Jon B. " 'A Letter —— The Letter A': A Portrait of the Artist as Hester Prynne, " ESQ: A Journal of the American Renaissance 36 (1990): 79-108.

- Reeve, Clara. "Progress of Romance, " in Theory of Literature. eds. Rene Wellek and Austin Waren. New York and London: Harcourt Brace Jovanovich, Inc., 1956.

參考文獻

- Reynolds, David S. Beneath the American Renaissance: The Subversive Imagination in the Age of Emerson and Melville. New York: Alfred A. Knopf, 1988.

- Reynolds, Larry J. "The Scarlet Letter and Revolutions Abroad, " American Literature 57.1 (1985): 44-69.

- Reynolds, Larry J. European Revolutions and the American Literary Renaissance. New Haven: Yale University Press, 1988.

- Reynolds, Larry J. "Righteous Violence: The Roman Republic and Margaret Fuller's Revolutionary Example, " in Margaret Fuller: Transatlantic Crossings in a Revolutionary Age, eds. Charles Capper and Cristina Giorcelli. Madison: University of Wisconsin Press, 2008.

- Reynolds, Larry J. Devils & Rebels: The Making of Hawthorne's Damned Politics. Ann Arbor: The University of Michigan Press, 2010.

- Riss, Arthur. Race, Slavery and Liberalism in Nineteenth-Century American Literature. Cambridge: Cambridge University Press, 2011.

- Rodriguez, Junius P. Chronology of World Slavery. Santa Barbara, CA：ABC-CLIO, 1999.

- Rohrs, Richard C. "Antislavery Politics and the Pearl Incident of 1848, " Historian 56 (1994): 711-724.

- Rostenberg, Leona. "Margaret Fuller's Roman Diary, " Journal of Modern History 12 (June 1940): 217-218.

- Rowe, John C. "Nathaniel Hawthorne and Transnationality, " in Hawthorne and the Real. ed. Millicent Bell. Columbus: Ohio State University Press, 2005.

- Ryan, Susan. The Grammar of Good Intentions. Ithaca: Cornell University Press, 2003.
- Sánchez-Eppler, Karen. "Hawthorne and the Writing of Childhood, " in The Cambridge Companion to Nathaniel Hawthorne. ed. Richard H. Millington. New York: Cambridge University Press, 2004.
- Sánchez-Eppler, Karen. Dependent States: The Child's Part in Nineteenth-Century American Culture. Chicago: University of Chicago Press, 2005.
- Scheckel, Susan. The Insistence of the Indian: Race and Nationalism in Nineteenth Century American Culture. Princeton: Princeton University Press, 1998.
- Schlesinger, Arthur M. Jr. et al.(ed.). History of American Presidential Elections, 1789-1968, vol. 2, 1848-1896. New York: Chelsea House, 1971.
- Schore, Calvin Earl. The Juvenile Literature of Nathaniel Hawthorne. Unpublished Dissertation, University of Chicago, 1948.
- Schriber, Mary Suzanne. Gender and the Writer's Imagination: From Cooper to Wharton. Lexington: University Press of Kentucky, 1978.
- Shaw, Peter. "Fathers, Sons, and the Ambiguities of Revolution in 'My Kinsman, Major Molineux', " New England Quarterly 49 (December 1976): 559-576.
- Smith, Allan L. "The Elaborated Sign of the Scarlet Letter, " ATQ 1 (1987): 69-82.
- Smith, David C. History of Papermaking in the United States. New York: Lockwood Pub. Co., 1970.

參考文獻

- Smith-Rosenberg, Carroll. "Sex as Symbol in Victorian Purity: An Ethnohistorical Analysis of Jacksonian America, " in Turning Points: Historical and Sociological Essays on the Family. eds. John Demos and Sara Spence Boocock, in the supplement of the American Journal of Sociology 84 (1978): 212-247.
- Spiller, Robert E. The Cycle of American Literature. New York: MacMillan Publishing co., Inc., 1965.
- Spillers, Hortense. "Who Cuts the Border?, " in Comparative American Identities, ed. Spillers. New York: Routledge, 1991.
- Stallybrass, Peter and Allon White. The Politics and Poetics of Transgression. Ithaca: Cornell University Press, 1986.
- Stauffer, John. The Black Hearts of Men: Radical Abolitionists and the Transformation of Race. Cambridge, MA：Harvard University Press, 2002.
- Stevenson, N. Cultural Citizenship: Cosmopolitan Questions. New York: The McGraw-Hill Companies Inc., 2003.
- Stewart, Randal. Nathaniel Hawthorne: A Bibliography. New Haven: Yale University Press, 1948.
- Stowe, Harriet Beecher. Uncle Tom's Cabin, ed. Elizabeth Ammons. Norton Critical Edition. New York: Norton, 1994.
- Sullivan, Larry E. The Prison Reform Movement: Forlorn Hope. Boston: Twayne, 1990.
- Sundquist, Eric J. To Wake the Nations: Race in the Making of American Literature. Cambridge, MA: Harvard University Press, Belknap, 1993.

- Swann, Charles. Nathaniel Hawthorne: Tradition and Revolution. New York: Cambridge University Press, 1991.
- Tawil, Ezra. The Making of Racial Sentiment: Slavery and the Birth of the Frontier Romance. New York: Cambridge University Press, 2006.
- Temple, G. " 'His Delirious Solace': Consummation, Consumption, and Reform in Hawthorne's Blithedale Romance, " A Journal of the American Renaissance 4 (2003): 285-321.
- Thoreau, Henry D. "Resistance to Civil Government, " in The Writings of Henry David Thoreau. ed. Wendell Glick. Princeton: Princeton University Press, 1988.
- Thoreau, Henry D. Journal, vol. 8, 1854, ed. Sandra Harbert Petrulionis. Princeton, NJ: Princeton University Press, 2002.
- Tindall, G. B. and David, E. Shi. America: A Narrative History. New York: W. W. Norton & Company Inc., 2007.
- Tompkins, Jane. Sensational Designs: The Cultural Work of American Fiction. New York: Oxford University Press, 1985.
- Tonnies, Ferdinand. Community and Society. trans. C. Loomis. East Lansing, Mich.: Michigan State University Press, 1957.
- Turner, Arlin. "Autobiographical Elements in Hawthorne's The Blithedale Romance", University of Texas Studies in English 5(July 1935): 39-62.
- Turner, Arlin. Nathaniel Hawthorne: A Biography. New York: Oxford Univ. Press, 1980.
- Valenti, P. D. Sophia Peabody Hawthorne: A Life, vol. 1, 1809-1947. Columbia: University of Missouri Press, 2004.

參考文獻

- Virilio, P. The Information Bomb. London: Verso, 2005.
- Wadsworth, Sarah. "Nathaniel Hawthorne, Samuel Goodrich, and the Transformation of the Juvenile Literature Market, " Nathaniel Hawthorne Review 26(2000): 1-24.
- Wadsworth, Sarah. In The Company of Books: Literature and its "Classes" in Nineteenth-Century America. Amherst: University of Massachusetts Press, 2006.
- Wald, Priscilla. Constituting Americans. Durham: Duke University Press, 1995.
- Wallace, James D. "Hawthorne and the Scribbling Women Reconsidered." American Literature 62.2(1990): 201-222.
- Wallace, Maurice. "The Auto-choreography of an Ex-Snow Queen: Dance, Desire, and the Black Masculine in Melvin Dixon's Vanishing Rooms, " in Novel Gazing, ed. Eve Kosofsky Sedgwick. Durham: Duke University Press, 1997.
- Ward, John W. Andrew Jackson: Symbol for an Age. London: Oxford University Press, 1962.
- Warner, S. B., Jr. The Urban Wilderness. New York: Harper & Row, 1972.
- Warren, Austin. Nathaniel Hawthorne: Representative Selective. New York: American Book, 1934.
- Welter, Barbara. "The Cult of True Womanhood: 1820-1860, " American Quarterly 18 (Summer 1966): 151-174.
- White, Hayden. "New Historicism: A Comment, " in The New Histori-

cism. ed. H. Aram Veeser. New York: Routledge, 1989.
- White, Hayden. Tropics of Discourse: Essays in Cultural Criticism. Baltimore and London: The Johns Hopkins University Press, 1978.
- Williamson, Richard J. The Impact of Franklin Pierce on Nathaniel Hawthorne: Friendship, Politics, and the Literary Imagination. Lewiston: Edwin Mellen Press, 2007.
- Wilson, Douglas. The Deluded Atheist. Powder Springs: The American Vision, Inc., 2008.
- Wineapple, Brenda. "A Heap of Broken Fragments: Hawthorne and Politics, " in Hawthorne Revisited, ed. David Scribner. Lenox, MA: Lenox Library Association, 2004.
- Wineapple, Brenda. Hawthorne: A Life. New York: Alfred A. Knopf, 2003.
- Yellin, Jean Fagan. "Hawthorne and the Slavery Question, " in A Historical Guide to Nathaniel Hawthorne. ed. Larry J. Reynolds, New York: Oxford University Press, 2001.
- Yellin, Jean Fagan. "Hawthorne and the American National Sin, " in The Green American Tradition: Essays and Poems for Sherman Paul, ed. H. Daniel Peck. Baton Rouge: Louisiana State University Press, 1989.
- Yellin, Jean Fagan. Women & Sisters: The Antislavery Feminists in American Culture. New Haven: Yale University Press, 1989.
- Zboray, Ronald J. A Fictive People: Ante-bellum Economic Development and the American Reading Public. New York: Oxford University Press, 1993.

參考文獻

- 包亞明著，嚴鋒譯，《權力的眼睛：傅柯訪談錄》。上海：上海人民出版社，1997。
- 保羅‧諾克斯，琳達‧邁克卡西著，顧朝林等譯，《城市化》。北京：科學出版社，2011。
- 代顯梅，〈理智與情感的結合 —— 從《福谷傳奇》看霍桑對進步的信念〉，《外語研究》，2011(2)，頁 88 － 94。
- 代顯梅，《超驗主義時代的旁觀者：霍桑思想研究》。北京：中國社會科學文獻出版社，2013。
- 方成，《霍桑與美國浪漫傳奇研究》。西安：陝西人民出版社，1999。
- 方文開，劉衍，〈《福谷傳奇》：霍桑的文化公民身分實踐〉，《學習與探索》，2014(10)，頁 137 － 141。
- 方文開，劉衍，〈大團圓：霍桑的歷史哲學與現實關懷〉，《外國文學研究》，2017(2)，頁 109 － 119。
- 方文開，劉衍，〈卡佛臺爾：霍桑反思現代性的載體〉，《外國文學研究》，2014(1)，頁 53 － 62。
- 方文開，〈從《帶有七個尖角閣的房子》看霍桑的文化政治策略〉，《外國文學研究》，2008，30(1)，頁 70 － 74。
- 方文開，〈福谷：霍桑探討權力運作機制的舞臺〉，《外國文學研究》，2009(6)，頁 89 － 96。
- 方文開，《人性‧自然‧精神家園：霍桑的現代性研究》。上海：上海外語教育出版社，2008。
- 弗‧斯卡皮蒂著，劉泰星，張世灝譯，《美國社會問題》。北京：中國社會科學出版社，1986。

- 金衡山，〈《紅字》的文化和政治批評 —— 兼談文化批評的模式〉,《外國文學評論》，2006(2)，頁 116 — 125。
- 蘭德爾・斯圖爾特著，趙慶慶譯，《霍桑傳》。上海：東方出版中心，1999。
- 魯樞元,《生態文藝學》。西安：陝西人民教育出版社，2000。
- 馬泰・卡林內斯庫著，顧愛彬，李瑞華譯,《現代性的五副面孔》。北京：商務印書館，2003。
- 納撒尼爾・霍桑著，侍桁等譯,《紅字・福谷傳奇》。上海：上海譯文出版社，1997。
- 納撒尼爾・霍桑著，羅伊・哈維・皮爾斯編，姚乃強等譯,《霍桑集》（上、下）。北京：三聯書店，1997。
- 納撒尼爾・霍桑著，胡允桓譯,《霍桑小說全集》。合肥：安徽文藝出版社，2000。
- 尼克・史蒂文森,《文化公民身分：世界性的問題》。北京：北京大學出版社，2010。
- 潘志明，〈羅曼史：《紅字》的外在敘事策略〉,《外國文學評論》，2006(4)，頁 67 — 77。
- 尚曉進,《原罪與狂歡：霍桑保守主義研究》。上海：上海大學出版社，2015。
- 張輝,《審美現代性批判》。北京：北京大學出版社，1999。

參考文獻

後記

自 2001 年跟隨鄭克魯先生和黃鐵池先生學習文學、選定霍桑作為自己的研究對象以來，我這些年一直專注於霍桑研究。2006 年在美國文學年會期間，有幸認識了我學術道路上的引路人——方成教授。他不僅教會了我學術研究的方式方法，還一直激勵我沿著固定的方向做學術研究；不僅在寫作方面給我巨大的信心和鼓勵，也使我在寫作中保持正確的思路和方向。特別是在第一部專著的序言中，他以兄長的口吻和我對話，對我的寫作給予了充分的肯定，也對我未來的學術研究提出希望，這對我今後的人生和學術研究都是莫大的動力。

這本書的成稿歷時六年多，從 2010 年 11 月就著手醞釀構思。2011 年初由於工作調動，書稿撰寫因此中斷一年多。工作的 7 年，是我人生中最快樂的 7 年，也是收穫最豐富的 7 年，當時的同事真誠友善、兄弟肝膽相照、姊妹漂亮直率、主管平易近人，還有水庫的水，很甜很甜，令人回味。

2014 年 3 月至 2015 年 2 月，我受資助前往美國德克薩斯農工大學英語系，跟隨雷諾茲教授（Larry J. Reynolds）訪學，主要任務就是撰寫書稿。雷諾茲教授著述頗豐，是德克薩斯農工大學的傑出教授，更是美國文學界知名的霍桑研究專家之一，卻從來沒有擺出大學問家的架子，在我的眼裡，他始終是一位非常和藹可親的慈祥老人。

讓我印象深刻的是，在我剛到大學城（College Station）不久，他就開車找到我的住處，詢問我的生活狀況，並在第二天送來一輛捷安特腳踏車。當我看著一位年過七旬的老人，把腳踏車從車上搬下來送到我手

後記

裡時，真的不知如何感激，而雷諾茲只是輕描淡寫地說了聲「That's all right」，就開車回去了。他的課讓我獲益匪淺，每次向他請教問題，得到的都是耐心細緻的解答。更為重要的是，他為本書的撰寫提供了許多珍貴的資料和寶貴的意見，在此向他表示特別的謝意！

2014 年 6 月 13 日至 15 日，我前往北亞當斯（North Adams）參加由霍桑研究會（T*he Nathaniel Hawthorne Society*）主辦，麻薩諸塞文學院（The Massachusetts College of Liberal Arts）承辦的霍桑研究會 2014 年夏季年會（Hawthorne in the Berkshires: The Nathaniel Hawthorne Society Biennial Summer Meeting），經雷諾茲教授介紹，有幸認識了許多知名的霍桑研究專家，如霍桑研究會的普林格爾教授（Michael Pringle）、加利福尼亞州立大學的斯威特教授（Nancy F. Sweet）、普渡大學的帕切科教授（Derek Pacheco）、倫敦國王學院的斯特林教授（Laurie A. Sterling）等，在後來的連繫中，他們對該書的撰寫也提供了許多非常寶貴的資料，在此一併表達感激之情。

在寫作過程中，我的研究生周小青、吳樹然、王倩、劉衍、張佳佳、劉鄭姑、沈萱萱、湯婷、李曼曼等同學，都提供了非常大的幫助，收集、整理資料，更新注釋等。特別是劉衍同學，不僅以其特有的文學靈性和感悟，撰寫了書稿中的部分章節，包括第三章的第二節、第四章的第二至第四節、第七章的第一節等，而且還犧牲了大量的休息時間，幫忙打磨、潤色、編輯文稿，在此一併向他們表示由衷的感謝！

最後，謹以此書獻給我賢慧體貼、知書達理的妻子鄧豔，和已從設計學院完成大學學業的兒子方上沆。在本書的撰寫過程中，鄧豔包攬了所有的家務，為我的寫作提供強而有力的後勤保障。兒子也即將前往日本深造，繼續他的設計之夢，這是我能靜下心來完成課題研究的最大動力。更

為重要的是，他們一直在背後給予我莫大的鼓勵和支持，應該說本書的順利完成，有他們的巨大付出。我也希望藉此讓他們共享這多年辛勤耕耘之後的成果所帶來的喜悅。

方文開

納撒尼爾・霍桑的文化政治策略研究：
批判改革狂熱、社會矛盾與國家意識形態的敘事策略

作　　　者：	方文開，劉衍	
發 行 人：	黃振庭	
出 版 者：	複刻文化事業有限公司	
發 行 者：	崧燁文化事業有限公司	
E - m a i l：	sonbookservice@gmail.com	
粉 絲 頁：	https://www.facebook.com/sonbookss/	
網　　　址：	https://sonbook.net/	
地　　　址：	台北市中正區重慶南路一段 61 號 8 樓	

8F., No.61, Sec. 1, Chongqing S. Rd., Zhongzheng Dist., Taipei City 100, Taiwan

電　　　話：	(02)2370-3310	
傳　　　真：	(02)2388-1990	
印　　　刷：	京峯數位服務有限公司	
律師顧問：	廣華律師事務所 張珮琦律師	

-版權聲明-

本書版權為淞博數字科技所有授權複刻文化事業有限公司獨家發行電子書及紙本書。若有其他相關權利及授權需求請與本公司連繫。

未經書面許可，不得複製、發行。

定　　　價：520 元
發行日期：2025 年 05 月第一版
◎本書以 POD 印製

國家圖書館出版品預行編目資料

納撒尼爾・霍桑的文化政治策略研究：批判改革狂熱、社會矛盾與國家意識形態的敘事策略 / 方文開，劉衍 著 . -- 第一版 . -- 臺北市：複刻文化事業有限公司 , 2025.05
面；　公分
POD 版
ISBN 978-626-428-124-9(平裝)
1.CST:　霍 桑 (Hawthorne, Nathaniel, 1804-1864) 2.CST: 作家 3.CST: 傳記 4.CST: 美國
785.28　　　　　　114004952

電子書購買

爽讀 APP　　　　臉書